INFLATION
인플레이션의시대

| 일러두기 |
*이 책에서는 정확한 의미 전달을 위해 통용되는 외래어를 그대로 사용했습니다.

INFLATION
인플레이션의 시대

풀린 돈이 몰고 올 부의 재편

김동환 김일구 김한진 지음

다산3.0

인플레이션 시대를 준비하며, 한국 투자자들에게

　　나이가 오십을 넘고 한 분야의 일을 30년 가까이 해오다 보면 그 분야와 세상을 보는 나름의 관(View)이 생긴다. 특히나 그 관이라는 걸 글과 말을 통해 대중에게 알려야 하는 직업을 갖고 있는지라 아주 가끔은 절박하게 알리고 싶은 무엇에 사로잡힐 때가 있다.

　　이코노미스트로서, 애널리스트로서, 또 펀드매니저이자 칼럼니스트로서 경제와 자본시장을 두리번거려본 세 명의 오십대가 어느 날 그 절박함을 공통으로 느끼게 됐다면 너무 작위적일까? 어쩌면 말할 기회를 점차 잃게 될 것 같은 우리의 입장이 주는 절박함일 수도 있고, 또 어쩌면 근 30년간 호구지책을 제공해준 자본시장과 투자자들에게 작으나마 보답을 하고 싶다는 치기 어린 마음일 수도 있겠다.

　　세 사람의 생각은 토론의 대상이 되는 전 분야에 걸쳐서 대체로 다르다. 간혹 두 사람의 생각이 조금 비슷한 경우가 있긴 하지만, 세상과 투자를 바라보는 시각은 저마다 살아온 이력만큼이나 다르다. 다른 생각을 가진 세 사람이 각자 다른 책을 통해 다른 관을 보여줄 수도 있었다. 그런데도 군이 하나의 책을 통해 다름을 보여주고자 하는 이유는 읽는 분들도 부디 자신의 관을 갖기를 바라기 때문이다. 일방적으로 쓰고 말하는, 아님 말고 식의 투자 지침서로 가득 메워진 서점 진열대를 보면서 좀더 진지한 시도는 없을까 고민한 결과가 이렇게 하나의 책에 다양한 관을 담아내는 것이었다. 우리는 건강과 열정이 있는 한 쓰고 말하고 토론하는 일을 계속할 것이고, 그를 통해 장년으로서 이 사회에 티끌만 한 기여와 보답이라도 할 수 있길 소망한다. 이 책 역시 그런 바람으로 의기투합한 결과물이다.

세 사람 모두 직업의 특성상 투자를 통해 부자가 된 분들, 또는 부를 잃고 가난해진 분들을 많이 봐왔다. 더불어 오로지 투자를 업으로 하는 분들도, 투자와 평생 담을 쌓은 분들도 마찬가지로 많이 봐왔다. 단언컨대 부모님 잘 만나서 큰돈을 물려받지 않은 이상 부자가 되고 싶다면 투자를 해야 한다. 그것도 평생 해야 한다. 시기에 따라 주식, 부동산, 채권의 비중을 조절해야 할 뿐 투자를 쉬어서는 안 된다. 또 한국에만 투자해서는 궁극적으로 부자 될 확률은 그만큼 줄어든다.

치열한 노력이 필요하다는 얘기인데, 그 노력도 무턱대고가 아니라 바른 방향으로 해야 한다. 우리의 진솔하고도 치열한 대화가

이 노력을 시작하는 하나의 마중물이 되기를 바란다.

여의도 윤중로에 벚꽃이 흐드러질 무렵 시작한 우리의 토론은 이제 막 여름이 시작될 무렵 끝이 났다. 아니, 일단 멈췄다. 그사이 우리나라엔 새로운 리더십이 세워졌고, 그 리더십이 국민을 대표해 풀어나가야 할 국가적인 과제가 산적해 있다. 그리고 기존 과제의 난이도는 더욱 높아졌다. 투자 세계의 변동성과 리스크도 한결 더 커졌다. 미리 말씀드리지만 이 대화록의 목적은 독자들에게 정답을 주는 것이 아니다. 그저 각자의 관을 만들어가는 데 참고할 만한 세 사람의 생각을 여과 없이 들려주어 스스로 답을 찾도록 도우려는 것이다.

'투자는 운칠기삼'이라고들 한다. 어디 정확한 근거를 둔 말이겠는가만, 어차피 70점짜리 운은 내 손으로 어쩔 수 없는 거라면 나머지 30점이라도 만점을 받아야 하지 않겠는가. 열심히 공부하고 연마하는 자리가 될 이 대화에 여러분을 초대한다. 현상에 대한 입장과 대응이라는 각론에서는 세 사람이 치열하게 부딪치기도 하고 합종연횡(合從連衡)하기도 한다. 그러나 지금이 투자 세계의 이른바 '변혁기'이고 일종의 '모멘텀'이라는 총론에는 의견을 같이한다. "잘 들어주는 것이 최선의 대화법이다." 우리나라에서 말을 가장 조리 있게 한다는 한 방송인에게 직접 들은 얘기다. 잘 들어보고 가끔은 자신의 목소리도 내어보기를 권한다.

어쩌면 누구에게나 통하는 부자 되는 비결은 이 세상에 존재하지 않는다. 다만 세상의 변화에 좀더 민감해지고 실행에 옮길 만한 근력을 갖추는 데 유익한 토론에 여러분 스스로 참여하게 될 기회가 될 것을 확신한다.

창밖으로 보이는 샛강엔 더운 아지랑이가 피어오른다. 거친 토론을 귀에 잘 걸리게, 눈에 잘 들어오게 편집해준 다산북스 김선준 팀장님을 비롯한 스태프 여러분께 감사드린다.

저자 일동

"공부를 하지 않고 투자하는 것은
카드를 보지 않고 포커를 하는 것과 같다."
– 월스트리트의 영웅 피터 린치

CONTENTS

6장   어디에, 어떻게 투자할 것인가

1장

자산시장 어떻게 볼 것인가?

INFLATION

주식시장 강세, 지속될까

김동환　여러 가지 상황의 변화가 있었습니다. 미국에서 트럼프 대통령이 당선된 지 벌써 반년가량 지났고, 우리 대한민국에도 2016년 가을부터 시작된 정치적 급변동성이 마무리되고 새 정부가 출범했습니다. 올 들어 코스피가 사상 최고치를 경신하는 등 자산시장에 여러 가지 변화 가능성이 엿보이고 있죠. 이를 볼 때 지금이 일종의 모멘텀이 아닌가 하는 생각을 하게 됩니다.

예를 들어 코스피는 '박스피'라는 오명을 벗고 사상 최고가를 경신했지만, 삼성전자와 같은 수출 관련 대형주는 크게 오른 반면 중소형주나 내수주들은 아직 터널을 빠져나오지 못한 상황이기도 합니다. 부동산도 강남 3구의 재건축을 비롯한 인기 지역의 아파트는 분양가와 매매가가 신고가를 경신하면서 과열 우려까지 제기되는 반면, 일부 지방과 수도권 외곽에서는 "입주물량 폭탄이다"라는 얘기가 나오기도 합니다. 금리에 대한 시각도 크게 엇갈리고 있습니다. 미국이 기준금리를 올리면서 우리 금리도 바닥권이라는 인식이 많은 것은 사실입니다만, 가중된 가계부채 문제를 고려하면 한국은행이 조만간 금리를 올리기는 어려운 상황이기도 합니다. 그런가 하면 외국인들의 주식 매수세, 글로벌 달러 약세와 더불어 환율은 원화 강세가 이어지고 있습니다.

　결국 자산시장의 큰 흐름인 주식, 부동산, 금리, 환율이 제각기 변동성을 키워가면서 방향타를 잡기가 점점 더 힘들어지고 있다는 생각이 듭니다. 일종의 대변혁기입니다. 역사적 변혁기를 지나고 있는 현재, 한국의 자산시장과 글로벌 자산시장을 어떤 흐름으로 파악해야 하는지에 대해서 얘기를 나눠보겠습니다. 우선 주식시장 얘기부터 하겠습니다.

　말씀드렸습니다만, 주식시장이 사상 최고치를 경신하고 있습니다. 조정이 필요하다는 시각도 있고 대세 상승기의 초입이라는 낙관적인 시각도 있습니다. 현재 상황에 대한 진단을 먼저 들어보겠습니다.

김한진　코스피는 2011년 4월 고점을 찍은 이후 지난 6년간 답답한 박스권 흐름에 갇혀 있었습니다. 1700에서 2200포인트 사이를 오가면서 '박스피'라는 별칭까지 얻었죠. 이런 흐름은 수출과 기업 실적 부진이라는 한국 경제의 한계를 반영한 것입니다. 하지만 드디어 2017년 코스피가 박스권을 뚫었습니다. 세계 경기회복과 수출 호조, 기업 실적 개선 등 탄탄한 재료가 뒷받침된 강세장이란 점에서 의미가 더욱 큽니다. 미국 등 선진국 증시의 밸류에이션 부담이 커진 상태에서 글로벌 자본이 한국과 같이 차분하고 저평가된 시장으로 밀려들어 오는 것은 환영할 만한 일입니다.

그런데 이제부터가 문제입니다. 외국인들의 바이코리아(buy Korea) 행진이 계속되고 우리 주가가 계속 오르려면, 몇 가지 조건이 뒷받침돼줘야 합니다.

빤한 이야기지만 우선 우리 수출 실적과 기업 실적이 계속 좋아야겠죠. 단순히 '좋아진다'가 아니라 '모멘텀(기대 대비 탄력이나 기울기)이 계속 좋아져야' 합니다. 또한 미 달러가 너무 강세를 보이지 않아야 합니다. 달러는 글로벌 유동성을 실어나르는 캐리어 역할을 하니까요. 여기에 미국 금리가 너무 가파르게 올라서도 안 됩니다. 갑작스러운 금리 상승(bond shock)은 세계 위험자산시장 전체를 얼어붙게 하므로 곤란합니다. 이보다 더 중요한 것은 앞서 달려가고 있는 선진국 증시가 지금의 좋은 분위기를 계속 유지해줘야 한다는 점입니다.

이처럼 한국 증시가 강세를 지속하기 위해 갖춰야 할 조건은 상당히 까다롭습니다. 물론 모든 조건을 완벽하게 충족할 수는 없겠죠. 그렇더라도 이런 조건들이 조화롭게 뒷받침되어야만 우리 증시가 진정한 대세 상승의 행보를 이어갈 수 있습니다.

저는 비관론자가 아닙니다. 장기적으로 한국 증시를 밝게 봅니다. 다만 해결해야 할 과제들이 아직 많다는 거죠. 이는 우리 경제와 사회가 극복해야 할 과제이기도 합니다. 증시는 그 나라 경제의 거울이지 않습니까? 경쟁력 있는 수출산업이 다시 자리를 잡아줘야 합니다. 4차 산업 관련 성장주들이 더 많이 나와줘야 합니다. 기업경영의 투명성이나 주주환원정책, 중소기업의 약진, 성장과 분배의 조화 등도 필요합니다. 이런 과제들을 하나하나 잘 풀어내지 못하면, 한국 증시는 선진국 증시 호황의 끝자락에서 잠시 랠리를 즐기다 이내 다시 박스권에 갇히고 말 것입니다. 한국 증시가 그저 글로벌 유동성 파티의 마지막 단기 수혜 증시에 그칠 것이냐, 아니면 새로운 강세장으로 한 걸음 더 나아갈 것이냐는 좀더 고민해볼 주제입니다. 제 의견은 지금부터 2020년 정도까지는 한국 증시가 새로운 지수대(코스피 3000포인트 시대)를 열기 위한 준비 과정이라고 생각합니다.

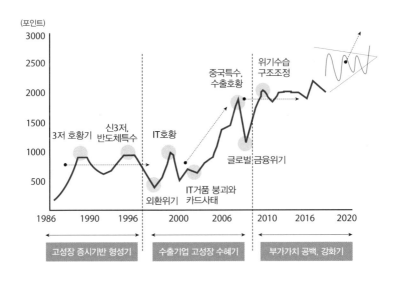

한국 장기 주가(코스피) 추이와 예상 패턴

한국 경제는 지금 부가가치의 공백기와 그 강화기에 들어가 있다. 이 국면을 지혜롭게 잘 극복하면 기업이익이 증가함은 물론 증시 프리미엄(PER)도 한 단계 도약해 증시의 새로운 지평이 열릴 것이다

김동환　그렇다면 한국 주식시장의 위험 요인으로는 구체적으로 어떤 것이 있을까요?

한국 증시는 한국 경제의 거울

김한진　네, 앞서 얼추 말씀드렸듯이 보다 장기적인 관점에서 펀더멘털(fundamental) 개선이 필요합니다. 저는 한국 증시가 박스권을 돌파했다고 해서 지금부터 무조건 탄탄대로를 걸으리라고는 생각하지 않습니다. 우리 증시에는 외풍(해외 증시, 환율)이 만만치 않아 이를 이겨내려면 나라 안의 힘, 그러니까 내공이 무척 중요합니다. 크게 세 가지 관점에서 이야기해보겠습니다.

첫째는 기업이익이 골고루 좋아져야 합니다. 2017년 상장기업 영업이익이 2016년보다 30% 늘 것으로 예상되는데요. 2018년 이후에도 그 추세가 계속될지는 의문입니다. 즉, 2016년 대비 2017년 이익 개선폭만큼 2018년에도 탄력을 계속 이어갈 것인가에 대한 의문이죠. 특히 반도체 초호황이 전체 기업이익 개선에 지나친 자신감을 제공하고 있다는 점이 부담입니다. 지금 예상으로는 2017년 상장기업 영업이익 증가분의 64%가 반도체기업들의 기여로 이뤄질 것 같습니다. IT(정보통신) 테크업종의 전체 이익 기여도가 무려 75%에 달할 것 같고요, 은행업종도 8%를 기여할 전망입니다. 반도체 등 기술주의 경기 변동에 따라 전체 기업이익의 변화가 클 수 있다는 뜻이죠. 또 2016년부터 계속돼온 유가 상승의 수혜도 이제부터는 좀 약해질 듯하고요. 한편 앞으로 원화가 계속 강세를 보일 때 수출기업들이 이를 잘 이겨낼지도 염려되는 부분입니다.

둘째는 우리 수출기업들의 실적을 좌우할 세계 경제가 계속 좋아야 한다는 점인데요. 금융위기 이후 세계교역은 그 전에 비하면 다소 밋밋한 흐름입니다. 지금 세계 경기가 좋다고는 하지만, 양적인 성장탄력은 2010년에 비하면 완연히 떨어져 있습니다. 이는 다분히 구조적인 요인에 따른 것입니다. 세계 금리가 여전히 오르지 못하고 인플레이션과 유가 상승이 제한되는 현상은 이러한 글로벌 수요의 한계를 방증하는 것이라 봅니다. 세계 경제 성장의 증가분이나 세계교역의 파이가 크게 늘지 않는 것은 중국의 성장 둔화 탓도 있지만, 각국의 가계소득이 예전 경기호황기 때처럼 크게 늘지 않는다는 데 있습니다. 주거비용의 증가도 그 한 요인이죠. 또한 나라마다 부채 구성이 다르긴 하지만, 가계든 기업이든 정부든 지금 빚이 너무 많습니다. 현재 주요국의 국가부채 비율을 보면 거의 역사상 최고 수준입니다. 가계 빚은 민간소비를 제한하고 은행 빚은 저금리에도 불구하고 신용 확대를 억제합니다. 그리고 국가의 빚은 안정된 거시운용과 경기부양을 제한하고 있죠.

셋째는 한국 증시가 외풍을 적게 타면서 강세장을 이어가려면 원화 강세와 수출 호조가 함께 나타날 정도로 우리 수출 경쟁력이 탄탄해져야 한다는 점입니다. 좀 다른 관점에서 보면, 한국 증시의 문제점은 여전히 글로벌 금융환경에 너무 의존적이라는 사실입니다. 저는 2017년 한국 증시 호황이 선진국 증시의 과열에 따른 후속 랠리의 성격이 짙다고 봅니다. 한국을 비롯하여 신흥국 증시는 2012년부터 장기간 소외되어왔죠. 2008년 금융위기 이후 저금리 정책의 약효는 준비통화국인 미국과 유로존 등에서만 나타났습니다. 유동성을 실어나르는 환율 여건이 여의치 않다 보니(달러 강세 지속) 준비통화국을 제외한 나머지 증시는 이런 글로벌 돈잔치에서 차별받고 소외당해왔습니다. 아무튼 달러가 약세로 가고(risk-on, 위험자산 선호 환경 조성) 유가가 계속 오르더라도 한국 기업들이 환율 강세와 원가 상승을 이길 정도로 경쟁력이 좋다는 게 입증되어야 외국인들의 바이코리아도 계속될 수 있습니다.

물론 지금 말씀드린 이런저런 우려에도 불구하고, 한국 증시가 기술적으로 강세를 좀더 이어갈 수 있습니다. 여러 약점을 고려해도 한국 증시가 선진국 증시에 비해 너무 싸기 때문입니다. 글로벌 금융위기 직전인 2006년을 기준으로 볼 때 한국 주가는 선진국 주가에 비해 약 40% 가까이 쌉니다(PER 기준). 반면 환율이나 일드갭(yield gap, 안전자산 대비 주식 기대수익률), 주주친화정책 등을 종합적으로 고려해서 제가 계산한 한국 증시의 상대적인 매력도는 선진국 증시 대비 20% 정도 약합니다.

다시 말씀드리면 그간 한국 증시가 쌌던 데는 다 이유가 있었다는 거죠. 다만, 중요한 것은 그럼에도 코스피가 세계 증시에서 너무 싸다는 겁니다. 이런 코리아 디스카운트 요인을 곧 한국 증시의 상승 잠재력이라고 본다면 매우 낙관적이라 할 수 있습니다. 세계 증시가 앞으로 계속 호황이라면, 외국인들은 상대적 매력도라는 관점에서 한국 주식을 계속 살 것입니다. 하지만 그 비교 대상인 선진국 증시가 크게 꺾이면 일단 한국 증시도 함께 꺾일 수밖에 없다는 한계를 안고 있죠.

결론은 선진국 증시 호황의 끝자락에서 우리 증시가 좀더 강세를 이어갈 수는 있지만 한국 증시가 세계 증시에서 절대 저평가된 시장은 아니라는 점, 달러가 한국 증시에 우호적으로 작용(달러 약세)하는 데에는 한계가 있다는 점을 주목하자는 것입니다. 혹여 세계 금리가 급하게 튀어 오르거나 선진국 증시가 주가 자체의 과열로 일거에 조정을 보일 위험도 큰 만큼, 글로벌 증시의 조정 징후를 관

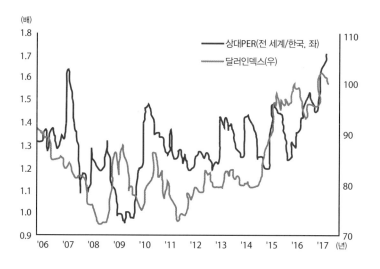

달러 강세로 인한 한국 증시의 자본이동 제한성

그동안 세계 증시에서 한국 증시가 할인을 받아온 것은 달러 강세 영향이 컸다. 앞으로 급격한 달러 약세가 제한된다면 외국인의 한국 주식 매수세 역시 제한될 것이다.

찰하면서 대응하자는 의견을 드리고 싶습니다.

한국 증시는 곧 한국 경제의 거울이지 않습니까? 저도 한국 경제가 잘되고 한국 증시가 오르길 바랍니다. 다만 그러려면 나라 밖 여건도 도와줘야 하고, 동시에 우리 자체의 준비와 변화도 필요하다는 거죠. 막연한 낙관론, 최근 과속 상태의 미국 증시만 믿고 그것을 액면 그대로 세계 경기의 초호황으로 해석하여 '고생 끝 행복 시작'으로 보는 것은 너무 거친 접근 같습니다. 최근 '저금리 플러스 고유동성 환경'이라는 마법과 같은 현실이 펼쳐지고 있는데요, 여기에만 정신이 팔려 경계심을 늦출 때 조정은 아무 예고 없이 찾아올 것입니다. 거품도 시장의 한 부분이므로 저도 과열과 거품을 존중합니다. 다만 시장의 본질을 잘못 읽고 경계심을 잃은 채 파티에 취하면 그 대가는 자칫 클 수 있습니다. '지금의 시세를 추종하는 것은 좋지만, 쫓아가더라도 나름대로 상황을 냉정하게 읽고 쫓아가자'라는 의견입니다.

흔들리는 세계 질서

김일구　저는 이번 경기확장 국면을 좋게 봅니다. 새로운 역사가 될 것이라고까지 생각합니다. 가장 큰 것이 디플레이션 걱정을 덜었다는 점인데요. 인구 고령화, 중국의 공급 능력 확대, 2008년 금융위

기 이후 '뉴노멀(new normal)'이라 불리는 경제성장률의 구조적 하락, 원자재 가격의 하락 등 디플레이션 우려가 크지 않았습니까? 그런데 이제 디플레이션 공포에서는 벗어난 것 같아요.

중국이 더는 공급 능력을 확대하지 않고 철강, 화학 등 여러 산업에서 공급 능력을 삭감하는 구조조정을 하고 있습니다. 중국도 언제까지나 값싼 물건을 수출할 생각은 없었던 겁니다. 근로자들 임금을 매년 10~20%씩 인상하면서 국민 삶의 질을 높이는 노력을 해왔던 것이지, 국내 값싼 노동력을 이용하여 세계 시장을 장악할 의도 같은 것은 애초에 없었다고 봐야죠. 원자재 가격도 2016년 초 5년 이상 이어진 가격 하락을 끝냈습니다.

한편으로 전 세계 인구의 고령화와 세계 경제성장률의 하락은 여전합니다만, 이 문제도 트럼프 대통령이 취임하면서 긍정적인 신호가 나오고 있습니다. IMF(국제통화기금) 기준으로 보면 세계 경제성장률은 겨우 3% 정도입니다. 선진국이 2%, 신흥국이 4% 정도죠. 선진국은 2%만 해도 그럭저럭 돌아가지만 신흥국은 4%대 성장으로는 유지되기 어렵습니다. 우리나라를 보면 자영업자들이 다 먹고 살기 위해서는 6%대 성장이 필요하듯 대부분 신흥국도 5~6% 성장은 돼야 경제가 잘 돌아간다고 볼 수 있습니다.

세계 경제가 구조적인 저성장 환경에 빠져 있는 것은 분명합니다. 그렇지만 저는 미국의 트럼프 대통령이 세계 질서를 흔들고 있다는 데 주목해야 한다고 봅니다. 신흥국의 저성장 문제는 여기서 판을 흔들지 않으면 해결되지 않습니다. 신흥국들이 '미국 등 선진국에 수출해서 대충 현재의 성장률만 유지하자'라는 경제정책을 계속 유지하면 큰일인데, 트럼프가 잡고 있던 손을 다 놔버리고 있습니다. '너희들 나한테 더는 기대하지 마라'라는 거죠. 미국의 이런 자세를 보호무역주의나 고립주의라고 부르는데, 미국 경제가 좋아지기만을 기다리고 있던 나라들로선 참 곤란한 상황이죠. 우리나라도 그중 하나이고요.

그럼 여기서 두 가지 경우의 수가 나오지 않겠습니까? 미국에 수출해서 먹고살던 나라들이 속수무책으로 망하거나, 아니면 수출이 안 되는 만큼 적극적으로 내수경기를 부양하거나 할 것입니다. 과거 레이건 대통령 때도 거의 비슷한 일이 있었죠. 레이건도 전 세계의 손을 놔버렸거든요. 일본과 그 외 선진국들에 대해서는 플라자 합의, 한국과 대만에 대해서는 환율조작국 지정과 같은 정책을 취했는데 이것도 보호무역주의이자 고립주의, 즉 손을 놔버리는 것이었죠.

그때 일본이나 유럽, 한국이 망했느냐? 아닙니다. 유일하게 의존하고 있던 미국이 손을 놔버리니까 다들 살기 위해서 대규모 내수부양정책을 썼습니다. 그만한 일로 망할 수는 없잖아요. 당시 일본은 내수부양을 지나치게 하다가 버블 붕괴로 '잃어버린 20년'이 시작될 정도였고, 서유럽은 독일 통일 효과로 거대 호황을 누렸습니다. 우리나라도 신도시 개발계획인 '주택 200만 호' 정책을 쓰면서 내수부양을 이끌었는데, 부양 규모가 어찌나 컸던지 회사채금리가 20% 가까이까지 상승하고 물가 상승률이 10%까지 이르기도 했습니다.

지금 국내에 투자하고 있는 외국인들을 보면, 주식에도 투자하고 채권에도 투자하고 있어요. 채권 쪽에 투자하는 외국인들은 이제 '미국이 경상수지 흑자가 큰 나라에 대해서는 통화가치를 절상하라고 환율 압박을 많이 할 것이다'라는 생각을 갖고 있는 것 같습니다. 원/달러 환율이 하락할 것으로 보고 한국 채권을 사는 거죠. 그리고 주식에 투자하는 외국인들은 '미국이 FTA(자유무역협정)를 수정하고 수입규제도 강화하면 한국과 같은 수출국들이 내수부양에 나서면서 세계 경제가 좋아질 것이다'라는 생각인 것 같습니다.

새로운 환경을 맞이한 한국 증시

김동환 지난 몇 년간 인플레이션이라는 측면에서 굉장히 역사적인 일들이 있었죠. 극심한 디플레이션을 반영한 사상 초유의 초저금리 말입니다. 저를 포함해서 이 자리의 세 사람 모두 30년 가까이 금융시장을 분석하고 있습니다만, 금리가 마이너스가 되는 환경이라는 것은 한 번도 상상해본 적이 없지 않습니까? 국채금리가 마이너스다? 금리가 마이너스라는 것은 채권을 만기까지 보유하면 자본 손실이 난다는 거잖아요. 달리 말하자면 수급(수요와 공급)적인 측면에서 채권에 대한 과도한 투기가 벌어진 거라 할 수 있습니다. 그 배경엔 전 세계적인 저성장, 그리고 그로 인해 디플레이션이 발생할 거라는 깊은 우려가 있었습니다.

결국 경기에 대한 극도의 회의론적인 경향이 확고히 자리 잡지 않으면 도저히 나올 수 없는 것이 마이너스 금리라는 것인데요. 이 마이너스 금리를 본 것이 2016년, 2015년 아니겠습니까? 그런데 지금 미국을 비롯한 주요국 중앙은행의 화두는 물가에 대한 우려, 즉 인플레이션을 어떻게 적절히 통제할 것인가로 옮겨와 있습니다.

결국 전 세계에 확산됐던 이른바 뉴노멀로 대변되는 저성장·저물가의 극단적인 회의론이 사그라지고, 경제는 순환한다는 긍정론이 다시 확산되고 있다고 보는 겁니다. 여기에 2008년 금융위기 이후 미국이 풀었던 막대한 달러와 유럽, 일본 등 선진국에서 풀린 유동성이 시차를 두고 인플레이션을 유발하는 과정으로 속도감 있게 진행되면서 그간 극도로 소외되어왔던 우리 증시도 새로운 환경을 맞이하고 있습니다.

물론 우리 주식시장이 뒤늦게 시동을 건 데는 상당한 이유가 있습니다. 우리 경제의 회복을 위해서는 무엇보다 수출이 살아야 하는데, 우리 제품에 대한 수요 측면에서 두 가지 불리한 점이 있었습니다. 하나는 수입국들의 수입 부진으로 우리 제품에 대한 수요 자체가 늘지 않았다는 것이고요. 다른 하나는 미국, 유럽, 중국 할 것 없이 보호무역주의, 즉 자국 제조업 보호라는 정책적인 변화가 있었다는 것입니다. 오바마 대통령의 리쇼어링(Reshoring, 생산시설의 국내 이전) 정책, 시진핑의 자국 제조업 육성책도 마찬가지 시도입니다. 그러나 이러한 정책적 변화는 불황기에 정책적인 고려에서 의미가 있는 것이지 경기가 호황으로 돌아서고 정부주도의 정책보다 시장의 메커니즘, 즉 효율이 더 중요한 국면으로 들어가면 별 의미가 없어지죠. 비교우위가 있는 제품을 사다가 빨리 완제품을 만들어 수요에 응하는 것이 크게 보아 더 이익인 국면이 오면, 경쟁력을 갖춘 우리 기업은 이익이 크게 오릅니다. 한국은 이른바 베타가 큰 경제죠. 지금 진행되고 있는 수출기업을 중심으로 한 우리 대기업들의 이익 신장세는 바로 이런 성격이고, 그중에서도 초호황을 구가하고 있는 반도체산업은 이런 추세 전환의 극단적인 예라고 보면 되겠습니다. 얘기를 좀 단순화해보면 이렇습니다. 우리 경제가 소규모 개방 경제라는 측면에서 우리 수출이 기조적으로 늘면서 주력산업 몇 개가 호황으로 돌아서면, 정도의 차이는 있지만 한국 경제는 안 좋을 수가 없습니다. 최근 들어 정부와 한국은행 등의 경제성장률 전망치가 계속 상향 조정되는 이유가 바로 여기 있습니다.

또 하나 우리 경제 내부적으로 풀어야 할 숙제로 내수부진과 가계부채 문제가 여전히 존재하지만, 어쩌면 이 두 가지 숙제가 역설적이게도 우리 주식시장을 견인한다고 볼 수도 있습니다. 내수부진은 새 정부로 하여금 적극적인 재정정책을 펼치게 합니다. 새 정부가 11조 원 규모의 이른바 일자리 추경을 하는 것도 결국 내수를 살려보려는 것 아닙니까? 그 효과 여부와 관계없이 시중에 돈은 돌 겁니다. 여기에 가계부채가 심각한 상황에서 서민, 중산층의 이자 상환 부담을 늘리는 기준금리 인상은 최대한 억제될 가능성이 있습니다. 수출 호조로 성장률은 회복되고 그에 따라 시중 실세금리는 추세적으로 오르는데 중앙은행인 한국은행은 기준금리 인상을 최대한 억제하는 상황, 주식시장에는 기본적으로 상당한 호재죠. 불황의 주된 이유가 우리가 어찌할 수 없는 요인인 수출에서 무언가 정책으로 극복할 수 있는 내수로 전환된 것만 하더라도 주식시장은 경기회복에 대한 기대감을 반영하면서 올라갈 수 있다고 봅니다.

글로벌 증시와 한국 증시

김한진　한국 증시의 단기 운명은 결국 글로벌 증시라는 커다란 판에 달려 있다고 봅니다. 특히 미국 중심의 환태평양 지각판이죠. 한국 증시만 딱 떼어놓고 보면 상대 멀티플(PER, PBR 등 밸류에이션 지표)도 싸고, 당장 반도체를 비롯한 테크업종의 이익도 '서프라이즈(earning surprise)'하는 등 긍정적 요인들이 즐비합니다. 새 정부 출범도 주가 리레이팅(re-raitng, 재평가)의 한 요인이 되고 있고요.

하지만 역사적으로 보면 한국 증시의 위험은 항상 선진국 쪽에서 비롯됐습니다. 미국 경제가 과연 건강하게 더 순항할 수 있는가, 경기확장에도 불구하고 금리는 계속 안정된 수준을 유지할 수 있는가 등의 문제입니다.

미국 증시는 2009년부터 달력 날짜를 기준으로 약 2,900일 동안 올랐는데요. 이는 1987년부터 2000년 닷컴 버블 때의 4,500일 랠리에는 못 미치지만, 1949년 이후 가장 긴 강세장 기록입니다. S&P500지수는 2009년 3월 저점 660선에서 거의 쉬지 않고 올라,

8년 동안 약 4배 가까이 올랐습니다. 주가 피로도가 많이 쌓여 있는 상태죠.

지금 S&P500 기업들의 주가수익비율(PER)은 20배에 가깝습니다. 물론 이 5%(PER의 역수)라는 기대수익률은 무위험자산 수익률(10년 만기 미 국채 수익률 2.3%)보다 월등히 높아 주가의 추가 상승 여력이 아직 충분함을 시사합니다. 더욱이 원래 주가라는 것이 금리가 오를 때 함께 오르는 성향이 더 강하다는 것을 모르는 바도 아닙니다. 하지만 지금 꾹꾹 눌려 있는 금리는 순식간에 튀어 오를 수 있습니다. 또는 기업이익은 기대에 못 미치는데, 주가는 계속 올라 시장프

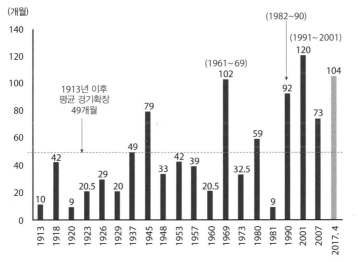

미국 경기확장 기간 비교: 경기 저점에서 정점까지의 개월 수

1961~69년, 1982~90년의 경기확장 기간 충족 비교. 2001년부터 시작되는 기간이 충족되는 기일은 2018년 중반이다.

자료: FT 자료(2016.4.25)를 인용. 현재 시점까지 연장해 작성

리미엄(PER)이 더 부담될 수도 있죠. 게다가 미국 증시는 금리가 오르기 전, 즉 사상 초유의 제로 금리를 유지했던 기간(2009~15)에 이미 3배 이상 올랐습니다. 이는 경기를 반영해 금리가 오를수록 증시의 맞바람이 거세질 수 있다는 뜻입니다. 저금리 기간에 급등했던 주가 위에 또다시 높은 탑을 쌓고 있는 형국이거든요.

너무 고지식한 순환론적 관점이라고 비판할지도 모르지만, 1913년 이후 미국 경기확장 기간은 평균 49개월이었습니다. 최장 확장은 1991년부터 닷컴 버블 때까지 120개월이었죠. 현재 경기는 2008년부터 약 9년(106개월) 동안 확장되고 있는데요. 이는 1960년대의 102개월 확장을 넘어서 1913년 이후 사상 두 번째로 긴 호황입니다. 과거 경기 조정을 불러온 과잉 생산이나 하이퍼 인

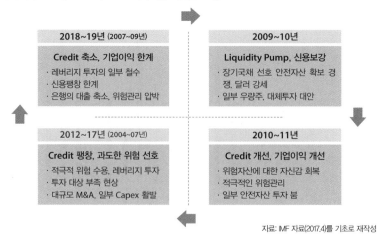

글로벌 크레딧 사이클 특징과 순환

특히 미국의 신용팽창은 과도하며, 신용 사이클 순환 과정 중 2017년은 신용확장 후기 모습으로서 위험이 커지고 있다(괄호 안의 연도는 과거 해당 기간을 표시).

2018~19년 (2007~09년)	2009~10년
Credit 축소, 기업이익 한계	**Liquidity Pump, 신용보강**
· 레버리지 투자의 일부 철수 · 신용팽창 한계 · 은행의 대출 축소, 위험관리 압박	· 장기국채 선호 안전자산 확보 경쟁, 달러 강세 · 일부 우량주, 대체투자 대안
2012~17년 (2004~07년)	2010~11년
Credit 팽창, 과도한 위험 선호	**Credit 개선, 기업이익 개선**
· 적극적 위험 수용, 레버리지 투자 · 투자 대상 부족 현상 · 대규모 M&A, 일부 Capex 활발	· 위험자산에 대한 자신감 회복 · 적극적인 위험관리 · 일부 안전자산 투자 붐

자료: IMF 자료(2017.4)를 기초로 재작성

플레이션이 없으니 미국 경기가 계속 온건한 순항을 이어갈 것으로 보는 분이 더 많습니다. 하지만 완전고용 상태의 실업률, 그럼에도 불구하고 제한된 산업 가동률과 설비투자, 거시 상황에 비해 한계를 보이는 기업이익 등은 미국 경제에 뭔가 숨겨진 문제점들이 많다는 것을 나타냅니다. 더욱이 IMF의 지적(2017.4)대로 최근 너무 빠른 신용확장과 경제 주체들의 지나친 위험 선호 태도는 10년 전 2007년의 경기 피크 상황을 떠올리게 합니다.

아무튼 저는 미국 경제가 갈수록 트럼프 취임 초기의 기대치에는 못 미칠 것이란 의견입니다. 이미 긴 경기확장 구간을 달려왔고 이에 부응해 주가도 신나게 장기간, 많이 올랐죠. 그런데 이제 그 든든한 배경인 사상 초유의 초저금리가 들썩이고 있습니다. 너무 낮은 금리와 높은 주가, 엄청나게 환상적인 조합이지만 이는 어떤 변화가 오면 조정폭이 가볍지 않을 것임을 시사합니다. 기업이익이 급격히 나빠지지 않더라도 멀티플 수축만으로 주가가 조정을 보일 위험이 있습니다. 아시다시피 주가가 하락하면 경제 주체들의 심리도 함께 꺾입니다. 그리고 경기에 대한 신뢰 약화는 또다시 주가를 떨어뜨리고, 소비 둔화와 기업 실적 둔화의 악순환으로 이어지는 경우를 우리는 과거에 종종 보아왔습니다.

지금 저는 오늘 당장 세계 증시가 폭락할 것이라고 주장하는 게 아닙니다. 다만, 사람들이 너무 열광하고 붐비는 곳에는 남은 먹거리가 그리 많지 않다는 교훈을 한 번쯤 생각해볼 때라는 거죠.

김동환 자연스럽게 미국 경제 얘기를 하게 됐군요. 직전 10년간 가장 드라마틱한 변화를 겪었던 경제이기도 하거니와 트럼프라는 일종의 장외 변수가 그 변화의 방향과 속도를 어림잡기 힘들게 하고 있습니다.

미국의 산업정책과 그 흐름

김일구　　트럼프 대통령은 미국에서 보기 드문 사람이라고 생각합니다. 미국 대통령이 한국 대통령처럼 산업정책을 들고나온 거예요. 그러니까 '미국 기업들이 이렇게 가도록 하겠다'며 길을 바꾸겠다는 것인데, 미국처럼 자유가 넘치는 나라에서 대통령이 기업이 가는 길을 바꿀 수 있겠는가 고개가 갸우뚱해지거든요. 어쨌든, 트럼프의 생각을 보면 크게 네 가지 산업정책을 갖고 있습니다.

첫째는 에너지정책입니다. 미국은 에너지 부존량이 많지만, 환경 문제 때문에 개발에 소극적이었습니다. 값싼 에너지를 외국에서 들여와 쓰면 된다는 생각이었는데, 에너지를 수입에 의존하다 보니 에너지에 기반한 화학산업이 미국 내에 발을 붙이기 어려웠습니다. 그러나 셰일 시추기술이 개발되고 난 이후 미국 내 에너지 생산이 늘어나고 있고, 또 환경 문제 때문에 인가가 나지 않았던 키스톤 파이프라인도 트럼프 대통령이 허용하고, 전략적 물자로 구분해 수출을 제한했던 천연가스 수출도 가능해지면서 에너지 생산이 증가하고 있습니다. 에너지 생산과 물류가 개선되자 화학 공장들도 속속 건설되고 있습니다. 화학산업은 환경오염 문제로 1970년대에 미국에서 신흥국으로 공장을 옮겼는데, 셰일가스가 풍부해지면서 미국에서 다시 살아나고 있습니다.

둘째는 자동차를 포함한 기계산업의 부흥이에요. 멕시코에 자동차산업을 못 주겠다고 NAFTA(북미자유무역협정)를 수정하고 있습니다. 자동차와 같은 기계산업은 관련된 부품기업들이 워낙 많아서, 이 산업을 갖고 있으면 기계산업 전 영역에 걸쳐 많은 공장과 일자리가 창출됩니다. 그리고 미국은 2011년부터 중국과 군비경쟁을 하고 있는데, 방위산업도 결국 기계산업이죠. 백악관에서 국가무역위원회 위원장을 맡고 있는 피터 나바로 교수의 책《중국이 세상을 지배하는 그날》을 보면, '중국이 짧은 시간에 미국과 비슷한 수준의 무기체계로 업그레이드할 수 있었던 것은 그들이 제조업을 키웠기 때문이다'라는 얘기가 있습니다. 우리나라에서도 서울대 공대 교수들이 2015년에 출판한《축적의 시간》을 보면, 뭔가 새로운 것이 나오려면 당장은 연관이 없어 보이는 여러 산업이 모여 있어야 한다고 합니다. 실제로 미국에서 제조업이 값싼 노동력을 찾아 중국과 멕시코로 빠져나가고 나니 미국 내 군수산업이 위축됐죠.

셋째는 인프라에 대한 투자입니다. 이 부분에 대해서는 미국 내에서 이견이 거의 없습니다. 2008년 금융위기 이후 정부재정이 악화되다 보니 항만, 교량, 철도, 공항과 같은 인프라가 많이 노후화됐기 때문이죠. 이 인프라에 자금을 투입하겠다는 것인데, 문제는 미국의 정부부채가 GDP의 100%나 되는 상황에서 자금을 어디서 어떻게 조달하느냐 하는 것입니다.

넷째는 기업투자입니다. 미국은 소비 중심 경제라고 하지만, 트럼프는 소비보다는 기업투자에 중점을 두고 있습니다. 미국은 현재 실업률이 4.4%로 마찰적 실업을 제외하면 완전고용 상태로 볼 수 있습니다. 그렇지만 21세기 들어 제조업이 해외로 빠져나가면서 양질의 일자리보다는 시간당 최저임금을 적용받는 저임금 일자리가 대거 늘어나는 문제가 발생했습니다. 미국의 연방법에서 정하는 시간당 최저임금은 7달러 25센트인데 하루 8시간, 주 5일 근무한다고 보면 연봉으로 1만 5,000달러 정도 됩니다. 미국은 1인당 GDP가 5만 7,000달러인 부자 나라입니다. 그러니 연봉 1만 5,000달러의 일자리가 늘어나서는 경제가 유지될 수 없겠죠.

금리가 워낙 낮을 때는 할부로 소비를 하지만, 미국의 금리가 좀 오르면서 소비도 위축되고 있습니다. 일자리가 늘어나긴 하지만 경제를 지탱해줄 수 있는 일자리는 아닌 거죠. 그래서 소비에 의존한 성장을 하지 않고, 법인세 인하 같은 정책을 써서 기업투자를 유도하고 양질의 일자리를 늘리려는 정책을 쓰고 있습니다.

김동환 낙관이라고까지는 할 수 없지만, 저는 미국 경제가 대체로 제대로 된 방향타를 잡고 있다고 봅니다. 예를 들어 미국의 전통산업인 철강·화학·기계산업들이 자리 잡고 있는 오하이오, 펜실베이니아, 위스콘신 같은 이른바 러스트 벨트(Rust Belt, '녹슨 공업지대'라는 의미로 미국 제조업의 호황을 구가했던 중심지였으나 제조업의 사양화 등으로 불황을 맞은 지역을 이르는 말) 주들이 지난 대선 때 트럼프 당선의 결정적 역할을 했죠. 트럼프는 이들 지역에서 전통산업이 무너짐으로써 발생한 대량 실업, 임금 정체, 노동 생산성의 저하 같은 문제들을 바꾸지 않는 한 미국의 미래는 없다고 유권자들을 설득했습니다. 그런 측면에서 미국의 전통산업이 무너져 내린 이 시점에 왜 트럼프와 같은 지도자가 나왔냐는 점을 생각해보면 역사적인 필연성을 추론해볼 수 있습니다.

저는 2005년부터 2008년 금융위기 때까지 미국에 있었는데요, 미국에서 살다 보면 가끔 놀랄 때가 있습니다. 우리도 서울의 강남과 강북이라든지 도시와 농촌 간에 큰 격차가 있습니다만, 미국에 비교하면 아무것도 아니란 생각을 많이 합니다. 뉴욕이나 LA 같은 대도시 외곽지역의 가난한 지역을 가보면 이게 정말 21세기 세계 최강대국인 미국이 맞나 하는 생각이 절로 들어요. 정말 피폐한 지역이 많습니다. 이들 지역에는 흑인과 히스패닉계뿐 아니라 저소득 블루칼라 백인들도 살고 있는데, 이 사람들은 꿈이 없어요. 교육 시스템은 무너졌고, 공공병원은 낙후됐고, 교량은 통행료를 지불하고 건너면서도 무너지지 않을까 걱정될 정도로 노후되어 있습니다.

얼마 전에 J.P.모건의 제이미 다이먼 회장이 20년 동안 미국의 어떤 도시에서도 새로운 공항이 건설된 적 없다고 얘기했죠. 실제로 상당 기간 미국에서 사회간접자본에 대한 투자가 바닥이었다는 걸 살다 보면 느끼게 됩니다. 그런데 왜 그랬을까 하는 걸 생각해보면, 제이미 다이먼 회장과 트럼프 대통령 모두 공통으로 지적합니다만 미국이 해외에 쓸데없는 돈을 너무 많이 썼다는 것입니다. 아프가니스탄이나 이라크 같은 곳에 말이죠. 별 효과도 없는 외교·안보를 핑계로 나간 돈만 해도 어마어마하다는 건데요. 그 돈의 물꼬를 사회간접자본에 대한 투자와 법인세 감세 등 제조업의 경쟁력을 높이는 데 도움이 되는 쪽으로 틀어야 한다는 겁니다.

미국 사람들에게는 기본적으로 선민의식 같은 게 있어요. 축복받은 나라라는 거죠. 예를 들면 셰일가스, 셰일오일 말입니다. 하필이면 왜 금융위기라는 미증유의 국난을 맞았을 때 이 셰일이 상업화됐을까요? 사실 우리는 자각하지 못하고 있었지만 셰일오일과 가스는 에너지 효율이라는 측면에서, 특히 미국 제조업 입장에서는 에너지 비용이라는 측면에서 다시 한 번 큰 기회를 부여하고 있습니다.

최근 한동안 국제유가가 50달러를 밑돌았잖아요. OPEC(석유수출국기구) 국가들이 생산량을 줄이는데도 더 튀어 오르지 못하는데, 그 이유가 상당 부분 이 셰일오일 때문입니다. 일종의 캡(cap)이 씌워져 있다고나 할까요? 그 이상 오르지 못하도록 말이죠. 미국 기업과 가계가 에너지 비용을 절감한다는 건 상당한 의미가 있습니다. 미국 소비자, 특히 경제적 중·하층민들의 소비에 가장 큰 영향을 주는 것이 바로 기름값입니다. 일단 주급을 받으면 어쩔 수 없이 내야 하는 게 기름값, 통신비, 렌트비죠. 사실상 이 세 가지를 빼고 나서 소비가 시작되는 거거든요. 그런데 국제유가가 100달러일 때하고 50달러일 때, 또는 2016년처럼 30달러대에 있을 때를 비교하면 실질적인 처분가능소득(세금과 이자 등 비소비지출을 제외하고 가계가 임의로 소비할 수 있는 소득)이 변하는 효과가 있는 거죠.

또 하나가 양극화 문제입니다. 사실 어느 나라나 내수가 좋지 않은 원인은 국가 전체의 소득은 증가하는데 그 가운데 가계소득의 증가폭은 기업소득에 비해 미미하고, 그나마 가계소득도 부유층 위주로 는다는 것입니다. 돈 많은 사람은 어차피 저축하며 투자를 하고 있으니 소득이 늘어도 소비를 늘리지 않죠. 쓸 돈이 없어서 하루 벌어 하루 사는 사람들에게 돈이 가야 소비가 바로 늘지 않겠습니까? 그래서 트럼프가 이 양극화를 한번 고쳐보겠다고 치고 나간 게 사실상 지난 대선 승리의 동력이라고 봅니다.

물론 그의 정책이 성공할지는 잘 모르겠습니다. 다만 적어도 미국 경제가 오랫동안 이어온 세계화로 인한 양극화 그리고 금융 서비스 위주의 경제체제, 그로 인한 제조업의 몰락 등이 얽힌 사슬을 끊으려는 노력과 그에 대한 기대감이 유효하다면 미국 주식시장의 상승세가 조정을 겪을 순 있겠지만 쉽사리 꺼지지는 않을 것이라고 봅니다.

김한진　물론 일리 있는 말씀입니다. 저도 미국의 새로운 공공투자 여력이나 미국 고유의 강한 경제체질, 유연한 자본시장 구조, 셰일 오일의 잠재력을 중시해야 한다고 봅니다. 미국 경제는 생각보다 견고하고 준비통화국으로서의 특권도 갖고 있기에 과거에도 수차례 위기를 잘 극복했고 위기 다음에는 늘 양질의 경기호황 국면을 맞이했습니다. 다만 저는 금융위기 이후 지난 10년의 미국 경제는 좀 다른 면이 있다고 보는데요. 이는 예전보다 훨씬 낮은 이자율과 중앙은행의 폭풍 자산 흡입, 전인미답의 통화정책으로 미국 경제가 저금리와 자산시장(주식·주택시장)에 너무 깊숙이 의존해서 돌아가고 있다는 점입니다.

연준(연방준비제도, 미국의 중앙은행제도)은 제로 레벨까지 내려간 기준금리를 2015년 말과 16년 말, 1년에 한 차례씩 띄엄띄엄 올리다가

2017년부터는 1년에 최소 두세 차례 계속 올릴 가능성이 큰데요. 이처럼 본격 금리 인상 사이클에 들어간 상황에서 자산시장이 앞으로 어떤 반응을 보일지 궁금합니다.

미국 금리는 전 세계 금리의 표준이기 때문에 글로벌 자산시장에 직접적인 영향을 미칩니다. 지금 경제 주체들의 마음속에는 '연준은 우리(위험자산) 편일 거야'라는 믿음이 강하게 자리 잡고 있습니다. 물론 아직은 미 국채를 보유함으로써 발생하는 위험이 낮고 연준도 금리를 급하게 올릴 의도가 없어 보입니다. 하지만 앞으로 연준의 계획대로 흘러갈지는 지켜봐야겠습니다. 연준이 금리를 가능한 한 천천히 올린다 해도 채권시장의 수급 변화(적은 거래량과 호가 갭, 선물시장 매도)로 장기 금리가 일시 튈 수도 있고요, 자산 인플레이션과 재정 악화, 불확실성 증대로 시장금리가 갑자기 튀면서 일시 긴장을 불러올 수도 있습니다.

저는 그보다도 이제까지의 저금리나 양적완화(QE, Quantitative Easing) 정책이 그간의 경제적 수혜(benefit)에서 비용(cost)으로 바뀔 수 있음에 주목하고 있어요. 경제에는 공짜가 없는 법이죠. 저금리의 비용 전이 경로는 다양합니다. 가령 재정 경로를 볼까요? 앞으로 미국 재정은 팍팍하게 돌아갈 겁니다. 이런 상황에서 정부지출을 늘리면 아무리 민간주도의 프로젝트라 해도 구축효과(crowding-out effect)가 발생합니다. 만약 트럼프 정부가 제한된 리소스를 가지고 지나치게 시장에 개입한다면 부작용들이 노출될 수 있습니다. 잠재성장률은 제자리인데 무리한 부양책을 쓰면, 경제체질은 바뀌지 않은 채 실질성장률만 고스란히 인플레이션으로 까먹을 수 있습니다.

　지난 이명박 정부 당시 747정책(7% 성장, 4만 달러 소득, 세계 7대 강국)
도 결국 달성한 것은 베이징올림픽 7위밖에 없다는 자조 섞인 평가
만 남았잖아요? 그렇듯이 잠재성장률을 개선하는 것이 아니라 무
리한 '보여주기식 정책'을 펼치면 끝이 그다지 좋지 않습니다. 저는
미국 경제의 숨은 여러 구조적 모순점이나 오바마 정부 때 불가피
하게 만들어진 금융위험들을 정리하는 정책을 기대했습니다만. 그
러면 세계 경제에도 도움이 되었겠죠. 하지만 안타깝게도 트럼프
정부는 지금 이런 것들과는 점점 거리가 먼 쪽으로 가고 있습니다.

김동환　　그런데 지금 트럼프 대통령이 하고자 하는 정책은, 적어도
미국인의 관점에서는, 그러한 악순환의 고리를 끊기 위한 시도라고
할 수 있지 않겠습니까?

김한진　　네, 물론 저도 단기적으로는 그렇게 진행될 것이라 봅니다.
하지만 자칫 악순환의 고리를 끊으려다 도리어 악순환을 더 깊게
만드는 우를 범할 수도 있다는 거죠. 앞서 말씀하셨던 경제의 양극
화 해소나 산업의 균형 발전, 전통 제조업의 부활 노력 등이 모두
미국 경제의 구조를 개선하고 악순환의 고리를 끊어내는 정책인데
요. 과연 이런 것을 단시일 안에 정부의 힘만으로 다 이룰 수 있겠
는가, 저는 좀 회의적입니다. 가령 다른 나라 기업이 미국에 현지
생산 공장을 짓는다고 해서 장기적으로 고용이 늘어날까요? 비교
우위가 낮은 러스트 벨트의 전통산업을 발전시키는 것보다 더 시
급한 것이 어쩌면 돈 없는 중하위 계층에게 양질의 의료보험 혜택
을 주는 일인지도 모릅니다. 근원적인 산업 경쟁력을 무시하고 주

변국의 팔을 비틀어서 성과를 만들어내는 트럼프 정책은 어쩐지 불안해 보입니다.

김일구 미국에서는 산업정책이 통할 수 있다고 봅니다. 물론 트럼프 대통령에 대한 기업인들의 반발도 심하기는 하지만, '인건비가 좀 비싸더라도 미국 내에서 물건을 만들어라. 그래야 미국이 다시 위대해질 수 있다'라는 구호가 어느 정도 호소력을 갖고 있기 때문입니다. 그래서 '미국 우선주의(America First)'에 힘입어 산업이 다시 활력을 얻을 수 있을 것 같습니다.

김동환 그렇다면 우리 경제는 어떤 방향으로 나아가야 할까요?

김일구 우리나라는 어떻게 내수부양이 가능할까? 다들 고민을 많이 하지만 길이 잘 보이지 않습니다. 1988년에 우리가 환율조작국으로 지정되어 내수부양을 할 수밖에 없는 상황으로 내몰렸을 때는 분당과 일산에 대규모로 주택을 건설하는 부동산정책을 쓸 수 있었습니다. 인구가 증가하고 또 도시로 많은 사람이 몰려드는 상황에서는 집만 지어도 내수부양이 됩니다.

그런데 이번에는 뭘 하죠? 산업화도 어느 정도 했고, 인구 증가에 맞춰 집 짓는 것도 할 만큼 했고, 거기에다가 미국이 제조업을 자국으로 가져가겠다고 하는 상황이니까요. 이런 상황에서 다른 나라들은 도대체 어떻게 해야 성장할 수 있을까에 대한 의문이 남아 있습니다. 만약에 이 의문이 해결됐다면 코스피는 이미 3000, 4000을 넘어갔겠죠. '가계부채가 이렇게 많은 상황에서 내수부양이 되겠어?' 하는 비관론이 바닥에 깔려 있습니다. 저도 굉장히 낙관적인 사고를 하는 사람인데, 그럼에도 어디서 돌파구를 찾아야 할지 아직 잘 모르겠습니다.

김동환   크게 보면 과거 30년 동안 중국의 개방, 규모가 큰 신흥국들인 브릭스(BRICs, 브라질·러시아·인도·중국 등의 신흥 4개국) 경제의 고도성장, 그리고 자원을 보유한 신흥국 경제의 부상 등이 세계 경제 차원에서 선진국들의 경제성장률 저하를 받쳐주는 역할을 했죠. 특히 금융위기 이후 몇 년간 중국은 세계 경기의 추가 하락을 막는 지지대 역할을 했습니다. 그 덕분에 현재 미국 경제는 다시 회복 국면에 들어섰습니다. 그런데 아이러니하게, 회복세에 들어선 미국이 나만 잘살아보겠다고 보호무역주의를 하겠답니다.

트럼프의 등장으로 촉발된 이와 같은 보호무역주의 우려에 대해 저는 조금 다른 생각을 갖고 있습니다. 트럼프 대통령이 의회의 동의를 얻어 보호무역주의 장벽을 세우는 속도보다 미국 경기가 살아나는 속도가 더 빠를 것이기 때문에 우리처럼 수출할 준비가 되어 있는 나라들에는 경기회복 효과가 먼저 미칠 것입니다.

미국경제는 워낙 개방되어 있고 우리가 상상하는 이상으로 규모가 크죠. 따라서 대통령이 보호무역주의를 하겠다고 해도 경제가 성장기에 접어든 이상 그 슬로건이 공허해질 가능성이 큽니다. 시장이 그걸 원치 않을 수 있다는 겁니다. 또 이런 상황이 되면 우리가 모르는 사이에 한국 같은 제조업과 수출 위주의 소규모 개방 경제에 스며든다는 얘기입니다. 최근 반도체의 호황이 대표적인 예라고 생각합니다. 물론 미국 스스로 우리나라의 반도체를 적극적으로 사들이는 건 아니지만, 미국 경제가 비교적 오랫동안 호황을 이어갈 것이라는 전망이 반도체 가격에 스며들어 있습니다. 여기에 더해 트럼프가 약속한 1조 달러에 달하는 인프라 투자를 시작할 경우 반도체뿐 아니라 철강, 석유 화학에 이르기까지 수요가 늘 수밖에 없다는 기대가 반영되고 있다고 봐야죠. 결국 주식시장은 기대를 먹고 오르는 것 아니겠습니까?

미국의 정책과 중국 경제의 구조 변화

김한진　트럼프 이야기를 하면서 자연스럽게 중국을 다루지 않을 수 없겠는데요. 중국에는 트럼프라는 지도자가 좀 부담이 될 것입니다. 중국은 지금 중대한 패러다임 변화를 겪고 있지 않습니까? 중국이 좀더 부드럽게 이 구조 변화에 성공하려면 세계 경제, 특히 미국의 도움이 필요합니다. 하지만 미국은 중국의 그런 약점을 파고들고 있죠. 중국은 지금 국영기업의 수익성 둔화와 전통산업의 공급 과잉, 부채조정이란 숙제를 풀어야 합니다. 그 과정에서 수출이 도움을 줘야 하는데 미국은 보호무역이란 협상카드로 중국을 다루려 합니다. 게다가 트럼프는 미국 경제가 아시아 수출국에 주는 낙수효과를 인위적으로 더 떨어뜨리려 하고 있습니다. 앞서 말씀드렸듯이, 트럼프가 아니더라도 2011년경부터 세계교역은 이미 그 이전에 비해 밋밋해졌습니다. 대부분 선진국의 소비성향이 떨어졌고 저금리하에서 저축률만 올랐으니까요.

두 분 말씀하셨듯이 미국과 중국을 비롯하여 모든 나라가 내수부양을 앞세웁니다. 그런데 지구촌 모두가 국경의 문을 닫고 인위적으로 자국 일자리 늘리는 데만 집중한다면 어떻게 되겠습니까? 중국 정부도 내수부양책을 계속 펼칠 것입니다. 하지만 그것은 이미 한계가 있는 일입니다. 설비투자율이 떨어진 것은 세계교역이 위축되기 시작한 2011년경과 일치합니다. 중국인들의 임금이 오르고, 그에 따라 생산비용이 올라가고, 투자 동인이 줄고, 기존 설비의 가동률마저 떨어지기 시작했죠. 그러니 이제는 투자율을 떨어뜨린 요인인 임금 상승과 도시화 현상이 소비로 이어져 GDP 대비소비 비율이 올라가야 할 시점입니다. 하지만 아시다시피 중국 경제는 거대하지 않습니까? 이러한 거시적인 변화에는 시간이 좀더 걸릴 수밖에 없습니다.

현재 진행형인 중국의 이러한 구조 변화는 일단 우리 중간재 수출에는 부담입니다. 대신 앞으로 소비재의 대중 수출 전망은 밝죠. 물론 다국적기업 및 중국 로컬기업과의 치열한 경쟁이 불가피하겠지만요. 중간재와 소비재라는 중국의 양대 수입 축이 크게 바뀌는 오버랩 기간이 몇 년은 더 이어질 것 같습니다. 어쩌면 앞으로 4~5년이 우리 수출환경의 중대한 변곡점이라 봅니다. 이 기간에 일단 중국의 수입은 크게 늘지 않을 것 같습니다. 특히 부피가 큰 소재나 중간재 교역량은 세계적으로 줄 것입니다. 큰 배로 실어날라야 하는, 부피가 크고 무거운 액체 또는 기체 상태의 상품들은 부가가치를 더 키우기도 어렵습니다.

트럼프 정책은 결국 중국과 아시아의 구조조정을 더디게 함으로써 이 지역 내수소비 증대를 지연시키고, 결국 미국의 대신흥국 수출 확대를 가로막아 대외 불균형을 키우는 모순을 만들 수 있습니다. 스스로 자기 발등을 찍는 셈이죠. 셰일오일의 자급자족은 산유국의 원유 수출량을 떨어뜨리고 유가 안정으로 생긴 소비역량의 증대는 관세나 국경세를 통해 차단함으로써 부가가치가 미국 안에서만 돌도록 만들 것입니다. 이런 마당에 중국도 대외개방을 너그럽게 해줄 리 만무합니다. 자본시장 개방이나 환율정책도 앞으로 미국과 마찰을 보이겠죠. 결국 비교우위 재화를 놓고 각국이 서로 자유무역을 하는 것에 비해 국민후생(welfare)은 다 같이 나빠질 수 있습니다.

김일구 미국으로 공장이 들어가면 중국이나 신흥국은 그만큼 손해겠죠. 그래서 길게 보면 제로섬이 맞을 것 같습니다. 그러나 3~5년의 단기간을 보면 제로섬은 아닙니다. 가령 미국 공장들이 값싼 노동력 때문에 중국으로 공장을 옮길 때 한꺼번에 모두 옮겨가진 않았습니다. 미국 내 공장을 유지하면서 중국에 추가로 공장을 짓고, 시간이 지나면서 서서히 생산량을 옮겼습니다. 그러다 보니 2000년대 중반에 국제분업으로 인해 생산량이 급증하고 국제 물동량도 폭발적으로 증가하는 현상이 나타났습니다. 중국과 미국에서 모두 생산되니 공급 과잉이 생겼지만, 어쨌든 공장의 이동이 제로섬이 되는 결과는 장기에 걸쳐 나타난다는 것입니다.

미국 입장에서는 2000년대 중반에 값싼 노동력을 찾아 공장이 해외로 이전된 것이 '오프쇼어링(off-shoring)'이라면 이번에 공장이 다시 미국으로 돌아오는 것은 '온쇼어링(on-shoring)'입니다. 온쇼어링도 오프쇼어링처럼 단기적으로는 생산량의 증가를 낳을 것으로 봅니다. 당장 이 공장 가동 중단하고 저 공장 가동 개시하고 그렇게 할 수는 없습니다. 오프쇼어링 때 그랬듯이 온쇼어링 때도 설비투자의 증가, 생산량의 증가와 국제 물동량의 증가가 나타날 것으로 봅니다.

김동환　제가 너무 낙관적으로 보는 것인지도 모르지만, 저는 중국 경제를 운용하는 정치 리더십이 현명한 판단을 했다고 봅니다. 투자 또는 수출 위주의 경제에서 소비와 내수 위주의 경제체제로 전환을 시작한 것이 시진핑 정부 들어서면서부터인데요. 국제분업이라는 것을 우리 입장에서 단순화해보면, 유럽과 미국에 최종재를 수출하는 중국의 공장에 우리가 중간재를 납품하고 중국에서 완제품을 만들어서 미국과 유럽에 수출하는 생태계잖아요.

그런데 미국 기업 중 상당수가 자국으로 생산기지를 옮기고 또 많은 우리 기업이 베트남처럼 임금이 더 저렴한 지역으로 공장을 옮기고 있습니다. 우리 입장에서 보면 거래처의 다각화가 이뤄지고 있는 겁니다. 대부분의 중간재를 중국에 수출해야 하는 분업구조에서 미국으로도 이 물량을 상당히 돌릴 수 있고 베트남 같은 새로운 국가로도 옮길 수 있다는 겁니다. 거래처가 다변화되면 품질과 가격에 대한 경쟁력을 갖고 있는 공급자가 훨씬 유리해집니다. 거래처가 하나의 국가로만 제한된 상황에서는, 교역 조건 안에 국가 간 관계와 이해 등이 개입될 소지가 많지만 거래처가 다각화되어 있다면 그 부담이 많이 줄어드니까요. 2016년부터 벌어진 사드 갈등으로 인한 우리 산업의 피해가 그 단적인 예입니다. 어쨌든 우리는 무조건 만들어서 팔아야 하는 숙명을 갖고 있는 나라잖아요. 그렇기 때문에 (수출)총량이 줄어들지 않는다는 전제하에서는 거래처가 다변화되는 것이 우리 입장에서는 결코 나쁜 일이 아닙니다.

동시에 경쟁력 있는 산업과 경합 중인 산업, 또 뜨는 산업과 지는 산업의 격차는 굉장히 크게 벌어질 겁니다. 경쟁력이 떨어지는 산업은 국제 분업구조상 거래처가 다각화되는 국면에서 훨씬 불리한 상황이 될 겁니다. 거래상대방 국가가 더는 수입을 하지 않고 자국 내에서 물건을 생산하고 소비하겠다고 쉽게 나설 수 있는 산업은 큰 위기가 되겠지만, 탁월한 경쟁력을 가진 산업은 거래처가 다각화되는 것이 훨씬 더 큰 기회가 될 것입니다.

한국 산업구조와 경기 사이클

김한진 저는 우리나라 산업구조가 너무 편중되어 있다고 봅니다. 특정 기간, 특정 국면에서 특정 산업에 대한 의존도가 지나치게 높은 게 문제라는 겁니다. 게다가 지금 우리 경제가 IT(정보통신) 안에서도 반도체와 휴대전화에 지나치게 의존하고 있다는 점은 좀 부담입니다. 2011년 일본 대지진과 후쿠시마 원전사고로 일본 산업이 위축되고, 반도체와 자동차 쪽에서 우리가 반사이익을 누렸었죠. 그때 다들 수출 회복에 들떴습니다. 그런데 지나고 보니 그것은 착시였습니다. 2012~13년부터 우리나라 수출품목들의 세계 시장 점유율은 일제히 꺾이지 않았습니까? 사실상 이때가 한국 수출 경기의 큰 변곡점이었고, 돌이켜 보면 산업구조 조정과 미래 성장산업 발굴에 보다 매진해야만 했던 때였죠.

혹시 지금도 반도체 호황으로 비슷한 착시 현상이 있는 것은 아닌지 우려됩니다. 2017년 상장기업 전체 영업이익은 200조 원(650개 기업 기준) 정도로 추정되는데요, 이 중 약 27%인 53조 원을 삼성전자 한 기업이 낼 것으로 보입니다. 고용이나 가계소득 증대에 기여하는 산업들이 중국 경제나 중간재 수요 둔화 등 구조적인 이유로 성장탄력이 둔화되는 상황에서 반도체 등 특정 산업의 호황을 너무 확대 해석하고 있는 것은 아닌지 걱정됩니다.

주식시장도 그렇고, 한국 경제도 그렇고 앞으로 우리 미래가 좀 더 밝아지려면 무엇이 어떻게 개선되어야 할까요?

첫째는 글로벌 성장산업에서 우리 기업의 비중과 점유율이 늘어나야 합니다. 인더스트리 4.0이라는 표현을 쓰기도 하더군요. 아무튼 세계적으로 수요가 새롭게 증가하는 고부가가치 산업 쪽에서 한국 기업들의 위상이 높아지고 점유율이 올라가야 경제에 희망이 있다는 말씀이죠. 미국 증시의 주가수익비율(PER)이 높은 것도 진정한 글로벌 성장산업이 전체 증시 시가총액의 약 절반을 차지하고 있기 때문입니다(S&P500 시장 기준).

둘째는 이제까지 수십 년간 한국 수출을 이끌어온 제조업이 경쟁력을 보강해서 좀더 성과를 내줘야 합니다. 몇 년 전 조선업 등 적자기업들이 구조조정을 한 것은, 비록 아픔은 있었지만 반드시 필요한 과정이었습니다. 이제 한 걸음 더 나아가 진정한 부가가치 증대를 위한 일들을 해야 합니다. 기업마다 사정이 다르긴 합니다만, 이들 산업은 예전보다 경쟁이 격화되고, 침체 기간은 길고 호황은 단축되는 경향이 있죠. 철강·화학·에너지·기계·자동차 등 시클리컬(cylical, 경기순환) 산업들이 경기순환의 함정, 즉 가치 함정(value trap)에 빠지지 않아야 하고요, 혹여 이미 빠져 있다면 거기서 벗어나야 합니다.

세 번째는 김동환 소장께서도 지적해주셨듯이 미국을 비롯한 선진국이 안정되어야 한국 경제도, 우리 증시도 희망이 있습니다. 부채 함정에 빠진 선진국 경제가 큰 사고를 치지 않아야 한다는 겁니다. 대차대조표 불황을 극복하기 위한 각종 정책, 특히 민간을 대신해 정부가 돈을 푼 정책들이 보다 실효성을 거두고 선진국이 세계 경제를 잘 받쳐줘야 합니다. 지금 같아서는 상황이 조금만 어려워져도 다들 각자도생, 고립주의, 보호무역주의에 더 깊이 빠져들 공산이 큽니다. 트럼프 대통령 임기가 앞으로 몇 년이 될지는 모르겠습니다만, 우리 수출기업들에 그다지 좋은 환경은 아닙니다.

한국 주가가 일시적인 박스피 탈출이 아니라 꾸준한 대세 상승으로 이어지려면 이런 조건들이 충족되어야 합니다. 사실 주식시장에 국한된 문제라기보다는 한국 경제의 진정한 성장 요건들이죠.

김일구 김한진 박사께서 말씀하신 것처럼 산업이 너무 슬림화되어 있는 것은 맞습니다. 세계 경제의 흐름에서도 보면, 이번 순환의 특징이 위축되어 있던 기업투자가 유가 반등과 함께 용수철처럼 튀어 오른다는 것 외에 특별한 점은 없습니다.

다만 반도체와 디스플레이를 중심으로 한 IT 하드웨어산업의 경기확장세가 두드러지긴 합니다. 2000년 닷컴 버블 이후 10년 이상 소프트웨어 발전이 있었고, 이제 4차 산업혁명을 만나면서 다시 하드웨어 사이클이 시작된 것 같아요. 물론 IT 하드웨어산업은 우리나라와 대만에서만 큰 비중을 차지할 뿐 그 이외 나라들에서는 별로 주목받지 못하는 산업입니다. 우리나라는 IT 하드웨어 비중이 크다 보니, 이 때문에 최근 경기 사이클이 너무 좋아 보이는 착시 현상이 있을 수 있습니다.

지금 국내에서 IT 사이클에 대한 논쟁이 뜨겁습니다. 언제까지 지속될까? 삼성전자, SK하이닉스 주가가 언제까지 오를까? 아마 길게 보면 2017년 말, 짧게 보면 2017년 여름까지가 아닐까 싶습니다. IT 사이클이 끝나면 또 몇 년째 쉬고 있는 다른 산업들이 바통을 이어받을 것 같습니다. 경제가 어떻게 돌아가는지 잘 모르는 경우가 많은데 몇 년이 지나면 기계가 녹슬고, 새로운 사람을 뽑고, 차도 바꾸고 하죠. 그래서 시간이 지나면, 끝난 줄 알았던 산업에서 다시 새로운 사이클이 시작되곤 합니다.

물론 이번 경기 사이클은 예전에 우리가 자주 봤던 경기 사이클과는 다릅니다. 예전에는 한 산업이 좋아지면 모든 산업으로 그 영향이 파급되었습니다. 마치 산업들이 굴비 엮이듯 엮여 있는 것처럼 말이죠. 산업연관 효과가 컸다고 해야 할까요? 그러나 지금은 에너지산업이 좋아지고 반도체가 좋아졌지만, 자동차산업이 긍정적인 영향을 받거나 기업투자로 이어지진 않아요. 그러다 보니 요즘 경기 사이클은 아주 짧게 끝납니다. 한두 개의 산업이 좀 좋아졌다 나빠지는 것으로 끝나는 거죠.

그러나 예전처럼 강력한 사이클이 만들어지지 않는다고 해서 꼭 나쁜 것은 아닙니다. 작은 사이클이 중첩적으로 계속 이어지기만 하면 성장률이 들쭉날쭉, 어떨 때는 고성장을 했다가 어떨 때는 경기침체에 빠지고 하는 변동성이 완화되는 좋은 점도 기대해볼 수 있습니다. 물론 단기간에 높은 경제성장률은 보이지 않겠지만요.

경제 전망에 대해 일본의 사례를 들면서 비관적인 시나리오를 제시하는 분들도 계십니다. 저는 일본 문제를 일반화할 필요가 없다고 봅니다. 일본 사람들이 굉장히 특이해서 장기 불황에 빠져든 것이지, 고령화되고 성장률과 금리가 낮아졌다 해서 다 일본처럼 되는 것은 아니라고 생각합니다. 일본 사람들 밥그릇 보세요. 밥도 조금밖에 안 먹고 소비도 활발하게 하지 않고 근검절약하는 사람들입니다.

그런 일본이 전 세계의 공장이 되자 세계 경제에 심각한 문제가 생긴 것이 1980년대입니다. 돈은 돌아야 하는데, 일본이 전 세계에 수출해서 돈을 벌어가서는 안 쓰니까 세계 경제에 문제가 생겼다는 게 미국 관점입니다. 그래서 플라자 합의를 통해 일본 엔화가치를 폭등시킴으로써 일본이 수출해서 돈 벌기 어렵게 만들어버린 거죠.

그래서 저는 일본의 장기 불황은 일본 사람들이 너무 근검절약해서 나타난 '저축의 역설'로 보면 된다는 입장입니다. 이를 일반화할 필요 없습니다. 최근 한국을 포함해서 전 세계 소비자들을 보면 일본 소비자들과는 다릅니다. 소득 증가가 별로 없는데도 맛집

다니고 전 세계 여행 다닙니다. 페이스북 같은 SNS에 자신의 소비생활을 올리고 자신을 드러내는 것을 꺼리지 않습니다. 남이 소비하는 것을 보면 나도 소비하고 싶어 합니다. '음식이 곧 사람이다(A man is what he eats)'란 말이 있는데, 요즘은 '그 사람이 어떤 사람인지 알려면 그 사람이 무엇을 소비하는지 보라(A man is what he consumes)'라는 말이 생겨야 할 것 같아요. 일본 사람들은 돈을 많이 갖고도 장기 불황에 빠졌지만, 요즘 소비자들을 보면 현금을 쌓아놓고 안 쓸 것 같진 않습니다.

김한진 앞서 반도체를 말씀하셨는데, 반도체는 최근 호황이죠. 컴퓨터, 자동차 전장화부터 사물인터넷, 각종 모바일 기기가 반도체를 더 많이 필요로 하고 있기 때문입니다. 하지만 말씀드렸다시피 이는 삼성전자와 SK하이닉스 등 몇몇 대기업에 국한된 일입니다. 물론 반도체 장비나 기자재 업체에 낙수효과가 있긴 하지만 국민경제 전체적으로 보면 상당히 제한적이죠. 이런 현상은 국경을 넘어서도 비슷하게 벌어지고 있습니다. 요즘은 국가 간 낙수효과와 산업 간 분업이나 상호 선순환의 고리가 약해진 듯합니다. 우리가 반드시 수출해야 하는 산업 가운데 상대 교역국이 반드시 수입을 원하는 산업의 수효가 줄고 있어요. 신흥국 경제 발전이 과거처럼 한국의 모든 범용 수출재에 긍정적으로 작용하는 세상도 아니고요. 미국과 중국의 사회간접자본 투자도 교역재의 교역 증대를 가져오는 데에는 한계가 있습니다. 최대한 자기네 경기부양 효과를 극대화하려고 하기 때문이죠.

김동환 10년 전에 장래가 가장 밝았던 산업은 조선업이었습니다.

거제, 울산 이런 곳이 불야성이었죠. 하지만 10년이 지난 현재는 이들 지역에서 구조조정의 칼바람이 불고 있습니다. 수원, 이천 등 반도체 공장이 있는 지역에서도 10년 후 이와 같은 칼바람이 불 수도 있습니다.

그런데 우리 조선업이 구조조정에 실패하든 업황이 계속 부진하든 이대로 끝날까요? 스웨덴의 '말뫼의 눈물(2002년 현대중공업이 스웨덴 말뫼의 코쿰스조선소에서 사들인 대형 크레인의 별칭. 조선소가 문을 닫으면서 1달러에 내놨음)'처럼, 우리 조선업 역시 예전의 영화를 회복하긴 어려워 보이지 않습니까? 원래 저는 산업에 관한 한 비교적 단절적인 시각을 가지고 있었습니다. 나라마다 발전 단계에 맞는 산업이 있고 후발 국가에 자연스럽게 주도권을 이전하는 것이 오히려 좋을 수 있다는 의미입니다.

예를 들어 유럽의 조선업이 주도권을 일본에 내주고 일본은 한국으로, 한국은 또 중국으로 넘겨주고 퇴장할 것이라는 시각이었습니다. 특히 일본이 그랬던 것처럼 우리 역시 지금 경쟁력이 있더라도 몇몇 산업은 결국 중국에 잠식당하고 새로운 먹거리를 찾아야 할 거란 논리입니다. 하지만 최근에 생각을 바꿨습니다. 하기에 따라서 우리는 경쟁력을 잃어가는 산업군에서 한동안 혹은 상당히 긴 기간동안 그 경쟁력을 유지할 수 있고 그것을 기반으로 성장의 궤도를 되돌릴 수 있을 것입니다.

몇 년 전에 일본 출장길에 우연히 본 신문 사설 제목이 기억납니다. 'There is no more Yuna's Mom in Japan', 그러니까 김연아 선수의 어머니와 같은 스토리가 일본에는 없다는 겁니다. 아사다 마오 선수가 올림픽에서 좌절한 반면, 김연아 선수가 우승한 것에 빗대어서 한국과 일본 경제에 관한 얘기를 쓴 사설입니다. 전후에 일본 경제가 부흥한 것은 일본의 아주 독특한 가족주의가 그 안에 있었기 때문인데요. 부모가 아들을 위해서 봉사하고 누나가 남동생을 위해서 헌신하는 가족 간 관계, 이것이 바로 미래에 대한 투자였다는 겁니다. 그런데 지금 일본은 오랜 불황기를 거치면서 그런 관계가 와해되어버렸습니다. 이제는 가족끼리 서로 간섭하지 않는 것이 일반적이 됐습니다. 반면에 우리 한국 부모들은 여전히 자녀 교육에 모든 것을 바치고 자녀의 성공을 위한 헌신에 주저함이 없습니다.

이런 가족관계를 경제에 갖다 붙이는 것이 어색할 수도 있습니다. 그렇지만 우리나라 경제구조를 생각해봤을 때 인구구조학적 요소들이나 일본 산업에 대한 후행성 등을 인정하더라도 우리 경제가 일본의 전철을 밟을 것이라는 생각에서 벗어나게 됐습니다. 그 이유는, 일본의 국민성이 우리나라 사람들의 그것과는 매우 다르기 때문입니다.

국정농단 사건이 밝혀진 후 우리 국민 100만 명 이상(연인원 1,500만 명 이상)이 지난겨울 주말마다 광화문 광장에 모여 촛불을 밝히는 모습을 보면서 이런 생각을 했습니다. 만약 일본에서도 이와 비슷한 사건이 벌어진다면 과연 100만 명 이상의 일본인이 도쿄역 광장에 모여 시위를 할 수 있을까 하고요. 우리 국민만이 가진 독특한 역동성이 경제 주체로서 여전히 차별적으로 존재한다고 생각합니다. 적어도 우리의 끈끈한 가족관계와 역동적인 국민성이 살아 있는 한, 이른바 '이러다 일본 된다'라는 우려는 설득력이 없으리라 봅니다.

문재인 정부의 가장 큰 과제 역시 우리 국민의 내재된 역동성을 더욱 키우면서 가족·동료·이웃 간에, 더 나아가 국민 전체에 이른바 '선의'가 발현되는 분위기를 만들고 그것을 또 다른 차원의 성장동력으로 사용하는 것이라고 생각합니다. 이러한 시도가 성공적으로 이뤄진다면 우리 경제는 다시 중속 성장기에 진입할 수 있고 현재 진행 중인 대기업의 지배구조 개선, 세계 경제 회복세와 맞물리면서 현재의 상승세를 상당 기간 이어갈 수 있다고 봅니다.

김일구   이쯤에서 지금까지의 논의를 정리해볼까요?

김동환   네, 그게 좋겠습니다.

먼저 김 박사께서는 우리 코스피가 현재의 상승세를 다소간 이어갈 순 있겠으나, 대세 상승기의 초입에 있다고 생각하는 것은 조금 위험할 수 있다고 말씀해주셨습니다. 미국을 비롯한 세계 경제의 활황 국면이 지금 시작 단계가 아니고, 미국 경제 또는 미국 경제를 반영하고 있는 주식시장이 오히려 부담스러운 국면에 와 있을 수 있다는 의미로 말씀해주셨어요.

김일구 센터장께서는 조금 다른 생각을 말씀해주셨죠. 모멘텀이라는 측면에서 보면 이제 시작하는 단계라고 하셨는데요. 저는 현재 우리 주식시장이 단기적으로는 조정을 받아야 할 구간에 들어온 것은 사실이지만 세계 경기회복세가 지속되고 새 정부가 성공적으로 과거의 비효율을 청산해낸다면 큰 흐름상의 상승세를 유지할 것으로 봅니다. 또한 금융위기 이후로 7~8년 동안 지속된 디플레이션 과정이 종료되면서 그동안 소외되었던 우리 주식시장도 큰 흐름의 변곡점에 들어와 있다고 봅니다. 한국 증시와 관련한 지금까지의 논의를 이렇게 정리하겠습니다.

부동산시장 고점인가

가족 구성원과 아파트시장

김동환   이제 부동산시장으로 넘어가 볼까요? 최근의 부동산시장
은 상당히 헷갈립니다. 활황 같기도 하고 완전히 침체된 것 같기
도 하고요. 강남 3구를 비롯한 서울의 주요 지역 아파트 가격은 치
솟고 있는데, 대부분의 지방에는 미분양 아파트가 쌓여가고 있습
니다. 정부정책도 혼란스럽기는 마찬가지입니다. 지방 부동산이
그렇게 좋지 않다는데 대출을 옥죄고, LTV(Loan to Value, 담보인정비
율)·DTI(Debt to Income, 부채상환비율)도 손을 본다고 합니다.

　　현재 우리나라 가계자산 대부분은 거주용 부동산이죠. 그래서
먼저 대표적 거주용 부동산인 아파트시장에 대해 얘기를 나눠보겠

습니다.

김일구　노벨 경제학상을 받은 로버트 실러 교수가 2015년에《비이성적 과열(Irrational Exuberance)》3판을 발간했습니다. 이 책은 미국에서 주식시장이 붕괴되기 직전인 2000년 3월에 '주가가 너무 비싸다'라는 취지로 1판이 발간됐는데, 그해 9월부터 글로벌 주가가 폭락했습니다. 2판은 2005년 3월에 나왔는데, '부동산이 너무 비싸고, 부동산이 붕괴되면 주식시장도 무너진다'라는 내용이었죠. 2006년부터 미국 부동산시장이 위축되더니 급기야 2008년 가을에는 주가 폭락이 이어졌습니다. 그래서 3판이 나오자, 이번에는 무슨 내용일까 다들 긴장했습니다. 3판에서는 이런 이야기를 합니다. '채권이 제일 비싸고, 주식이 제일 싸다. 채권에 투자해서 돈 벌겠다는 생각이 없는 중앙은행들이 채권을 사 모으는 바람에 채권 가격이 폭등하고 금리가 폭락했다. 금리가 이렇게 낮으니 부동산이든 주식이든 가격이 오르는 것이 당연하다. 그러나 금리가 오를 수밖에 없는 상황이 오면 부동산과 주식시장도 붕괴될 것이다.' 금융시장에서는 대체로 미 국채 10년 만기 금리 기준으로 3.0%가 넘으면 이런 상황이 올 수도 있겠다고 평가합니다.

미 국채 10년 만기 금리가 2016년 좀 오르기는 했지만 2%대 초반에 머물러 있기 때문에, 아직 금리에 대해 심각하게 걱정할 단계는 아닌 것 같습니다. 좀 다른 얘기지만, 저는 가구원 수에 주목해서 부동산시장에 대한 우려를 하고 있습니다.

전 세계적으로 가족 형태가 3~4인 가구에서 1~2인 가구로 쪼개지고 있습니다. 이렇게 계속 쪼개지다 보니까 사람들이 자꾸만 도심으로 들어옵니다. 가구원 수가 3~4인이면 일반적으로 2세대 이상 산다는 것인데, 그러면 가족 구성원 중에 학교에 다니는 아이가 있기 마련이어서 가장이 조금 힘들게 출퇴근을 하더라도 외곽에 삽니다. 부모들은 대개 아이를 한 학교에 쭉 보내고 싶어 하니까요. 그러나 가구원 수가 1~2인이 되면, 출퇴근하는 데 시간이 많이 걸리는 외곽보다는 직장과 거리가 가까운 도심에 거주하려고 합니다. 한국을 포함한 전 세계가 이와 같은 현상을 보이고 있습니다. 우리나라 전체 가구를 1~2인 가구와 3인 이상 가구로 나누어보면, 1~2인 가구가 급증해서 이미 2013년에 3인 이상 가구수를 넘어섰습니다. 통계청은 3인 이상 가구수가 2015년 880만 가구에서 5

우리나라 가구원 수별 가구수 추정

가구원 3인 이상 가구수는 계속 줄어들고 있으며, 2013년에는 1~2인 가구수보다 적어졌다.

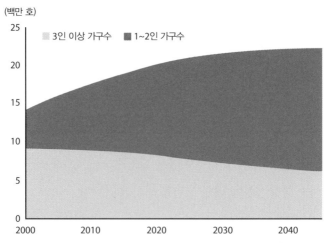

자료: 통계청

년 후인 2020년에는 840만 가구로 줄어들고, 대신 1~2인 가구는 1,013만에서 1,178만 가구로 증가하리라고 추정하고 있습니다.

그런데 우리나라는 지난 몇 년간 도심 외곽에 3~4인 이상의 가구원 수에 적합한 대규모 아파트 단지를 많이 공급해왔습니다. 가구원 수가 앞으로도 계속 증가한다는 총량적 지표에 근거해서 주택 공급물량을 늘리겠다는 것은 맞습니다만, 어떤 가구가 증가할 것인지 미시적으로 봐야 했는데 그것을 하지 않았습니다. 저는 이 때문에 두 가지 문제가 생겼다고 봅니다. 첫 번째는 도심으로 들어오는 사람들, 즉 1~2인 가구에 적합한 주택이 턱없이 부족하다는 문제이고, 두 번째는 외곽에 많이 지은 아파트의 공급 과잉 문제입니다.

아마 건설사들이 2017년 올해도 대규모 분양을 할 것 같은데, 2013년에 수립된 2차 장기주택종합계획에 따라 공급되는 물량의 끄트머리가 아닐까 생각합니다. 이 물량이 공급되면 미분양과 공급 과잉 우려가 본격적으로 제기될 것입니다. 이제는 1~2인 가구가 원하는 주택 형태를 어떻게 공급할 것인가 하는 것이 주택정책의 핵심이 되리라고 보는데, 어떤 분들은 일본의 도심형 생활주택에 주목합니다. 일본 도심에는 주차공간도 거의 없고 건물과 건물 사이에 간격도 거의 없이 한 채, 두 채씩 들어서 있는 아파트들이 굉장히 많습니다. 이게 다 1~2인 가구를 위해서 만들어진 거죠. 우리나라는 종로, 을지로 뒷골목이 슬럼화되어 있어요. 1~2인 가구를 위한 양질의 주택이 들어서기에 딱 좋은 지역인데, 개발업자나 건설업자 입장에서 돈이 안 되니까 그냥 방치돼 있습니다.

김동환 우리나라는 오피스텔, 원룸, 투룸, 빌라 등이 1~2인 가구의 수요를 채우고 있죠.

김일구 네, 그렇습니다. 일본과 같은 도심형 생활주택이 도심에 많이 생겨나지 않을까 하는 생각도 합니다만, 이것 역시 여러 가지 복잡한 문제가 있다고 합니다. 그리고 1~2인 가구는 숫자를 정확히 집계하기도 어렵습니다. 원룸이나 고시원 등도 포함해야 하고, 다가구주택이나 빌라에서 주거공간을 분리해서 쓰기도 하거든요. 숫자를 집계하는 건 어렵습니다만, 어쨌든 이들에게 양질의 주거환경을 제공해야 한다는 정책적 필요는 갈수록 높아지고 있습니다.

과도하게 팽창된 가계부채

김한진 주택 가격에 영향을 주는 요소로는 인구와 도시화, 국민소득, 고용 사정, 금리와 금융기관 대출 태도, 정부정책, 세금, 주택 공급 등을 꼽을 수 있습니다. 이 중에서도 주택시장의 장기 사이클은 인구에 영향을 많이 받는 것으로 나타납니다. '인구 앞에 장사 없다'라는 말이 있죠. 부동산 경기 대세를 결정하는 것이 인구구조인 것만은 분명한 것 같습니다. 인구통계학적으로 본 각국의 소비 정점 시기는 일본이 1990년대 초반, 미국은 2005년경, 독일과 영국은 2012년이었고 중국은 2020년 정도입니다. 한국은 지금부터가 그 시기에 해당합니다. 일본은 1990년부터 집값 조정을 경험했고, 미국은 인구 정점기를 2년 정도 지나 서브프라임 사태를 겪었습니다. 집을 살 수 있는 가장 왕성한 능력을 갖춘 인구 계층, 자녀를 낳고 주택을 넓힐 욕구와 역량이 있는 계층의 인구가 피크를 찍는 시점이 중요하다는 것을 부정할 사람은 없는 것 같습니다. 시점의 차이는 조금 날 수 있지만요.

이보다 짧은 주택 경기 사이클은 금리와 금융환경(대출)이 좌우합니다. 2010년 이후 저금리에 힘입어 주요 도시의 집값이 천정부지로 올랐습니다. 저금리를 기반으로 가수요가 만든 자산시장이 일부 가격 조정을 보이면, 신용경색과 자산 가격 하락의 악순환이 본격화될 수 있습니다. 그 대표 자산시장이 바로, 낮은 신용도의 채권과 각국 주요 도시의 주택시장입니다. 최근 호주 정부의 부동산규제는 의미가 있습니다. 낮은 금리에 안정된 수익을 얻으려는 욕구가 전 세계적으로 너무 커져 있고 도심의 큰 빌딩들이 기관투자가들의 자산목록에 경쟁적으로 편입되어 있습니다. 생산설비로 흘러 들어가야 할 돈들이 자산시장, 특히 부동산시장으로 들어와 가격을 크게 왜곡시켰습니다. 최근 수년간 중국 부자들이 이를 더욱 부채질했고요.

저는 국내 주택시장도 당분간 이 금융시장 컨디션이 완전히 쥐락펴락할 것으로 봅니다. 부동산 경기가 국민경제에 미치는 영향이 워낙 크고, 특히 지금은 가계부채 문제가 심각하니 정부의 고민이 깊을 수밖에 없습니다. 어떻게 하면 주택시장 과열을 막으면서 실수요자 중심의 안정된 주택정책을 펼칠 것인가, 말은 쉽지만 정말 어려운 일 같습니다.

지금 우리나라 가계부채는 2017년 1,400조 원을 넘어설 듯한데요. 문제는 소득에 비해 부채가 너무 빨리 늘고 있다는 점입니다. 금리가 오르면 부채상환에 심각한 문제가 발생할 수 있습니다. 한국의 GDP 대비 가계부채 비율은 91.6%로 국제결제은행(BIS)이 집계하는 43개국 중 여덟 번째로 높고, 경제협력개발기구(OECD) 회원국 평균인 70.4%보다 훨씬 높습니다. 처분가능소득 대비로는 우리나라 가계부채 비율이 169%에 달하는데요. 25개 OECD 국가 평균(129.2%)보다 월등히 높습니다. 가계부채가 늘면서 도시 인구가 증가하고 주택 수요가 느는 것은 어느 나라나 다 비슷한 패턴이고

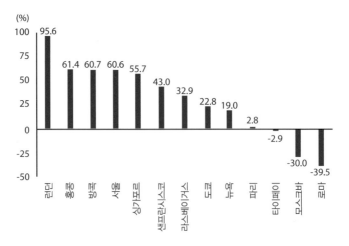

주요 도시 주택 가격 상승률(2010년 대비 2016년)

통화팽창과 저금리에 힘입어 각국 핵심 도심의 주택 가격은 최근 수년간 폭등세를 기록했다. 서울도 런던, 홍콩 등에 이어 높은 상승률을 보였다.

※ 도심 아파트 제곱미터당 매매 가격, 달러 기준 상승률(%)임

성장 과정에서 자연스러운 현상입니다. 그런데 문제는 가계부채가 일정 수위를 넘어서면 통제가 완전히 어려워지고, 거기서부터는 정부나 은행도 여기에 끌려다니면서 심각한 내수부진과 금융위험을 피하기 어렵다는 것입니다. 특히 지금은 저금리로 전 세계 주요 도심 집값이 많이 올라 있기 때문에 금리가 오르거나 해외발 충격이 왔을 때 전 세계 집값이 동반 폭락할 위험이 있습니다.

김동환   물론 가계부채의 질적인 측면도 구분해서 봐야겠습니다.

김한진   네, 그렇습니다. 금융과 신용이 발달하는 것 자체가 문제가 아니라 과도한 신용, 너무 가파르게 늘어난 가계 빚이 문제죠. 상환 능력만큼 빚이 는다면야 왜 문제겠습니까? 부동산은 자동차보다 더 큰 대표 내구재라는 점에서 대출 조건(금리)이 수급을 결정합니

주요국 명목총생산(GDP) 대비 가계부채 비율

한국의 높은 가계부채 비율은 금융환경이 악화되거나 경기가 침체되어 가계수지가 더 악화될 경우 금융시장과 부동산시장 위험으로 작용할 수 있다.

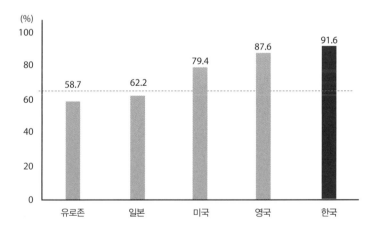

다. 지난 정부에서 빚내서 집 사라고 했고, 마침 글로벌 저금리 기조와 만나 가계부채가 급증했고 그 질 또한 악화됐습니다. 주거비용과 임대비용 상승이 중산층과 자영업자의 재무구조를 더 악화시켰고요.

지금은 과도하게 팽창된 가계부채 탓에 정부가 돈줄(대출총량)을 조일 수밖에 없는 상황입니다. 이런 국면에서 금리가 오르거나 경기가 꺾이거나 주택 수급이 일그러지면 문제가 더욱 심각해집니다. 가계부채와 금융 안정성, 내수경기가 모두 주택 경기에 점점 깊숙이 엮여가는 게 문제입니다. 가계부채는 단순히 '가계의 부채' 문제가 아니라 '사회 전체의 비용' 문제이고 주거 안정이라는 삶의 질과 직결된 문제죠. 그런 점에서 지금 한국은 심각한 상태입니다. 제한된 토지에서 발생하는 모든 주택 문제는 경제 문제이기 이전에 사회적 문제이고 기본 생활권의 문제입니다. 이런 중대한 시장이 투기판으로 바뀌는 것은 어떤 정책을 써서라도 막아야 합니다.

노동으로 벌어들이는 소득보다 자본이 스스로 증식해서 얻는 불로소득이 더 빨리 증가하는 사회는 시간이 지날수록 불평등이 심각해집니다. 전 세계적으로 자본수익률이 근로소득 증가율보다 높은 현실은 비단 어제 오늘 이야기는 아니고, 그게 또 자본주의의 한 현상이기도 하죠. 그렇지만 지금처럼 주택시장에 투기가 만연해 있는 한 소득주도의 성장, 근로주도의 건강한 성장은 요원한 일입니다.

아파트 가격의 양극화

김동환　가끔 저한테 부동산에 대한 문의를 해오는 분들이 있는데, 저는 그럴 때 아주 간단하게 대답합니다. 충분한 자산이 있으면 강남 등 이른바 프라임 지역에 집을 사시고, 그 정도 돈이 없으면 그냥 평생 살 집을 구하시라고요. 사실 고가권 아파트라고 하면 서울시의 강남이나 서초, 그리고 용산 일부 지역 등에 있는 아파트를 얘기하죠. 그런데 어느 순간부터 서울과 인근 지역의 최고가 아파트와 최저가 아파트의 가격 차이가 열 배가 됐습니다. 압구정동이나 반포의 30평대는 20억 원에 육박하지 않습니까? 그런데 수도권 일부 지역에서는 10분의 1 가격이면 비슷한 아파트를 찾아볼 수 있잖아요. 이건 10년 전에는 상상도 할 수 없었던 일이죠. 또 30년 전에는 두 지역의 아파트 가격이 별반 차이가 없었고요.

그럼 왜 이렇게 아파트 가격에서 양극화가 심화되는 것인가? 여기에 대해서 많은 생각을 해봐야 합니다. 그리고 앞으로 이 갭이 메워질 것인가, 아니면 더 벌어질 것인가? 저는 장기적으로 보면 갭이 더 벌어질 것이라고 생각합니다. 왜? 집값은 어디나 엇비슷해야 한다는 관념을 갖고 있습니다. 그런데 미국 같은 경우를 보면 한 블록 차이에 따라 집값이 크게 다른 게 매우 자연스럽습니다. 같은 동네인 건가 싶을 정도로 신호등 하나를 사이에 두고도 극심한 빈부의 격차가 존재하는 나라가 바로 미국이에요. 맨해튼의 그 많은 아파트와 콘도미니엄들이 9 · 11 사태와 금융위기 때 가격이 속절없이 내려갈 것 같아도 다시 오른단 말이죠. 맨해튼만 하더라도 세계의 모든 부자가 이곳에 집을 갖고 싶어 하지 않습니까? 그래서 상상할 수 없을 정도로 가격이 올라갑니다.

서울 중에서도 살고 싶은 동네라고 하는 지역의 아파트들 역시, 김 센터장께서 말씀하신 것처럼 시간이 지날수록 희소성을 가지게 될 것입니다. 거기에다가 서울시는 아파트 공급을 틀어막는 정책을 시종일관 펼치고 있잖아요? 이런 규제로 인해 서울 지역 내에서뿐만 아니라 서울과 주변부 신도시들 간의 아파트 가격 격차가 계속해서 벌어질 가능성이 크다고 봅니다. 우리 사회에서 양극화를 용인하는 시스템이 계속되는 한 지역 간 격차는 더 벌어질 거예요.

또 하나는 몇 년 전만 해도 '지금 집을 사라고 하면 친구도 아니다'라는 식의 주장을 펼치는 논객들이 사회적으로 인기를 얻었죠. 부동산 필패론이 한때 상당한 설득력이 있었습니다. 그때와는 거꾸로 요즘은 '당시 집을 사지 말라고 한 사람은 친구도 아니다'라는 얘기가 나올 정도잖아요. 그럼 집값이 왜 이렇게 오르느냐? 기본적으로 저금리 때문입니다. 만약 2016년에 집을 샀다면 2%대 금리로 대출을 받을 수 있었습니다. 이렇게 초저금리로 대출을 받아 집을 살 수 있다는 것은 굉장한 유혹이거든요. 예를 들어 1억을 대출받아 집을 살 경우 한 달에 20만 원만 내면 된다는 얘긴데, 이것은 월급 생활자들에게 굉장한 매력으로 느껴집니다. 사실 저금리 구조가 순간적으로 훼손되어서 예전처럼 6~8% 정도까지 오르지 않고, 제도권에서 아파트를 담보로 3~4% 정도의 금리로 돈을 빌릴 수 있다고 한다면 괜찮은 지역의 부동산 가격이 폭락할 만한 특별한 이유는 별로 없다고 생각합니다.

　다만, 한 가지 우려되는 것은 지방과 수도권의 노후 주택과 아파트들입니다. 바로 빈집의 위험인데요. 현재 일본의 경우 전국적으로 빈집이 800만 채가 넘습니다.

김한진　네. 도쿄에도 빈집이 상당히 많다고 들었습니다.

김동환　그 빈집들이 많은 곳이 교통이 좋지 않은 외곽지역이라는 건데요. '일본 가정식'이라는 말 들어보셨죠? 이때 가정(家庭)에서 '정(庭)'은 정원을 말합니다. 일본 남자들은 남자로 태어나서 정원이 있는 집에 살 때 자부심을 느낀다고 합니다. 그래서 크기는 작더라도 정원 있는 집에 사는 것이 '단카이 세대(일본의 베이비붐 세대)'의 꿈이었습니다. 그런데 이미 노인이 된 단카이 세대가 이제는 병원과 복지시설이 가깝고 편리한 공동주택에 살고 싶어 합니다. 800만 채가 넘는 일본의 빈집들은 단독주택과 외곽의 아파트들입니다. 단카이 세대가 노인이 되면서 대규모 빈집이 발생하는 단절효과가 나타난 거죠.

　하지만 우리나라에서는 일본처럼 단절효과가 급격하게 나타날 것 같지는 않습니다. 왜냐하면 노인분들이 살고 있는 농촌의 주택은 이미 노후화가 많이 진행되어 집으로서의 기능을 하지 못하고 있습니다. 이런 집들은 일부가 귀농·귀촌 인구들의 리모델링이나 재건축 수요로 충당될 것이고, 결국은 다른 목적의 토지로 전용될 것입니다.

　사실 문제는 지은 지 30년이 되어가는 1기 신도시 일부와 지방의 나홀로 아파트들입니다. 이들 지역에서는 용적률을 크게 높여줘야 재건축의 상업성이 생깁니다. 그것도 입지에 따라 선호가 크게 엇갈리죠. 이렇게 상업성이 떨어지는 노후화된 신도시를 어떻게 할 것인가가 우리 주택시장과 관련된 가장 큰 과제가 될 것입니다.

부동산시장에 대한 저의 생각은 전체 시장을 두고 지나치게 낙관도, 비관도 하지 말라는 겁니다. 다만 지역적 편차가 더 벌어지는 양극화 현상은 앞으로도 계속될 것이기 때문에 '그저 집 한 채 있으면 다 같지'라는 생각을 했다가는 크게 후회할 수도 있다는 말씀을 드리고 싶습니다.

부동산시장을 바라보는 기준

김일구   문제는 금리인 것 같습니다. 주택 공급량으로 보면 이제 총량에서 모자라지는 않습니다. 계산을 어떻게 하는가에 따라 차이는 있습니다만, 우리가 오랫동안 사용해온 기준에 따르면 2014년 주택보급률은 서울이 104%이고 전국이 118%입니다. 2000년 서울 77%, 전국 96%였던 것과 비교하면 공급이 크게 늘어났습니다.

김한진   오피스텔 등을 포함하면 더 높아지겠죠?

김일구   그렇죠. 그런데 집을 지을 때 거기에 몇 가구가 살지 모릅니다. 구분이 잘 가지 않거든요. 오피스텔과 달리 다가구 주택은 구분이 잘 되지 않습니다. 어떻게 구분하느냐에 따라서 그 건물에 몇 가구가 들어와 있는지를 집계하는 방식이 달라집니다. 최근에는 전력 요금계가 몇 개 있는가로 다가구주택의 가구수를 집계한다고 합니다. 통계에 따라 다르긴 합니다만, 주택보급률은 이미 충분히 높아진 것 같습니다.

이제 문제는 주택 공급 총량이 아닙니다. 양질의 주택은 여전히 공급이 제한적이기 때문에 수요가 많을 텐데, 이 수요를 어떻게 충당할 것인지가 관건입니다. 지난 몇 년간 수도권 외곽을 중심으로 대규모 아파트 단지를 많이 지으면서, 2015~16년 2년간 약 100만 호씩 주택 공급이 늘어났습니다. 주택 총량이 부족하지 않은 상황에서 이렇게 총량을 늘리는 정책은 대규모 미분양과 빈집을 양산할 위험이 큽니다.

주택 총량이 지나치게 많아져도 저금리가 지속될 때는 투기적 수요가 따라붙습니다. 금리가 낮으니 결국 부동산밖에 없지 않겠나 하는 투기심리가 가세하는 거죠. 그러나 금리가 올라가면 이 투기적 수요가 심각한 타격을 입게 되어 있습니다. 부동산에 투자하고자 한다면, 이후에 팔려고 할 때 누가 살 것인가를 고민하는 것이 좋습니다. 투기적 수요자가 살 거라고 생각한다면 그만두어야 합니다. 실수요자가 내 부동산을 이 가격보다 높은 가격에 살 것인지 스스로에게 물어보기를 권합니다.

김한진 저는 앞으로 우리나라 집값이 이자율과 금융환경에 영향을 많이 받게 되리라 봅니다. 최근 글로벌 집값은 모두 저금리에 힘입어 뛰었습니다. 주택시장에 어떤 다른 변화가 없더라도 금리 변동과 대출환경의 변화만으로도 주택 수요가 급변하고 가격 변동성이 커질 것입니다. 부동산투자나 집값 전망이 이제부터는 금리 전망, 금융 조건 전망과 일맥상통하게 된다는 뜻이죠.

김동환　주식시장으로 치자면 신용물량이 많아진 거네요.

김한진　네, 그렇습니다. 저는 정부가 투기 수요를 지혜롭게 막아야 한다고 봅니다. 투기 수요는 서민들의 거주비와 임대료 상승을 통해 소득분배를 더욱 악화시킵니다. 우리는 밥을 사 먹거나 커피를 마시면서 건물주에게 너무 많은 돈을 갖다 주면서 살아가고 있죠. 심하게 표현하면 소작농과 지주의 관계와도 같습니다. 또한 투기 수요는 주택시장에 과도한 변동성을 만들어 실제 거주 목적으로 집이 필요한 서민들의 삶을 더 어렵게 합니다. 간혹 발생하는 주택 경기 급랭은 부자들에게만 또다시 투자 기회를 제공하고요.

이렇게 시간이 지나면서 부동산시장을 통한 소득 불평등, 부의 불평등은 더욱 골이 깊어만 갑니다. 과도한 주거비용은 내수경기 전체를 끌어내리고 갈등을 키우며, 새롭게 경제활동에 진입하는 청년들을 무기력하게 합니다.

김동환　어쨌든 우리가 부동산시장에 주목해야 할 필요가 있는 게, 우리는 지난 40~50년 동안 부동산 불패라는 자산시장의 큰 흐름 속에서 살아왔거든요. 물론 삼성전자 주식을 30년 동안 갖고 있는 경우보다 수익률 측면에서는 덜했겠죠. 하지만 워낙 큰 자산이고 거래비용이 크기 때문에 회전율이 높지 않다는 점을 전제하면, 강남에 아파트 한 채를 갖고 있었다고 할 때 투자수익률이 가장 높지 않았겠습니까? 여기에 강남과 같은 입지 좋은 아파트에 거주하면서 얻은 가치들, 예를 들어 교육환경과 부유층 커뮤니티로부터 얻은 정보와 인맥 등을 고려하면 단순한 수익률 계산은 사실 큰 의미가 없을 정도입니다. 결국 부동산, 특히 아파트를 비롯한 거주용 부동산시장은 일방적인 강세, 약세를 논하기보다 어디에 내 삶의 터전을 잡을 것인지가 더 중요하다는 것입니다. 아파트 가격의 양극화를 말씀드렸습니다만, 여기에 그치지 않고 삶의 질 양극화에 이르기까지를 바로 이 삶의 터전에 대한 선택이 좌우할 것이기 때문입니다.

금리는 바닥을 쳤는가

글로벌 금리와 국내 금리

김동환   부동산의 가격을 결정하는 데 가장 중요한 요소가 금융환
경, 금리입니다. 실제로 우리가 주택을 구입할 때 가장 민감한 게
주택담보대출 금리잖아요. 독자 여러분도 가장 많은 관심을 가져야
할 부분이고요. 그런데 상대적으로 많이 어려워하고 그래서 덜 신
경 쓰는 분야가 바로 금리, 즉 이자율입니다. 현재 우리 금리가 얼
마입니까?

김일구   1.25%입니다.

김동환   그렇다면 실세금리는 얼마입니까? 요즘 실세금리라고 하는
기준금리인 국채 3년, 10년짜리의 수익률은 얼마입니까?

김일구　　국채 3년, 10년 등 여러 가지가 있는데, 국채 10년 만기 금리는 2%대 초반이고, 국채 3년 만기 금리는 1.7% 정도입니다.

김동환　　상당히 낮군요?

김일구　　예금금리는 1.5% 정도입니다. 최근에 인터넷은행이 영업을 시작하면서 최고 2%의 예금금리가 나와 계좌 수가 상당히 빠른 속도로 늘어나고 있다고 합니다.

김동환　　금리는 앞으로 어떻게 될 것 같습니까? 사실 사상 초유의 저금리를 2016년에 봤고, 그 이후에는 실세금리가 조금 올랐고, 실세금리 이전에 은행창구에서 대출해주는 금리는 꽤 많이 올랐습니다. 그동안 워낙 저금리 상태였기도 하고, 또 정부가 창구지도를 해서 대출을 옥죄는 조치들을 한 영향도 있지만요. 금리가 바닥을 친 것 같기는 한데, 그렇다고 갑자기 확 오를 것 같지는 않다는 전망이 많은 듯합니다.

김한진　　일단 미국 상황을 살펴볼 필요가 있습니다. 글로벌 금리가 국내 금리에 미치는 영향과 경로는 예전보다 훨씬 직접적이고 연결고리도 견고해졌습니다. 미국이 금리를 올리면 한국은 즉각 영향을 받습니다. 한국은행이 기준금리를 올리지 않더라도 시장금리가 먼저 반응합니다. 2017년 6월 미 연준의 전망에 따르면 앞으로 꾸준한 금리 인상과 대차대조표 축소(만기도래채권의 재매입 제한, 양적 축소)가 예정되어 있습니다.

　　미국이 금리를 올리면 각국에서는 금리가 일제히 따라 오릅니다. 세계적으로 안전자산인 국채투자가 크게 늘어나 있는 상태이고 보유채권의 만기도 길어져 있다는 점이 부담입니다. 안전자산을 담보로 자금을 빌려 위험자산에 투자하는 규모도 매우 커져 있죠. 이런 점들이 미국이 금리를 올릴 때 각국 금리가 동반해 오르고, 주식과 같은 위험자산시장이 즉각적으로 요동치는 이유입니다. 환율시장과 금리의 연관성도 높아졌습니다.

저는 미국 금리 인상이 아직은 달러를 강세로 이끌 확률이 높다고 봅니다. 주변국 통화 약세는 곧 수입물가 상승을 통해 인플레이션 압력을 높입니다. 특히 중국은 달러에 페그(peg, 고정)되어 있는 자국 통화의 평가절하를 막기 위해 금리를 바로 올리죠. 이미 중국은 2016년부터 선제적으로 긴축 기조에 들어갔습니다. 각국의 고유 경기 상황과는 무관하게 미 금리 인상이 통화정책에 영향을 주고 있다는 뜻입니다. 한국도 예외일 수 없습니다.

이러한 다양한 경로를 통해 지금은 주식뿐 아니라 채권도 글로벌 동조화 현상을 보이고 있습니다. 즉 같은 방향으로 무리 지어 움직입니다. 당장 가계부채를 관리해야 하는 입장임에도, 한국은행은 어쩔 수 없이 금리를 올려야 하는 상황에 직면할 수도 있습니다.

김동환　돈은 넘쳐나고, 통화정책은 동조화되고, 시장금리는 오르고…. 여러 가지로 불편한 상황이 벌어진다는 말씀이시죠?

김한진　네. 당장 미국 금리 인상은 금융시장에 부담을 줍니다. 현재 자금시장의 빈익빈 부익부는 가계만이 아니라 기업도 마찬가지로 겪고 있습니다. 신용 차별화는 금리가 오를 때 더욱 커집니다. 앞서 말씀드렸듯이 한 단위의 금리 상승은 자산 가격에 그 이상의 변동성을 불러올 수 있습니다. 저금리를 기반으로 레버리지 투자(빚 내서 매입한) 비율이 높아진 투기적 자산시장일수록 더욱 그렇죠. 제한된 금리 상승이라 해도 지금은 금리의 절대 레벨이 낮아 채권 가격의 변동성이 매우 높다는 사실을 직시해야 합니다. 미국 기준금리 25bp(0.25%p) 인상을 가볍게 볼 일은 아닙니다.

물론 세계 금리는 장기적으로 보면 찻잔 속 태풍이라고 생각합니다. 지금 말씀드리는 금리 반등 가능성은 그야말로 일시적인 소동(tantrum, 탠트럼)을 뜻하는 것이고요. 잠재성장률 하락 등이 결국 금리 상승의 한계 요인이라고 봅니다. 즉 금리가 오른다 해도 한계가 있고, 중장기 하락 추세의 중간 저항선 정도까지 오르다 다시 추세적으로 빠질 것으로 예상합니다. 그러니 금리가 의미 있게 튄다면 저는 채권투자를 권합니다. 그것도 만기가 긴 국내외 국채를 선호합니다.

김일구　　정부와 중앙은행이 유일하게 컨트롤할 수 있는 시장이 채권시장입니다. 주식시장은 정부와 중앙은행이 컨트롤하지 못하거든요. 그뿐 아니라 외환시장, 부동산시장 역시 컨트롤하지 못합니다. 그런데 채권시장은 정부와 중앙은행이 '이렇게 하겠다'라고 하면 그렇게 할 수 있습니다. 외환위기와 같은 상황이 발생하는 때가 아니라면, 정부와 중앙은행이 어떤 생각을 하느냐에 따라서 금리는 결정된다고 생각합니다. 금리가 낮아지게 하려면 중앙은행이 돈을 찍어서 채권을 사면 되고, 금리를 높이려고 하면 정부가 국채를 더 많이 발행하고 중앙은행이 시중에 있는 돈을 높은 금리를 제시하면서 흡수하면 되거든요.

현재 전 세계 정부와 중앙은행들이 '이제 좀 안정됐다'라고 보고, 극단적으로 낮춰놓은 금리를 정상화할 생각을 합니다. 그렇지만 금리를 빨리 올렸다가는 주식이나 부동산시장이 붕괴될 수도 있으니 그걸 염려하죠. 그래서 금리를 천천히 올릴 생각입니다. 미국은 경제가 대체로 안정됐다고 보고 연방기금금리를 2.0%까지는 올려도 된다고 보는 것 같습니다. 하지만 유럽이나 일본, 한국에서는 아직 금리를 올릴 때가 아니라고 봅니다. 유럽은 아직도 저금리에 의존한 부동산과 건설업이 경제를 받쳐주고 있으니까요.

독일이 금리를 올리자고 주장하고 있지만, 아직 유로존의 여러 나라가 그럴 수 있는 경제 여건은 아닌 것 같습니다. 금리가 마이너스까지 낮아지다 보니까 은행과 보험사들의 수익성이 현저히 악화되고 주가가 폭락했죠. 자본 건전성이 악화돼서 증자를 해야 하는데, 이렇게 낮은 금리에서는 은행과 보험사가 돈을 벌기 어려울 것이라는 생각 때문에 투자자들이 증자에 참여하려 하지 않습니다. 그래서 '이제 금리를 올린다고 선언하자'라는 주장도 유럽 내부에서 제기되고 있고, 2017년 하반기부터 조금씩 금리 인상에 나설 것 같습니다.

중국과 한국의 상황은 유럽과는 다르지만 금리 인상 등 긴축을 서서히 진행할 계획을 갖고 있는 것 같습니다. 중국은 2016년 말에 있었던 중앙경제공작회의(공산당 중앙위원회와 국무원이 개최하는 최고 수준의 경제회의)에서 '유동성을 조금씩 긴축하자. 부동산시장이 너무 많이 올랐다. 그렇다고 금리 인상을 하면 버블 붕괴가 올 수 있으니 일단 유동성부터 긴축하자'라는 결론을 내린 것 같습니다. 금리를 인상하진 않았지만, 은행간 자금시장에서 돈이 모자라게 함으로써 금리가 자주 폭등하게 방치하고 있습니다. 은행간금리의 폭등이 당장

76

일반인들에게 영향을 주지는 않지만 부동산시장에 경고를 보내는 역할을 하죠.

우리나라에서도 한국은행이 기준금리를 인상할 움직임은 아직 없습니다만, 유동성관리는 조금씩 하고 있는 것 같습니다. 대출에 연동되는 금리가 보통 3개월 만기 CD금리인데, 2016년 1.2%까지 내려갔다가 최근에는 거의 1.4%까지 높아졌습니다. 한국은행이 기준금리를 인상하면 부동산 버블이 한꺼번에 무너질 수 있으니 그냥 두고, 대출 수요를 조금씩 억제하기 위해 대출에 연동되는 금리를 관리하고 있는 거죠. 중국이나 한국에서 기준금리 인상은 2017년에는 없을 것 같습니다.

사실 우리는 부동산시장에 버블이 있는지 없는지 잘 모릅니다. 집값이 어느 날 폭락하면 '아, 부동산시장에 버블이 있었구나'라고 뒤늦게 알 수 있을 뿐이죠. 다만 몇 년간 소득의 증가가 없는데 집값이 올랐으니 버블 징후가 있다고 보고, 이 버블을 긴 시간을 두고 빼려는 노력을 하고 있다고 보면 될 것 같습니다. 바람이 잔뜩 들어간 풍선에 바늘을 갖다 대면 '펑' 하고 터지지만, 풍선에 테이프를 붙이고 바늘로 찌르면 바람이 조금씩 빠지듯이 말이죠.

대출을 고려한다면

김동환　이런 문의를 많이들 하시잖아요. 집을 사려고 하는데 변동금리와 고정금리 둘 중에 어느 걸로 대출을 받는 게 좋겠느냐고요. 그런데 지난 5년간 대부분의 경제 전문가가 고정금리로 대출을 받으라고 얘기해왔습니다. 지금도 그렇게 얘기들 하고 있을 겁니다. 정부정책도 가계부채를 관리하기 위해서 금리를 고정시키려는 노력을 해왔습니다. 안심전환대출 같은 게 대표적인 정책이죠. 왜냐하면 금리가 뜰 거라고 보기 때문이에요.

그런데 저는 이런 질문을 받으면 당신의 현금흐름을 보고 결정하라고 얘기합니다. 예를 들어 나이가 젊고 직장도 안정되어 있고 경제도 성장하고 있어서, 이 경제가 성장하는 만큼 당신의 소득이 늘고 당신의 포지셔닝도 올라가는 상황이라면 당연히 변동금리를 선택해야 합니다. 왜냐하면 단기적으로는 왜곡 현상이 있을 수 있지만 금리가 올라간다는 것은 성장률도 따라서 올라간다는 것이 큰 흐름이거든요. 아니 엄밀하게 보자면, 오르는 성장률이 금리를 견인하는 거죠. 이 상황에서 경제 주체로서 성장률에 올라탈 자신이 있으면 변동금리로 하는 것이 리스크를 없애는 거잖아요. 이에 반해, 나의 현금흐름이 1년에 3% 이상의 금리를 부담할 수 없을 것 같다면 고정화해야겠지요. 사실 우리는 세계적인 마이너스 금리도 본 상황이기 때문에 3% 라는 고정금리도 굉장히 높은 상황이 될 수 있어요.

물론 그 예측이 모두 맞아떨어지는 것은 아닙니다만, 적어도 경제와 본인의 상황에 대한 판단하에서 어떤 입장을 취할지 결정하고 고정금리와 변동금리 둘 중 하나를 선택하면 실수를 줄일 수 있을 겁니다. 저는 금융위기 이후에 벌어졌던 초유동성, 또 선진국을 비롯한 각국의 경제성장률 저하에 따라 전 세계적인 저성장 기조가 가져온 초저금리는 단기적으로 끝난 게 아닌가 하는 생각을 합니다. 오히려 우리나라의 시장금리가 올라가면서 중앙은행인 한국은행에서 기준금리를 어렵사리 따라 올리는 국면이 되어야, 우리 경제가 본격적으로 회복되는 국면이 나올 것이라고 생각합니다.

결론적으로, 지금 국면에서 대출을 고려한다면 신용도가 좋고 담보가치가 좋을 경우 가능한 한 긴 대출을 받으라고 권하고 싶습니다. 대신, 예금을 고려한다면 긴 예금은 하지 마시라고 말씀드리

고 싶어요. 앞으로 인플레이션이 와서 자산가치 버블이 오든 또 다른 위기가 오든 돈이 묶여 큰 박탈감을 느낄 때가 올 수도 있기 때문입니다. 아울러, 신용도가 떨어지는 회사채 같은 크레딧 상품에 대한 투자는 조심하라고 권해드립니다. 주식 얘기를 하면서도 말씀드렸지만, 되는 회사와 안 되는 회사 간에 차이가 크게 벌어질 것이기 때문입니다. 좋은 회사는 돈이 필요치 않을 것이고, 지금 돈이 필요한 회사는 실패할 가능성이 크다는 거니까요. 10년 전에 대우조선 해양이 돈을 빌릴 때 이 회사가 이렇게 부실화될 것을 예상한 사람은 아무도 없지 않았습니까? 회사의 대주주가 산업은행이고, 조선업이 그렇게 활황이었으니 말이죠. 그런데 지금은 이것이 정크(junk)가 되어버리지 않았습니까?

김한진　그게 사실이죠.

김동환　약간의 금리 보상을 받고 하는 크레딧(신용)에 대한 베팅은 정말 선별적으로 해야 한다고 봅니다.

김한진　네, 저도 동감합니다.

김일구　지금 가계대출도 마찬가지예요. 한계가구(처분가능소득에 대한 원리금상환액 비중이 40% 이상이고, 금융부채가 금융자산보다 많은 가구), 다중채무가구(여러 곳의 금융회사에 빚을 지고 있는 가구)를 어떻게 해야 할지가 은행권이나 감독당국의 상당히 심각한 고민거리입니다.

환율의 미래

김동환　우리 독자들께선 원/달러 환율에 대해 얼마나 관심 있어 하실지 잘 모르겠는데요. 방송을 진행하다 보면, 패널들이 환율에 대한 얘기를 정말 많이 준비해 오십니다. 그럼 제가 묻습니다. "시청자들이 환율에 대해서 정말 관심 있어 하실까요?" 그런데 기업을 운영하시는 분 중에 수출도 하고 수입도 하셔서 환율에 민감한 분들이 정말 많더군요. 또 자식을 외국에 유학 보낸 부모들도 많고, 1년에 한두 번 정도 해외여행을 가시는 분들이 늘다 보니 자연스럽게 환율에 대한 관심도 높아지고 있어요.

　그래서 '자산시장을 어떻게 볼 것이냐'라는 대주제의 마지막 부분으로 환율에 대한 얘기를 하려고 합니다. 환율은 사실 그 나라 경제의 얼굴입니다. 크게 보아 우리 원화가치가 강하다면 우리 경제가 상대적으로 좋아지고 있다는 얘기도 됩니다. 다만, 예측의 대상으로서 환율은 가장 어려운 자산이기도 합니다. 환율은 기본적으로 상대국 화폐가치와의 비교평가 결과입니다. 여기에 우리 원화는 전형적인 신흥국 통화이다 보니 환율 결정력도 미미하죠.

환율에 대한 두 분의 생각을 들어보겠습니다.

환율 변동의 변수

김한진　안타깝게도 우리 원화의 환율 변동에 한국의 역할은 제한적입니다. 기준 통화인 달러가 원/달러 결정에 훨씬 중요한 역할을 하죠. 달러 방향성에 대해 이견들이 많습니다만, 2002년부터 2006년까지 중국과 미국, 글로벌 경제가 모두 호황 국면일 때 달러는 상당한 약세 기조였습니다. 당시 미국이 기준금리를 5.25%까지 올리는 과정에서 다른 나라보다 미국이 훨씬 긴축적이었음에도 달러는 약세였죠. 당시에는 완벽한 위험자산 선호 환경이 조성됐습니다. 유로화도 오르고 유가도 많이 올랐죠.

하지만 지금은 상황이 좀 다릅니다. 미국 외 대다수 국가는 아직 긴축을 본격 단행하지 못하고 있습니다. 특히 중국 등 신흥국 경기는 아직 모호한 상태죠. 이런 상황에서 미국은 이미 완전고용 수준에 도달했습니다. 단기적으로 달러를 가장 잘 설명하는 것은 통화정책의 차이, 실질금리 차이, 주식을 포함한 자산시장의 성과 차이입니다. 이런 면에서 모두 미국이 우위이기 때문에 달러가 급하게 약세로 기울 가능성은 낮아 보입니다. 오히려 달러가 미미하게나마 강세 확률이 있다면 원/달러도 더 떨어지기(강세)는 어렵다고 봐야죠.

환율시장에는 사실 변수가 너무 많습니다. 지금은 유로존이 안정되는 분위기지만 남유럽 재정 이슈가 언제 또 어떻게 불거질지 모릅니다. 유로존 탈퇴라는 이슈도 여전히 잠복된 변수이고요, 트럼프 정부의 달러 약세 정책도 지켜봐야 할 변수입니다.

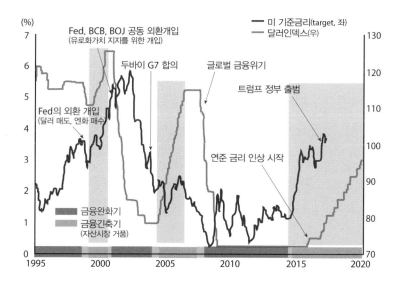

미국 기준금리와 달러인덱스 추이

미국 통화 긴축기에 달러는 대체로 강세를 보였다. 물론 세계 경기가 동반해서 매우 강하거나 인위적인 달러 약세 정책이 있었던 경우에는 다른 흐름을 보였다. 당분간 연준의 완만한 긴축 기조를 상정한다면 달러가 큰 폭의 약세를 보이기는 어려워 보인다.

김동환   1985년 플라자 합의 같은 경우를 말씀하시는 거죠?

김한진   네, 맞습니다. 2003년에도 G7 두바이 협정에서 유로화가 치의 정상화에 초점을 둔 달러 약세 정책이 있었습니다. 과거 미국의 달러 약세 정책은 공화당 스트롱맨(strongman, 강한 정책가)들이 대통령이 됐을 때 불거졌다는 공통점을 지니고 있습니다. 저는 2019년에서 2020년경 세계 경제의 큰 화두는 '달러 변동'이 될 것으로 봅니다. 아마도 그 타깃은 중국 위안화가 될 듯하고요. 상대방 국가도 어느 정도는 통화 강세를 받아들일 준비가 되어 있어야 하는데, 그런 면에서도 아직은 시간이 좀 필요하다고 봅니다. 중국이 위안화 강세를 용인하려면 그것이 자국에 도움이 되어야 가능한 일입니다. 트럼프의 협상력이 또 한 번 발휘되는 대목이겠죠. 다만, 상대가 G2 중국이므로 만만한 일은 아닙니다.

김동환   위안화의 국제화라는 측면에서요?

김한진   맞습니다. 국제화와 자본시장 개방에 따른 자본유입, 경상수지 둔화를 자본수지로 메우는 위안화의 국제화 관점에서 중국이 필요로 할 때 성사될 가능성이 큽니다. 이렇게 보면 2017년에서 2018년은 트럼프 정부의 환율정책 과도기라고 볼 수 있겠죠. 그래서 저는 당분간 달러 환율에 큰 방향성이 없을 것이라 봅니다. 앞서 말씀드린 각국 금리차나 통화정책의 차이로 달러가 강보합 또는 박스권으로 흘러가다가, 2~3년 뒤부터 급속한 달러 약세 반전이라는 변동성에 시달리지 않을까 싶습니다.

미국의 외환정책

김일구   환율은 두 나라가 걸려 있기에 외환시장에서는 두 나라 각
각의 금리정책, 환율정책 모두 중요합니다. 그런데 두 나라 중에서
어느 한 나라는 별로 관심이 없는데 다른 한 나라가 환율과 관련하
여 강력한 정책을 쓰면 그쪽으로 끌려간다고 봐야죠. 만약 두 나라
모두 환율에 대해서 딱히 특별한 정책을 쓰지 않는다면 누가 금리
를 인상하고 있느냐, 어느 나라 주식시장이 좋으냐, 또는 지정학적
위험이 어느 쪽이 높으냐 같은 것들에 의해 환율이 움직입니다.

제가 볼 때 지금은 미국이 외환시장에 강력하게 압박을 가하고
있어요. 그 이유는 예전 1980년대 레이건 정부 시절에서 찾을 수
있습니다. 당시 미국은 다른 나라는 가만히 두고 확장적인 재정정
책을 쓰면서, 경제가 성장하고 재정이 풀려 혹시 인플레이션이 생
길까 싶어서 금리는 높게 유지했습니다. 결국 미국 경제는 성장하
기는 했지만 고금리와 높은 경제 성장 때문에 달러화 강세가 심했
고, 정부의 재정과 경상수지에서 적자가 심각한 수준이 됐습니다.
쌍둥이 적자라고 불렀죠. 이 과정에서 다른 나라들은 미국에 수출
해서 편하게 경제 성장을 할 수 있었습니다.

미국 정부는 현재도 자칫 잘못하면 그때와 똑같은 상황이 생
길 수 있다고 생각하고 있습니다. 미국이 워낙 개방된 경제이다 보
니 미국이 성장을 하면 그 과실이 다른 나라로 흘러가는 유출효과
가 꽤 큽니다. 레이건 대통령 때처럼 금리를 올리고 인프라 투자를

본격화하면 또다시 재정과 경상수지의 적자 문제가 생기겠죠. 다른 나라들은 팔짱 끼고 앉아서 미국으로의 수출을 늘려서 편하게 성장하는 전략을 택할 테고요.

이런 역학관계에서 레이건은 결국 달러화 약세 카드를 꺼내 들었습니다. 1985년 플라자 합의와 1988년 환율조작국 지정이 그것인데, 레이건 집권 1기에 쌍둥이 적자를 보고 난 다음 경제정책에 큰 변화를 준 거죠. 지금 트럼프 정부는 처음부터 성장전략과 달러화 약세 정책을 동시에 들고나왔습니다.

달러화 약세나 환율조작국 지정, NAFTA와 FTA 개정 등은 다른 나라 수출산업에 상처를 주는 정책이죠. 이 때문에 트럼프의 정책을 보호무역주의로 규정하고 '수출산업이 큰 피해를 입을 테니 한국 경제가 걱정이다' 이런 우려를 하시는 분들도 많습니다. 그런데 제가 볼 때 한국을 포함해서 수출산업에 상처가 생긴 나라들에서는 내수부양을 할 겁니다. 이러면 미국도 성장전략, 미국에 수출한다고 팔짱 끼고 있던 나라들도 성장전략을 취하게 되어 글로벌 경제에는 1980년대 중·후반과 같은 엄청난 부양효과가 생깁니다.

유기체는 상처를 입었다고 해서 위축되거나 죽지 않습니다. 상처를 치유하기 위해 유기체 스스로 상처가 덧나는 것을 막는 항생물질을 만들어내고 자연치유하는 기능을 갖고 있습니다. 마늘도 통으로 섭취하는 것보다 으깨어서 섭취하면 천연 항생제를 섭취하게 된다고 하잖아요. 물론 자연치유 기능이 망가질 정도의 심한 상처를 입으면 큰일이겠지만, 지금 미국의 정책은 다른 나라의 자연치유 기능을 자극하고 있다고 생각합니다.

김동환   달러의 향배를 논하면서 저 역시 미국의 경제정책뿐만 아니라 외교 · 안보 등을 모두 고려해 종합적으로 접근해야 한다고 생각합니다. 공교롭게도 1980년대 후반에 국내총생산을 비롯한 경제적 측면에서 일본의 국력이 미국의 절반 수준이었죠. 이 시기에 바로 플라자 합의가 있었고요. 중국의 예를 보면 2011~12년경에 일본처럼 경제력이 미국의 절반 수준이 됐습니다. 이때부터 미국은 군사외교는 물론이고 경제적으로도 중국을 본격적으로 압박하는 정책을 취했습니다. 이건 트럼프 정부냐 오바마 정부냐의 문제가 아니에요. 미국은 한 번도 인정한 적이 없지만, 2위 국가가 자국 국력의 절반 이상을 따라잡으면 항상 적극적인 견제정책을 취했습니다. 1970년대에 구소련에 대한 봉쇄정책도 그중 하나로 이해할 수 있습니다.

바로 이 경제적 견제정책이 환율정책과 관세 같은 무역정책인

오바마(Barack Obama)는 2008년 민주당 대통령 후보로 출마하여 제 44대 미국 대통령에 당선됨으로써 미국 최초의 흑인 대통령이 되었다. 취임 후 핵무기 감축, 중동평화회담 재개 등에 힘써 2009년 노벨 평화상을 수상하였다.

데, 이 무역정책이라는 것은 모든 국가와 일괄적으로 타결되는 것이 아니잖아요. 국가 간 협상을 개별적으로 다 해야 하기 때문에 번거롭죠. 이때는 환율을 움직이는 것이 가장 편한 방법이 됩니다. 그런데 환율을 시장 메커니즘에 의해서 결정되도록 놔두면, 경제가 좋은 쪽의 환율이 더 강해질 수밖에 없지 않겠습니까? 지금 전 세계에서 경제가 가장 좋은 곳이 미국입니다. 금리를 올리면서 조절하고 있을 정도니까요. 당연히 달러 강세여야 맞습니다. 지금 트럼프 대통령이 환율조작국으로 지정한다고 엄포를 놓기도 하고, 보호무역주의 얘기까지 나오잖아요. 이게 다 달러의 일방적인 강세가 초래할 미국 경제의 위기, 그것도 자신의 표밭인 제조업의 위기를 막아보려는 노력의 일부라고 봐야 합니다.

그런데 플라자 합의 때 일본 재무상을 불러서 강제적으로 합의하게끔 한 조치를 30~40년이 지난 이 시점에 중국 재무부 장관 불

트럼프 그룹(The Trump Organization)의 경영자로 잘 알려진 사업가 도널드 트럼프(Donald Trump)는 2016년 제45대 미국 대통령 선거에 공화당 후보로 출마하여 당선되었다.

러다 놓고 할 수 있겠습니까? 상황이 많이 바뀌었잖아요. 다만 트럼프 대통령이 계속 트윗을 날리는 것만으로도 그런 효과를 상당히 보고 있는 것 아니겠습니까? 그런 맥락에서 미국 경제가 좋아지고 있고 또 전 세계의 규모가 큰 경제권 중에서 미국 경제가 가장 견고하다고 판단하고 있지만, 일방적인 달러 강세는 쉽지 않다고 봅니다.

최근의 원화 강세를 두고 걱정들을 많이 하십니다. 일반적으로 원화 강세가 되면 우리나라 수출기업의 채산성이 떨어져서 주가가 하락하는 등 경제에 안 좋은 영향을 미칠 거라고 많이들 생각하시는데요. 사실은 오히려 원화 강세 국면에서 우리 주가지수 수익률이 더 높았죠. 다만 기업을 운영하면서 달러 수입이나 지출이 많다면 꼭 적당한 헤지를 하시라는 조언을 드리고 싶습니다. 그 외에 학비라든지 여행경비처럼 크지 않은 돈이라면 어느 정도 상하한을 정해놓고, 환율이 그 안에 있다면 그저 한 달에 한 번이나 석 달에 한 번씩 분할해서 주기적으로 환전을 하시라는 조언을 드립니다. 앞서 말씀드렸듯이 환율에 대한 전망과 예측이 전체 자산 중에 가장 어렵다 보니, 몰려서 하려다 보면 공교롭게도 가장 높을 때 환전하게 되는 경우가 많더군요.

김한진　　사실 주식도 잘 모르면 일정 주기로 트레이딩할 때 수익이 좋은 경향도 있습니다.

김동환　　'현재의 자산시장을 어떻게 볼 것인가'라는 대주제를 놓고 주식시장, 부동산시장, 금리 그리고 환율에 이르기까지 쭉 살펴봤는데요. 일단 저희 논의의 종착지는 '어떻게 투자해서 어떻게 성공

할 것인가'입니다. 지금이 변혁기라는 전제하에서요. 오늘 토론은
그 목적지로 가기 위해 기본적으로 현상에 대한 인식을 어떻게 할
것인가에서부터 출발해보자는 취지에서 자산별로 세 사람의 상황
판단과 단기적인 전망까지 해봤습니다.

인플레이션과 디플레이션,
그리고 골디락스

주식시장은 골디락스를 좋아한다

골디락스는 영국의 한 전래 동화에 나오는 꼬마 주인공의 이름
이다. 어느 날 골디락스가 숲길을 걷다 곰 세 마리가 살고 있는 오
두막을 발견한다. 마침 곰들이 수프가 식기를 기다리며 잠깐 산책
을 나간 참이라 집에는 아무도 없었다. 골디락스가 식탁에 놓여 있
는 세 그릇의 수프 중 하나를 먹어봤더니 너무 뜨거웠고, 다른 하나
를 먹어봤더니 너무 차가웠다. 마지막 하나가 적당히 식어 있었다.
침대에 누웠더니 하나는 너무 딱딱했고 다른 하나는 너무 부드러
웠으며, 또 다른 하나가 적당한 탄력을 갖고 있어 잠자기에 편했다.
주식투자에서 성장률이나 물가 상승률, 금리도 마찬가지다. 성

장률이나 물가 상승률이 너무 낮으면 기업이 이익을 내지 못하고, 너무 높으면 중앙은행이 금리를 큰 폭으로 올려 유동성이 축소되고 경기침체 위험이 커진다. 따라서 기업이 이익을 내는 데 큰 문제가 없고 또 중앙은행이 공격적인 금리 인상을 해야 할 필요도 없는, 적당한 성장률과 물가 상승률이 주식투자자들에게 가장 좋은 경제 환경이라고 할 수 있다.

과거 데이터로 살펴보자. 주식투자에 좋은 환경과 나쁜 환경은 주가수익비율(PER)로 측정할 수 있다. PER은 기업이 1년간 벌어들인 순이익으로 주가를 나눈 값인데, PER이 10배라는 것은 연간 주당순이익이 1,000원인 기업의 주가가 10,000원이라는 뜻이다. PER이 10배에서 20배로 높아졌다면 주당순이익이 1,000원인 기업의 주가가 20,000원으로 올랐다는 것인데, 기업의 이익이 늘어난 것이 없는데도 투자자들이 이 기업의 미래를 낙관적으로 봐서 주가가 상승했다는 의미가 된다. 반대로 PER이 20배에서 10배로 낮아졌다면, 기업이 벌어들이는 이익이 줄어들지 않았는데도 투자자들이 미래를 비관적으로 봐서 주가가 하락했다고 볼 수 있다. 즉 투자심리가 고조되어 있을 때는 PER이 높고, 투자자들이 뭔가 불안해하는 시기에는 PER이 낮다.

다음 그림은 1871년 이후 미국의 월별 장기 금리와 주식시장의 PER을 나타낸 것이다. 금리가 너무 높아도 또 너무 낮아도 PER은 낮아지고, PER이 가장 높을 때는 금리가 적당한 수준일 때라는 것을 알 수 있다. 투자심리가 너무 과열되어서 생기는 버블도 금리가 너무 높을 때나 낮을 때 생기지 않고, 장기 금리가 4~5%로 적당히 높을 때 주로 나타났다.

2008년 글로벌 금융위기 이후 세계 경제는 너무 낮은 성장률과 물가 상승률에 시달려왔다. 성장률이 낮아지면서 일본처럼 물가가 하락하는 디플레이션에 빠질지 모른다는 불안감도 높았는데, 이 때문에 선진국 중앙은행들이 양적완화 정책과 마이너스 금리 정책까지 썼다. 이렇게 성장률과 물가 상승률, 금리가 지나치게 낮은 것은 주식투자에 좋지 않은 환경이다.

저성장과 저물가, 저금리의 3저 현상은 앞으로도 계속되리라고 보는가? 그렇다면 주식투자는 당분간 잊는 것이 좋을 것이다. 그러나 우리는 세계 경제가 디플레이션에 빠지거나 걷잡을 수 없는 인

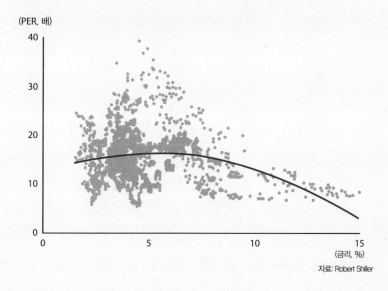

미국의 금리와 주식시장 PER

미국의 장기 금리가 너무 높거나 너무 낮으면 주식시장의 PER이 낮아진다.

자료: Robert Shiller

플레이션에 직면할 가능성은 작다고 생각한다. 많은 투자자가 과거 일본의 예를 들며 세계 경제의 디플레이션을 우려했지만, 경제구조상 디플레이션이 발생할 가능성은 극히 낮다. 또 전 세계적인 공급 능력을 생각해볼 때 인플레이션이 발생할 가능성도 극히 낮다. 따라서 너무 뜨거운 인플레이션과 너무 차가운 디플레이션을 모두 걱정할 필요가 없는 골디락스 경제환경이 이어질 것으로 본다.

디플레이션의 현상과 원인

디플레이션은 일반적으로 물가가 하락하는 것을 의미하는데, 경제적으로는 꼭 물가가 하락하지 않더라도 소비와 투자를 위축시킬 수 있는 물가 상승률 수준을 디플레이션이라고 볼 수 있다. 가령 비용이 매년 2%씩 상승하는 기업이 있는데 그 기업이 생산하는 제품의 가격이 매년 1% 상승에 그친다면, 물가 상승률로는 마이너스가 아니지만 이 기업의 투자는 줄어들 수밖에 없을 것이다. 가계의 소비도 마찬가지다. 텔레비전이나 자동차의 가격이 오를 것이라고 생각하면 구매를 서두르겠지만, 그렇지 않으면 더 좋은 제품이 나오거나 쓰던 제품을 더는 쓰지 못할 정도가 되어야 구매를 하게 될 것이다.

이렇게 투자와 소비를 줄이거나 늦추면 기업들은 하나라도 더

팔기 위해 가격을 깎을 테니 물가 상승률은 더 낮아질 것이다. 물가 상승률이 더 낮아지면 투자와 소비가 더 줄어들고 늦춰지는 악순환이 나타나게 된다. 이렇게 디플레이션의 악순환에 빠진 것이 1930년대 미국의 대공황과 1990년 이후 20년간 이어진 일본의 경제 상황이다.

최근 글로벌 경제가 디플레이션 위험에 놓였던 이유는 중국이 세계의 공장으로 부상한 것과 2008년 금융위기를 들 수 있다. 〈중국의 부상과 세계 물가 상승률〉에서 보듯이 1990년만 하더라도 중국 경제가 세계 경제에서 차지하는 비중은 4%에 불과했지만, 개혁·개방정책을 펼치면서 현재는 18%에 육박하고 있다. 수출도

중국의 부상과 세계 물가 상승률

값싼 노동력을 보유한 중국이 세계의 공장으로 부상하면서 세계 물가 상승률이 낮아지는 데 기여했다.

자료: IMF

크게 늘어나서 1987년 미국의 전체 수입에서 중국이 차지하는 비중은 1.5%에 불과했으나, 30년 후인 2016년에는 21%로 치솟았다. 지난 20년간 1인당 GDP가 평균 6,700달러에 불과했던 저임금 국가인 중국이 빠른 속도로 경제 규모를 키우고, 또 전 세계 시장에 저임금 노동력을 이용한 값싼 물건을 공급하면서 세계 물가 상승률은 낮아질 수밖에 없었다.

2002년부터 2006년까지 한국은행 총재를 역임했던 박승 총재는 이를 '미꾸라지 물가'라고 표현한 바 있다. "추어탕 수요가 늘어도 중국산 미꾸라지를 쓰기 때문에 추어탕 가격이 오르지 않는다"라고 말한 바 있는데, 한국은행이 국내에서 수요를 늘리는 정책을 써도 값싼 중국산 제품이 물밀듯이 밀려드는 바람에 물가 상승률을 높일 수 없다는 자조 섞인 얘기였다. 미꾸라지 물가는 우리만의 문제는 아니었으며 중국의 수출품에 영향을 받는 전 세계가 마찬가지 상황이었다.

디플레이션 소멸

저가 중국산에 의해 전 세계 경제가 끝없는 디플레이션 악순환에 빠져들 것이라는 우려도 있었지만, 쏠림 현상은 시간이 지나면 완화되어 균형을 찾는 법이다. 1990년대 이후 중국의 개혁과 개방

정책이 세계 경제에 디플레이션 압력으로 작용했지만, 이제 20년 이상 지속되어오던 디플레이션 압력은 소멸해가고 있다.

먼저 중국이 더는 저임금 구조가 아니라는 점에 주목해야 한다. 중국은 지난 20년간 명목GDP성장률이 연평균 13%로 세계 평균 GDP성장률 6%를 크게 앞질렀다. 근로자들의 임금이 GDP성장률만큼 올랐다면, 즉 경제 성장의 과실이 주주와 근로자에게 균등하게 분배됐다면, 중국의 임금은 다른 나라보다 빠른 속도로 올랐을 것이다. 20년간 매년 6%씩 증가했다면 100이 320으로 커지지만, 매년 13%씩 증가했다면 1,150이 된다. 즉 20년 전에 중국 근로자들이 다른 나라 근로자들 임금의 4분의 1 수준이었다고 해도 20년

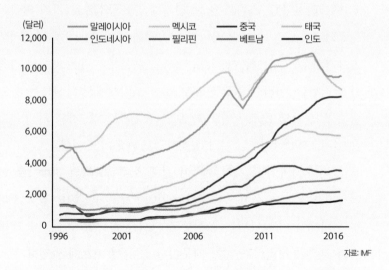

주요 신흥국의 1인당 GDP

중국의 1인당 GDP는 지난 20년간 연평균 13%씩 상승하여 말레이시아, 멕시코와 비슷한 수준이 됐다.

자료: IMF

후인 현재는 같아졌다는 얘기다.

중국 공장 근로자의 시간당 임금은 1990년대 후반만 하더라도 태국의 3분의 1, 말레이시아의 5분의 1에 불과했지만, 최근에는 태국과 말레이시아의 시간당 임금을 추월했다. 중국 경제가 빠르게 성장하면서 임금 인상폭이 컸기 때문이기도 하지만, 한 자녀 정책으로 중국 인구의 고령화가 빠르게 진행되어 다른 나라보다 공장 근로자의 연령층이 높아지고 있는 것도 하나의 요인이다. 이제 더는 중국이 값싼 노동력을 무기로 세계 경제에 디플레이션을 수출하고 있다고 얘기할 수 없는 세상이 된 것이다.

중국 요인이 아니더라도 기술이 빠른 속도로 발전하면서 제품의 가격이 계속 하락하면 소비자물가가 하락하지 않을까? 이런 현상은 가전제품에서 자주 발생하는데, 이러한 디플레이션 경로도 지금은 작동하지 않는다고 판단된다.

텔레비전, PC, 스마트폰 등 전자제품을 중심으로 가격 하락이 계속되고 있다. 기능이 추가되고 디자인이 예뻐진 신제품도 가격이 높아지지 않고, 신제품이 나오는 순간 얼마 전에 나온 제품의 가격은 급락한다. 이러한 현상은 주로 내구 소비재에서 발생하는데, 그림 〈소비품목별 물가와 비중〉을 보면 미국에서 내구재의 가격 하락은 이미 1990년대부터 시작됐고 지금도 계속되고 있다.

그러나 내구재 물가의 하락이 전체 소비자물가의 하락으로 이어지지는 않는다. 소비는 내구재와 비내구재로 구성되는 상품 소비와 서비스 소비로 나뉘는데, 상품의 가격은 하락할 수 있지만 서비스의 가격은 하락하지 않기 때문이다. 기술이 빠르게 발전하고 있는 PC는 새로운 제품이 나오면 예전 모델은 가격이 하락할 것이고, 농산물도 생산량이 크게 늘어나면 가격이 하락할 수 있다. 그러나 호텔, 레스토랑이나 미용실 등에서 제공하는 서비스의 가격은 하락하지 않는다. 손님이 줄어들었다고 또는 경쟁 업체가 많아졌다고 가격을 계속 인하하는 서비스업체는 없다.

따라서 소비에서 서비스 소비의 비중이 높으면 디플레이션은 발생하기가 불가능하다. 1930년대 미국에서는 대공황이라고 불리는 디플레이션을 경험했는데, 당시는 서비스 소비의 비중이 전체 소비에서 절반밖에 되지 않던 시절이었다. 당시에는 비내구재인 농산물이 소비에서 차지하는 비중이 서비스보다 높았는데, 전 세계적인 경기침체로 농산물 가격이 하락하자 전체 소비자물가가 하락한

소비품목별 물가와 비중

전체 소비에서 서비스 비중이 크게 높아졌고, 서비스물가는 하락하지 않았다.

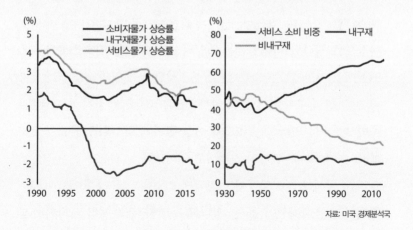

자료: 미국 경제분석국

것이었다. 그러나 최근 미국에서는 서비스 소비가 전체 소비의 3분의 2를 차지하고 있어서 소비자물가가 하락한다는 것은 거의 불가능한 일이다.

다만, 일본에서는 1990년대 이후 20년간 디플레이션을 경험했다. 이는 일본 국민의 검소한 소비 행태와 일본 경제가 자동차와 전자제품이라는 내구재 생산에 특화되어 있어서 생긴 현상이다. 따라서 일본의 디플레이션 경험을 일반화해서 '자본주의가 무르익고 인구구조가 고령화되면 모두 일본처럼 디플레이션에 빠질 것이다'와 같은 해석은 잘못된 것이다.

저성장이 장기화되면서 각국 정부가 내놓고 있는 정책도 디플레이션 우려를 불식시키고 있다. 국내 고용을 늘리기 위해 값싼 수입품을 줄이고, 비싸더라도 국내에서 생산하자는 보호무역주의 움직임이 미국과 영국 등에서 강화되고 있다. 또 소득의 양극화와 소비 둔화 문제에 직면해 시간당 최저임금을 인상하는 움직임도 본격화되고 있다. 미국은 연방법에 시간당 최저임금이 7달러 25센트로 정해져 있는데, 법을 바꾸는 데 걸림돌이 많아 지방 정부에서 독자적으로 시간당 최저임금을 인상하고 있다. 샌프란시스코와 로스앤젤레스, 시애틀 등 일부 대도시는 시간당 최저임금을 15달러까지 인상할 계획이다. 일본의 아베 총리도 2020년까지 최저임금을 매년 3% 이상 인상해 1,000엔 이상이 되게 하겠다는 목표를 발표했고, 유럽에서도 인상이 진행되고 있다.

일부에서는 최저임금이 인상되면 기업의 고용이 줄어들어 경기침체와 디플레이션이 올 수 있다고 우려하지만, 여러 나라에서 최저임금이 인상되어 디플레이션이 발생하지 않았다.

전망

2008년 금융위기 이후 투자자들은 디플레이션으로 세계 경제가 일본처럼 되지 않을까 걱정했다. 그러나 경제환경의 변화와 각국의 정책적 노력으로 이제 디플레이션을 걱정할 필요는 없는 것 같다. 물가 측면에서 보면 너무 차가운 단계를 지나 골디락스로 이행하고 있다는 것이다.

각국 중앙은행이 썼던 양적완화와 극단적인 저금리정책에서도 이제 벗어날 수 있게 됐다. 이로 인해 금리가 어느 정도 상승한다면, 주식시장에는 더 좋은 환경이 만들어질 것이다. 2016년 이후 미국 주식시장의 PER(앞으로 1년간 예상 이익 기준)이 20배 이상으로 치솟고 있는데, 디플레이션을 벗어났다는 안도감이 투자심리를 한껏 띄우고 있기 때문이다. 미국 주식시장의 PER이 너무 높아진 것 아니냐는 우려가 제기되는 것은 당연하겠지만, 세계 경제가 디플레이션 위험에서 벗어난 상황에서도 여전히 PER이 낮은 이머징 주식시장에 대한 투자까지 위축될 필요는 없다.

금리 상승은 부동산시장에는 부정적이다. 물론 경제성장률이 높아지고 건물 임대료도 충분히 빠른 속도로 높아진다면 금리 상승의 영향을 상쇄하겠지만, 아직 세계 경제가 그렇게 높은 성장을 할 수 있는 여건은 아니다. 디플레이션이 생길 위험을 없애기 위해 극단적으로 낮췄던 금리를 정상화하는 과정이 앞으로 2~3년간 진행될 것이다. 성장률이 높아져서 금리를 올리는 것이 아니라, 지나치게 낮아진 금리를 정상화하는 것으로 봐야 한다.

일부에서는 양적완화 정책으로 풀린 유동성이 인플레이션을 낳을 것이라는 예상을 하기도 한다. 재정정책을 통해 풀려나간 돈은 정부의 적자가 되는 동시에 기업과 가계의 재산이 되기 때문에 환수되지 않는다. 1960년대 베트남전쟁으로 풀려나간 돈이 1970년대 전 세계적인 인플레이션을 낳은 것과 같다. 그러나 양적완화든 마이너스 금리 정책이든 통화정책으로 풀려나간 돈은 기업과 가계가 빌려 간 돈이며, 따라서 앞으로 갚아야 할 돈이다. 중앙은행이 마음만 먹으면 언제든 환수할 수 있다. 만약 인플레이션 징후가 조금이라도 나타난다면, 중앙은행들은 양적완화 정책을 펼 때 매입했던 국채를 팔아서 시중 유동성을 흡수하고, 마이너스로 낮춰놓은 금리를 올리면 된다.

디플레이션 우려가 사라지면서 금리가 정상화되는 과정은 주식 투자에 적합한 경제환경이다.

자본주의와 화폐제도

　돈에 대해서는 두 가지 대립하는 시각이 있다. 하나는 경기침체에 빠지면 돈을 풀어서 경기를 살리고, 경기가 과열되면 중앙은행이 시중 유동성을 흡수하는 긴축 정책을 써야 한다는 주장으로 '재량적 통화정책'이라고 한다. 사람이 잘 판단해서 돈의 양을 늘리거나 줄여서 경기를 조절할 수 있다는 생각이다. 다른 하나는 경기에 따라 유동성을 긴축하거나 완화하는 정책을 쓰는 것은 오히려 더 위험하며, 돈의 양은 중장기적인 경제성장률에 맞춰서 일정한 속도로 늘려야 한다는 주장이다. 이 주장에서는 사람이 미래를 잘 예측하지 못해서 긴축이나 완화 정책이 경기침체나 과열을 만들 수 있다고 우려하는데, 이를 '준칙에 따른 통화정책'이라고 한다.

　금본위제 시기에는 돈의 양이 금의 양에 따라 변동했다. 금광이 새로 발견되어 금 유입이 늘어나면 유통되는 돈도 늘어나고, 새로운 금광 발견이 없으면 유통되는 돈의 양도 늘어나지 못하는 구조였다. 경제가 성장해도 금의 유입이 없는 한 돈의 양이 늘어나지 못했기 때문에, 돈이 귀해서 물건값이 하락하는 디플레이션 현상이 자주 발생했다. 이 제도는 1930년대 대공황을 거치면서 무너졌다.

금본위제가 붕괴한 이후의 화폐제도를 '불환지폐제'라고 부르는데, 금으로 바꾸어주지 않는 지폐라는 의미를 갖고 있다. 화폐가 더는 금에 기반을 두지 않게 되자 이번에는 돈이 너무 흔해져 물건값이 오르는 인플레이션 문제가 생겼다. 돈의 양이 늘어나는 것을 막을 절대적인 기준이 사라진 상태에서 정부가 사회주의 국가와의 경쟁, 다른 나라와의 전쟁, 경기부양 등의 재량적 목적을 위해 돈을 마구 찍어댈 수 있었기 때문이다.

1960년대 미국이 베트남전쟁을 하면서 정부지출이 방만해졌고, 이를 국채발행으로 메꾸다가 나중에는 발행된 국채의 이자와 원금을 상환하기 위해 돈을 더 찍게 됐다. 이 때문에 1970년대 전 세계가 극심한 인플레이션을 경험했다.

이에 대한 반성으로 등장한 것이 앞서 말한 '준칙에 따른 통화정책'이다. 1979년부터 1987년까지 연방준비제도이사회 의장이었던 폴 볼커가 이 엄격한 통화정책을 써서 인플레이션을 잡고, 중앙은행의 신뢰를 회복했다.

2008년 글로벌 금융위기 이후 양적완화와 마이너스 금리 정책이 시행되면서 다시 재량에 따라 돈을 마구 찍는 쪽으로 바뀐 것일까? 그렇지는 않다. 대공황에 버금가는 경기침체 위기에 직면해 일시적으로 통화 공급을 확대한 것으로 봐야 한다.

앞에서도 말했지만 1960년대 베트남전쟁 때 풀렸던 돈이 1970년대 극심한 인플레이션을 낳았던 것처럼, 양적완화와 마이너스 금리 정책으로 풀려나간 돈이 곧 인플레이션을 일으킬 것이라고 예상하는 이들도 있다. 그러나 1960년대에는 정부가 재정정책을 펴면서 돈을 썼기 때문에 나중에 거둬들일 수 있는 돈이 아니었던 데 반해, 이번에 풀려나간 돈은 중앙은행이 빌려준 돈이기 때문에 언제든 마음만 먹으면 다시 거둬들일 수 있다. 일반적으로 재정정책은 정부가 상품과 서비스를 구매하면서 돈을 지출하는 것이기 때문에 경기부양 효과가 높고 인플레이션을 유발할 위험성도 크다. 반면 통화정책은 중앙은행이 금리를 낮춰서 돈을 빌려주는 것이기 때문에 경기부양 효과가 작고 인플레이션을 유발할 위험성도 낮다.

2 장

우리 경제 어떻게 볼 것인가?

INFLATION

경제 비관론의 실체

우리 경제에 대한 진단

김동환   오늘은 '과연 우리 경제를 어떻게 볼 것인가'에 대해 이야기해보겠습니다. 사실 지난 몇 년을 반추해봤을 때, 거의 모든 사람이 한국 경제에 대해 비관론에 사로잡혀 있지 않을까 싶습니다. 경기란 순환하는 것임에도, 언젠가부터 우리 경제가 갖고 있는 구조적인 문제가 너무 부각되다 보니까 정말 우리 경제가 세계 경제와 발맞춰서 순환하는 것인가라는 본질적인 의문까지 나오고 있는 상황인데요. 이런 상황에서 우리 경제를 어떻게 봐야 할 것인가, 현재 우리 경제에 대한 진단부터 시작해보겠습니다.

김한진   지금 한국 경제는 두 가지 과제에 동시에 직면해 있습니다.

첫째는 선진국이 보편적으로 겪는 양적 성장 둔화입니다. 이미 선진 경제권인 한국은 부채에 의존한 성장에 한계를 드러내고 있죠. 인구구조나 도시화율, 산업의 성숙도에서 비롯되는 성장동력 약화가 그것입니다.

둘째는 선발 신흥국들이 공통적으로 겪는 구조적인 어려움에 맞닥뜨려 있다는 사실입니다. 신흥국으로서 한국이 겪는 어려움은 그동안 고정투자에 의존한 성장 모델이 벽에 부딪혔다는 사실입니다. 그간에는 요소투입을 늘려 성장도 하고 수출도 늘려왔는데 이제는 이런 방식만으로는 성장이 쉽지가 않다는 것입니다. 더욱이 '한국은 미국이 아니므로' 부채를 마냥 늘리는 방식으로 성장하기도 어렵습니다. 금융 시스템을 안정되게 유지하면서 어떻게 생산성과 성장동력을 꾸준히 높여가느냐가 지금 한국 경제가 당면한 과제입니다.

김동환 그런데 이런 문제 제기들이 있지 않습니까? 예를 들어 우리나라 경제가 세계 경기를 주도할 수 있는 규모도 아니고, 오히려 굉장히 대외의존적인 구조로 되어 있잖아요. 이러한 특수성을 고려했을 때 지난 30여 년 동안 이뤄진 중국의 개방, 즉 급속한 성장과 산업화의 과정에서 중국이라는 변수가 없었다면 우리 경제가 과연 어떻게 됐을까 하는 생각을 해보게 됩니다. 더군다나 지금처럼 중국이 여러 부담으로 작용하고 있는 시점에서는 더욱 그런 생각을 하게 되죠. 최근 들어 보통의 우리 국민은 물론이고 경제학자를 비롯한 전문가들마저도 우리 경제를 순환적인 틀에서 보지 않고 극단적인 단절의 틀 속에 가두고 있다고 봅니다.

김한진 네, 그렇죠. 단지 세계 경기에 의존한 몇 년 단위의 주기적이고 순환적인 경기회복만이 문제의 본질은 아니라고 봅니다. 한국 경제가 수십 년간 사용해온 익숙한 성장 모델에서 벗어나 이제는 진짜 경제체질을 업그레이드해야 하는 상황에 직면해 있다는 거죠.

모든 익숙한 것으로부터의 결별이 절실한 시점인지도 모릅니다. 가계부채 중심의 성장, 건설과 토건 중심의 성장, 양적인 성장, 저부가가치 서비스산업 중심의 내수 경제, 중국에만 의존한 수출, 대기업에만 의존한 성장, 특정 한두 산업에만 의존한 성장에서 벗어나야 하겠죠. 무엇보다도 개별 산업 중심의 수평적인 따로따로 성장에서 4차 산업, 융합 산업 중심의 다면적인 성장으로 산업체제를 바꿔가야 합니다. 이를 지원하는 제도나 정책, 자본시장의 기능적인 보강도 필요하고요.

우리가 이 시기를 잘못 대응하면 한국 경제는 결국 내수와 수출 동력을 동시에 잃을 수 있습니다. 이는 한국 경제를 비관적으로 보느냐, 낙관적으로 보느냐의 이분법적 문제가 아닙니다. 성장 흐름상 필연적으로 맞닥뜨린 구조적인 과제를 어떻게 푸느냐의 문제죠. 시기적으로 이번 정부의 역할이 매우 중요하다고 봅니다. 한국 경제의 약점을 강점으로 바꾸고 성능을 개선하는 과정에서 우리는 새로운 투자 기회도 엿볼 수 있고 적절한 위험관리에 대한 아이디어도 찾을 수 있다고 생각합니다.

한국의 새로운 성장동력과 잠재성장률

김일구　현재 우리 경제는 경기 사이클이 아주 뚜렷하던 예전과는 다릅니다. 중화학공업이 경제 성장을 주도하던 때는 상황이 좋을 때 GDP가 10%대 성장도 하고 나빠지면 마이너스 성장률로 추락하기도 했습니다. 그때는 주식시장에도 '박스피' 같은 현상은 없었어요. 그러나 지난 5~6년간 GDP성장률은 2~3%에 갇혀 있고, 주식시장도 장기간 박스권에 갇혀 있었습니다.

아마 우리 경제가 구조적인 변화를 겪은 것 같아요. 어떤 분들은 이걸 비관적으로 봅니다. 브릭스로 대변되는 신흥국들이 성장할 만큼 성장하고 나니 경제 성장의 외연이 더는 확대되지 않고, 인구 증가도 거의 끝났다고 봅니다. '이제 예전처럼 성장하지는 못하는 것 아닌가?' 하는 문제의식이죠.

저도 우리가 예전으로 돌아갈 수 없다는 데는 동의합니다만, 이 상황을 비관적으로 볼 필요는 없다는 생각입니다. 상황이 바뀐 거죠. 그러면 생각도 바꾸면 됩니다. 저는 과거 방식을 GDP에 대한 지나친 집착이라고 생각하고, 앞으로는 GDP가 아닌 다른 지표로 관심을 옮겨가면 된다고 봅니다.

김동환　예를 들면, 중국이 요즘 6% 중·후반대의 성장을 하고 있잖아요. 그래서 이걸 바오류(保六, 6%대 성장) 시대라고도 하는데요. 중국 당국에서 6%대의 성장은 보장한다는 뜻이죠. 그런데 전통적으로, 불과 2년 전인 2015년까지만 하더라도 바오치(保七, 7%대 성장) 시대였죠? 그러니까 7%대의 성장률을 중국이 보장한다는 개념이 중국의 주요 기조였는데, 2016년 들어 중국이 바오치 시대와 공식적으로 작별을 선언했습니다. 최근에 한국은행이 우리나라 경제성장률 전망치를 2.8%로 수정해서 발표했고, 정부는 3%대로 성장률 목표치를 올렸습니다.

위의 사례들에서 알 수 있는 것은 그 나라의 산업 발전 단계에 따라 성장률에 일종의 캡이 씌어 있다는 겁니다. 우리나라의 잠재성장률이 갑자기 5~6%가 되는 걸 기대할 수 있겠습니까? 미국이 경기가 아무리 좋아도 2~3%대 성장을 합니다. 우리나라의 경제성장률이라는 측면에서 봤을 때, 과연 그 캡이 어디에 씌어 있는가를 생각해봐야 할 것 같습니다. 김 센터장의 말씀처럼 성장률에 대한 생각을 아예 버릴 정도로 우리나라 경제의 구조적인 문제가 심각하고, 또 우리나라 경제를 단절의 시각(과거와 같이 선순환하는 사이클이 더는 나타나지 않을 거라는 생각)에서 봐야 하는지에 대해서는 한 번쯤 생각해볼 필요가 있지 않나 싶습니다. 하기에 따라서는 4%대 성장률도 나올 정도의 역동성을 우리나라 경제가 아직은 갖고 있지 않은가 생각합니다.

김일구 저는 경제학을 처음 공부할 때부터 국가의 부나 경제 성장은 어디서 오는가에 대해 관심이 많았습니다. 제 생각에는 이 질문에 답한 경제학자가 세 명 있는데, 첫 번째가 애덤 스미스입니다. 《국부론》은 부의 원천을 분업에서 찾습니다. 가령 농업국에서 공장을 세우고 산업화를 하게 되면 사회적 분업이 고도화된다고 볼 수 있죠. 한 사람이 아침에 밭에 가서 일하고 오후에 소 여물 주고 저

녘에 호밋자루를 다듬는 것보다, 농촌에서는 농사짓고 도시에 공장을 만들어 농촌의 유휴인력을 산업역군화하는 것이 분명 경제가 성장하는 데 도움이 됩니다. 이 분업이 경제 성장의 한 가지 비밀입니다. 산업화 단계에 있는 국가는 10%대의 아주 높은 성장률을 기록하다가, 공장이 들어설 만큼 들어서고 나면 단계적으로 성장률이 하락하기 시작합니다. 우리나라도 1970~80년대에는 10%대를 넘나드는 성장률에서 1990년대 6~7%, 2000년대 4~5%, 금융위기 이후에는 2~3%대로 계단식 하락을 해왔습니다. 중국의 성장률은 6%대인데, 우리의 1990년대처럼 산업화의 후기 단계에 와 있는 것 같아요.

애덤 스미스 이후 데이비드 리카도가 새로운 영역의 성장동력을 찾았습니다. 바로 무역이죠. 어느 지역의 상품 가격이 절대적으로 비싸거나 싸지 않더라도, 다른 지역에 비해 상대적으로 싸기만 해도 무역이 일어나고 무역에 의해 두 지역이 모두 경제적 혜택을 누린다는 이론입니다. 우리나라가 수출을 통해서 경제 성장을 한 것도 같은 맥락이라고 볼 수 있습니다.

수출을 통한 성장은 외연적인 확장이라고 볼 수 있습니다. 가령 지금까지 무역을 하지 않던 나라가 산업화를 하면서 무역을 하게 되면 그만큼 경제가 성장합니다. 즉 미국, 유럽, 중국 등의 시장이 커지면 그 나라에 수출을 하는 우리나라 경제도 그만큼 성장하게 됩니다. 하지만 각 나라가 어느 정도 경제 성장을 하고 나면, 무역을 통해서는 예전과 같은 성장을 할 수 없습니다. 앞에서 언급했듯이 브릭스를 포함한 신흥국 경제가 커질 만큼 커지고 나니까 우리나라도 성장이 막힌 거죠. 지난 몇 년간 우리나라 수출 증가율이 현저히 낮아진 것도 일시적인 현상이 아닙니다. 세계 경제의 확장이 어느 정도 마무리된 결과겠죠.

마지막으로 저는 조지프 슘페터에 주목합니다. 슘페터는 부가 증가하고 경제가 지속적으로 성장할 수 있는 원천으로 혁신(innovation)을 꼽았습니다. 남들과 똑같은 것을 만드는 것이 아니라 새로운 것을 만들어내는 것이 혁신이죠. 미국 경제의 성장을 보면 혁신이 일상화되어 있습니다. 아이폰처럼 새로운 제품을 만들어서 판매하는 거죠. 이전과 다른 유형의 제품은 사람들의 소비 욕구를 자극하고, 새로운 소비를 창출합니다. 최근에 미국 뉴저지 주에 새로 짓고 있는 쇼핑몰은 건물 안에서 윈드서핑도 할 수 있다고 하더라고요. 그처럼 색다른 서비스가 있기에 사람들이 쇼핑몰에 와서 소비를 합니다. 이렇게 혁신은 새로운 제품과 서비스로 소비 욕구를 자극하고 새로운 소비를 창출함으로써 경제를 성장시키는 힘이라고 할 수 있습니다.

저는 우리나라가 '중진국 함정'에 빠져 있다고 보는데, 국민소득 3~4만 달러가 이 함정 구간입니다. 마의 3~4만 달러를 넘어 선진국이 된 사례는 없는 것 같습니다. 최근에 그리스가 이 함정을 넘지 못하고 추락했죠. 우리나라도 몇 년째 2만 7,000달러에 머물러 있는데, 이 선을 넘어설 부의 창출 능력이 없는 거죠. 어느 나라든 산업화와 무역을 통해 올 수 있는 곳은 여기까지인 것 같고, 여기서부터는 혁신 외에 경제 성장을 이끌 동력은 없는 듯합니다. 무역이나 산업화처럼 과거와 같은 외연적 확장, 즉 2%밖에 되지 않는 속도로는 경제가 더는 성장할 수 없으니, 혁신을 통해 새로운 욕구와 소비를 창출하는 방법을 통하지 않고서는 성장률을 3% 이상으로 끌어올릴 수 없다고 생각합니다.

하지만 우리나라는 이 부분에서 아직 준비가 되어 있지 않습니다. 혁신이 이뤄지기 위해서는 우선 사람들이 창의적으로 사고할 수 있어야 하지만, 교육 시스템을 포함한 환경이 아직 그렇지 못하죠. 여전히 사람들은 누군가가 무엇을 만들어야 할지 가르쳐주면, 그 물건을 만들기 위해 더 열심히 일하고 더 많이 만들 생각을 합니다. 무엇을 만들어야 할지 고민하지 않습니다. 이것은 학교 교육을 받을 때 교과서에 나와 있는 답을 암기하면서 생긴 버릇이죠. 세 살 버릇 여든까지 간다고, 사회에 나와서도 이런 태도는 바뀌지 않습니다. GDP성장률이 어떤 해에는 3%대를 기록할 수도 있습니다. 하지만 혁신이 내재화되지 않은 사회에서는 잠깐 성장률이 높아졌다고 해도 다시 1~2%대로 떨어지기 마련입니다.

김한진　같은 얘기인데요. 우리나라 잠재성장률은 2011~14년 기준으로 3.4% 정도로 추산되고 있습니다만 저는 이보다 더 낮다고 봅니다. 아무튼 한국의 잠재성장률은 1991년부터 2000년까지 기간의 7~8%나 2001년부터 2010년까지의 4.5%에 비해 뚜렷이 낮아졌습니다. 김 센터장께서 슘페터의 혁신에 대해 말씀해주셨는데, 이제 한국 경제의 과제는 노동과 자본을 계속 투입해서 성장하는 단순한 양적 성장(size-up) 모델에서 기술 중심의 질적 성장(quality-up) 모델로 어떻게 변신하느냐에 초점이 있다고 봅니다.

잠재성장률에서 총요소생산성(TFP, total factor productivity)의 기여

도를 높이는 일은 생각만큼 쉽지 않습니다. 노동투입을 늘리고 고정투자를 늘려 고도의 성장을 구가하는 것보다 훨씬 섬세하고 복잡한 노력이 필요하죠. 산업구조의 개선, 기초과학기술의 발전, 기술과 경영혁신, 기업 간 협력관계 개선, 교육제도의 개선, 규제 완화, 금융시장 기능 강화 등 경제 구석구석에서 많은 개선을 해야 합니다. 그래서 힘도 들고 시간도 오래 걸립니다.

아직은 많은 기업이 당장의 수익을 더 내기 위해 노동투입량(고용)을 줄여 노동 단위당 산출물을 높이는 데 집중하고 있습니다. 비효율적이고 비생산적인 고용이나 경직된 고용 시스템은 개선해야

한국의 잠재성장률 기여도 변화

한국 잠재성장률 하락의 주요인은 총요소생산성 저하에 있으며 그중에서도 '효율성 하락' 요인이 가장 큰 것으로 한국은행은 분석하고 있다. 시장규제 완화와 지식재산권 보호, 기업 간 기술협력 등이 성장률 개선의 주된 과제로 떠오르고 있다.

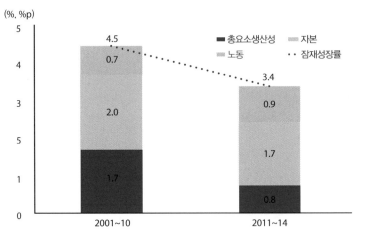

자료: 한국은행, 강한구 외(2015.12)

할 과제이지만, 이를 빌미로 많은 기업이 인건비를 아끼는 데 집중합니다. 이 경우 단기적으로 생산성이 늘어나는 것처럼 보이지만 오래가지 못합니다. 국가 전체적으로 봐서는 결국 일자리가 줄고 임금도 줄어 소비 위축, 기업의 생산 감퇴라는 부메랑으로 돌아옵니다.

진정한 의미의 생산성 개선은 사람을 자르고 비정규직을 늘려 인건비를 아끼는 데 있는 게 아니라 돈 버는 사업을 찾아 거기에 사람과 돈을 태우는 데 있습니다. 혁신기업, 창조기업, 고부가가치를 창출하는 기업 또는 사업부문이 정말 많이 나와줘야 국민경제도 성장하는 시대인 거죠.

저는 특히 한국의 건설 중심 성장 모델의 위험을 지적하고 싶습니다. 국토의 균형 발전이나 주거환경 개선은 앞으로도 계속 필요한 정책목표겠지만, 도로나 주택의 총량을 늘려서 성장을 얻어내는 시대는 지나갔습니다. 특히 빚내서 집 사라고 가계를 부추겨서는 안 된다고 봅니다. 한국의 GDP 대비 건설투자 비중이 16%에 달하는데요, 이는 국토 개발이 턱없이 덜 되어 있고 제조업 비중이 작은 호주 다음으로 높은 수치입니다. 또 설비투자 대비 건설투자 비율도 170%에 달하는데, 미국이나 일본 등 대부분 선진국이 100% 미만인 점을 고려하면 한국의 건설투자 의존도는 매우 높은 편입니다. 신축투자 중심의 건설투자 활동은 장기적으로 주택 재고를 쌓아 집값이 온탕과 냉탕을 오가도록 부추기고, 가계의 건전성을 위협합니다. 자칫 금융 시스템에 큰 손상을 입힐 수도 있습니다. 진정한 성장동력은 결코 쉬운 성장 방식에 있지 않습니다.

한국형 성장 모델

김일구　지난 박근혜 정부에서 이 문제가 심각했죠. 건설투자에 의
존한 양적인 성장은 정말 상상력이 빈곤한 사람들이 쓰는 정책입
니다.

김한진　그간의 정부나 정치권에서 구조개혁, 생산성 개선, 창조경
제, 부가가치 증대…, 뭐 이런 슬로건을 사용하지 않은 적이 없었
죠. 하지만 진정한 의미의 혁신이나 생산성 증대는 구호만으로 이
뤄지지 않습니다. 김 센터장께서 말씀하셨듯이 교육과 창의적 사
고, 탈규제, R&D 생태계 등 총체적 환경 개선이 꾸준히 추진돼
야 합니다. 특히 저는 현재의 대기업 중심 성장구조에서는 혁신적
인 성장 모델을 이루기가 어렵다고 봅니다. 스타트업 기업(start-up
enterprise, 신생 벤처기업)에서 벤처기업, 중소기업, 대기업으로 이어지
는 진정한 의미의 창조기업 군락, 혁신기업 생태계가 끈끈하게 구
축되어야 합니다.

김동환　혁신을 생산성이라는 측면에서 해석하는 경우가 많잖아요.
기술혁신도 생산성을 높이는 차원에서 많이 언급되고요. 그런데 저
는 우리 사회에서 잠재성장률을 높이는 지름길은 극단적인 양극화
를 해소하는 것이라고 생각합니다. 소득과 자본의 극단적인 편재가
경제의 역동성을 떨어트리고 있다고 보거든요. 그런 측면에서 함의
가 온전히 같은지는 모르겠지만, 문재인 정부가 소득주도 성장을
경제정책의 근간으로 내세운 것은 긍정적으로 평가할 만하다고 봄

니다. 투자도 소비도 하지 않는 돈이 늘고 노동소득 대비 자본소득이 일방적으로 늘어나는 상황에서는 건강한 성장을 기대하기 어렵고, 그걸 방치한다면 사회는 더욱 불안해질 겁니다.

김한진　맞습니다. 그간 우리 성장 모델은 앞서 말씀드린 바처럼 자본주의 원리대로 자본가에게 성장의 몫이 더 많이 배분돼왔습니다. 노동자의 몫은 계속 줄었고요. 대기업과 중소기업의 임금 격차는 갈수록 커졌고, 근로자 중에는 대기업을 다니는 소수의 사람이 성장의 과실을 월등히 많이 누렸습니다. 여기에 집값 상승이 소득 양극화를 더욱 부채질했죠. 이 총체적 불균형을 어떻게 해소해야 할지, 지금 한국은 양극화의 길을 너무 많이 달려온 것이 아닌가 우려됩니다.

무조건 분배를 앞세워 복지만 늘리자는 뜻은 아니고요, 진정한 성장동력을 장착하기 위한 시스템을 말씀드리려는 겁니다. 수출로 성장을 높이고 부가가치의 파이를 키우되, 이를 배분하는 시스템을 정의롭게 만드는 일도 함께 필요하다고 생각합니다.

김동환　그러니까 이걸 바로잡는다면, 잠재성장률을 어느 정도까지는 올릴 수 있지 않겠습니까? 물론 단기간에 이룰 수는 없겠죠. 하지만 소비만 하더라도 그렇지 않습니까? 정말 돈을 쓰고 남아서 저축하고 주식투자를 하고 부동산에 투자하는 사람들은 소득이 늘어나도 소비가 따라서 늘지 않죠?

예를 들어 한계가구, 즉 처분가능소득에서 기본적인 이자만 내도 쓸 돈이 없는 사람들이 엄청나게 많지 않습니까? 최근 한국은행의 금융안정보고서에 따르면 2016년 기준으로 한계가구가 150만

4,000가구까지 확대됐다고 합니다. 이런 사람들에게 잉여소득이 좀 있어야 합니다. 그래야만 소비가 다소간 개선될 것입니다. 다만 어떤 방법을 통해서 시도할 것인지에 대해서는 더 깊은 논의가 필요하다고 봅니다.

기업들도 마찬가지입니다. 삼성전자가 2017년 상반기에만 약 24조 원의 영업이익을 달성했어요. 그런데 이 돈이 투자, 배당, 급여, 납품업체의 납품 단가 등으로 이전되지 않는다면 사실 삼성전자의 성장에도 한계가 있을 겁니다. 결국 편재되어 있는 돈이 흐를 수 있도록 물꼬를 터야 우리 경제의 파이가 커질 겁니다. 피가 순환하면서 영양분을 퍼트려 인체가 성장하듯 말이죠.

김한진　　　그렇기에 대한민국이 진정한 복지형 선진국, 경제 강국이 되려면 정치가 일류가 되어야 한다는 거죠. 정치 시스템이 선진화되고 잘 작동되어야만, 필요한 경우 사회적 합의도 끌어내고 경제 시스템을 공정하고 효율적인 방향으로 개선할 수 있을 테니까요. 경제적 강자가 약자를 무조건 억누르는 횡포가 나오지 않도록 공정한 게임의 룰을 만들고, 그 룰이 잘 지켜지는지 제대로 감시도 해야 합니다. 그래야 역량 있는 중소기업이 성장하고, 능력 있는 청년들이 창업도 하고 기업가정신을 가지고 도전도 할 게 아니겠습니까? 그동안 한국인들, 정말 열심히 일해왔거든요. 우리 부모님 세대나 선배들의 그 땀방울을 생각한다면, 이제는 그 토대 위에 정말 한국형 성장 모델을 얹혀야 할 때입니다.

수출은 현재 우리 경제에서
어떤 역할을 하나

수출산업의 국제 경쟁력

김동환　　논의의 초점을 좀더 현실적인 쪽으로 옮겨보겠습니다. 2016년 말 각종 민간연구기관과 외국계 IB(Investment Bank, 투자은행)들이 우리나라의 경제성장률 전망치를 극도로 비관적으로 보고 있다가, 1분기가 지나면서 다시 조금씩 올려 잡고 있습니다. 정부와 한국은행도 올렸습니다. 이렇게 긍정적으로 평가하는 가장 주요한 근거 중 하나가 바로 수출이 잘되고 있다는 점인데요. 3월까지만 하더라도 대부분 국제유가 상승과 기저효과(비교 대상 시점과 현 상황의 차이가 커서 결과가 왜곡되게 나타나는 현상)라고 했습니다.

그런데 지금은 상황이 많이 달라졌습니다. 그중 하나가 반도체입니다. 가격뿐만 아니라 물량을 기준으로 해도 반도체 수출이 크게 늘었습니다. 그럼 반도체 하나만 상황이 좋으냐? 그렇지도 않습니다. 석유 화학제품도 수출이 많이 늘었죠. 또 갤럭시 노트7의 발화 사건 이후에 스마트폰 수출이 급감했던 걸 고려하면 우리나라의 수출이 증가한 것이 비단 기저효과와 반도체 가격 상승만으로 가능했을까 생각해봅니다. 우리가 생각하는 것보다 국제 시장에서 경쟁력을 갖추고 비교우위를 점하고 있는 수출산업들이 아직 많이 남아 있다는 얘깁니다.

김한진 한국 경제는 2011년부터 산업활동이 둔화되고 재고가 쌓이면서 경기탄력이 둔화되기 시작했습니다. 최근 재고 출하 사이클상 경기가 회복되고 있는 것은 맞습니다만, 그 추세성을 확신하기란 어렵다고 봅니다. 특히 반도체를 제외한 나머지 산업들의 생산 흐름을 보면 여전히 회복세가 제한된 상태입니다. 반도체와 일부 테크업종의 수출 회복을 과소평가할 필요는 없지만, 수출 전반이 계속 잘되려면 세계교역이 늘고 수출 단가도 올라줘야 하는데요. 중국의 성장률이 계속 억제되고 완전고용에 이른 미국의 경기확장 여력도 제한적이라면, 앞으로 몇 년이 한국 산업의 중흥기이자 확장기라고 낙관하기만은 어렵습니다.

또 한 가지는 한국의 수출 경쟁력을 근원적으로 고민해볼 필요가 있다는 겁니다. 우리 수출품목들의 경쟁력은 지금 신흥국의 빠른 추격으로 위협을 받고 있습니다. 산업연구원에 따르면 아세안(ASEAN) 시장에서 한국과 중국의 수출경합지수는 2010년 66.2에서 2014년 70.2로 높아졌습니다. 한국이 비교우위를 지닌 정보통신기술(ICT, Information & Communication Technology)산업에서도 중국의 추격이 약 3배로 빨라지고 있고(시장점유율 기준) 소재나 기계산업 등에서도 사정은 비슷합니다. 중국의 기술투자가 정부주도로 2014년 이후 더욱 공세적으로 바뀐 점을 고려하면, 아마도 최근 한국과 중국 간 수출경합도는 더욱 높아져 있을 겁니다.

수출고도화지수(수출품목의 부가가치를 간접 평가한 지수)를 봐도 최근 10년간(2005~15) 한국의 수출고도화지수는 218에서 231로 높아졌습니다만, 독일 · 일본 · 미국의 270~290선에는 아직 크게 못 미치고 있습니다. 반면 중국(220)과는 거의 비슷하죠. 특히 자동차 등 산업연관 효과가 큰 업종의 경우 한국은 선진국의 1등 브랜드에 밀리

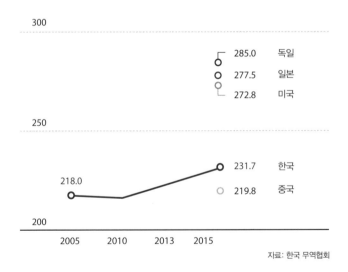

한국과 주요국 수출고도화지수 비교

수출품목의 부가가치 면에서 한국은 중국과는 거의 비슷한 수준이고 선진국과는 아직 격차가 크다.

300

285.0 독일
277.5 일본
272.8 미국

250

231.7 한국
218.0
219.8 중국

200

2005   2010   2013   2015

자료: 한국 무역협회

고 중국 등 후발국 추격에 쫓기는 샌드위치 상황입니다. 4차 산업이나 바이오·헬스케어 같은 신성장산업 분야는 더욱 심각합니다. 대규모 자본력이나 중앙정부의 지원, 거대한 내수 시장, 기초 핵심 기술 역량, 산업 클러스터, 과학 인재 등 어떤 면에서도 한국이 우위에 있다고 장담하기가 어렵습니다.

GDP성장률과 인구 문제

김일구　　조금 구조적인 관점에서 보죠. 삼성전자와 같은 수출기업들이 수출을 많이 해서 우리나라의 GDP성장률을 높이는 것에 대해 많은 사람이 좋게 평가합니다. 그러나 저는 이것이 우리가 빠져든 함정이라고 생각합니다. 우리가 경제 성장을 처음 시작할 때는 '수출입국(輸出立國)'이 100% 맞는 말이었죠. 하지만 2000년대에는 50%쯤 맞는 말이었고, 지금은 80%쯤 틀린 말이라고 봅니다. 과거의 성공에 갇혀 계속 수출만 보고 있으면 안 됩니다.

　　가령 삼성전자는 수출을 통해 굉장히 많은 돈을 법니다. 그러나 이렇게 번 돈은 모았다가 다시 설비투자를 해야 합니다. 우리나라의 대표적인 산업인 자동차·조선·전자산업 등은 자본집약적이고, 국제적인 경쟁이 치열할 뿐만 아니라 기술 발전도 빠릅니다. 경쟁에서 살아남기 위해서는 대규모 설비투자를 계속해야 합니다.

그러니까 삼성전자와 같은 수출기업들이 많은 돈을 벌어들이고 또 GDP성장률을 높이기는 하지만, 갈수록 더 많은 돈이 기계에 투자되어야 하기 때문에 사람에게 쓰이지 못합니다. GDP가 증가했는데, 그것을 사람이 가져가는 것이 아니라 기계가 가져간다는 얘깁니다.

IMF 외환위기 이후 '수출만이 살길이다'라는 인식이 확산되면서 이런 경향이 더 강해졌습니다. 우리나라 수출기업들은 설비를 많이 투입해야 하다 보니 국민경제에서 기업투자가 차지하는 몫이 커졌습니다. 그렇게 GDP는 성장하니 다들 안심하고 있었죠. 'GDP가 성장하면 결국 그 과실은 임금이든 배당이든 이자든, 어떤 형태로든 가계로 넘어가지 않겠는가' 하면서 기다리고 또 기다린 거죠. 하지만 아무리 기다려도 가계의 소득은 증가하지 않습니다. 외환위기 이전인 1996년 가계의 소득(총처분가능소득)이 GDP에서 차지하는 비중은 63%이고 기업의 소득이 차지하는 비중은 12%였지만, 2016년에는 53%와 18%로 오히려 가계의 소득 비중이 줄었습니다.

이제 생각을 바꿔야 합니다. 가계의 소득과 GDP의 연계가 약해지고 있는데도 계속 GDP만 보고 있으니 문제죠. 신선놀음에 도낏자루 썩는 줄 모르고 있어서야 되겠습니까? 그런데 사실 이 점은 어느 나라에서든 다 문제가 되고 있습니다. 기술이 갈수록 고도화되니 기업이 설비를 쌓을 수밖에 없으니까요. 기업에 설비투자를 하지 말라는 것은 망하라는 얘기입니다.

저는 GDP성장률에 대한 우리의 과도한 집착을 좀 끊고, 일자

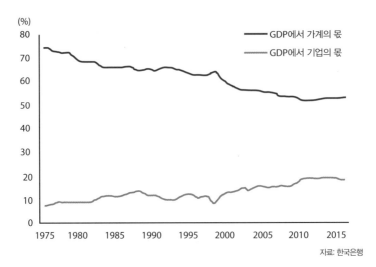

GDP에서 가계와 기업의 총처분가능소득이 차지하는 비중

IMF 이후 경제는 성장했지만, 기업의 몫이 커지고 가계의 몫은 왜소해졌다.

(%)

- GDP에서 가계의 몫
- GDP에서 기업의 몫

자료: 한국은행

리가 늘어난 개수와 임금소득 증가율을 주요 지표로 격상시켜야 한다고 봅니다. 미국은 GDP성장률이 좋게 나왔다고 해서 대통령이 기자회견을 열어 이 사실을 발표하지는 않습니다만, 고용지표가 좋아지면 대통령이 직접 언론에 나와서 브리핑을 하기도 합니다. GDP 증가분이 사람들에게 얼마나 돌아가고 기계에는 얼마나 가고 있는지를 잘 살펴볼 수 있는 길이 일자리와 임금이니까요.

김동환   예전에 한창 경제 개발을 하던 시기에, 공무원들이 자신의 실적을 가장 간명하게 나타낼 수 있는 것이 GDP성장률 같은 것이어서 이것을 더 중요시하지 않았을까요? 지금도 기획재정부 등 정부 부처에서 일하는 실무자들을 만나보면, 그때의 분위기가 그대로 이어지고 있는 것 같습니다.

김일구　제가 좀 낙관적으로 보는 것은, 이번 대통령 선거에서는 후보 중 누구도 GDP성장률 목표치를 언급하지 않았다는 것입니다.

김동환　그런 걸 섣불리 얘기했다가는 선거에서 떨어지니까 그렇죠. 747공약이나 474공약을 내세웠다가 결과가 좋지 않았던 지난 정권들에서 교훈을 얻은 게 아니겠습니까.

김일구　어쩌면 GDP성장률 같은 가시적인 성과를 얘기하지 않는 것을 새로운 시도로 보아야 할지도 모릅니다.

김동환　인구에 주목할 필요가 있습니다. 우리의 경우 이미 생산가능인구(15~64세)가 줄어들고 있고 얼마 지나지 않아 절대인구도 줄어드는 시대가 올 겁니다. 사실 경제를 성장시킬 수 있는 가장 쉬운 방법은 인구를 폭발적으로 늘리는 겁니다. 인구가 늘어나면 잠재성장률은 저절로 따라 올라가는 것 아닙니까?

한 가지 예로, 큰 경제 규모를 갖고 있는 미국이 견고한 경제 성장을 지속할 수 있는 이유도 인구가 줄지 않고 계속 늘기 때문이라고 할 수 있습니다. 미국의 연간 인구수를 보면 2010년 3.093억, 2011년 3.117억, 2012년 3.141억, 2013년 3.164억, 2014년 3.189억, 2015년 3.214억 명으로 꾸준히 늘고 있죠.

히스패닉계를 포함한 다양한 출신의 이민자들이 계속 미국으로 유입되고, 이들이 가정을 이루고 아이를 낳으면서 미국의 인구수는 계속 증가할 수 있었습니다. 그런 의미에서 이번에 트럼프 정부가 내세우고 있는 반이민정책이 현실화되어 미국 내 이민자 수가 급감한다면, 이것이 출산율 저하로 이어져 잠재성장률에 악영향을 미칠 수 있습니다.

우리 국민이 갖고 있는 경제비관론도 이와 무관하다고 할 수는 없을 것 같습니다. 경제를 비관적으로 전망하는 이유 중 하나가 바로, 우리나라의 인구가 결코 늘지 않을 것이라고 생각하기 때문입니다. 정부가 막대한 예산을 들여 출산장려정책을 시행하고 있긴 하지만, 해마다 떨어지는 출산율을 보면서 저 역시 회의감이 들 때가 있거든요.

김한진   저출산의 요인은 많겠지만 저는 청년실업이 결정적 이유라고 생각합니다. 우리나라 청년층(15~29세)의 실업률은 통계를 작성하기 시작한 1999년 이래 최고치인 10.5%(2017년 6월)이고 실질 체감(구직 단념자 등 포함) 청년실업률은 23.4%에 달합니다. 청년이 백수라는 것은 30대 일자리 역시 부족하다는 뜻이고요, 통계상 고용으로 잡힌다 해도 고용의 질이 썩 좋지 않은 상태임을 짐작하게 합니다. 일자리가 불안정하면 결혼이 늦어지고, 이는 출산을 어렵게 합니다. 일자리가 불안정한데 어찌 편하게 결혼하고 아이도 많이 낳을 수 있겠습니까? 살인적인 주거비는 근로의욕을 완전히 꺾어버릴 수준으로 치솟고, 여기에 각박한 보육환경, 교육비 부담이 더해지면서 젊은 부부들이 아이를 편안하게 가지지 못하는 거죠.

일본의 잃어버린 20년에서 얻는 교훈

한국과 일본의 유사성과 차이점

김동환   다시 본론으로 돌아와서요. 일본은 '잃어버린 20년'이라고 지칭되는 그 시기, 그러니까 완전한 저성장, 어쩌면 정체 상태에 더 가깝다고 할 수 있는 경제 상황에서 사람들의 모든 부가 국채나 은행에 몰려 있었습니다. 투자는 전혀 이뤄지지 않았고, 자산가치는 계속해서 떨어졌습니다. 우리나라에서도 당시 일본과 같은 상황이 연출될 가능성은 없는 것인지 의견을 나눠보고 싶습니다.

김일구   가계와 기업, 정부는 경제를 구성하는 3주체입니다. 일본을 보면 기업이 엄청나죠. 우리나라가 대표적으로 일본을 따라갔다고 할 수 있습니다. 일본은 국가부채가 많지만, 나라 전체적으로 재산도 많습니다. 하지만 일본 국민에게 돈이 많은 것이 아니라 기업들이 가진 돈이 많은 거죠. 일본은 제2차 세계대전 이후에 전형적인 자본집약적 산업을 키웠잖아요? 자동차와 전자산업, 기업으로는 토요타나 소니가 대표적입니다. 저는 이렇게 자본집약적인 산업에만 집중하고 가계의 소득과 소비에 무관심했기 때문에 일본이 고꾸라졌다고 봅니다.

우리나라 역시 일본과 똑같은 길을 가고 있습니다. 일본처럼 자본집약적 성장 모델을 써서 GDP를 중시하면서 소수의 기업만 밀어줬습니다. 그 기업들이 잘되면 GDP성장률이 올라가거든요. 반면 사람들의 소득이 올라가야 한다는 문제에는 신경을 쓰지 않았습니다. 사람들의 소득이 올라가는 것을 따지기 위해서는 GDP가 아니라 일자리와 임금 상승률을 봐야 하는데, 관심을 갖지 않았죠. 지금도 GDP성장률만 보고 있지 않습니까?

미국은 압축적인 성장이나 자본집약적 산업 중심의 성장 모델이 아니기 때문에, 미국의 경제학 교과서에는 GDP만 나와 있지 소득 문제는 나오지 않습니다. 그런데 일본이나 한국 모두 미국 교과서만 열심히 공부하다 보니 생산과 소득이 다를 수 있다는 점을 놓치고, 모두 똑같은 실수를 하게 되어 있는 것 같습니다.

김동환　　그렇다면 우리나라가 일본을 따라갈 가능성이 크다고 보시는 거네요?

김한진　　일본과 우리나라를 비교할 때 흔히 인구구조와 산업구조의 유사성을 듭니다. 수출에 의존하는 성장구조도 비슷하죠. 지금 선진국 타이틀을 지닌 나라들은 대개 노동과 자본의 투입량을 늘리고 도시화나 산업화를 통해 일단 1인당 국민소득 2만 달러 정도까지는 가뿐히 도달한 국가들입니다. 이 정도가 선진국으로 가는 베이스캠프인 셈인데요. 문제는 그다음입니다. 여기서부터는 고령화와 잠재성장률 둔화, 산업의 성숙화, 계층별 갈등과 분배 문제, 생산성 혁신 등 여러 과제에 직면합니다. 이를 잘 극복한 나라는 진정한 복지형 선진국이 되지만 그 허들을 넘지 못하면 중진국에 머물거나 국민경제가 도로 후퇴합니다.

이 베이스캠프에서 손쉬운 성장 논리에 매몰되면 대개는 더 큰 비용을 지불하고 맙니다. 그 손쉬운 성장이란 경제 근간의 잠재성장률을 높이는 것보다 눈앞의 성장을 떠받치는 것을 말합니다. 정치인들은 대개 숫자상의 성장률이나 눈에 보이는 지표를 중시하죠. 그러다 보면 중요한 시기에 자칫 중장기 성장동력을 키우는 일을 소홀히 하게 됩니다. 기업들은 기존 산업에만 중복 투자하고, 정부는 재정승수(fiscal multiplier, 재정투자의 증가에 대해 국민소득이 얼마만큼 변하는가를 나타내는 계수)가 낮은 토목공사에 집착하거나 과도한 복지와 분배 포퓰리즘에 빠져 혈세를 낭비하죠. 건설 경기에 목매는 성장으로 주택 재고를 처리하느라 장기간 내수동력을 상실하는 경우도 왕왕 있습니다.

앞서 김 센터장께서도 지적하셨지만 정부가 국민을 빚더미에 앉히는 정책을 써서는 안 됩니다. 일본도 앞서 이런 시행착오를 일부 겪었습니다. 저는 우리나라가 시간이 지나보면 성장도 분배도 다 실패하고 잠재성장률마저 떨어져 있는데, 가계와 국가의 빚만 쌓여 있는 그런 최악의 상황에서 멀어져 있기를 기대합니다.

특히 지금 우리나라 은퇴 계층의 현실을 보면 빚이 너무 많고 부가가치가 낮은 자영업자 비중이 너무 높은데, 저는 이게 마음에 걸립니다. 중소기업들이 약하고 그 육성토양도 취약합니다. 대기업들의 횡포 또한 심합니다. 완전히 개방된 자본시장에서는 외국인들의 입김이 너무 세고 국부유출도 심합니다. 금융시장과 자본시장의 경쟁력이 약하다는 거죠.

하지만 우리에게 유리한 점이 전혀 없는 것은 아닙니다. 일본 경제가 구조적으로 위기를 겪은 1990년대에는 중국이라는 변수가 없었습니다. 어느 시대에나 신흥국은 늘 존재했지만, 중국은 지정학적으로 우리와 매우 인접한 국가이므로 의미가 특별합니다. 중국이란 나라는 우리의 경쟁국인 동시에 거대한 잠재 수요를 품은 시장이란 점에서 저는 플러스 요인이 훨씬 더 크다고 생각합니다. 또한 '이상한 저개발 프런티어 이머징'이 아주 가까운 위쪽에 하나 있잖아요. 북한 말입니다. 북한은 언젠가 우리의 자본투자를 소화해줄 좋은 투자처이자 새로운 성장동력을 제공해줄 시장이고, 궁극적으로 내수에서 규모의 경제를 실현하도록 도와줄 시장이 되리라 기대합니다.

우리 기업이 일본을 반면교사(反面教師) 또는 정면교사(正面教師)로 삼을 점들이 참 많을 듯합니다. 우리 경제에서 앞으로 양질의 일자리 창출은 곧 양질의 부가가치를 창출하는 기업이 얼마나 등장하느냐와 같은 말이죠. 거듭 말씀드리지만 이는 결국 혁신적인 기업들의 출현 여부에 달려 있습니다. 1990년대 일본에서는 다양한 유형의 혁신기업이 참 많이 나왔습니다. 뼈를 깎는 구조조정과 경영

혁신, 기술혁신, 합병분사 등을 통한 환골탈태가 정말 대대적으로 이뤄졌습니다. 그래서 1990년대 전체 일본 주가지수가 하락하는 가운데에서도 이러한 혁신기업들의 주가는 오히려 신고가를 뽐내며 크게 올랐습니다. 당시 중소기업만 여기에 해당한 것은 아니었습니다. 자동차, 전기·전자, 기계, 화학, 서비스 유통 분야에서 다양한 혁신기업의 성공 사례가 다수 있었습니다. 또한 이때부터 일본에서는 고령화 산업도 본격 성장했습니다. 결국 우리가 일본을 닮아가되 어떻게 닮아가느냐가 관건인 셈이죠.

아베노믹스와 우리나라 정치 리더십

김동환 저는 이 부분에 대해서 두 가지를 말씀드리고 싶습니다. 첫 번째는, 일본의 잃어버린 20년을 논할 때 아베의 등장 전과 후로 구분해서 봐야 한다는 것입니다. '아베노믹스'가 나온 지 4년 정도 되지 않았습니까? 아베가 등장하기 이전의 일본과 이후의 일본을 모두 다녀본 결과, 느낌이 많이 달랐거든요.

실제 피부로 느껴질 정도로 변화가 일어났다고 보는데요. 엔저가 되면서 일본 도쿄나 오사카의 호텔에 기존에는 보기 드물었던 동남아 사람들이 몰려들었습니다. 일본 사람들은 친절하고 안전하다는 것이 통상적인 인식이잖아요? 그런데 아베노믹스 이후에 일본을 방문하면서 제가 느낀 것은, 일본 사람들이 상당히 거칠어졌다는 것입니다. 예전에는 호텔 안내데스크 직원에게 어떤 걸 물어보면, 과도할 정도로 친절해서 물어보기가 미안할 정도였습니다. 하지만 최근 일본 호텔에 묵으면서 받은 인상은 손님을 대하는 태도가 예전과는 달라졌다는 것입니다. 이런 일본 사람들의 태도가 상품을 구매하고 서비스를 받는 손님 입장에서는 불쾌할 수도 있습니다. 그러나 일본 경제를 보는 제 입장에서는 일본의 야생성이 살아나고 있다는 인상을 받았습니다.

그렇게 오랫동안 침체되어 있던 일본 경제도 리더십의 새로운 정책적 노력으로 변화할 수 있다는 걸 보여준 것입니다. 직접적인 비교를 하기는 어렵습니다만, 우리나라는 역동성이란 측면에서 정책의 침투력이 상대적으로 더 크다고 봅니다. 변화 가능성이 있다는 얘기입니다.

또 한 가지는, 우리는 일본만큼 저성장을 받아들일 준비가 되어 있지 않다는 겁니다. 일본은 1990년대 버블이 꺼지던 무렵만 하더라도 인구가 1억 명에 육박하는, 즉 내수 규모가 어느 정도 되는 나라였습니다. 그리고 산업화 기간이 워낙 길었기 때문에 국가나 사회가 충당할 수 있는 사회적 부가 있었고, 이것으로 국민을 부양할 수 있는 상황이었습니다. 하지만 우리나라가 만약 장기적인 저성장과 경기침체의 늪에 빠지게 된다면 사회에 어떤 일이 일어날지 알 수 없습니다. 이것을 극명하게 보여준 것이 2016~17년 촛불시위였죠. 촛불시위는 정권 교체를 원하는 시민들의 정치운동으로 비치지만, 내면을 들여다보면 더욱 가난해져만 가는 경제적 불만이 표출된 것이라고도 할 수 있습니다. 그리고 지금 우리 사회는 이것이 도화선이 되어 정치 리더십을 바꾸는 과정을 겪었다고 볼 수 있습니다.

즉, 우리는 일본처럼 되지도 않겠지만 될 준비도 되어 있지 않다는 역설적인 설명도 가능하다고 하겠습니다.

김일구 저도 그렇게 생각합니다. 지금 우리나라를 포함한 글로벌 주식시장의 가장 큰 호재는 일본처럼 되지 않는다는 믿음입니다. 물론 2008년 이후 우리 정부가 써온 정책들은 일본의 '잃어버린 20년' 시기에 일본 정부가 쓴 정책과 비슷합니다. 이명박 정부 시절에는 4대강 사업으로 정부가 빚을 늘렸고, 박근혜 정부 시절에는 대규모 아파트 분양으로 가계가 빚을 늘렸습니다. 이렇게 늘린 빚으로 건설투자를 하게 해서 추락하는 경제성장률을 붙잡아두려고 했죠. 이런 정책은 일본도 1990년대 이후 빈번하게 썼고, 또 매번 빚만 늘어나고 경제를 구조적으로 개선하는 데 실패했던 것들입니다. 일본에서 실패한 경제정책이 우리나라에서 사용된 건데, 그럼에도 제가 낙관적으로 보는 것은 국민이 이제 이러한 소모적인 경제정책에 대해 '노'라고 외친다는 것입니다. 건설투자 중심의 보여주기식 경제정책은 자산 가격만 끌어올리고 일자리는 만들지 못한다, 소득 양극화만 심화시킨다는 것을 알게 됐다는 것입니다.

김한진 네, 저도 한국의 장래를 밝게 보는 사람 가운데 하나입니다. 민주주의가 살아 있고 국민이 현명합니다. 앞서 말씀드린 바처럼 중국이나 북한은 위협의 대상이지만, 동시에 기회 요인이라고 생각합니다. 대한민국 국민의 창의성, 근면성, 4차 산업에 적합한 국민

DNA는 우리의 중요한 무형자산입니다. 여기까지 다 좋은 이야기 인데, 그렇다면 어디서부터 문제를 풀어야 하느냐는 거죠.

저는 결국 수출이라고 봅니다. 수출에서 문제를 잘 풀다 보면 희망이 있다고 봅니다. 일본도 30년 전 문제의 발단은 수출에 있었습니다. 일본 수출이 전 세계에서 차지하는 비중이 1990년에는 무려 9%였는데 계속 낮아져 지금은 3~4%입니다. 자동차를 포함한 주력산업들이 신흥국을 비롯한 경쟁 기업들에 계속 잠식당했습니다. 수출점유율이 밀리니 국내 일자리가 줄고 내수소비도 부진할 수밖에 없게 됐습니다. 게다가 집값 하락에 고령화 물결이 겹쳐졌고요.

기존 산업의 부분적인 땜질로는 성장에 한계가 있습니다. 전혀 다른 차원의 새로운 혁신기업들이 등장해줘야 합니다. 기존에 이미 약해진 생산, 소비, 투자의 연결고리로는 근원적인 문제를 풀기 어렵습니다. 한마디로, 지금 한국 경제는 비상시국이라는 겁니다.

김한진　경제체질을 바꾸기 위해 정부가 제대로 방향을 잡고 일관성 있게 나아가야 한다고 봅니다. 풀어야 할 규제는 풀고 기업의 성장과 혁신에 필요한 것들을 행정적으로 또 입법적으로도 지원해줘야 하므로 정치권도 정신을 차려야 한다는 뜻입니다.

김동환　물론 그렇죠. 제가 잠깐, 아베 얘기를 하다가 언급하지 못한 부분이 있는데요. 우리나라 사람들이 싫어하는 정치인이라고 하면 트럼프와 함께 아베가 쌍벽을 이루잖아요. 하지만 일본 사람들의 입장에서 보면, 아베는 구세주 같은 사람입니다.

실제로 현재 일본의 상황은 대졸자들이 직장을 골라서 취업한다고 하지 않습니까? 일본 내 청년층 인구가 줄어드는 이면이 있긴 하지만요. 제가 아까 일본 사람들의 야생성이 살아나는 듯한 느낌을 받았다고 말씀을 드린 이유는, 자산시장의 가격이 오르는 것을 봤기 때문입니다. 주식이 두 배로 뛴 겁니다. 그뿐 아니라 도쿄 시내의 집값도 크게 올랐습니다. 미국계 투자은행들이 만든 펀드가 일본의 가장 좋은 골프장을 몇백 개씩 사들이는 동안에 정작 자기 회원권은 사용하지도 않던 일본의 부자들이 골프장 회원권값이 다시 오르는 걸 본 거예요.

사람은 기본적으로 탐욕적입니다. 투기가 됐든 투자가 됐든 어떤 결과물을 보기 시작하면 의사결정을 하기 시작합니다. 이는 곧 돈을 쓰기 시작한다는 겁니다. 투자든 소비든 양단 간의 결정을 하기 시작했습니다. 잃어버린 20년 동안 드러난 일본 사회의 특징은 결정장애가 있었다는 것입니다. 즉 유보의 시간이었습니다. 그 유보의 결과가 이자가 거의 없는 은행예금이고 국채였습니다. 일본 사람들은 결코 손해는 안 보는 상황을 선택했던 거죠. 그런데 지금은 아베라는 정치인이 나와서 아베노믹스를 하니까 내 옆에 있는, 나랑 비슷하게 살던 사람이 부자가 되는 걸 보게 된 겁니다. 거기에 탐욕이 생기고 욕구가 생겨서 무언가를 결정하게 된 겁니다.

우리나라 정치 리더십은 그렇게까지 할 필요도 없습니다. 그저 사회적인 부와 가치가 공정하게 분배되고 있다는 확신만 주더라도 상당히 효율적인 구조가 될 수 있습니다. 정치는 가치의 권위적인 배분입니다. 하지만 근 10년간 그런 합리적인 시도가 없었어요. 저는 문재인 정부가 가치의 배분이라는 측면에서 전 국민을 만족시킬 수는 없다고 하더라도, 어느 정도 해소할 수 있는 정책적인 배려를 지속한다면 희망이 있다고 생각합니다.

김일구 　미국에서도 인구 증가율이 낮아지고 있습니다. 세계 인구 증가율은 1960년대 연 2%까지 높아진 적도 있지만 지금은 1% 이하로 낮아졌습니다. 인구 증가율이 1%p 하락하면서 GDP성장률도 약 1%p 낮아진 것 같습니다. 미국도 이제 3%대 성장은 힘들고 2%대 성장이 고착화됐다고 봐야죠. 이 2%대 성장도 혁신을 통해서 이뤄진다고 봐야 합니다. 혁신이라고 하면 기술 개발이나 새로운 제품의 개발도 있겠지만, 슘페터의 혁신에서는 제도의 혁신도 큰 부분입니다.

　우리 경제는 정부주도형 중화학공업으로 성장했고, 아직도 그 흔적이 사회 곳곳에 스며들어 있습니다. 더 많은 물건을 만들어내 더 많은 상품을 해외에 팔고, 외국에서 앞선 기업들이 어떤 물건을

2006년 제90대 총리로 집권한 다음 2012년 제96대, 97대 총리로 재임된 아베 신조 총리는 보수 자민당 내에서도 강경보수파로 꼽힌다.

새로 내놓았는지 연구하는 방식에 길들어 있습니다. 우리 스스로 혁신하려는 노력보다 사람들의 생각을 바꾸기 위해 저는 국회의원들이 해야 할 일이 많다고 봅니다. 법과 제도를 바꾸어 이쪽으로 가던 사람들을 저쪽으로 방향을 틀게 하는 것이 국회가 할 수 있는 일입니다. 국회의원들이 이제는 '어떻게 수출을 늘릴까' 하는 구시대적이고 답 없는 질문을 버리고, '법과 제도를 어떻게 바꾸면 사람들이 더 많은 혁신적 활동을 하려고 할까'라는 질문을 던져야 합니다.

재벌과 정치 리더십, 증세의 문제

우리 사회와 재벌 개혁

김동환　그러면 자연스럽게, 우리나라 경제를 논할 때 빼놓을 수 없는 화두인 재벌 문제에 대해서 이야기를 해보겠습니다. 지난 1~2년 동안 재벌 2세, 3세 승계 과정에서 나타난 여러 가지 부작용을 보면서, 우리나라의 경제 혁신이나 가치의 배분 문제가 여기에 막혀 있다는 생각이 들었습니다. 새로운 정부는 고강도의 재벌 개혁을 예고하고 있기도 합니다. 이런 상황에서 재벌이 어떤 입장과 방향성을 보여주느냐가 우리 경제에 매우 큰 영향을 미치게 될 것입니다. 또한 실제적인 투자에도 많은 기회와 위험을 동시에 안겨줄 것입니다. 본격적인 토론을 해보죠.

김한진　대기업 자체가 문제가 아니라 재벌 그룹들의 의사결정 체계, 경영의 불투명성, 불공정한 거래 행위, 뿌리 깊은 정경유착 관행 등이 문제겠지요. 이제 이러한 것들이 개선되지 않는 한 한국 기업이 한 단계 더 도약하기란 쉽지 않습니다. 투명하고 좋은 지배구조에서 좋은 의사결정이 나오고 양질의 위험관리와 좋은 경영성과로 연결되는 시대입니다. 2017년 대통령 탄핵 사건을 지난 수십 년간 지속돼온 잘못된 관행의 역사적인 매듭으로 해석한다면 한국은 참으로 희망이 있는 나라입니다.

사실 '착한 기업 되세요, 착한 대주주 되세요'라는 구호만으로는 착한 기업이 정착되지 않습니다. 소액주주와 연기금 등 기관투자가들의 감시와 주주권리 행사, 기업의 변화가 모두 필요합니다. 선진국일수록 불공정거래 감시기관의 역할이 크고 엄격하죠. 그렇다고 해서 이러한 관리감독이나 주주감시 체계가 기업의 창의적이고 자율적인 경영 행위를 위축시키고 방해해서는 안 됩니다. 기업을 주눅 들게 하고 기업가 정신을 억누르는 것은 곤란합니다. 돈 많이 버는 기업가가 존경받는 사회가 돼야 하지 않겠습니까? 목적과 수단을 혼돈해서는 안 됩니다.

기업 입장에서도 지배구조의 개선이나 투명한 의사결정, 자본시장 존중 시스템이 성장과 수익에 도움이 되고 대주주에게도 궁극적으로 이익이 된다는 인식이 뿌리를 내려야 합니다. 글로벌 '착한 기업들'의 주가와 경영성과가 일반 기업들보다 우수하다는 연구 결과가 많습니다. 착한 기업들로 구성된 상장지수펀드(뉴욕에 상장된 MSCI USA ESG EFT)만 봐도 매년 전체 지수(S&P500) 수익률을 크게 앞서고 있죠. 여기서 ESG는 환경(environment) · 사회적 책임 (social) · 지배구조(governance)를 의미하는데, 한마디로 착하고 좋은 기업의 덕목입니다. 우리나라도 KRX ESG 리더스 150이라는 '착한 기업 지수'가 있습니다만, 아직은 오히려 전체 지수(코스피)를 밑돌고 있습니다. 이는 착한 기업들이 아직 확실한 경영성과를 내고 있지 못하거나 실제 한국 증시에 착한 기업들이 그리 많지 않음을 시사합니다. 갈 길이 좀 멀다는 뜻이죠.

김동환 그런데 재벌을 개혁한다는 말 자체가 자본주의 시장경제에 맞지 않는 어감을 갖고 있어서 오해의 소지가 있을 수 있습니다. 자본주의의 총아는 뭐니 뭐니 해도 주식회사 제도이지 않습니까? 주식회사 제도의 근간은 1주1표제고요. 그런데 2~3%의 지분으로 나머지 대부분의 지분을 컨트롤할 수 있다면 문제가 아니겠습니까? 이렇게 되면 기본적으로 생태계 자체가 돌아가지 않습니다. 주식회사는 이해가 얽힌 상관 관계자들로 구성되어 있잖아요. 주주, 경영자, 종업원, 고객, 거래처, 사회나 국가라는 이해 상관 관계자 모두에게 공정한 대우를 해줄 때 영속성을 갖게 되며, 자본주의 시장경제 체제가 건전하게 발전해나가는 것입니다.

그러나 우리나라는 이해 상관 관계자 중에 한 부분인 대주주의 이해를 위주로 주식회사가 운영됐고, 그 몸집을 키워 재벌 반열에 오른 오너일수록 정치권력이라는 배경을 가지고 있었습니다. 우리가 재벌 개혁이라고 말하는 건 이 고리를 끊고 이해관계자 모두가 공평하게 대우받는 구조의 개혁을 가리킵니다. 이건 어떻게 보면 당연한 이야기죠. 그런데 주로 이 이야기를 정치권에서 하다 보니까 마치 재벌 개혁이 재벌 해체처럼 들리기도 합니다. 제가 생각하기에 이 문제를 해결하기 위해 가장 중요한 것은 지배구조를 단순화, 합리화해야 한다는 겁니다.

김일구   김 소장께서 말씀하신 것처럼 우리 사회가 재벌 개혁이라는 것을 너무 확대 해석하는 부분이 있습니다. 그것만 바뀌면 마치 세상이 바뀔 것처럼 말이죠.

우리 사회에 재벌체제가 만들어진 것은 자본집약적인 성장의 결과입니다. 자본을 집약적으로 모으는 것은 개인 기업이 할 수 없는 일입니다. 그런데 문제가 된 건 이거죠. 가령 대주주의 지분이 30%라면 30%만 권리를 행사해야 하는데 사실상 기업을 소유하게 되고 낮은 지분을 갖고도 여러 회사를 지배하는 순환출자 구조, 소수의 지분을 갖고 회사를 움직이기 위해 회사가 주식을 사들이는 자사주 문제 등이 생겨났습니다. 또 일감 몰아주기도 있죠. 한 회사에 일감을 몰아주면서 그 회사가 돈을 잘 벌게 해주고 비용은 떠안아주는 방식입니다.

다행히 이 문제들은 국회에서 충분한 의견 교환이 있었고, 구조를 바꾸기 위한 입법 절차가 꾸준히 진행되고 있습니다. 그렇게 구조가 바뀌면 나타날 가장 큰 변화는 배당입니다. 지금의 구조에서는 회사의 이익이 100이고 대주주가 지분율 20%를 갖고 있다면, 배당을 받는다고 할 때 20밖에 받지 못하고 게다가 세금도 내야 하죠. 반면, 대주주로서 회사의 경영권을 행사하면 100을 다 움직일 수 있습니다. 이 100으로 새로운 회사를 설립하고, 그 회사에 자기 사람들을 고용할 수 있습니다. 이 문제를 1997년 외환위기 이전에

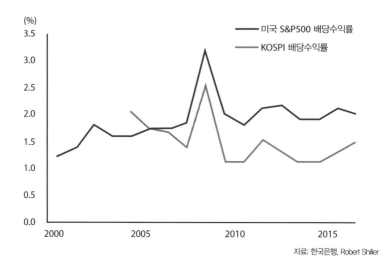

미국과 한국의 배당수익률

한국은 미국보다 금리는 높은데 배당수익률은 낮다.

(%)
- 미국 S&P500 배당수익률
- KOSPI 배당수익률

자료: 한국은행, Robert Shiller

는 문어발식 확장, 과잉투자의 문제라고 했는데 지금은 순환출자, 일감 몰아주기로 보는 거죠. 이 구조가 바뀌면 대주주도 회사가 번 돈을 자기 주머니로 가져오기 위해서는 회사가 번 이익을 배당하라고 요구할 것이고, 그래서 배당이 늘어날 것 같습니다.

김동환 배당이 늘어나고 있기는 하지만 OECD 평균 대비 우리나라는 절반 정도밖에 안 됩니다. 배당수익률이라는 것은 그 나라의 금리하고도 관련이 있긴 한데요, 이익에서 배당이 차지하는 비율인 배당성향이 턱없이 낮은 건 문제입니다.

삼성전자가 주당 200만 원이 넘어가는 것을 대부분의 독자는 굉장히 배 아프게 보셨을 것 같아요. 개인투자자로서 삼성전자 주식을 가지고 있는 사람은 거의 없으니까요. 삼성전자 주가가 200만 원 넘어간 것에 대해 업종을 분석하는 애널리스트 입장에서는 반도체 호황과 수익이 늘어나서라고 분석하지만, 저는 이재용 부회장을 비롯한 삼성가의 이해와 일치한 측면도 있습니다.

저는 투자할 때 재벌 계열사 투자는 상당히 신중하게 합니다. 그 복잡한 지배구조, 순환출자고리에서 대주주 일가의 이해가 어떤 회사 주가가 올라가야 맞아떨어지는지를 맞춰야 하는 게임이기도 하거든요. 그냥 오너이자 경영자가 운영하는 단일 회사는 그 회사 경영자가 열심히 하는지, 영업이익이 늘어나는지만 보고 투자하면 됩니다. 그런데 재벌 그룹 계열사는 실적이 좋아도 주가가 안 오르는 경우도 있습니다. 왜냐하면 그 주식이 올라가면 승계를 포함하여 대주주의 이해에 배치되는 경우가 있기 때문입니다. 계열사가 한두 개도 아니고 20~30개씩 되는 경우에는 그 퍼즐을 다 맞추는 것 자체가 너무 어려운 일입니다. 삼성전자를 예로 들면 엘리엇펀드나 국민연금의 의결권 문제가 사회적 담론이 되었기에 망정이지, 만약 그러한 과정이 없었다면 왜 오르는지도 몰랐을 수 있습니다.

지금까지 우리나라 기업들의 배당성향이 낮았던 이유는 고성장이라는 약속이 있었기 때문입니다. 배당을 안 주는 대신 투자를 더 해서 돈을 더 많이 벌어 회사를 키우면 주주들도 이익이라는 논리였습니다. 그러나 최근 들어 우리 재벌기업들을 보면 투자를 꺼리면서 배당도 하지 않는 경우가 많습니다. 이건 그야말로 직무유기입니다. 투자를 하지 않으려면 배당을 해야 하고, 배당 않고 투자하려면 주주의 양해를 얻어야 합니다.

사회적 합의와 경제 민주화

김한진　네, 오너들의 사고방식에 그동안 문제가 많았죠. 제도도 허술했고 너무 재벌 편이었습니다. 대기업의 문어발식 확장과 편법 증여 승계가 판을 치고, 대주주가 작은 지분으로 전횡을 휘두르고, 큰 기업이 작은 기업을 옳지 않은 방법으로 지배하는 등 경제정의가 무너졌죠. 그러면 결국 국민경제 전체가 성장동력을 잃고 병들게 되며 성실하게 살아가는 대다수 사람은 의욕을 상실하고 맙니다. 경제정의가 무너진 사회는 계층 간 갈등지수가 올라가고, 결국 경제 효율성이 떨어져 국민들은 대립으로 치닫게 되죠.

거듭 강조하지만 대기업 자체가 잘못된 게 아닙니다. 같은 맥락으로, 중소기업만이 정답도 아닙니다. 기업이 배당을 많이 주는 것만이 정답이고 배당을 적게 주면 무조건 잘못된 것도 아닙니다. 오너 중심의 신속하고 책임 있는 의사결정이 무조건 잘못된 것도 아니고요. 한국 대기업만의 장점이 분명 있습니다. 재벌 총수 중심의 신속한 의사결정이나 책임경영 같은 장점 등 살릴 건 살려야 합니다.

다만 문제의 핵심은 사회적으로 합의한 게임의 룰이 정의롭고 공정해야 하고, 경제활동 구석구석에서 잘 작동되어야 한다는 것입니다. 원래 기업은 규모별로 역할이 다릅니다. 대기업이 잘할 수 있는 사업과 중소기업이 잘할 수 있는 사업이 따로 있습니다. 가령 중소기업이 완성차를 조립하고, 대기업이 소소한 부품을 생산하는 것은 적절하지 않겠죠. 기발한 신작 게임을 초대형 기업이 개발하고, D램 반도체나 대형 디스플레이 패널 공장을 중소기업이 운영하는 것 역시 말이 안 됩니다.

한국 경제는 이제 대기업만으로는 성장 자체가 어렵습니다. 지금까지의 경제 성장 과정에서는 대기업들이 큰 역할을 해줬고 나름대로 성공했습니다. 이제 글로벌 부가가치의 축이 중후장대하고 딱딱한 산업에서 말랑말랑하고 유연하며 복합적인 아이템으로 급격히 이동하고 있지 않습니까? 눈에 보이는 산업도 중요하지만, 눈에 보이지 않는 창의적이고 정밀하면서도 '소프트웨어스러운' 산업 역할이 더 중요해진 시대입니다. 대량 생산의 효율적인 조립공정도 중요하지만 거기에 들어가는 부품과 모듈, 소프트웨어의 고부가가치 기능도 중요한 시대입니다. 그래서 큰 기업과 작은 기업의 공생과 상생이 중요하다는 것을 모두가 잘 압니다. '공정한 룰, 지배구조의 개선, 대기업과 중소기업의 상생' 등이 모두 시대적인 필요에 의해 나온 말들이라고 저는 봅니다. 한국 경제가 발전하는 데 이런 덕목들이 이제는 단지 구색 갖추기용 조연이 아니라 절실한 주연이 됐음을 직시해야 합니다.

김일구　지금까지 여러 정부에서 중소기업 특화 업종이나 상생 경제 등의 슬로건을 내걸었고, 경제민주화라는 개념을 통해 재벌 구조에 변화가 필요하다는 데 대해 어느 정도 사회적 합의가 이뤄져 있다고 봅니다.

그렇지만 경제민주화만이 우리나라 경제를 성장시킬 힘이 되는 것은 아닙니다. 우리가 정말 원하는 것은 경제를 성장시키고 양질의 일자리를 만들어 국민의 생활이 나아지게 하는 것 아니겠습니까? 그런데 그러한 염원이 자꾸 엉뚱한 방향으로 흘러가는 것은 아닌지 생각해봐야 합니다. 대기업을 때리고 중소기업을 키운다고 경제가 좋아질 수는 없겠지요. 글로벌 경쟁이 심하고 중국처럼 국가가 기업을 지원하는 사회주의 국가도 있습니다. 중소기업 우선 정책은 대만처럼 경제를 완전히 망가뜨릴 수 있습니다. 우리가 아직까지 사회적 합의를 보지 못하고 있는 것이 어떻게 해야 중소기업과 대기업이 같은 운동장에서 경쟁할 수 있도록 운동장을 평평하게 만들 수 있는가 하는 것입니다. 그저 대기업 때리고, 대기업 이것과 저것 못 하게 하고, 골목에 대기업 못 들어오게 하면 되는 것은 아니지 않겠습니까?

그리고 저는 우리나라에서 가장 잘못된 정책이 자영업자 육성 정책이라고 봅니다. 제가 처음 미국 가서 놀랐던 것 중 하나가 대로변에 가정집들이 있더라고요. 우리나라 같으면 전부 간판 달린 가게들이 차지하고 있을 위치에 말이죠. 그때 '우리나라에 자영업자들이 참 많긴 많구나' 하는 생각을 했습니다. 우리나라 가계의 순처분가능소득에서 자영업자의 소득이 차지하는 비중은 외환위기 직전인 1997년에는 27%였는데, 2014년에는 21%였습니다. 자영업자들이 사업을 접고 취직해서 자영업자 소득 비중이 줄어든 것은 아닌 것 같고, 자영업자들이 돈을 못 벌어서 그런 것 같아요. 소비자들이 아주 까다롭습니다. 커피만 해도 그렇습니다. 개인이 은행에서 몇천만 원 빌려서 커피집 만들 수 있잖아요? 그런데 그런 커피집은 잘 안 되고 스타벅스가 잘됩니다. 스타벅스가 얼마 전 국내

에서 1,000호점을 개점했다고 하더군요. 커피처럼 아주 간단한 것
도 자영업자들이 글로벌 기업과의 경쟁에 내몰려 있는 것이 현실
입니다. 이들에게 햇살론이니 미소금융이니 해서 돈 빌려주고 창업
하게 하고, 이자 내라고 하는 것은 좀 아닌 것 같아요. 이들에게 돈
빌려서 창업하라고 하지 말고 일자리를 만들어줍시다, 하는 식으로
경제정책의 생각을 바꿨으면 합니다.

　　경제 민주화와 공정한 사회를 통해 사람들이 분노하고 절망하
지 않는 경제구조를 만드는 것은 반드시 필요합니다. 그러나 고용
창출은 중소기업 지원하고 대기업 때린다고 해서 되는 일이 아닙
니다. 경제 성장과 일자리 창출은 분업·무역·혁신에 의해 이뤄지
는데, 이 영역에서 중소기업은 잘하고 대기업은 못한다고 볼 수 없
지 않겠습니까? 산업화와 수출이 더는 우리 경제를 성장시키는 힘
이 되지 못하기 때문에, 이제는 사회가 어떤 기업을 지원할 것인지
를 결정해야 하죠. 그 결정을 할 때는 해당 기업이 얼마나 혁신적인
가, 소비자의 소비 욕구를 얼마나 자극하는가라는 한 가지 기준만
놓고 판단해야 한다고 봅니다.

김동환　　지금 논의가 다소 당위론 쪽으로 가고 있는 것 같습니다. 좀
더 시장에 대한 이야기를 해볼 필요가 있을 듯합니다. 어쩌다 보니
경제를 어떻게 볼 것인가 하는 문제가 정치 리더십이 사회를 어떻
게 운영할 것인가로 귀결되는 것 같습니다. 그리고 저성장이 계속
되고 있는 우리 경제가 정치 리더십과 정책의 변화에 따라서 아직
까지는 전환의 가능성이 있다는 사실을 저희 세 사람 모두 공감했
습니다. 전 정부의 경제정책과 국정 운영 방향의 문제점이 겉으로

드러나고, 새로운 대통령을 선출하게 된 원인이 어떤 스캔들이나 정치적 힘의 불균형에서 촉발된 것처럼 보입니다. 하지만 현재 우리 사회에 경제적인 소외자들이 너무 많아졌고, 그분들의 주머니가 너무 비었습니다. 연인원 1,500만이 넘는 사람이 촛불을 들고 나가서 국정농단에 대한 처벌을 외쳤지만, 사실 그 외침은 나 좀 살게해달라는 외침이 아니었나 하는 생각이 듭니다. 이제 각자 새 정부의 경제정책이 어디에 방점을 두어야 하는지에 대해 말씀해주셨으면 합니다.

중소기업과 공기업

김일구　중소기업이 일자리의 거의 90%를 차지하지만, 그렇다고 중소기업을 도와주면 양질의 일자리를 만들 것이라고 생각하지 않습니다. 그렇게 할 수 있었으면 벌써 했지 왜 안 했겠습니까? 대기업도 양질의 일자리를 창출할 수 있었으면 했겠죠. 일부러 안 하지는 않았을 것입니다. 민간기업에서 그렇게 하지 못하는 이유가 많습니다. 공급 과잉과 글로벌 경쟁, 빠른 기술 발전, 낮은 성장률과 물가 상승률 등. 저는 양질의 일자리를 획기적으로 늘리려면, 국가자본주의적이고 극우파에 가까운 발상이기는 하지만, 현재 국가가가지고 있는 공기업은 민간에게 팔고 국가가 새로운 공기업을 만

들어서 일자리를 창출하는 데 전념했으면 좋겠습니다.

국가가 공기업을 만드는 것은 민간이 하지 못하는 일을 공기업을 통해 하기 위해서입니다. 전력을 만드는 일을 민간기업이 하기에는 규모가 너무 크기에 공기업 만들어서 전력을 생산하듯이, 양질의 일자리도 민간이 만들지 못한다면 정부가 만들자는 생각입니다. 우리나라는 민간이 알아서 잘 돌아가기에는 시장 규모가 작으니, 1970년대 경제 개발할 때처럼 국가에서 엘리트를 양성하고 그 엘리트들이 새로운 사업을 펼칠 수 있도록 기회를 줬으면 합니다. 싱가포르처럼요.

우리나라는 올림픽에서 우리보다 신체 조건 좋은 다른 나라 사람들과 경쟁해서 이겨 금메달 따려고 엘리트 스포츠를 하고 있습니다. 기업 단위에서도 마찬가지입니다. 대기업은 올림픽에 출전하는 선수입니다. 글로벌 경쟁에서 이겨요. 그런데 중소기업 살리고 대기업 때리는 건 올림픽에 엘리트 선수 버리고 아마추어 선수 출전시키는 것과 같은데, 그러면 좋아지겠습니까?

김동환 김 센터장, 그렇게 간단히 말씀하셔도 괜찮겠습니까? 후회 안 하시겠습니까? 하하.

김일구 트럼프 대통령을 보면 대통령이 직접 나서서 해외로 나가는 기업 붙잡고, 해외 기업들이 미국 내에 투자하도록 해서 양질의 일자리를 만듭니다. 점잖게 모두가 웃으면서 양질의 일자리가 만들어지기를 기대하기는 어려운 것 같습니다.

우리나라 경제정책의 추진 방향

김한진   저는 지금 공기업들의 비효율이 아직도 많다고 생각합니다. 조직의 긴장감도, 효율성도, 성과에 대한 보상과 책임도, 그 개선 의지도 약한 공기업들이 아직 많은 것 같습니다. 1990년대 이후 일본 경제를 살린 것은 공기업이 아니라 절박한 혁신으로 내몰린 전투적인 민간기업이었습니다.

저는 새 정부의 경제정책이 두 가지 가닥으로 잘 추진됐으면 좋겠습니다. 첫째는 경제정책이 너무 단기적인 경기부양에 한정되지 않았으면 하는 바람입니다. 당장의 일자리 창출도 중요하지만 미래의 성장기반 구축이 이에 못지않게 중요합니다. 당장 2017년 올해와 내년 성장률 몇 퍼센트포인트 끌어올리는 휘발성 정책보다 더 중요한 것은 잠재성장의 기반 자체를 끌어올리는 일이라고 생각합니다. 대한민국이 5년 후에 문 닫고 마는 나라는 아니지 않습니까? 현재 한국 경제는 과도기이고 변혁기여서 할 일이 산더미같이 쌓여 있습니다. 장기 정책의 열매를 너무 일찍 따려고 서두르다 보면 자칫 잃어버린 지난 10년의 우를 또다시 반복할 수 있습니다. 새 정부 5년 안에 모든 것을 이룬다는 건 무리입니다. 장기 10개년 계획 중 전반부 5년의 단단한 개혁이 되기를 기대합니다.

두 번째는 경제를 이끌고 자원을 배분하는 일을 민간과 자본시장이 보다 많이 감당하도록 유도했으면 합니다. 때로는 정부주도로 경기회복의 마중물을 붓는 것도 필요하고 정부가 일자리 창출에 앞장서는 것도 필요할 수 있습니다. 하지만 정부가 그것을 처음부터 끝까지 주도하고 간섭하는 방식은 실패하기 쉽습니다. 지금은 군사 정권에 의해 5차 경제 개발 5개년 계획이 시작되던 1970년대가 아닙니다.

정부가 할 일은 민간이 부가가치의 파이를 키우도록 적극적으로 돕는 일입니다. 민간이 빵을 더 많이 만드는 데 필요한 것은 정부의 치밀한 기획과 간섭과 규제가 아니라 자원의 효율적인 배분 시스템입니다. 정부는 공정하고 합리적인 규칙을 만들어주고 잘 감시만 하면 됩니다. 그러면 돈은 수익을 좇아 필요한 곳으로 알아서 흘러 들어가게 되어 있습니다. 국내자본뿐 아니라 해외자본의 물꼬가 어떻게 하면 혁신기업, 창조기업들을 향해 흐르고 벤처기업과 히든 챔피언이 될 만한 기업에 흘러 들어가게 할까에 초점을 맞춰야 합니다. 보이는 손(인위적인 정책, 정부의 개입)은 일을 많이 하는 것 같지만 실제로는 경제를 비효율로 몰고 가기 십상입니다. 반면에 보이지 않는 손(시장 기능)은 아무 일도 하지 않는 것처럼 보이지만 실제 어마어마한 일을 해냅니다.

김동환   저는 두 마리 토끼 다 잡으려고 하지 말라고 제언하고 싶습니다. 얼마 전 한 토론회에서 박근혜 정부의 경제정책을 평가해달라는 요청을 받았습니다. 그런데 평가할 게 없습니다. 왜냐하면 경제정책이라는 건 그 정권의 리더십들이 가진 가치를 반영하는 것이기 때문이죠. 그 가치가 정책으로 발현되는 것이 그 정부를 특징 짓는 경제정책이잖아요. 그런데 박근혜 정부는 성장에 방점을 둘 것인가, 분배에 방점을 둘 것인가에 대한 주제가 없어요. 그냥 땜질이에요. 해외 변수가 터지면 그때마다 응급처치를 하는 데 급급했는데, 심지어 제대로 하지도 못했고 그 과정에서 왜곡을 했습니다. 대표적인 게 '증세 없는 복지'였잖아요?

새 정부는 차라리 증세를 비롯한 확장적인 재정정책을 솔직히 밝혀야 한다고 봅니다. 웬만큼 경제적 규모가 있는 거의 모든 국가가 확장적 재정정책을 실행하고 있습니다. 물론 재정의 건전도도 중요하죠. 그렇지만 생일날 잘 먹으려고 사흘 굶을 겁니까? 기본적으로 아빠가 돈을 못 벌면 자식들 공부시키기 위해 친구한테 돈 좀 빌릴 수 있는 거잖아요. 그렇게 자식들 잘 키워서 좋은 직장 구하고 또 본인도 재기에 성공하면 그 돈 갚을 수 있지 않습니까?

우리나라 재정이 아직 그렇게 걱정할 만한 수준은 아닙니다. 더불어 확장적인 재정정책을 하려면 솔직하게 증세를 해야 한다고 생각해요. 세출을 효율적으로 하고 각종 공제를 줄여서 충당할 만큼의 예산 증가로 살릴 수 있는 내수이고 복지라면 무슨 고민이겠습니까? 이렇게 저렇게 해보다가 이른바 '국민적 공감대'를 이뤄서 증세하겠다고 나서면, 그때는 이미 정권 후반기라 힘이 빠지는 시기이기도 하려니와 그냥 넘어가고 말 겁니다. 안 할 거면 모르지만, 할 거라면 처음부터 솔직하게 입장을 밝히는 것이 좋다고 봅니다.

그래서 저는 초고소득자 개인이나 일정 금액 이상의 이익을 내는 기업에 대해서는 명목 세율을 올려야 한다고 봅니다. 공제 축소 등 실질 세율로 어떻게 조정을 해보겠다는 것 자체가 미덥지가 않아요. 그냥 솔직하게 증세하겠다고 고백하는 게 맞다고 봅니다. 결국 증세의 목적이 복지가 됐든 성장의 잠재력을 높이는 데 쓰이든,

우리 경제를 저성장으로 만드는 가장 큰 원인인 부의 편재와 양극화를 해소할 수 있는 마중물이 될 거라고 생각합니다.

김일구   그러면 여기서 정리를 하고 다음 주제로 넘어가 볼까요?

김동환   네. 지금까지 한국 경제를 어떻게 볼 것인가에 대해 얘길 나눠봤습니다. 우리 경제에 대한 걱정도 많았고, 꼭 비관적으로만 봐야 하는가에 대한 문제 제기도 있었습니다. 결국은 새로운 정부가 어떤 경제정책으로 리더십을 발휘하는가에 따라 비관적인 전망에서 벗어날 수도 있는 모멘텀에 와 있는 게 아닌가 하는 얘기들이 나왔습니다. 다음 장에서는 시야를 좀더 넓혀서 세계 경제에 대해 논의해보겠습니다.

일본의 잃어버린 20년과 혁신기업

　　1990년 이후 일본의 본격적 저성장 시대에서 두드러진 현상 중 하나는 혁신기업들의 탄생이다. 1990년을 전후로 일본 경제의 세계 경제 지위와 수출시장 점유율이 완연히 꺾였다. 당시 일본은 대내적으로는 집값 거품의 붕괴, 대외적으로는 급속한 수출 경쟁력 상실이라는 내우외환을 겪어야 했다. 기업들은 선진국에 뿌리를 둔 거대한 글로벌 기업들과 싸워야 했고 동시에 신흥국의 떠오르는 신생기업들과 경쟁해야 했다. 하지만 이처럼 어려운 경영환경은 역설적으로 일본 기업들로부터 혹독한 구조조정과 체질개선, 경영혁신을 끌어냈다. 신상품 개발, 기술혁신, 경영혁신, 인수합병과 분사, 새로운 해외 시장 개척 등 다양한 변화가 이때 활발히 나타났다. 이 기간에 일본의 정부정책 또한 기업의 변신과 생존을 적극 지원했다.

1990년대 이후 캐논, 토요타, 카오, 다케다약품, 무라타제작소, 신예츠화학, 세븐일레븐 등 다양한 혁신기업이 출현했다. 대기업뿐 아니라 중소기업들의 체질도 크게 개선됐고, 대기업과 중소기업의 관계도 한층 성숙해지고 진화했다. 주식시장에서도 당연히 이들 혁신기업의 주가 성과가 돋보였다. 1988년을 100으로 했을 때 2000년까지 일본의 대표 주가지수인 니케이225는 반 토막이 났다. 하지만 이들 혁신기업의 주가는 평균 4~5배가 오르는 기염을 토했다.

　　1995년부터 엔화가치 상승이 멈추고 엔화가 본격 약세를 보이자 그간 체질개선에 성공한 혁신형 수출기업들의 주가는 날개 단 듯 비상했다. 지금 한국 기업들이 나아가야 할 방향에 많은 시사점을 주는 것 같다.

달러 리사이클링이란?

금융결제 수단으로 사용되는 준비통화가 국제거래에서 원활하게 유통되려면 그 화폐를 찍어내는 준비통화국의 무역적자가 늘어나 줘야 한다. 그래야 전 세계에 그 나라 화폐가 공급될 수 있기 때문이다. 한 나라 통화를 국제통화로 사용할 때 그 나라 무역수지가 흑자 상태라면 무역 상대국에 통화 공급이 막히며, 이에 따라 상대국은 국제 유동성 부족을 겪게 된다. 하지만 반대로 준비통화국의 무역적자가 너무 커지면 국제통화로서의 안정성이 훼손되고 만다. 즉 결제 통화로서의 신뢰를 잃게 되므로 안정된 화폐의 유통 자체가 어려워질 수 있다. 이를 '트리핀의 딜레마'라고 부른다. 이를 주창한 학자의 이름을 따서 붙인 용어다.

달러 리사이클링은 바로 트리핀의 딜레마에 빠진 대표 국제통화인 달러의 순환 과정을 뜻한다. 달러가 국제통화 지위를 유지하

달러 리사이클링은 '달러의 미국 환류'라는 의미로 통용되고 있다.

는 한 미국은 저축을 수입하게 되어 있다. 미국이 수입대금으로 중국과 같은 교역국에 지불한 종이 증서(달러)는 이들 국가가 미국 국채를 매입하는 데 사용된다. 즉 달러가 상품대금으로 미국 밖으로 나갔다가 자본계정을 통해 다시 미국으로 환류되는 것이다. 달러가 돌고 도는 셈이다.

트럼프 대통령이 주장하는 미국의 무역적자는 사실 누구의 탓도 아니다. 다만 미국이 준비통화국으로서 달러 패권이라는 막대한 지위를 누리면서 생긴 자연스러운 결과일 뿐이다. 모든 국가는 저축을 너무 많이 수입하면 결국 외환위기를 겪게 되어 있지만, 미국은 그럴 일이 없다. 외환보유고를 쌓을 필요가 없는 나라이기 때문이다. 부족한 만큼 그냥 화폐를 찍어내면 되고, 대외부채가 너무 많

미국의 제37대 대통령(재임 1969~1974) 리처드 닉슨
(Richard Nixon). 하원의원 재직 시절에는 반공주의자
로 유명했으며 '닉슨독트린'을 발표했다.'워터게이트
사건(Watergate Case)'으로 사임하였다.

미국 제43대 대통령 조지 부시(George Walker Bush)
는 제41대 대통령 조지 부시(George Bush)의 아들이
다. 아버지의 뒤를 이어 석유 사업을 하기도 하였으
며, 2000년 대통령으로 당선되었고 2004년 재선에
성공했다.

아져 불편해지면 달러가치를 크게 떨어뜨려 빚의 장부 가격을 줄이면 된다. 트럼프 집권 기간에도 얼마든지 나올 만한 시나리오다.

참고로 1970년대 닉슨 쇼크(금태환 정지), 1985년 레이건 대통령의 플라자 합의(엔화가치 강제 절상), 2003년 부시 대통령 시절의 두바이 합의(유로화가치 평가절상)는 모두 공화당 정권의 역사적인 달러가치 절하 정책이었다. 미국의 경기부양과 재정적자 해소, 과도한 대외 불균형(경상적자) 해소를 위한 정책이었다는 공통점이 있다. 지금도 상황은 마찬가지다.

3장

세계 경제 어떻게 볼 것인가?

INFLATION

미국발 금융위기 정말 끝났나

뉴노멀과 글로벌 금융위기

김동환 자, 이제 세계 경제를 어떻게 볼 것인가에 대해 이야기를 해
보죠. 우리나라 경제는 소규모 개방 경제라는 측면에서 세계 경제
에 밀접하게 연동되어 있는데요. 먼저 금융시장 쪽에 포커스를 맞
춰서, 2008년 미국발 금융위기에서 온 시스템 리스크에서 완전히
벗어났다고 봐야 할지에 대해 의견을 나눠봤으면 합니다.

김일구 저는 2008년 미국 금융위기 하나 때문에 우리가 뉴노멀에
갑자기 진입한 것은 아니라고 봅니다. 브릭스, 즉 브라질, 러시아,
인도, 중국을 포함해서 웬만큼 큰 나라들이 모두 먹고살 만큼 성장
을 하고 나니 더는 성장할 만한 나라가 없는 거죠. 그다음에 성장을

이끌 새로운 동력을 찾지 못하고 있어서 성장률의 하락이라는 뉴노멀 현상이 생겨난 것으로 봅니다.

인구 증가율도 낮아졌기 때문에 뉴노멀은 앞으로도 계속될 겁니다. 그렇다고 일본과 같은 장기 침체가 올 것이라고 얘기하는 것은 아닙니다. 일본은 선진국이어서 쓸 돈이 많았죠. 하지만 소비자들의 욕구를 자극하지 못했고, 일본 사람들은 쓸 수 있는데도 안 쓰고 아끼면서 저축했습니다. 이것을 '저축의 역설'이라고 해요. 개개인의 관점에서 보면 저축을 해야 잘살 수 있을 테지만, 경제 전체로 보면 너무 많은 사람이 저축을 하면 소비가 사라져 경제가 성장할 수 없습니다. 일본의 장기 침체는 뉴노멀과는 다른, 저축의 역설에 의한 것입니다.

다만 여러 가지 요인이 겹쳐 경기둔화가 좀 오래 지속되고, 과거와 달리 경제 활력이 떨어진 것은 맞습니다. 예전에는 경제가 좀 좋아지면 모든 산업이 한꺼번에 성장하는 큰 경기 사이클이 나오곤 했는데, 이제는 그런 큰 사이클이 안 나옵니다. 산업별로 이 산업이 좋을 때 저 산업은 안 좋고, 이 산업이 둔화되면 저 산업이 좀 좋아지고 하는 식으로 작은 사이클이 자주 나타나고 있습니다. 최근에는 유가가 상승하면서 에너지 섹터 쪽에서 확장 사이클이 만들어지고, 반도체 가격이 상승하면서 IT섹터 쪽에서 확장 사이클이 만들어졌죠. 지금 우리나라에는 두세 개의 산업 사이클이 진행되고 있습니다. 과거에는 가령 열 개의 산업 사이클이 동시에 진행되는 경우가 있었다고 한다면, 지금은 두세 개씩 돌아가는 정도인 듯합니다. 그러다 보니까 경제성장률이 높지는 못합니다.

김한진　2008년 세계 금융위기의 원인은 부채 증가와 자산 가격 (특히 미국 집값) 거품, 그 거품을 도운 파생상품이었습니다. 여기서 파생상품은 CDS(Credit Default Swap, 신용부도스와프)와 CDO(Collateralized Debt Obligation, 부채담보부증권)를 말하는데, CDS는 대상 자산이 부도날 확률에 투자하는 상품이고 CDO는 새로운 신용등급의 합성 부채담보증권이죠. 그런데 이는 새삼스러운 일이 아닙니다. 1929년 주가 폭락과 기업의 연쇄파산으로 대변되는 미 대공황의 원인도 부풀려진 자산과 신용팽창에 있었습니다. 빚을 내서 소비하고 빚 내서 집 사는 과정에서 거품이 만들어졌고, 그 거품이 꺼지면서 빚을 갚지 못한 사람들이 파산한 거죠. 금융위기의 빤한 레퍼토리라 할 만큼 반복된 역사입니다. 1980~90년대 미국 저축대부조합 파산과 2000년의 닷컴 버블, 그리고 가장 근래 2008년의 리먼브러더스 파산으로 상징되는 서브프라임 모기지 사태에 이르기까지 이 모든 위기의 원인과 현상 그리고 처방과 결과까지 얼추 비슷합니다. 거품의 대상이 되는 자산은 시대에 따라 부동산, 주식, 원자재, 부실채권 등으로 다양합니다. 대개는 다 함께 등장하고 다 함께 퇴장하죠. 자산 가격의 거품은 그 이전의 위기를 수습하는 과정에서 잉태됩니다. 무분별한 통화팽창과 신용팽창, 저금리는 처음에는 위기 수습과 경기부양의 수단이지만 결국 시간이 지나서 보면 거품의 불을 지피는 땔감이었음을 알게 됩니다. 위기 발생 → 금리 인하와 통화팽창 → 위기 수습과 경기회복 → 팽창된 통화로 인한 자산 가격(집값, 주가) 급등 → 자산시장의 거품과 경기 과열 → 자산 가격 거품 붕괴 → 금융 부실화, 정부의 막대한 공적 자금 투입 → 금리 인하와 통화팽창…. 이런 과정이 반복되어온 셈입니다. 그사이에 경제 주체들의 부채는 팽창해왔고 국가재정은 악화됐으며 경제 불평등은 한없이 심화되어왔습니다. 지금도 그렇습니다.

세계 금융시장에는 1970년 이후 약 37번의 크고 작은 변동성이 있었습니다. 1년에 대략 한 번꼴로 주가, 환율, 금리 등 가격변수들이 위아래로 제법 세게 움직였다는 뜻입니다. 그중에 8번은 매우 쇼킹한 금융위기로 기록됐는데요, 그러니까 대략 6년에 평균 한 번쯤은 정말 큰 위기가 꼬박꼬박 찾아왔다는 뜻입니다. 이와 같은 아무도 예상하지 못한(하지만 반복적인) 위기를 두고 분석가들이나 언론은 그때마다 100년에 한 번 있을까 말까 한 위기라고 떠들었습니다. 물론 그런 위기가 왔다 해서 세상이 망하지는 않았습니다. 오히려 그 위기로 인해 당국은 미친 듯이 돈을 풀었고, 그 결과 다음의 자산 거품이 또다시 잉태됐죠.

그렇다면 이제 이러한 위기의 순환은 끝난 것일까요? 서브프라임 사태로 촉발된 유동성 팽창은 이번에는 상상을 초월했고 판돈을 엄청난 규모로 불렸습니다. 사상 유례없는 제로 금리와 양적완화에 이번엔 미국뿐만 아니라 유로존, 일본까지도 모두 이 '빚(debt)의 향연'에 동참했습니다. 위기가 클수록 돈의 규모도 크고, 거품도 크고, 빚잔치도 크고, 상처도 큽니다. 저는 이번의 거대한 유동성 파티가 끝나고 나면 또 어떤 위기가 몰아닥칠지 두렵습니다. 우리가 맞이하는 2018년은 서브프라임 금융위기 10주년 기념의 해입니다.

글로벌 금융위기가 터지면 늘 자산 가격은 떨어지고 신용은 위

글로벌 금융위기의 빈도(금융 변동성 추이)

금리, 환율, 주가의 변동성으로 본 금융위기는 역사적으로 매우 빈번했다. 세계 금융시장에는 평균 4년에 한 번꼴로 소음 수준을 넘어선 심각한 금융위기가 몰아닥쳤다.

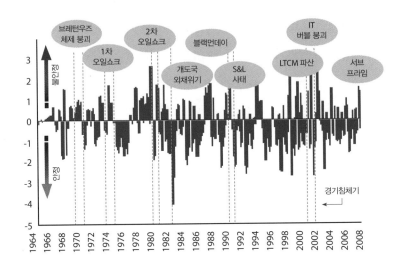

※ 금융불안정지수가 1 이상이면 심각한 금융불안정으로 정의(금융불안정지수는 금리, 환율, 주가변동성을 기준으로 산출함).

지난 40여 년간 금융불안 빈도

기간	심각한 불안 빈도 (회)	심각한 불안 지속 기간 (개월)
1969~78년	4회	8.5
1979~88년	16회	6.8
1989~98년	6회	8.0
1999~08년	11회	4.9
계(평균)	총 37회(0.9회/연)	평균 5.3개월

자료: 삼성경제연구소 (유정석, 강성원)

축되고 달러는 일시 강세를 보입니다. 금값이 오르고 안전자산 가격이 폭등(국채금리 하락)합니다. 외국인들은 현금인출기에서 돈을 빼듯 신흥시장 자산을 팔아서 떠납니다. 경제 주체들의 심리가 무너지고 경기도 급격히 얼어붙습니다. 결국 경기와 금융시장, 자산시장의 부조화가 만들어내는 '빚잔치', 버블과 역버블의 '변동성 잔치'가 한바탕 휩쓸고 지나갑니다. 지나고 보면 탐욕과 공포가 지배하는 유동성 게임이죠. 자산 가격 거품과 빚의 팽창 과정에서 파티는 더욱 대담해집니다. 그리고 그 화려함이 더할수록 이후 시장 참여자들에게 청구되는 비용은 커집니다. 신용평가사 무디스는 2016년에 부채상환 능력이 낮은 것으로 판단되는 24개국의 신용등급을 하향 조정했고, 2017년 들어 중국의 신용등급을 하향 조정했습니다. 조금씩 변화가 시작되고 있는 겁니다. 세계 경기가 아직은 빚상환에 우호적이지만, 상황이 틀어지면 180도 바뀔 것입니다. 예전에 경기부진과 신용등급 하락, 부채상환 능력 하락, 자산 가격 거품 붕괴는 모두 동의어였습니다.

버블과 버블 붕괴의 반복

김일구　　저는 한국의 부채 문제와 다른 나라의 부채 문제를 아예 다르게 보고 이야기합니다. 현재 미국이나 유럽은 집의 자가 소유 비

율이 역사상 최저치로 떨어졌습니다. 2008년 금융위기 이전에는 사람들이 집을 많이 샀습니다. 지금은 집값이 올라가는데도 집을 파는데, 이 집을 펀드들이 샀습니다. 펀드들은 돈을 빌려서 집을 샀는데 이 돈을 어디서 빌렸느냐 하면, 펀드가 채권을 발행하고 연기금이 채권을 가져가는 방식입니다. 이것은 개인들이 부채를 일으켜서 집을 사는 것과는 완전히 다른 방식입니다.

경기가 굉장히 나빠지면 개인들은 집을 팔지 않고는 생활이 안 되니까, 버티다 버티다가 경매에 내놓습니다. 이런 식으로 집값이 폭락했습니다. 일본도 그랬고 2008년 미국도 그랬습니다.

그런데 집을 갖고 있는 주체가 펀드들이라면 자금 압박 때문에 집을 경매에 넘겨야 하는 일은 없을 겁니다. 다만 펀드에 투자한 투자자들이 자금을 회수하고 싶어도 금방 회수하지 못하고 펀드 만기까지 기다려야 하겠죠. 그래서 급격한 경제위기 때도 펀드가 갖고 있는 집은 경매로 나오지 않습니다. 우리나라에서는 개인들이 빚을 내서 집을 샀기 때문에, 심각한 경제위기가 생기면 자영업 등에서 부도난 개인들의 집이 경매로 나오게 됩니다. 그러면 집값이 폭락할 수 있습니다. 우리나라에서도 뉴스테이든 공공임대주택이든 개인이 주택을 소유하지 않고 장기간 안정적으로 살 수 있게 된다면, 경기침체가 와도 집값 하락의 두려움은 많이 없겠죠. 그러나 우리나라는 아직까지도 경기침체가 심각해지면 집값 하락이 유발될 위험이 있습니다.

김동환 저는 2005년에 미국 가서 2008년에 왔으니까 금융위기 직전에 미국에서 탈출한 셈입니다만, 당시를 한번 회고해볼까요? 2007년의 일입니다. 다운타운에서 북쪽으로 한 시간쯤 걸리는 신흥 신도시에 아는 후배가 살았어요. 학군이 좋고 중산층 백인들이나 한국인 같은 중산층 이민자들이 주로 사는 도시였어요. 당시 후배가 그 도시에 집을 사라고 권하더군요. 조그마한 집이 평균 50~60만 달러 정도 하는데 계속 오른다는 겁니다. 본인은 이미 신축을 막 끝낸 집을 두 채나 샀더군요. 집값이 50만 달러라고 치면 10만 달러 정도를 본인이 내고 나머지 40만 달러는 모기지로 빌려서 샀답니다. 그때가 2005년 7월이니까 계속 집값이 오르던 때였죠. 수익률을 따지니까 어마어마했어요. 10만 달러만 올라도 원금 대비 두 배를 버는 거잖아요.

그런데 그중 한 채를 구경시켜준다고 해서 따라가 봤더니, 빈집에 에어컨이 켜져 있는 거예요. 캘리포니아의 여름이 굉장히 덥죠? 제가 이 집이 언제 팔리느냐고 물어보니, 언젠가는 팔리지 않겠느냐라는 겁니다. 그렇다면 이 빈집에 에어컨을 틀어놓는 이유가 뭐냐고 물으니 집 살 사람이 언제 올지 모르니까 계속 틀어놔야 한다는 거죠. 집 보러 와서 문을 열었을 때 뜨거운 바람이 확 나오면 곤란하다는 거예요. 빈집에 에어컨 돌리던 그 후배는 결국 집이 안 팔린 상태에서 버블이 붕괴되는 과정을 맞이했습니다.

빚을 내 집을 두 채나 사는 그 과정을 보면서 비정상적이라고 느꼈습니다. 그런데 이 비정상적인 상황을 누가 만들었느냐 하면 월스트리트에 있는 사람들이에요. 그들이 서브프라임 모기지 증권을 만들면서 벌어진 일입니다. 언젠가 이 버블이 터질 거라고 걱정할 때쯤 베어스턴스가 파산의 위기에 몰립니다. 사실 그 후 리먼브

러더스가 파산할 때까지 상당한 간격이 있었습니다. 베어스턴스 파산 직전에 헨리 폴슨과 J.P.모건의 제이미 다이먼이 만나 전격적으로 M&A를 성사시키면서 위기를 봉합합니다. 저는 차라리 그때 베어스턴스가 그냥 파산해버렸으면 좋았을 거라고 봅니다.

저는 금융위기는 기본적으로 끝났다고 봅니다. 김 박사께서 말씀하신 것처럼 미국의 금융 자본주의 역사는 버블과 버블 붕괴를 끊임없이 반복합니다. 미국 연준의 역사는 100년 정도밖에 되지 않았습니다. 연준이라는 중앙은행 시스템이 만들어진 이유도 버블에 대한 통제를 위해서입니다. 연준이 만들어진 이후, 중앙은행에서 혁신적인 정책을 많이 실행했음에도 버블은 계속해서 발생했습니다. 저는 2008년 이후 연준의 기능을 높게 평가합니다. 미국인의 입장에서 볼 때, 위기 상황에서 벤 버냉키가 실행한 양적완화 같은 연준의 정책이 없었다면 어떻게 됐을지 모르는 겁니다. 미국 입장에서 벤 버냉키가 잘했다고 할 수 있는 건 미국이 가진 리스크를 세계로 수출한 겁니다. 이전해버린 거죠. 한국에도 이전된 자본들이 와 있잖아요. 하지만 한국인들은 그 자본들이 온 것을 싫어하지 않아요. 역으로 우리 주식, 채권 사줬다면서 고마워하죠. 그걸 미국 사람 입장에서는 잘했다고 하는 거죠. 물론 기축통화인 달러를 가지고 있기 때문에 가능할 수 있었던 거지만, 어쨌든 미국 입장에서 보면 금융위기는 끝났다고 저는 평가합니다.

미국 연방준비은행과 금융위기

김한진   제가 앞서 말씀드린 건 글로벌 금융위기의 생리와 모순점을 이야기한 것이지 내일부터 당장 위기가 온다는 것은 아닙니다. 다만 이런 빚잔치가 끝나가고 있다는 징후를 언급하고 싶어요. 특히 그 중심에 정부와 중앙은행들이 저지르는 일들에 대한 불편한 진실(자산 거품 제조)을 말씀드리고 싶은 겁니다. 김 소장께서도 차라리 미국에서 금융위기가 터져버렸으면 좋았을 거라 말씀하셨는데요. 짧게 보면 더 큰 경기침체와 위기를 막은 정부의 공로를 인정해줘야겠지만, 길게 보면 그것이 과연 정부의 공로인지, 또 올바른 선택이었는지 따져봐야 합니다. 10년 전 서브프라임 사태로 피해를 입은 사람들은 미국과 전 세계의 애꿎은 서민들이었습니다. 월스트리트와 거대 자본가들은 거의 책임도 지지 않았고 오히려 그로 인해 지금 다시 엄청난 부를 거머쥐었습니다.

더욱이 미국 중앙은행(Fed, 연방준비은행)은 자신들의 책임을 전 세계 누구에게나 떠넘길 수 있습니다. 바로 미국의 최대의 수출품인 재무성이 찍어낸 14조 달러 규모의 달러표시 국채를 통해서 말입니다. 전 세계 연기금과 보험사, 수많은 기관투자가와 심지어 개인들까지도 미국의 채무를 계속 매입해주고 있습니다. 그것도 다들 못 사서 난리입니다. 미국은 자국의 부채를 얼마든지 쪼개서 전 세계에 판매할 능력이 있습니다. 김 센터장께서 말씀하신 대로 전 세계 은퇴 세대가 펀드 형태로 쥐고 있습니다.

또한 김 소장께서 말씀하신 대로, 지난 미국발 금융위기는 실제로 끝났다는 데 동의합니다. 전 세계 금융 시스템 안에 고여 있는 유동성이 너무 많다 보니 지금은 채권이 그럭저럭 잘 소화되고 있습니다. 이는 선진 각국이 금융위기를 수습하고 경기를 부양하는 데 어쩌면 절묘한 '신의 한 수'였는지도 모릅니다. 각국은 저금리에 힘입어 경기를 회복하고, 또 그 경기회복으로 장기간에 걸쳐 부채를 녹여갈 심산입니다.

하지만 저는 또 다른 기괴한 금융위기가 이미 물밑에 있다고 봅니다. 그 새로운 금융위기는 이름만 바뀔 뿐 아마도 본질은 지난 2008년 금융위기와 크게 다를 바 없을 것입니다. 그 위기가 발

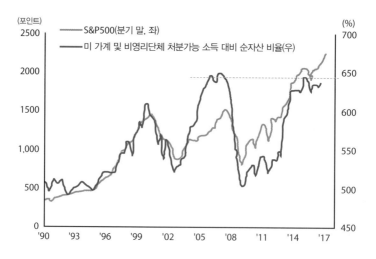

부담스러운 수준의 미국 가계 순자산 비율

자산을 담을 그릇에 비해 자산 볼륨이 팽창한 상태다. 주가와 집값 등 자산 가격이 계속 오르려면 소득 증대(경기개선)가 충족되어야 한다.

발하는 데에는 분명 어떤 방아쇠(트리거)가 역할을 하겠죠. 그 촉매는 아마도 직전 위기의 불균형과 모순점에서 찾을 수 있을 텐데요. 2008년 위기를 수습하는 과정에서 한층 깊어진 문제점은 중앙은행의 자산 규모가 너무 커졌다는 사실과 세계 모든 사람이 장기채권을 너무 많이, 편안하게 들고 있다는 사실입니다. 그것도 보유채권의 만기가 길어져 시장금리가 조금만 올라도 대규모 평가손의 위험이 커졌는데 말이죠. 예를 들어 미국 10년 만기 국채금리가 1% 오르면 일본 금융기관들의 평가손은 GDP의 13%에 달할 것으로 추정됩니다. 다른 나라들도 사정은 비슷합니다. 혹시 경기가 뒷받침되지 않으면 금리 상승은 빚쟁이들의 부채상환 능력을 급격

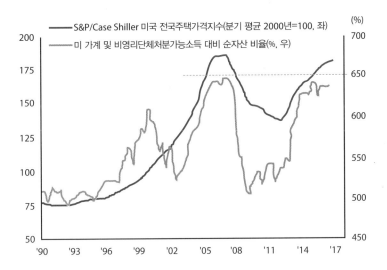

미국 민간 부문의 처분가능소득 대비 순자산 비율

서브프라임 사태 이후 주가와 집값이 꾸준히 오르면서 미국의 소득 대비 순자산 비율이 또다시 역사적 고점에 이르렀다. 자산 가격이 더 오르려면 그것을 담을 그릇(소득, 경기)도 더 커져야 함을 뜻한다.

히 떨어뜨리고, 레버리지로 투기화된 자산시장을 꽁꽁 얼어붙게 할 것입니다.

결국 저는 다음 위기의 트리거를 자산시장의 가격 조정에서 찾고 싶습니다. 저금리에 힘입어 오른 자산 가격의 부담 정도가 관건인데요. 앞의 그림 〈미국의 민간 부문의 처분가능소득 대비 순자산 비율〉은 일종의 거시 멀티플 지표죠. 지금 이 비율은 2000년 닷컴 버블 수준을 훌쩍 넘어섰습니다. 닷컴 버블 때보다 민간소득 대비 순자산 규모가 더 팽창해 있다는 뜻입니다. 그 주요인은 주가와 집값 상승입니다. 물론 이런 상황이 좀더 이어질 수 있지만 현재로서도 부담이 커 보입니다. 자산을 담을 그릇(소득)은 제한돼 있는데 자산 규모가 너무 커지면 자산 가격 자체가 조정을 받을 위험이 커집니다. 소득 증가 속도와 자산 가격 상승 속도 간에 괴리가 커지면 금융위험이 커지고요. 자산 가격 하락이 경기를 끌고 내려갈 때 과잉 부채자의 부채상환 능력이 떨어지고, 이들이 자산을 처분해 신용을 유지하려고 하는 바람에 자산 가격은 역버블(과도한 하락)을 향해 더 내려갑니다.

금융시장의 긴장감이나 요동이 다행히 잠시 딸꾹질 정도로 지나가면 괜찮겠지만 길어지면 위험이 일파만파 확산됩니다. 사실 빚을 늘려 세계 경제가 무한한 성장을 할 수만 있다면 무엇이 문제겠습니까? '돈 공장'만 돌아가면 되죠. 사람들은 지금 각국 중앙은행과 미국 연준의 놀라운 솜씨에 그저 감탄하고 경의를 표하고 있지만, 실은 그 이면에 누군가의 희생이 또 예정되어 있다고 봐야 합니다. 쉬운 길은 진리일 리가 없습니다.

낮은 금리와 인컴자산

김일구　저는 좀 다르게 생각하는데요. 2008년 이후 투자자들이 인
컴, 즉 배당이든 이자든 매월 또는 매 분기에 현금 수입이 생기는
방식으로 투자 패턴을 많이 바꿨습니다. 베이비부머들이 은퇴하면
서 은퇴 이후 소득이 필요해지기도 했고요. 그래서 부동산에서는
임대료가 나오는 수익형 부동산, 채권에서는 이자를 많이 주는 고
금리 채권, 주식에서는 배당을 많이 주는 고배당 주식 등에 투자 자
금이 몰렸습니다. 인컴이 없는 자산은 가격이 올라가기를 하릴없이
기다리는 길밖에는 없지만, 인컴자산은 가격이 오르지 않아도 소득
이 발생합니다. 이들 자산은 가격이 내려가도 인컴을 받으면서 계
속 보유할 수 있을 겁니다.

김한진　이자율이 올라도 유효할까요?

김일구　금리가 떨어지면서 혜택은 누렸고, 아직까지 금리 하락에
대한 사회적 비용은 지불하지 않았다고 말씀하셨지만 저는 비용을
지불했다고 봅니다. 이자소득으로 살아가던 은퇴자들이 저금리의
사회적 비용을 지불했습니다. 우리나라에서도 금리가 낮아졌기 때
문에 마찬가지입니다. 연기금이나 보험사가 채권을 많이 샀기 때문
이지만, 이들이 채권을 산 돈도 은퇴하신 분들이나 은퇴를 준비하
고 계신 분들이 연금을 받기 위해 맡긴 돈입니다. 금리가 낮아져서
보험사가 벌어들이는 이자수입이 줄어들면 그 피해를 고스란히 이
분들이 봅니다.

우리나라 저축자들이 낮은 수익률을 감수하면서 채권을 샀습니다. 낮은 금리로라도 고정된 금리의 연금을 받겠다는 거죠. 그러면서 이전에 생각했던 것보다 훨씬 악화된 노후 상황을 받아들인 겁니다. 제가 볼 때 금리가 낮아진 것에 대한 비용은 중앙은행이 아니라 은퇴자들이 지불했습니다. 어떻게 보면 사회가 그분들에게 고마워해야 합니다. 그 낮은 금리를 10~20년간 받기로 하고 장기국채를 샀으니까요.

배당이 나오는 주식이나 임대료가 나오는 부동산도 마찬가지입니다. 김 박사께서 말씀하신 대로 금리가 올라가면 배당수익률도 올라가야 하고, 임대수익률도 올라가야 합니다. 그런데 금리 올랐다고 해서 기업의 이익이 갑자기 늘어날 것도 아니고, 부동산에서도 금리 올랐다고 갑자기 장사가 잘되는 것도 아닙니다. 그러니까 금리가 올라가면 배당수익률과 임대수익률도 높아져야 해서 주가가 하락하고 부동산 가격이 하락하는 상황이 올 수 있습니다.

그러나 금리가 괜히 올라가겠습니까? 경제가 좋아지지 않는다면 금리는 오르지 않을 겁니다. 물론 경제가 좋아지는 것보다 금리가 먼저 오를 수 있습니다. 기업이 이익 많이 내서 배당 더 하고 세입자의 장사가 잘돼서 임대료를 올리고 하기 전에, 금리가 올라서 주가와 부동산 가격이 하락할 수 있습니다. 그렇지만 시간이 좀 지나면 경제가 좋아진 것 덕분에 기업이익이 증가해서 기업이 배당을 더 늘리고, 장사가 잘돼서 세입자가 임대료를 올려줄 수 있을 것입니다. 그래서 금리 상승으로 가격이 내려가는 경우에는 2~3년 정도 손실을 감수하면 다시 회복할 것으로 봅니다. 버블의 붕괴라기보다는 낮은 수익률을 2~3년 정도 감수하는 정도에서 끝날 것입니다.

김동환　금융위기 이전에 미국은 금융, 서비스에 집중해도 먹고살수 있다는 자신감이 있었습니다. 그리고 제조업이 공동화된다고 해서 미국의 공장들이 전부 중국으로 가는 건 아닙니다. 미국만의 경쟁력을 가지고 있는, 예를 들면 방위산업 같은 게 있으니까요.

그런데 금융위기가 터지고 나니, 믿었던 금융은 신뢰할 수 없고 제조업이 없는 서비스산업은 절름발이라는 걸 알게 된 겁니다. 결국 제조업을 다시 일으켜야 한다는 절박함이 생겼고, 행동에 나선게 오바마의 리쇼어링 정책이죠. 그리고 현재의 트럼프는 이보다 훨씬 더 강한 제조업 부활 정책을 펼치고 있습니다.

말씀드린 것처럼 미국 입장에서 금융위기는 연준이 금리를 올리면서 선언적으로 끝났다고 생각합니다. 그렇지만 현재는 금융위기가 파생시킨 미국의 제조업 부활 정책 여파를 중국과 한국, 그 외신흥국들이 받아야 하는 상황이 됐습니다. 트럼프가 집권하면서 그영향을 가장 많이 받는 나라가 멕시코입니다. 멕시코에 공장을 지은 기아자동차 주가를 한번 보세요. 트럼프 집권 이후에 크게 빠졌습니다. 결국 미국은 자신의 고통을 전 세계로 이전하면서 정작 자신은 위기에서 빠져나오고 있는 셈입니다. 우리나라 같은 제조업 베이스의 수출 위주 경제권 국가들이 그 고통을 가장 많이 감내해왔습니다. 여기에 미국 내 금리가 상승했을 때, 금융 측면에서 외국인에게 완벽하게 시장이 개방된 우리나라가 가장 큰 위험에 직면할 가능성도 있습니다.

김한진   네, 특히 전 세계 모든 경제 주체가 지금 낮은 금리에 너무 취해 있다는 게 좀 마음에 걸립니다. 만약 경기보다 금리가 더 빨리 오르거나 경기 자체가 둔화되면 문제가 일어날 수 있습니다. 앞서 김 센터장께서 미국 부동산펀드에 대해 말씀해주셨는데 저금리이다 보니 안정된 수익을 추구하는 인컴자산에 돈이 몰려 수익률이 고공행진을 보이고 있습니다. 2009년에 미국 리츠(REITs)펀드에 투자했다면 지금 무려 3.5배의 수익을 얻었을 겁니다. 최근 2년간 집값이 20~40% 오른 도시가 전 세계에 즐비합니다.

주가 상승에 물론 경기도 기여했지만 낮은 이자율이 훨씬 압도적으로 기여했습니다. 저금리 혜택을 가장 많이 본 증시는 미국을 비롯하여 돈 많이 찍어낸 선진국 증시입니다. 실물의 부채조정(deleverage)을 위해 저금리 약을 처방했지만, 자산시장에서 오히려 레버리지 투자가 일어났습니다. 만약 자산 가격이 꺾인다면, 이번에는 자산시장에서 부채조정이 광범위하게 일어날 것입니다.

사실 경기가 좋아지면 금리가 오르는 게 당연합니다. 물론 경기회복 국면에서 예전보다 물가가 높지 않다는 점도 동의합니다. 하지만 경기가 계속 좋다면 금리가 꿈적도 하지 않을 수는 없겠죠. 저는 지금 세계 경제가 자율적인 힘으로 회복되고 있는 게 아니라 대형사고 후 그것을 수습(부채조정)하는 제로 금리라는 극약처방 속에 회복되고 있다는 점을 강조하고 싶습니다. 금리가 튀면 팽창된 신용(대출)이 위축되고 글로벌 달러경색이 올 수 있습니다.

만약 금리가 안 오르면 그것도 문제죠. 경기회복이 더디다는 뜻이니까요. 건강한 경기회복일 리 없습니다. 그것은 임금이 안 오르고 소비가 늘지 않고 기업투자가 제자리인 불임(不姙) 경제를 뜻합니다. 오래 뻗어 나갈 수 없는 경기죠. 지금으로서는 금리가 오를 듯 말 듯 오락가락하면서 경기도 계속 좋은, 그런 그림이 최선일 것입니다. 시장은 지금 그런 경기와 금리 흐름을 기대하고 반응하고 있습니다. 하지만 거듭 말씀드리다시피, 이 대목에서 항상 사고를 치고 삐걱거리는 곳은 자산시장입니다.

가령 고삐 풀린 주식시장이나 주택시장이 밸류에이션 부담을 이기지 못하고 가격 조정을 일으킬 수 있죠. 또는 금리 상승으로 부채상환이 삐걱거릴 수도 있습니다. 급격한 달러 강세가 일어날 경

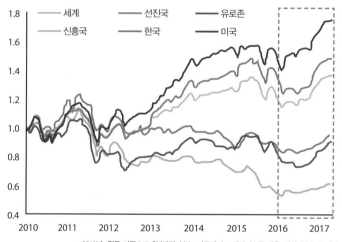

주가의 금리 민감도 추이(주가지수/채권지수)

지표가 높을수록 주가의 금리 민감도가 높음을 시사한다. 금리가 오르면 미국, 선진국, 한국, 신흥국 증시의 순으로 주가가 부정적인 반응을 보일 가능성이 있다.

※ 2010년 1월을 기준으로 함.(채권지수는 바클레이즈 채권지수를 사용. 채권지수는 금리와 역수임)

우 달러 부채가 많은 국가에 신용경색이 올 수도 있죠. 유동성 볼륨이 커진 상황에서 중앙은행이나 정부의 통제가 온전히 미치지 못하는 곳이 바로 자산시장입니다. 이런 현상은 수백 년 동안 반복되어온 레퍼토리입니다. 아무튼 이런 시각에서 위험을 좀더 관찰해가면서 의견을 계속 나누시죠.

금리와 금융위기

김일구   금리라고 하는 게 사람이 만드는 것이지 자연재해 같은 건 아니잖아요. 그래서 금리가 꼭 올라가야 한다고 볼 필요는 없습니다. 예전에는 금리를 자연적인 현상이라고 봤어요. 금본위제 시절 미국에서는 금이 빠져나가면 못 빠져나가게 하려고 금리가 올라갔고, 반대로 새로운 금광이 발견되어 금이 들어오면 금리가 내려갔어요. 그 금광이 폐쇄되면 또 금리가 올라갔죠. 이런 식으로 인간의 경제가 자연에 의해서 컨트롤되고 있다고 생각을 했습니다.

그런데 1900년대 초반 영국이 금리를 올리고, 캘리포니아에서 대지진과 대화재가 발생해 미국에서 금이 빠져나가자 급격한 경기침체에 빠졌어요. 이런 상황을 겪고 미국 사람들이 생각을 바꿨습니다. 금리를 자연재해처럼 받아들이지 않기로 한 거죠. 금 채굴이 안 된다고 해서 금리를 올릴 게 아니라 돈을 풀어버리자는 목적으로 중앙은행을 설립해버립니다. 현재도 그렇습니다. 경제가 원래 상황으로 되돌아간다고 해도, 금리를 아주 천천히 올리면 됩니다. 그러면 그 피해를 누가 받느냐? 저축을 할 수밖에 없는 은퇴 예정자들입니다. 그분들은 지금 저축을 해야만 합니다. 은퇴 후 생활을 대비해야 하니까요.

이분들이 비용을 다 지불하고 있습니다. 미국에서도 금리를 빨리 올리자는 말이 나올 때 미국의 매파(보수강경파)들이 이야기하는 게 은퇴자들이 얼마나 큰 피해를 보고 있는지 아느냐, 저금리가 공짜로 얻어지는 게 아니다, 은퇴자들의 피와 눈물로 만들어진 저금리다라는 것입니다. 그러니 젊은 층에게 비용 부담 주지 않고 저금리를 더 끌고 가려는 재닛 옐런 연준 의장이 나이 드신 분들한테 얼마나 많은 비난을 받겠습니까. 금리가 제일 낮을 때는 100만 달러를 예금해도 하루에 코카콜라 하나 사 먹을 이자밖에 안 나왔다고 해요.

저는 금리를 충분히 컨트롤할 수 있다고 봅니다. 물가가 올라도 컨트롤할 수 있어요. 트럼프도 저금리를 좋아한다고 말했는데, 옐런도 저금리를 좋아합니다. 무조건 낮은 게 좋은 게 아니고 경제 펀더멘털보다 느리게 올려야 한다는 거죠. 그 비용은 이미 많은 사람에게 전가하고 있기 때문에 그게 세상의 문제를 키울 것이라고는 보지 않습니다.

김한진　저는 중앙은행이 경기와 금리, 자산시장을 통제할 수 없는 구간이 있다고 봅니다. 기준금리를 아무리 올려도 물가가 잡히지 않고, 집값이나 주가도 전혀 통제되지 않는 국면이 있습니다. 2000

년 닷컴 거품 때도 그랬고 지난 2008년 금융위기 직전 상황도 그 랬습니다. 반대로 아무리 금리를 내려도 경기침체의 골이 깊어지고 집값이나 주가가 계속 내려가는 구간도 있습니다. 중앙은행이 금리 를 더 내릴 것이란 예상이 기업투자와 가계소비를 오히려 지연시 키고 자산 가격 하락을 부채질하는 경우가 얼마나 많았습니까? 통 화정책이 경기의 꼭지와 바닥을 더욱 뾰족하게 만들고, 자산 가격 의 과열과 과랭을 부추긴다는 증거는 충분합니다.

물론 세계 금융위기 이후 최근 10년간 저금리정책이 성공해온 것은 맞습니다. 하지만 냉정하게 보면 저금리의 경기부양 효과는 2016년에 들어서야 본격적으로 나타났습니다. 그 전까지는 자산 투기만 부추겼죠. 그렇게 많은 돈을 풀어서 경기를 부양했다지만, 어쩌면 그 효과가 이렇게 늦게 또 이 정도로 제한되어 나타나고 있 다고 볼 수 있습니다. 저금리가 경기회복을 돕고는 있지만 효과는 작습니다. 특히 이제부터 경기가 진짜 민간 자율로 선순환할 수 있 느냐가 중요합니다. 민간의 생산, 소비, 투자가 선순환되어야 하는 데 세계 각국은 여전히 재정정책에 의존하는 분위기입니다. 통화정 책이 한계에 달했기 때문입니다.

실물경기가 민간의 힘으로 계속 순항하려면 각국의 임금과 일 자리가 계속 늘어줘야 합니다. 저금리가 만병통치약이 아니라는 증 거는 여러 곳에서 찾을 수 있습니다. 각국이 그간 미친 듯이 돈을 찍어냈지만 총통화(광의의 통화, M2)와 민간대출은 크게 늘지 않고 있 습니다. 사상 유례없는 저금리 기조임에도 저축률은 올라가고 소비 성향은 오히려 떨어지고 있죠. 각국의 본원통화 팽창이 국경을 넘어 서로의 자산시장만 공략하고 있습니다. 돈이 생산적인 투자로 제대로 연결되지 않고 있으니 금융시장의 흐름은 더욱 투기적입니다. 결국 자산 가격의 높은 변동성, 심하면 또 다른 금융위기로 연결될 가능성이 큽니다.

김동환 미국의 큰 위기들만 열거해주셔서 그렇지 사실 그 사이사이에 멕시코 부도, 브라질 문제, 한국을 비롯한 IMF 구제금융 사태라든지, 이런 것들을 다 포함하면 '100년에 한 번 나올까 말까 한 금융위기'라는 문구가 거의 1년에 한 번씩 헤드라인을 장식한다는 말씀이 맞는 것 같아요.

김일구 10년에 한 번꼴로 금융위기가 발생하는데, 가장 최근이 2008년에 미국에서 서브프라임 모기지로 촉발된 금융위기입니다. 그 이전에는 1997년 아시아 외환위기, 1987년 미국에서 1주일 만에 주가지수가 30% 이상 하락한 블랙먼데이가 있습니다. 중간에 2000년 닷컴 버블 붕괴나 1994년 멕시코 외환위기와 같은 사건들도 있었죠. 그러고 보면 끝에 7과 8이라는 숫자가 안 좋네요. 근데 올해가 2017년입니다. 이런 패턴이면 올해나 내년에 사건이 한 번 있을 수 있는데, 순서로 보면 이번에는 미국은 아닐 것 같습니다.

중국 경제 진단

고도 경제성장에 따른 후유증

―――――――――

김동환　이제 중국 경제에 대한 이야기로 넘어가 볼까요?

사실 닷컴 버블은 어떻게 보면 펀더멘털상의 붕괴는 아니에요. 닷컴 버블은 그야말로 정보통신혁명 초기에 투자가 집중되면서 IT 산업 내에 과도한 투자가 일어나 만들어진 버블이 붕괴한 겁니다. 그렇다고 미국 경제 전체에 주는 영향이 없었던 것은 아닙니다만, 2008년 금융위기나 대공황과는 다른 성격의 버블 붕괴 사건이라고 봐야 합니다.

닷컴 버블 사건을 빼면 1990년대에는 세계 경기를 심각하게 훼손할 만큼의 위기는 없었어요. 왜냐하면 기본적으로 각국의 곳간이 비교적 넉넉했기 때문이고, 그 배후에는 중국이 있었죠. 중국이 1980년대 중반부터 본격적으로 세계 무대에 등장하면서 수요를 창출해줬고, 상당히 저렴한 공산품들을 세계에 공급해줬기 때문에 잉여가 생겼습니다. 예를 들어 100불짜리 미국 제품 안 쓰고 중국 제품 50불짜리 씀으로써 미국 가정에 50달러를 다른 곳에 쓸 수 있는 부가 생긴 거죠.

그런데 앞서 논의한 것처럼 전 세계 완제품·공산품 분야의 중국 과점이 너무 깊숙이 진행되다 보니 결국 트럼프가 나서게 되는 동기를 만들었고, 그 과점이 부메랑이 되어 이제 중국을 괴롭히고 있습니다. 이걸 가장 빨리 이용하고자 하는 세력은 역시 미국의 금융기술자들이죠. 2016년 초에 있었던 소로스를 비롯한 헤지펀드 매니저들의 위안화 공격이 그 시그널 격이었습니다.

만약 세계 경제에 어떤 위기가 다시 온다면 미국이나 유럽, 선진국이 아닌 신흥국일 가능성이 큽니다. 그런데 현재 중국을 제외하고, 신흥국 중에 세계 경제를 위축시킬 만큼의 위기를 만들어낼 만한 나라가 없습니다. 예를 들면 브릭스 국가들이 한꺼번에 무너지는 정도의 사태여야 하는데, 그럴 개연성은 없죠. 그래서 다음 위기의 유력한 진앙지는 중국이지 않겠느냐 하는 점에 대해서 한번 고민해봐야 할 것 같습니다.

김 박사께서는 어떻게 보시는지요?

김한진　중국은 외환시장과 자본시장이 완전히 개방되어 있지 않아 외환위기는 오지 않을 겁니다. 다만 저는 중국 경제가 빚이 많아 그 빚을 처리하는 데 시간이 좀 걸리고, 그 과정에서 거시경제의 활력이 계속 약화될 것으로 전망합니다. 중국 정부도 기존 경제 시스템을 개선하고 부가가치를 높이고 국토의 균형 발전을 이루기 위해 재정정책을 강하게 펼치고 있습니다. 하지만 이는 민간투자의 둔화를 메운다는 의미가 크죠. 예컨대 일대일로(一帶一路, 중앙아시아와 유럽, 동남아시아와 유럽 및 아프리카를 연결하는 중국의 육상 · 해상 경제 실크로드)와 같은 재정 프로젝트가 중국의 성장률을 총체적으로 끌어올리기는 어렵다고 봅니다.

중국은 그간 고도성장에 따른 후유증으로 많은 숙제를 안고 있습니다. 고도의 자본 축적기가 지나면서 국민경제에서 고정투자의 기여도가 떨어지고 있고, 그에 따라 성장 활력이 약해지고 일자리

주요 금융위기 경험국들의 GDP 대비 부채 비율

중국의 부채 비율은 과거 글로벌 금융위기국의 위기 수준과 비슷하다. 이는 당분간 중국의 거시경제 활력을 떨어뜨리는 요인이 될 것이다.

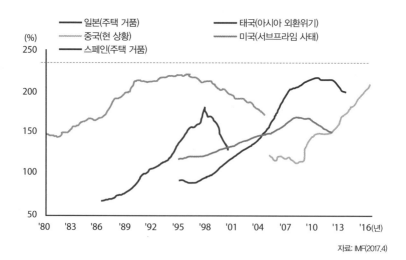

자료: IMF(2017.4)

창출도 둔화되고 있습니다. 한마디로 중국은 지금 내수 중심의 경제로 체질을 바꿔나가는 중입니다. 물론 하루아침에 완성될 일은 아닙니다. 그 과정에서 고도성장 이면의 부작용들도 함께 해결해야 합니다. 그 부작용에는 환경오염 문제, 소득 불균형, 그림자금융(비제도권 신용), 신탁상품의 부실화, 1선 도시의 집값 거품 문제들이 모두 포함됩니다. 그중에서도 핵심은 역시 과도한 부채 문제가 아닐까 싶습니다. 중국의 전체 GDP 대비 부채 비율은 260%입니다. 이 중 기업부채가 170%를 차지하고, 국영기업의 상당수가 아직 수익성이 낮은 과잉설비를 떠안고 있습니다. 과도한 부채와 투자 둔화로 중국의 잠재성장률은 5%대로 떨어질 것으로 예상됩니다.

다만 중국의 이러한 부채 이슈가 내부 금융 불안 요인이나 경기의 활력 둔화 요인은 되겠지만, 국가 전체의 시스템 위험이나 외환위기로 번질 가능성은 작다고 봅니다. 왜냐하면 중앙정부가 부채를 감당할 충분한 능력이 있고, 위험을 통제할 수단도 갖고 있으며, 외환시장을 통제하고 있기 때문입니다.

중국의 경제위기 징후

김일구　금융시장에는 10년에 한 번씩 위기가 옵니다. 금융위기는 모두 주가가 폭락한 사건들인데, 그중에서도 오랫동안 후유증이 남는 사건은 단연 크레딧 붕괴입니다. 기업들이 대거 부도나면서 은행의 존립이 위태로워지는 것을 크레딧 붕괴라고 할 수 있는데, 닷컴 버블이나 블랙먼데이, 멕시코 외환위기는 크레딧의 붕괴를 수반하지 않았습니다.

주가 폭락은 그 자체로는 그렇게 대단한 사건은 아니고, 심각한 경제위기를 낳지도 않습니다. 주가가 폭락했다는 것은 누군가가 높은 가격에서 주식을 샀다가 주가 폭락으로 손해를 심하게 입었다는 것인데, 그렇다면 반대쪽에서는 누군가가 높은 가격에 주식을 팔아 큰 이익을 봤다는 얘기니까요. 돈이 이동해서 누군가는 부자가 되고 누군가는 망한, 즉 부의 분배가 나타난 것이지 경제위기로 이어질 일은 아닙니다.

심각한 경제위기는 빚을 내서 자산을 샀는데 그 자산 가격이 내려가는 겁니다. 그렇게 빚을 갚지 못하는 사람들이 많아져서 은행이 파산할 위기에 내몰리면 은행은 그동안 빌려줬던 돈을 회수하려고 하겠죠. 그래서 손실이 나든 유동성이 모자라든 파산하는 기업, 가계, 금융회사들이 많아지면서 부도 여파가 전 사회로 퍼져나갑니다. 2008년 금융위기가 대표적인 예입니다.

중국에도 이러한 징후가 있습니다. 중국 역시 기업이 성장하기 위해 빚을 많이 졌습니다. 신흥국들이 다들 비슷한 문제를 안고 있지만, 중국은 2008년 금융위기 때 주요 선진국들이 경기침체에 빠진 것을 기회로 보고 대대적인 경기확장정책을 쓴 것이 화근이 됐습니다. IMF에 따르면 신흥국의 기업부채는 2004년 4조 달러에서 2014년 18조 달러로 14조 달러 늘어났는데, 여기서 중국 기업들이 늘린 빚이 10조 달러에 이릅니다.

우리도 경제 성장 초기에 기업들이 돈이 없어서 빌려서 투자를 했죠. 그러다가 경기가 안 좋아지면 부채가 기업의 목을 조르고, 은행 연체율이 확 올라갑니다. 그때마다 우리나라는 은행들이 증자를 해서 부실채권을 상각했습니다. 중국도 마찬가지일 겁니다.

중국 기업들에 대한 주식투자가 열려 있는 홍콩H지수를 보면, 2006년과 지금 주가지수는 1만 포인트로 거의 비슷합니다. 그런데 지수의 시가총액은 1.4조 홍콩달러에서 2.8조로 두 배가 늘어났습니다. 우리 돈으로는 거의 200조 원의 시가총액 증가입니다. 홍콩H지수의 80%는 금융인데, 금융회사를 중심으로 신규 상장도 하고 증자도 했다는 얘기죠.

저는 이 사실을 중국 사람들이 굉장히 스마트하고 자본주의에 대한 이해가 아주 뛰어나다는 걸 방증하는 것으로 봅니다. 이들은 금융이 가장 위험하고 또 가장 돈이 많이 필요한 것임을 알고 있어서, 금융만 쏙 빼서 홍콩 시장에 상장시켜놓고 외국인 투자를 허용한 겁니다. 빚으로 성장하다 보면 부실의 위험이 따르게 되는데, 그러한 위험을 안고 있는 금융을 외국인 투자자들에게 처음부터 개방해서 투자를 받고 있는 거죠.

김동환 누가 농담 삼아 이런 얘기를 하더라고요. 20세기 세계사에 가장 큰 미스터리가 중국이 사회주의를 채택한 거라고요.

김일구 맞습니다. 중국 사람들을 괜히 '왕서방'이라고 부르는 게 아닙니다. 돈과 자본주의에 대한 이해가 정말 상상을 초월합니다.

중국의 정치 시스템과 경제정책

김동환   중국이 사회주의 시스템과 공산당 1당 정치체제를 갖고 있다는 점과 연관해서 생각해봐야 합니다. 중국 공산당원이 몇 명인지 아시나요? 8,000만 명 정도 되고, 거기에 공산주의청년단이 8,000만 명 정도 된다고 합니다. 어림잡아 1억 6,000만 명이 중국 공산당에 가입되어 있는 거죠. 규모 면에서 인류가 지구촌을 형성한 이래 아마도 처음이자 마지막이 될 당이 바로 중국 공산당입니다.

경제를 볼 때 중국과 미국, 유럽의 경제를 조금 달리 볼 필요가 있습니다. 시진핑 정부의 경제정책이 상당히 스마트하다고 봅니다. 미국도 나 좀 살려달라고 할 정도로 전 세계가 중국 경제에 목매는 상황, 국가 경제가 전혀 문제없이 잘 돌아가는 시점에 투자와 수출 중심의 경제 시스템에서 내수와 소비 중심의 시스템으로 바꾸는 노력을 시작했죠? 내부의 불만을 감당하고, 수많은 실업자를 양산해가면서 구조조정을 단행한 거죠. 물론 구조조정을 할 수밖에 없는 상황이었기는 합니다만, 단순히 미봉책으로 막고 덮으려 한 것이 아니라 상당히 격한 구조조정을 해오고 있습니다. 저는 큰 흐름으로 봤을 때 경제의 큰 방향타를 돌리려는 시진핑 정부의 노력을 잘하고 있다고 평가하고 싶습니다. 그 구조조정이 잘 이뤄졌을 때 결국 우리나라 경제도 혜택을 볼 겁니다. 실질적으로 우리나라와 국제 시장에서 경쟁했던 업종들의 구조조정이 심화되는 동안, 살아

남은 우리나라 기업체들이 약간씩 반등하는 모습을 보였습니다.

중국이 예전처럼 8~10% 고성장 국가로 회귀하는 것에 대한 미련은 모두들 버린 것 같습니다. 이 과정에서 금융 쪽에서 마찰적인 리스크가 더러 나올 가능성이 있다고 봅니다. 위안화의 국제화 같은 안 가본 길을 가고 있기 때문에 통화가치의 변동성이라든지 부채 더미 위에 지은 부동산의 문제라든지, 잠복해 있는 리스크가 없지는 않습니다. 그렇지만 워낙 규모 있는 경제이기도 하고, 공산당이 지금까지는 비교적 효율적으로 통제해왔습니다. 무엇보다도 공산당에는 우리가 상상하기 어려운 권위가 있습니다. 중국 사람들은 단순한 시진핑 정부가 아닌 인민을 해방시킨 공산당 정부로 인식한다는 거죠.

김한진   저도 지금 중국 지도부가 리더십도 있고 여러 가지 정책을 잘하고 있다고 생각합니다. 다만 앞서 말씀드렸듯이 중국이 풀어야 할 과제 역시 여전히 많다는 점을 주목하고 싶습니다. 다양한 민족으로 구성된 국가를 통합하고 결속하는 일도 그렇고, 경제 성장의 엔진을 교체하는 일도 그렇습니다. 중국도 이제는 보이는 경제에서 보이지 않는 경제로의 진화가 필요한 시점입니다. 부정부패나 사회의 여러 부조리 척결, 기업경영의 투명성, 자본시장의 기능 확충 등 중국도 이제 선진국으로 가기 위한 자기 변모가 필요한 시기입니다.

중국 경제를 볼 때 이제는 관전 포인트를 조금 바꿀 필요가 있다는 생각입니다. 중국 경제의 체질 변화와 산업의 선진화 속도는 당연히 우리 경제에 중대한 영향을 미칩니다. 경쟁 요인과 기회 요인, 양면성 모두의 관점에서요.

김동환 저도 기본적으로는 동의합니다. 중국은 워낙 큰 내수 규모를 갖고 있어서 우리나라와 비교할 수는 없습니다만, 그럼에도 산업구조 측면에서 보면 소프트웨어기업을 필두로 우리보다 앞서 나가는 창조적인 기업체가 많이 생기고 있습니다.

김일구 저는 중국에 장기투자하지 말라고 권합니다. 중국이 망할 것 같아서 그런 건 아닙니다. 중국 경제는 흔히 말하는 하드랜딩(경착륙)을 겪지 않을 것이라고 생각하고, 기업 중에서 잘되는 기업들도 많이 있을 겁니다.

문제는 중국에 투자하면서 인덱스에 투자하거나 펀드에 투자하는데, 편입된 종목들을 보면 놀랍게도 대부분 금융입니다. 중국에 투자한다고 하면 보통 홍콩에 상장된 중국 기업들, 즉 홍콩H지수에 투자하는 것인데, 앞서 말했듯이 이 지수에서 금융이 차지하는 비중이 80%나 됩니다. 저는 이를 중국 관료들이 워낙 스마트해서 외국인들을 금융 쪽에 투자하게 유도하고, 그래서 중국 경제에서 발생한 부실을 외국인들에게 넘기는 과정이라고 봅니다.

한국도 그랬듯이, 중국을 포함한 신흥국 경제의 성장은 기업이 돈을 많이 빌려서 투자를 함으로써 이뤄집니다. 잘되면 높은 경제성장률을 달성하지만, 그렇지 않은 기업들은 빚을 못 갚는 부실기업이 됩니다. 그리고 우리나라도 그랬지만 부실은 은행을 포함한 금융기관이 떠안습니다. 신흥국의 주가지수를 보면 대부분 금융주 비중이 엄청 높아요. 주식시장이 자연발생적으로 생긴 국가에서는 주식을 금융기관이 먼저 발행하지 않습니다. 기업들이 발행하죠.

그리고 기업이 주식을 통해 자금을 조달하니까 금융이 그렇게 커지지 않습니다. 미국의 대형 기업 500개로 구성된 S&P500지수만 보더라도 금융의 비중은 20% 미만입니다. 그러나 인위적으로 경제 개발을 위해 주식시장을 만든 한국이나 중국, 이머징 국가들은 제일 먼저 은행부터 상장시킵니다. 은행이 자금을 모아서 기업들에 대출을 하도록 하는 거죠.

이것이 경제 개발 정책의 핵심입니다. 그러다 보니 신흥국 주가지수에서는 금융의 비중이 높습니다. 그런데 금융회사들은 장기적으로 주가가 올라가는 기업은 아니에요. 우리나라의 1990년대 이후부터 지금까지 과정을 봐도 마찬가지입니다만, 신흥국에서는 끊임없이 발생하는 기업 부실을 털어내느라 주가가 올라갈 겨를이 없습니다.

유럽의 위기는 끝났나

유럽연합과 유로화

김동환   그렇다면 유럽의 위기는 어떻게 보시나요? 그리스 재정위기로 촉발됐던 유럽의 재정위기가 스페인, 포르투갈 등으로 전염병처럼 확산되어가다가 어느 정도 마무리된 듯 보입니다. 그러다 갑자기 영국이 브렉시트(Brexit, 영국의 유럽연합 탈퇴)를 결정했고, 지금은 우려가 상당히 가셨지만 프랑스나 이탈리아도 탈퇴할 가능성이 있다는 얘기가 나왔었죠. 그러다 보니 유로화체제, EU체제에 대한 근본적인 물음이 제기된 것 같습니다.

    어떻게 보면 경제적 불확실성이라는 측면에서 유럽은 여전히 약한 고리이지 않나 하는 생각을 하게 됩니다. 어떻게 보십니까?

김한진　유로존은 한 지붕 다(多)가족이지 않습니까? 식솔도 많고, 무임승차자도 많고, 사공도 많습니다. 옷과 몸이 각각 따로 놉니다. 여기서 옷은 특히 환율을 말합니다. 독일에는 너무 약한 환율, 빚이 많은 남유럽 국가에는 여전히 버거운 환율이죠. 유로화는 재정이 통합되지 않은 채 실력 차이가 큰 나라들이 함께 사용하는 공용 통화입니다. 애초에 모순을 안고 출발한 단일통화체제죠.

　유로화의 이중 구조와 문제점은 여러 곳에서 발견됩니다. 독일과 나머지 국가들의 가계소득 증가율이나 임금 상승률의 격차는 큰 편입니다. GDP 대비 경상수지 비율 역시 격차가 큽니다. 독일은 역내에서 더 많은 소비와 더 많은 투자를 해줘야 할 입장으로 내몰리고 있고, 동시에 역내의 빚도 경제 규모만큼 많이 감당해야 합니다. 독일 국민은 자신들이 누리는 환율 혜택은 잊고 역내에서 맏형으로서 감당해야 하는 역할은 부담스러워합니다. 유로화의 이러한 근원적 부담이 포퓰리즘으로 표출되고 있죠. 유로존 우산의 그늘이 꼭 필요한 국가일수록 유로존 탈퇴의 목소리가 큽니다. 영국의 유럽연합 탈퇴 결정 이후 역내 국가에서 유로존 탈퇴 이슈는 다소 잠잠해졌지만 여전히 위험이 잠복되어 있습니다.

　여론조사 전문기관 PEW리서치에 따르면 그리스, 프랑스, 스페인, 스웨덴 모두 유로존 탈퇴 쪽에 국민 여론이 기울어져 있습니다. 아직 많은 역내 국가들이 EU체제에 대해 회의적입니다. 즉 EU 집행부가 그 권한의 일부를 각국 정부에 돌려줘야 한다는 국민 여론이 높습니다.

　제가 볼 때 지금 유로존의 가장 큰 문제는 금융 완화와 경기부양의 약효 차이가 국가별로 크다는 점입니다. 독일과 여타국의 국민성이 다르고 경쟁력도 크게 차이 납니다. 2016년 이후 유로존은 지표상 회복 추세가 뚜렷합니다. 하지만 이는 독일과 영국에 편중된 경기회복이란 점에서 해석에 주의를 요합니다. 또한 앞서 지적한 역내 경제의 이중 구조 탓에 임금 상승률이 높지 않아 유럽중앙은행(ECB)은 여전히 매달 600억 유로의 통화 공급을 지속하고 있습니다. ECB가 저금리와 양적완화 카드를 아직 거두어들이지 못하고 있는 것은 남유럽 부채국가들의 경기회복이 아직 충분치 않다는 점도 하나의 요인입니다. 남유럽 경제권은 부채조정과 은행의

EU체제 운영에 대한 회원국들의 찬반 여론

EU체제를 찬성하고 현재 운영 방식에 대해 긍정적인 여론을 지닌 국가는 독일, 헝가리, 폴란드 등으로 제한적이다.

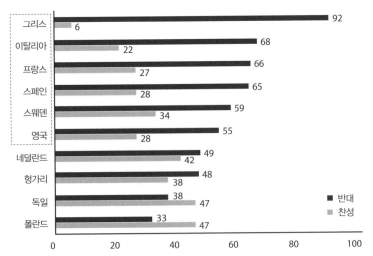

자료: Pew Research center Global Attitudes & Trends 2016.6.

건전화, 재정수지 개선이라는 수년 전 부과된 숙제를 그대로 안고 있습니다.

사실 돈을 풀면 이 정도는 민간대출이 늘어나고 경기가 올라와 줘야 한다는 개념에서 볼 때 유럽은 그 괴리가 가장 큰 지역입니다. 풀린 돈이 주택 경기를 자극했기 때문에 건설을 제외한 산업생산의 개선 정도도 낮습니다. 주택 경기가 꺾이면 유로존 경기 전체가 위축될 수 있죠. 높은 저축률과 낮은 소비력 역시 자율적인 민간 경기의 회복탄력에 의심을 갖게 합니다.

EU체제에 따른 국가별 이슈

김일구 저는 유럽연합은 깨질 것이라고 생각합니다. 서로 국가가 다른 사람들이 하나의 통화를 공유한다는 것은 있을 수 없는 일이라고 봐요. 미국 남북전쟁의 원인도 비슷한데요. 공업화된 북부 지역은 물건을 많이 만들어내면서 돈을 벌었지만, 남부는 농사나 지었지 돈이 늘어날 수 있는 경제구조가 아니었어요. 그런데 북부 사람들이 돈 벌어서 남부에 와 돈 자랑을 하니까 남부 사람들이 그 돈을 안 받아준 거죠. 한 나라에서 같은 돈을 쓰지 않겠다고 하니, 전쟁을 통해 진압하고 하나의 통화로 통일한 것이 남북전쟁입니다. 남북전쟁 끝나고 나서 주화에 '우리는 하나님을 믿는다(In God we trust)'라는 문구를 새겨넣었고, 지금도 달러화 지폐에 새겨져 있습니다. '남부든 북부든 같은 신을 믿는데 설마 돈으로 장난치겠나? 서로 믿고 거래하자' 이런 뜻이었죠.

돈은 전쟁을 해야 할 만큼 심각한 문제입니다. 그런데 유럽은 국가가 다른데 돈부터 합쳐버렸단 말이죠. 경기가 좋을 때는 서로 잘 지낼 수 있습니다. 2016년부터 유로존 국가들의 성장률이 좀 올라갔거든요. 그러니 당분간은 조용하겠지만, 성장률이 다시 낮아지면 여기저기서 심각한 불협화음이 생길 수밖에 없습니다.

또 유로존 국가들은 1992년 '마스트리흐트 조약'이나 1997년 '안정 및 성장 협약'에 따라 재정적자는 GDP의 3%, 정부부채는 GDP의 60% 이내로 관리해야 합니다. 여기서 벗어나면 협약에 정해진 수준으로 회복하기 위한 각종 조치를 이행해야 합니다. 그리스를 포함한 남부 유럽 국가들은 이 기준에서 벗어나 있는데도 유로존에서 탈퇴시키지 않고 유지해오고 있죠.

김한진 독일이 탈퇴하면 간단하지 않을까요? 물론 그럴 일은 없겠지만요.

김동환 자기들한테 너무나 좋은 상태인데 제 발로 나갈 리가 없죠.

김일구 독일은 다른 나라들이 조금씩 해먹는 걸 보면서도 그냥 봐주면서 버팁니다. 사실상 문제가 되는 것은 프랑스 같은 나라입니다. 프랑스가 보기에 독일에는 이롭고, 그리스는 흥청망청 놀면서 버티고 있으니까 누가 손해를 보는 건지를 생각하게 되는 거죠. 영국은 그 모습을 보고 빠져야겠다고 생각을 한 거고요. 서로 자기 국가가 손해를 보고 있다고 생각합니다. 프랑스의 극우파가 강력해지고 있는 이유도 같은 맥락이죠.

유로존의 문제는 그리스가 아니고 프랑스가 이 상황을 받아들이느냐 마느냐입니다. 어떻게 보면 유로존은 재정 긴축 같은 독일의 경제 시스템을 강요하고 있습니다. 그런데 프랑스 사람들은 재중 긴축에 관심이 없어요. 이러한 강요를 프랑스가 어떻게 받아들일지가 중요하다고 봅니다. 그리고 유로존의 핵심인 6개국을 제외한 나머지 13개국은 언제든지 내보낼 수 있는 상황까지 왔다고도 봅니다.

김동환 저는 궁극적으로 유로존이 해체될지는 잘 모르겠지만, 계속해서 이런 이슈들에 시달릴 수밖에 없는 운명이라고 봅니다. 상황이 이렇게까지 되는 데 큰 분기점이 된 사건이 브렉시트라고 보고요. 시기의 문제겠지만 사실상 스코틀랜드는 영국으로부터 분리독립할 것으로 봅니다. 영국이 남아 있으라고 얘기할 명분이 없기 때문이죠. 만약 스코틀랜드가 영국에서 벗어난다면 유럽 금융시장에도 상당히 영향이 있을 겁니다. 북해산 원유를 스코틀랜드가 점유하고 있기 때문이죠.

영국은 열대 과일 같은 것을 제외하면 식량이 자급자족되고, 석유가 나고, 목축이 발달한 나라입니다. 하지만 북해가 스코틀랜드 영해라는 점이 있죠. 아마 스코틀랜드가 독립해서 나가면 나라에 석유가 없어지는 것에 대한 소동이 일어날 확률이 높습니다. 소유권을 두고 법적인 분쟁이 일어나겠죠. 그리고 그 모습을 보게 될 다른 유로존 나라들은 머리가 좀 아플 겁니다.

프랑스는 서른아홉 살의 마크롱이 대통령이 되고, 의석수 제로

경제적, 사회적, 정치적 연합 공동체인 유럽연합은 1993년 창립되어 현재까지 이어지고 있다. 브렉시트 이후 27개국이 회원국으로 존재한다.

였던 집권당 레퓌블리크 앙마르슈가 전체 의석의 60% 이상을 차지하는 이변을 일으켰습니다. 이런 상황 자체가 기존 정치 시스템에 대한 극도의 불신을 반영합니다. 이 실험이 실패로 돌아가는 순간 지난번 대선에서 패했던 마린 르 펜 같은 극우파가 다시금 EU 탈퇴를 주장하며 집권할 가능성도 있습니다.

김한진 민주주의의 맹점이라면 때때로 다수가 잘못된 의사결정을 내린다는 것입니다. 몇 년 전 그리스의 EU 탈퇴 소동도 그렇습니다. 한 나라의 정치 이벤트들이 반드시 합리적이고 올바르게 흘러가는 것만은 아니죠. 대중이 상식에서 벗어나는 잘못된 의사결정을 하는 경우도 종종 있습니다.

말씀하셨듯이 멀리 스코틀랜드 독립 이슈가 또다시 EU 국가들의 탈퇴 도미노로 번질 수도 있습니다. 유로존은 항상 체제적인 소음에 시달릴 숙명을 안고 있습니다. 금융시장에서 위험이란 이름의 숙주는 어디엔가 달라붙어 번식을 합니다. 역내에 정부 빚이 너무 많고 그로 인해 재정 여력이 이미 소진됐고, 부실해진 재정을 극복하기 위한 아무 노력도 안 하고 있는 국가, 그러면서도 국민의 불만만 쌓이는 국가는 결국 언젠가 금융위험을 표출하는 위기의 진앙지가 될 것입니다.

환율 측면에서 보면 유로화가 달러인덱스(U.S. Dollar Index, 유로·엔·파운드·캐나다 달러·스웨덴 크로네·스위스 프랑 등 6개국 통화를 기준으로 미 달러화의 가치를 산정한 지수) 절반 정도를 결정하고, 또 반대로 달러화가 유로화를 결정합니다. 그러므로 미국과 유럽대륙은 환율 경로를 통해 금융위험이 서로 깊게 연결되어 있다는 점을 주목해야 합니다. 가령 유로존에 어떤 문제가 생기면 달러가 강세로 가면서 글로벌 금융시장에 위기감이 더욱 커질 수 있어요. 트럼프 정부가 만약 인위적으로 달러 약세 정책을 펼칠 경우 유로화가 강세로 기울어 유럽 환율체제의 안정에는 도움이 될지 모르겠지만, 역내 경제의 이중 구조와 갈등은 더욱 심각해질 것입니다.

유로존과 중국의 위험 요소

김일구 저는 중국과 유로존이 위기로 치달을 수 있는 조건이 한 가지씩 있다고 생각합니다. 유로존이 유지되는 유일한 이유는 국채에 대해 신용부도스와프(CDS)를 못 하게 막았기 때문입니다. 국가가 발행한 채권이 부도날 경우를 대비해서 보험을 들어주는 것이 신용부도스와프잖아요. 그런데 유럽에서는 2011년 국채에 대해 부도를 운운하는 금융상품을 만들지 못하게 했습니다. 이 규제가 풀리면 사람들이 독일 국채는 사고 그리스 국채는 매도하는 식의 공매도를 하게 됩니다. 이것이 가능해지면 유럽연합은 쉽게 무너질 것이라 생각합니다.

중국이 외환시장을 개방한다면 마찬가지일 겁니다. 그래서 외환시장을 개방하지 않는 거죠. 개방하면 공매도가 가능해지니까요. 중국 정부가 공매도에 대응하려면 금리를 확 올려야 합니다. 그러면 부동산시장이 붕괴되면서 망합니다. 중국은 공매도가 안 되니까 사람들이 홍콩에서 하죠. 그런데 홍콩달러는 아무리 공매도를 해봤자입니다. 홍콩은 통화에 대해서 공격이 들어오면 공매도 세력이 도저히 버틸 수 없을 만큼 금리를 60~100%씩 올려버립니다. 그렇게 올려도 국내 경제에는 거의 영향이 없습니다. 우리나라는 1997년 외환위기 때 통화에 대한 공격을 금리를 올려서 막지는 못했습니다. 경제가 박살 나는 게 두려웠으니까요. 결국엔 막지 못하고 경제가 무너지는 상황까지 간 거죠. 중국 역시 외환시장을 개방하면

망합니다.

김한진　네, 그렇습니다. 금융시장 면에서 유럽은 보수적이고 안정된 문화를 갖고 있지요. 또 중국은 외환시장이 폐쇄되어 있기 때문에 투기꾼들의 먹잇감이 되기가 쉽지 않습니다. 유럽과 중국의 위험이 서로 전염될 가능성이 작다는 점은 다행이죠.

김동환　당분간 유로화 시스템 자체의 붕괴까지 갈 가능성은 없어 보이지만, 계속해서 소음을 일으키는 위험인자로서 세계 금융시장에 작동할 거라고 보시는 거군요.

지금까지 세계 경제를 큰 권역별로 미국 경제, 중국 경제, 유럽 경제로 나눠 각자가 품고 있는 위험인자가 무엇인지, 어떻게 전개될 것인지에 대해 논의해봤습니다. 전반적으로 상당히 어려워질 것이라는 이야기가 나왔고, 질적으로 어려워질 수는 있지만 트럼프 연간의 금융시장 지표라든지, 금융시장의 가격으로 나타나고 있는 것들을 보면 아직 버블이 낄 소지가 한참 더 남아 있다는 의견도 나왔습니다. 이 부분에 대해서는 다음 장에서 트럼프에 대한 이야기를 나누면서 더 깊이 있게 다뤄보겠습니다.

레이건과 트럼프의 닮은 점

도널드 트럼프 대통령은 로널드 레이건을 벤치마킹하고 있다. 레이건은 1980년 11월 대통령 선거에 공화당 후보로 출마해 당선되어 8년간 집권했다. 두 사람의 공통점은 선거운동에서부터 경제와 무역, 국방정책 등 광범위한 영역에 걸쳐 있다.

우선 대통령 선거에서 핵심 공략 대상이 가난한 백인들이었다는 공통점을 가지고 있다. 레이건이 대통령 선거에 출마하던 당시는 미국의 소비자물가 상승률이 10%를 넘는 인플레이션 시기여서 서민들의 생활이 어려웠는데, 레이건이 고금리정책을 통해 물가를 잡아 서민 생활을 안정시키는 것을 핵심 공약으로 내세웠다. 트럼프 대통령의 핵심 공약은 기업들이 해외로 공장을 옮기는 것을 막고 미국 내 투자를 늘려 양질의 일자리를 확대하겠다는 것이었다. 이 역시 가난한 백인들의 생활을 안정시키겠다는 취지였다.

선거운동 과정에서 B급 이미지를 활용한 것도 닮았다. 보통 공화당 대통령 후보는 귀족 집안에서 자란 반듯한 인물이어서 가난한 백인들의 지지를 받는 데는 한계가 있었지만, 레이건은 젊은 시절 주로 B급 영화에 출연한 배우여서 이 문제를 극복할 수 있었다. 트럼프는 와튼스쿨 출신에 갑부로서 서민적인 이미지와는 거리가 멀었지만, 주류 언론을 비아냥거리며 트위터로 직접 소통하고 막말을 자주 쓰면서 서민에 친숙한 B급 이미지를 만들었다.

공화당은 '자유'에 기반을 두고 있기 때문에 규제 완화, 자유방임주의, 자유무역, 작은 정부 등을 지향한다. 레이건과 트럼프도 규제 완화와 작은 정부 등에서는 다른 공화당 대통령들과 같은 정책 방향을 갖고 있지만, 외국과의 무역에서는 공화당의 전통적인 방향

트럼프 대통령이 직접 트윗하는 트위터 계정 twitter.com/realDonaldTrump 화면.

과 다른 정책을 폈다. 레이건은 외환시장에 개입해 엔화를 초강세로 만들어 일본의 대미 수출을 막았고, 한국과 대만 등을 환율조작국으로 지정하기도 했다. 트럼프도 미국과의 무역에서 많은 흑자를 내는 나라들과 맺은 NAFTA와 FTA 등 자유무역협정을 파기할 수 있다고 압박하면서 무역에서 미국의 실리를 챙기려 하고 있다.

국방 및 외교정책에서도 두 사람은 '힘에 의한 평화'를 추구한다. 레이건은 소련과의 냉전을 끝내기 위해 먼저 군비경쟁부터 시작했다. 1983년 3월 '전략적 방위계획(SDI)'을 발표해 군비경쟁을 부추겼고, 소련 경제가 버티지 못할 때까지 군비지출을 계속 늘렸다. 결국 경제 파탄을 견디지 못한 소련 공산당 서기장 고르바초프가 협상 테이블에 나왔고, 양국은 1987년 12월에 핵무기 군축 협

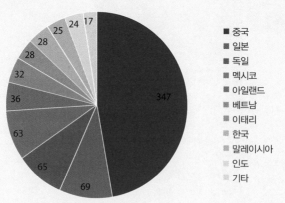

미국의 무역적자 국가별 분포(2016년 기준, 10억 달러)

2016년 미국의 무역적자는 7,300억 달러인데, 이 중 47%인 3,470억 달러의 적자가 중국과의 무역에서 발생했다.

- 중국
- 일본
- 독일
- 멕시코
- 아일랜드
- 베트남
- 이태리
- 한국
- 말레이시아
- 인도
- 기타

자료: U.S. Census Bureau

정을 체결했다.

 핵무기 문제를 경제 압박으로 해결한 것인데, 트럼프의 대북 정책도 비슷한 방향이라고 볼 수 있다. 중국의 도움을 받아서 북한을 경제적으로 봉쇄하고 항공모함을 동원해 북한을 군사적으로 압박하면, 결국 북한이 핵무기를 내려놓자는 협상 테이블에 나올 수밖에 없다고 보는 것이다.

저금리 비용,
누가 지불하고 어떻게 흘러가나?

    2007~08년 금융위기 이후 주요국 중앙은행들의 자산 매입은 금융시장의 신용경색을 완화하고 정부를 비롯한 경제 주체들의 부채조달 비용을 떨어뜨려 경기회복을 돕고 있다. 그렇다면 사상 초유의 저금리와 양적완화(중앙은행이 시장에서 직접 채권 등을 매입) 같은 비전통적인 통화정책에는 아무런 비용이 발생하지 않는 것일까? 그렇지 않다.

    부채 경제, 과잉 유동성의 가장 큰 적은 인플레이션과 이자율 상승이다. 경기가 약하고 중앙은행이 금리를 붙들고 있을 때는 큰 문제가 되지 않는다. 하지만 금리가 뜨면 문제가 조금 복잡해진다. 저금리정책은 원래 경제 주체들의 빚 때문에 생긴다. 과도한 빚을 진 경제 주체들이 빚 갚기에 나서면 소비나 투자가 약화된다. 경기가 좋아져서 금리가 뜨면 이자비용과 부채상환 부담이 커져 신용

시스템에 문제를 일으킬 수 있다. 저금리에 의존하여 오른 집값이나 주가도 금리 상승 과정에서 조정에 들어갈 수 있다. 또한 금리가 오르면 장기채를 잔뜩 사들인 기관투자자들이 대규모 채권평가손을 입고 신용이 다시 위축될 수 있다. 우리는 지금 저금리의 혜택은 이미 누렸지만, 그 비용은 아직 거의 치러지지 않았다. 온건한 경기 확장과 낮은 금리, 실질소득의 꾸준한 증대라는 절묘한 조합만이 부채에 빠진 국민경제에서 금융시장을 안정화하는 조건이다. 하지만 그 조건은 영원히 충족할 수 없다.

물론 다행인 점은 아직은 물가 상승이 제한돼 금리 상승 부담이 낮다는 것이다. 하지만 자산 인플레이션이 늘 문제다. 저금리는 곧 과잉 유동성과 통한다. 지난 10년간 각국이 찍어낸 돈에 비해 총통화와 민간신용은 크게 불어나지 않았다. 이는 은행 시스템 안에 유동성이 초과지준(초과 지급준비금) 형태로 쌓여 있음을 뜻한다. 글로벌 뭉칫돈들이 만드는 자산 가격의 왜곡이나 높은 변동성은 눈에 보이지 않는 또 다른 비용 요인이다. 2012년이나 2016년 하반기 같은 경우 큰 인플레이션도 없이 시장금리가 튀었고 그로 인해 신흥국에서 자본이 빠져나가는 등 본드 쇼크(bond shock)가 일어났다. 이때 국채를 담보로 돈을 빌려 과도하게 위험자산을 사들인 레버리지 투자자들의 스텝이 크게 꼬였다. 원자재나 주식, 부동산 등 위험자산 가격의 급락은 실물경기에까지 영향을 미친다. 이러한 금리소동이 짧으면 다행이지만, 만약 예상보다 길어질 경우엔 또 다른 금융위기로 이어질 수 있다.

지금 민간부채를 정부부채로 바꿔놓은 국가들 대부분은 금리를 낮춤으로써 외견상 문제를 봉합했다. 하지만 정부부채가 어디로 증발해버린 것은 아니다. 미국의 경우 정부의 순 이자지급비용은 2016년 2400억 달러였는데 2020년에는 3배 가까이 증가할 전망이다. 금리가 오르면 정부는 더 큰 비용을 지불해야 한다. 본원통화 증대와 국가부채의 증가는 정부의 경기 대응력을 떨어뜨리고 결국 미래 성장동력을 끌어내리는 사회적 비용이기도 하다.

물론 미국은 미꾸라지처럼 빠져나갈 수 있다. 준비통화국으로서의 지위를 이용해 달러가치를 절하시켜 그 비용을 주변국에 전가할 수도 있고, 얼마든지 자유롭게 저축을 수입(달러 리사이클링 과정)할 수 있는 달러 패권을 쥐고 있기 때문이다. 역사상 선진국이 금융사고를 일으킬 때마다 이를 수습하는 데 항상 신흥국의 애꿎은 비용이 들어갔다. 강대국의 횡포는 앞으로도 보이지 않는 곳에서 계속 일어날 것이다.

재닛 옐런(Janet Yellen)은 2013년, 벤 버냉키의 뒤를 이어 미국 연방준비제도(Federal Reserve System)의 의장이 되었다. 연준은 2017년 기준금리를 두 차례 인상했다.

두 번째 금융위기는
과연 올 것인가?

1979년 중남미 국가들이 채무불이행을 선언하면서 생긴 중남미 외채위기가 있었고, 1987년 10월에는 미국의 다우존스지수를 포함한 선진국 주가지수가 30~40%씩 하락하는 블랙먼데이가 있었다. 1997년에는 우리나라를 포함한 아시아 국가들에서 외환위기가 발생했고, 2008년에는 미국에서 시작된 주가 하락이 전 세계 금융시장을 덮치는 글로벌 금융위기가 터졌다.

약 10년에 한 번씩, 그것도 선진국과 신흥국을 돌아가며 글로벌 금융시장을 강타하는 금융위기가 발생했다. 2008년 이후 거의 10년이 흘렀으니 순서로 보면 신흥국에서 금융위기가 일어날 때가 된 것일까?

금융위기는 예상할 수 없다. 만약 예상을 할 수 있다면 나름대로 준비를 할 것이므로 위기 상황까지 가지는 않을 것이다. 따라서 위기는 늘 예상하지 못한 곳에서, 예상하지 못했을 때 발생한다. 그래도 금융위기는 지금까지 그랬듯이 앞으로도 종종 발생할 것이다.

금융위기가 발생한다면 그 이유는 아마도 저금리의 부작용 때문일 것이다. 각국 중앙은행들이 당장 저금리정책을 접고 금리 인상을 시작한다면 부동산을 포함한 여러 자산 가격이 폭락할 위험이 있다. 그러나 중앙은행들이 성급한 정책 변경을 극도로 경계하고 있기 때문에 금리 인상으로 인한 자산 가격 폭락 가능성은 작다고 본다.

저금리로 인해 수익성이 악화된 은행과 보험사 등 금융기관들이 금융위기를 낳을 우려도 있다. 유럽에서는 정부 지원이 없었다면 몇몇 은행이 이미 심각한 위험에 빠졌을 것이다. 유럽의 현재 상황은 장기간 저금리가 이어지면서 보험사들이 파산했던 일본의 과거 상황과 크게 다르지 않다. 유럽 은행과 보험사들은 자본 확충을 위해 대규모 증자에 나설 것인데, 워낙 많은 금융기관이 많은 투자금을 유치해야 해서 쉽게 해결될 것 같지 않다.

미국과 유럽 등 선진국에서 금리가 너무 낮다 보니 신흥국 채권 투자가 많이 이뤄졌다. 원자재 가격의 하락이나 보호무역주의로 인한 수출 부진, 정치적 혼란 등의 문제가 신흥국에 발생하면 해외자본이 빠져나가면서 외환위기가 발생할 가능성도 생각해볼 수 있다.

세계적 초저금리 기조 속에
풀린 돈은 어디로 갔을까?

"중앙은행이 금리를 낮추고 양적완화도 하면서 천문학적인 돈이 풀렸다는데, 그 돈이 다 어디로 갔기에 나한테는 돈이 없을까?"

이런 질문을 해봤다면 유동성과 재산(순자산)을 혼동하고 있는 것이다. 중앙은행이 돈을 푼다는 것은 나중에 받기로 하고 돈을 빌려주는 것이며, 극히 예외적인 경우를 제외하면 중앙은행은 빌려준 돈을 떼이지 않는다. 부도위험이 극히 낮은 곳에만 투자하거나 대출해주기 때문이다. 따라서 저금리정책이나 양적완화로 중앙은행이 돈을 풀었다고 해서 그 누군가의 재산이 늘어나는 것은 아니다.

중앙은행이 시중은행에 돈을 빌려주면 은행에 현금이 풍부해질 것인데, 이자를 못 버는 현금이 계속 쌓여가다 보면 은행들도 가계나 기업에 돈을 빌려주고 이자를 받으려 할 것이다. 이렇게 중앙은행은 시중 유동성을 풍부하게 만들어 가계나 기업이 돈을 빌리기 쉽게 함으로써 돈을 푼다.

결국 초저금리 환경에서 돈이 풀렸다는 것은 가계나 기업 또는 정부의 '빚'이 늘어났다는 뜻이다. 컨설팅 전문 업체 맥킨지의 계산에 따르면, 2014년 2분기 말 기준으로 각국 가계 · 기업 · 정부의 부채를 모두 합하면 154조 달러로 글로벌 GDP의 220%에 달한다고 한다. 각각 정부부채 58조 달러(GDP의 83%), 기업부채 56조 달러(GDP의 80%), 가계부채 40조 달러(GDP의 57%)다.

그리고 2008년 금융위기 이후 미국 등 선진국에서는 정부부채, 중국을 포함한 신흥국에서는 기업부채가 크게 증가했다고 밝혔다. 미국은 2000년대 초 · 중반 가계부채가 급증하며 글로벌 금융

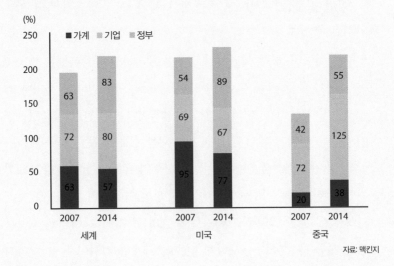

금융위기 전후 GDP 대비 부채 비율의 변화

글로벌 금융위기 이후 저금리로 정부와 가계, 기업의 부채가 크게 늘어났다. 미국은 정부부채, 중국은 기업부채 중심으로 늘어났다.

자료: 맥킨지

위기를 초래했는데, 이후 가계와 기업은 디레버리징으로 부채를 줄인 반면 정부는 금융 부실을 떠안고 경기부양정책을 쓰느라 부채가 급증했다. 중국을 포함한 신흥국에서는 기업들이 낮은 금리로 돈을 빌려 투자를 크게 늘렸지만, 글로벌 저성장이 고착화되고 선진국에서 보호무역주의가 강화되면서 기업들이 빚을 갚지 못할 수 있다는 우려가 커지고 있다. 우리나라의 대우조선해양과 같은 문제가 중국을 포함한 신흥국에 만연해 있다는 뜻이다.

4장

트럼프노믹스의 기회와 위기

INFLATION

트럼프 등장의 배경

양극화가 불러온 스트롱맨 선호 현상

김동환　최근 자본시장이 회복 국면에 들어서게 된 데에는 여러 이유가 있습니다. 그중에서도 트럼프가 미국 대통령이 되면서 공언한 감세정책과 대규모 사회간접자본 투자를 포함한 경기부양 기대에 힘입은 바 큰 것으로 보입니다. 얼마 전부터는 탄핵 얘기마저 나오고 있으나 미국 정치 시스템의 특징상 탄핵이라는 게 결코 쉬운 과정은 아니죠? 그런 점에서 이 트럼프 대통령이 글로벌 경제에 갖는 의미를 짚어볼 필요가 있다고 봅니다. 우리 독자들께서도 이 요소를 투자에 어떻게 투영할 것인지 고민해볼 계기가 될 것입니다.

사실상 선거 직전까지도 트럼프의 당선을 예측했던 사람은 매우 드물었지요. 제가 TV, 라디오 통틀어서 트럼프와 관련된 인터뷰를 10차례 넘게 했습니다만 누구도 트럼프 당선을 예견하지 못했습니다. 그렇다면 과연, 모든 사람의 예상을 뒤엎고 트럼프가 당선된 것이 그저 돌발적인 상황인지 아니면 당선될 수밖에 없었던 필연성을 내포하고 있었던 것인지에 대해 먼저 이야기해볼까요?

김한진　막상 트럼프가 대통령으로 당선되고 나니 그 의미를 지나치게 확대 해석하는 것 같기도 합니다만…, 그래도 트럼프의 부상은 어느 정도 예고된 일인지도 모릅니다. 지금 세계 경제가 좋다고는 하지만 실상은 그리 녹록하지 않습니다. 사실 점점 더 제로섬 게임으로 치닫고 있습니다. 태평성대라면 모두가 상대에게 조금은 덜 까칠하겠죠. 악화된 소득분배와 오랫동안 누적된 불평등이 미국인들로 하여금 트럼프의 보호무역에 표를 던지게 했습니다. 그간 미국은 군사적 패권을 앞세워 글로벌 경제질서를 장악해왔습니다. 하지만 그 '팍스 아메리카나(Pax Americana, 미국의 힘으로 유지되는 평화)'는 미국 경제의 모순을 더 키워왔습니다. 2008년 금융위기는 절정에 달한 미국 경제의 모순을 의미합니다. 미국 국민은 자국의 문제점들을 주변국에 전가하는 데 보다 유능한 지도자를 원했고, 그 적합한 인물로 트럼프를 선택한 것입니다.

　이러한 여론을 등에 업은 트럼프 정책은 그리 새롭지 않습니다. 1970년대 닉슨이나 80년대 레이건, 90년대 부시 대통령 등 이른바 공화당의 스트롱맨들이 집권했을 때 미국은 보호무역주의와 달리 패권주의의 본색을 여과 없이 드러냈습니다. 부채탕감을 위한 환율조정, 팔 비틀어 달러 약세 만들기, 상대국의 무역희생 강요,

미 공화당 정부의 스트롱맨들은 보호무역과 달러 패권주의를 즐겼다. 2008년 금융위기 이후 증가한 국가부채와 무역적자 해소를 위해 트럼프 정부는 점점 더 보호무역과 달러 약세 정책 색채를 띨 것으로 보인다.

시기	1970년대(1968~74년)	1980년대(1980~88)	2000년대(2001~08)
집권 대통령	리처드 닉슨	로널드 레이건	조지 부시
주요정책	• 닉슨쇼크(1971.8): 금 교환 정지 • 모든 수입품에 10% 관세 부과 • 무역수지 개선책(수출 확대, 수입 규제)	• 플라자합의(1985. 9): 달러 절하 • 보호무역 확대, 세율인하 • 일본자동차 수입 규제(1981년)	• 유로화가치 지지를 위한 외환 개입(2003년 두바이 G7 회의) • 조세감면법 제정, 긴급 수입 제한
경제환경	물가 상승, 무역적자, 달러위기	제조업 경기악화, 무역적자	정부부채 증가, 무역적자
정책성과	경상수지 개선, 정부부채 감소	경상수지 개선, 정부부채 증가	경상수지 개선, 정부부채 증가
자산시장	달러 약세, 금리 상승, 주가 상승	달러 약세, 금리 동결, 주가 상승	완화적 통화정책, 주가 상승

자료: IBK투자증권 자료를 인용해 수정

관세 인상, 통상마찰 빚기 등이 메인 메뉴입니다.

지금 미국 경제는 금융위기 이후 부채가 급증했고 대외 불균형 (경상수지 적자)도 커졌습니다. 미국 입장에서는 어쩌면 달러 약세를 통해서 이 문제를 풀려고 할지도 모릅니다. 동시에 무역적자가 커졌기에 교역국에 대해 자기네 비교우위 재화를 좀더 적극적으로 사달라고 요구할 것입니다. 또한 미국의 비교열위인 산업에 대해서는 수입을 인위적으로 제한하는 조치를 취하겠죠. 이미 그러고 있습니다만. FTA 폐기로 관세를 올리고 그 외 수입장벽도 높이 쌓을 것입니다. 통상협상 테이블에서 군사외교적 카드를 꺼내 상대방을 압박하는 일도 불사할 것입니다.

아무튼 현재 트럼프의 대외정책 골격은 그리 새롭지 않습니다.

1970년대 이후 공화당 정권에서 이미 수차례 사용한 바 있는 정책의 재활용(revival)이죠.

김일구　사회적인 측면에서 보면, 요즘 선거는 압도적인 후보가 등장하지 않는 경향이 있습니다. 또한 후보가 어떤 어젠다를 꺼내면 SNS 등을 통해 빠른 속도로 퍼집니다. 과거에는 공약집 이상의 것을 전파하지 못했죠. 하지만 요즘은 상황의 변화에 따라 어젠다를 즉각 빠르게 전파할 수 있습니다. 어떤 어젠다를 제시해야 유권자의 마음을 얻을 수 있을지 여론조사를 통해 세밀하게 분석해서 새로운 어젠다를 만들어 전파하기 때문에 한 후보가 압도적인 우위를 점할 수가 없습니다. 우위를 선점한다고 해도 상대 후보가 분석을 통해 약점을 파고듭니다.

가령 트럼프는 TPP(환태평양경제동반자협정)로 힐러리를 공격했습니다. TPP는 미국 노동자들의 일자리를 빼앗는다고 민주당 전당대회에서 민주당원들이 들고나왔던 이슈입니다. 그걸 트럼프가 받아서 힐러리를 공격하고 자신을 일자리 창출 후보로 광고했습니다. 그러면서 일방적으로 불리하던 상황을 50:50까지 만들 수 있었죠.

이렇게 공학적인 분석이 가능해지니 결과가 훨씬 더 불확실해졌습니다. 의식이 없는 동물과 식물의 세계에는 이러한 불확실성이 없지요. 하지만 인간 세계에서는 기술이 점점 더 발전할수록 과거에는 이변이라고 여겼던 일들이 일상적으로 발생하고, 앞으로는 더욱 그럴 겁니다. 4차 산업혁명 주창자들도 비슷한 얘기를 합니다. 정보의 전달 속도가 빨라져서 예전과 같은 사회의 안정성을 기대할 수 없고 정치의 불안정성이 생길 수밖에 없다는 겁니다. 미국 대통령 선거가 그 전형을 보여준 거죠.

김동환　저는 경제적인 측면, 즉 빈곤의 문제가 트럼프를 탄생시켰다고 생각합니다. 미국 전반의 빈곤이라기보다는 백인 블루칼라들의 가난이죠. 이 사람들은 자신들이 걱정해오던 것보다 훨씬 더 가난해졌습니다. 사실 경제적으로 중·하층의 대다수인 히스패닉계나 흑인들은 기대 수준 자체가 그렇게 높지 않습니다. 그러나 백인 블루칼라들은 원래 그런대로 잘 살았거든요. 그들이 다니던 공장은 복지도 좋았고, 노조도 강했습니다. 이런 것들이 급격히 훼손됐다고 여기고 있는데, 그 점을 트럼프가 파고든 거죠.

그렇다면 백인 블루칼라를 비롯한 트럼프 지지자들이 왜 그런 빈곤과 상실감에 빠지게 됐나를 생각해봐야 합니다. 그들은 일단 자신들이 세계화의 피해를 보고 있다고 인식하고 있습니다. 실제로 체감을 하고 있죠. 세계화라는 것은 다른 말로 하면 효율성의 제고입니다. 미국은 금융 서비스를 맡고 중국을 비롯한 신흥국은 제조업과 수출을 맡는 식으로 역할 분담을 해서, 서로 경쟁력이 있는 산업에 집중 투자하고 상호 교류를 하며 사이좋게 지내면서 효율성을 증대시키자는 게 세계화입니다. 그런데 그 세계화의 결과는 미국 제조업의 몰락이었습니다. 트럼프가 당선되는 데 결정적인 역할을 했던 주들은 대부분 스윙 스테이트인데, 그곳이 또 대부분 러스트 벨트란 말이죠. 쇠락한 공업지대입니다. 그 지역에서 안정적인 삶을 구가하던 백인 블루칼라들이 점점 가난해지다가, 이제는 흑인 또는 히스패닉계와 생활 수준이 비슷해진 것에 대해 의문과 불만을 품게 된 거죠. 게다가 그들은 자기가 일하던 공장이 없어지고 그 공장이 만들던 제품이 대부분 '메이드 인 차이나'로 대체되는 걸 목격했습니다. 이런 의미에서 트럼프의 등장은 일종의 세계화에 대한 반발이라고 볼 수 있습니다. 세계화가 만든 미국 내 양극화를 트럼프가 제대로 집어냈고, 그 문제를 해결해줄 구원자로서 나를 채용해달라는 트럼프의 호소가 통한 것입니다.

실제로 제가 미국에서 살 때, 차를 타고 미국 대도시 주변부나 지방을 가보면 정말 빈곤한 사람들이 많았습니다. 심지어 신호등 하나를 사이에 두고 도저히 극복할 수 없을 것 같은 풍요와 빈곤의 간극이 드러나는 모습도 있었습니다. 국민들이 이제 이 상태로는 안 되겠다고 느낄 만합니다. 민주당이든 공화당이든 정치적 노선의 문제가 아니라 세계화의 구조하에서는 미국 내 양극화를 해소할 수 없다고 생각하게 된 겁니다. 그래서 양극화를 바꿔보겠다며 자기들 편을 들어준 정치적 아웃사이더에게 표를 몰아준 것입니다.

또 하나는 미국의 정치가 너무 관념화되어 있다는 점입니다. 최근에 우리나라의 지정학적 리스크가 고양되면서 트럼프 외교·안보정책에 대한 이야기가 많지요. 기본적으로 한반도나 북핵 문제에 대한 트럼프의 접근방법은 과격해 보이지만 어찌보면 실용적인 측면도 있습니다. 오바마라면 이렇게 못 합니다. 인류애나 세계평화를 이야기하지만 실상은 진전이 없는 거죠. 북핵을 10년 이상 끌고온 것도 관념적이고 절차적인 정당성을 따졌기 때문입니다. 그런데 트럼프는 중국의 시진핑에게 내가 연간 4,000억 달러의 무역적자 용인할 테니 북한 핵은 너희가 해결하라고 하잖아요. 미국 국민도 이제 관념적인 정치적 구호에 신물이 난 겁니다.

그리고 전 세계적으로도 트럼프와 비슷한 리더들이 많이 등장했습니다. 푸틴만 보더라도 헌법을 바꿀 수는 없으니 재임까지만 한 후에, 자기 부하를 대통령 한 번 시키고 다시 본인이 세 번째 대통령 하고 있잖아요. 두테르테는 어떻습니까? 본인이 관리하는 자경단을 시켜 마약사범 수천 명을 즉결처분했는데, 그래도 지지율은 고공행진을 합니다. 얼마 전에는 터키 개헌이 있었죠. 에르도안이 술탄, 그러니까 군주가 되겠다는 겁니다. 계산해보니까 대통령을 20년은 더 할 수 있겠더라고요. 지금 예순이니까 여든까지 하겠다는 거죠. 왕정 시대로 다시 돌아가겠다는 시도인 개헌입니다. 말 그대로 스트롱맨들의 전성시대죠.

그렇다면 대체 왜 이런 스트롱맨들이 이 시기에 등장하느냐 하는 건데요, 결국 빈곤의 문제 때문입니다. 1960년대도 스트롱맨들의 전성시대였습니다. 한국의 박정희, 필리핀의 마르코스 등 전제군주적인 개발 독재 스트롱맨들이 있었죠. 그런데 개발 독재를 할 때는 보통 성장률이 굉장히 좋았습니다 양극화가 진행됐지만 누구나 부자가 될 수 있다는 환상이 있었던 시기입니다. 그러니까 결국 경제성장률이 저하되고 빈곤의 확대, 부의 편재, 양극화가 동시에 심해지다 보니까 빈곤 문제를 누군가가 해결해주던 독재 시절로 돌아가고 싶다는 향수가 생긴 겁니다. 그것이 이러한 마초적 정치 리더십을 다시 탄생시킨 배경이죠.

미국에서는 1980년대 로널드 레이건 대통령에 대한 향수가 묻어나오고 있습니다. 레이건을 마초적인 지도자라고 하기는 조금 어렵습니다만, 성격적인 부분이나 사회적 배경 같은 부분이 트럼프와 비슷합니다. 레이건은 케네디의 우주여행 같은 형이상학적 이야기를 하지 않았습니다. 미국 사람들의 생활적인 문제에 대해 굉장히 실용적인 접근을 했죠. 그래서 국민들이 비슷한 점(이름도 비슷하고, 방송 경력도 있고요)이 많은 트럼프에게 같은 기대를 한 것 같습니다. 결국 도널드 트럼프 대통령은 탈세계화, 탈양극화, 탈정치화, 고성장에 대한 향수 등이 만들었다고 봅니다.

트럼프 정책의 양대 축

김일구　확실히 후보 시절 트럼프의 공약과 대통령이 된 후 실제 행동에는 변화가 많이 생겼습니다. 미국을 부유하고 강하게 하겠다는 국가 단위의 큰 어젠다를 제시했지만, 후보일 때는 옆에서 전문적으로 도와줄 사람이 없었죠. 하지만 이제는 주변에 사람들이 많아지면서 중국을 환율조작국으로 지정하는 게 좋은 방법인지, 아니면 상계관세나 국경조정세를 도입하는 것이 더 좋은 방법인지에 대해 다시 생각해보고 있는 것 같습니다.

　　큰 틀에서의 변화라기보다는 중국을 환율조작국으로 지정하는 것이 본인이 말했던, 미국을 강하게 만들고 빈곤층을 개선시키고 양질의 일자리를 만드는 데 가장 좋은 방법이 아니라는 판단을 하고 지정을 포기한 것 같아요. 미국 기업이 외국에서 생산해서 다시 미국으로 수출하는 경우에 국경세를 부과하겠다고 한 공약도 마찬가지입니다. 원론적으로 보면 가능한 것도 같고 일자리를 빼앗기지 않는 데 필요한 세금인 것 같아 보이기도 하지만, 실제로 적용하는 것은 사실상 불가능합니다. 그렇지만 국경세는 불가능해도 공화당에서 1년 이상 준비한 국경조정세는 실현 가능하니까 이걸로 바꾼 것이겠죠. 또 NAFTA 없애고 멕시코 물건 안 사겠다는 것 역시 정말 단순한 구호였겠죠. 멕시코 페소화를 보면 선거 기간에 트럼프 지지율이 올라가면 가치가 떨어지고 지지율이 떨어지면 가치가 올라가는 움직임이 계속됐습니다. 그런데 트럼프가 대통령으로 취임하자마자 멕시코 페소가 강해지기 시작했습니다. 미국의 새 정부 실무자들과 얘기를 해보니 멕시코 물건을 사지 않겠다는 게 아니고, 멕시코를 주요 수입국으로 보호하겠다는 의지가 강하더라는 겁니다. 다만 자동차는 미국 입장에서 중요한 산업이니 멕시코에 못 주겠다는 거고요.

트럼프가 원하는 것은 모든 것을 미국이 가져가는 게 아니고 핵심적인 산업은 미국이 하겠다는 겁니다. 애초에 트럼프가 실무진을 데리고 공약을 세밀하게 잘 짰을 리가 없습니다. 왜냐하면 트럼프를 지지하는 상원의원은 처음에 한 명밖에 없었고, 공화당의 지원을 전혀 받지 못한 상태에서 전당대회까지 치렀습니다. 그러니 공약이 실현 가능한 형태로 구체화되지 못했습니다. 그래서 굉장히 거친 공약들이 담겼는데, 방향은 '미국 우선주의'로 분명합니다. 무역환경을 미국에 유리하게 바꾸고 미국 내에 일자리를 만들겠다, 제조업을 부흥시키겠다 하는 것입니다.

김한진　좋은 말씀을 다 해주셨는데 결국 미국 산업의 경쟁력과 지형에 답이 있으리라고 생각합니다. 자기들이 잘 만드는 물건은 더 많이 팔고 그렇지 않은 산업은 빗장을 걸어 잠그겠다는 겁니다. 즉, 비교열위 산업은 수입을 차단해서 자체 일자리를 더 많이 창출하겠다는 거죠. 미국의 비교우위 산업은 군수산업과 항공기, 농산물, 4차 산업, IT 소프트웨어, 제약·바이오, 셰일오일 등입니다. 미국 국채나 금융산업 또한 강력한 비교우위 서비스입니다. 반면 미국의 비교열위 산업은 자동차, 철강 등 전통 제조업입니다. 트럼프 지지자들이 일자리 창출을 원하는 산업이기도 합니다. 무역장벽을 쌓기로 이미 공언된 산업이죠.

　　미국은 세계에서 유일하게 외환보유고를 쌓을 필요가 없는 나라입니다. 달러가 약세여도 미국 국채는 잘 팔립니다. 달러 약세, 곧 상대국 통화의 강세는 앞서 말씀드린 미국의 비교우위 상품을 해외로 밀어내는 데 아주 유리한 조건입니다. 미국의 막강한 금융산업도 상대국 통화가 강세일 때 여러 가지 사업을 펼치고 돈 벌기가 유리합니다. 한편 국채는 미국의 부채인데요, 미국 국채의 매력은 통화정책과도 연관성이 높습니다. 달러표시 국채를 각국에 팔 때 아주 고도의 기술이 필요한 것은 아닙니다. 종이에 알록달록한 잉크로 잘 인쇄를 해서 수입대금으로 달러지폐를 지불해주면 상대 교역국 사람들은 그걸 받고 매우 좋아합니다. 교역국들은 그것으로 미 국채를 다시 사줍니다. 이게 바로 달러 리사이클링(dollar recycling) 과정입니다. 미국 입장에서는 자국에 쌓여가는 부채 문제를 해결하면서 동시에 풍요로운 삶을 누릴 수가 있습니다.

가끔 달러를 평가절하시켜서 상대방이 미국 물건을 더 많이 사주도록 유도할 수도 있고, 대외부채의 장부 금액을 줄일 수도 있습니다. 우연의 일치인지는 모르겠지만 국채가 잘 안 팔리거나 달러 강세가 필요한 경우에는 글로벌 긴장감을 고조시키는 방법도 종종 동원됩니다. 전통적 비교우위재인 국방재를 수출하는 계기로 삼을 수도 있으니 꿩 먹고 알 먹는 셈이죠.

트럼프 집권 기간에 이러한 범주의 일들은 더욱 빈번해질 것 같습니다. 이 모든 게 미국의 경제력과 군사력 우위에서 가능한 일들입니다. 특히 미국의 군사력은 비교우위가 아니라 세계에서 절대우위인 상태이고요, 앞으로도 상당 기간 우위를 유지할 것으로 봅니다.

미국의 인플레이션과 주가 상승

김동환 우리나라 언론이나 국민이 생각하는 트럼프와 트럼프의 실질적인 정책 사이의 괴리가 굉장히 큽니다. 우리 언론에 비친 트럼프는 이미 탄핵된 대통령입니다. 그러나 트럼프는 탄핵은커녕 자기가 4년만 하고 끝낼 거라는 생각을 단 0.1%도 하고 있지 않을 겁니다. 트럼프는 자신의 임기가 아직 7년 6개월이 남았다고 생각하는 사람입니다. 트럼프 머릿속에는 3년 6개월 후 미국 상황이 어떻게 되어 있어야 본인이 압도적인 지지를 받으며 2기를 시작할 것인가에 대한 청사진이 이미 그려져 있을 겁니다. 일단 자기를 찍어준 백인 블루칼라들이 잘살아야 합니다. 그래서 지금 계속 강조하잖아요 미국 사람 쓰고 미국 물건 사라고요. 미국 사람 쓰라는 게 백인 블루칼라 채용해서 공장 만들라는 거죠.

예를 들면 "땡큐 삼성", 이건 굉장한 사건이었죠. 조그마한 매체에서 삼성전자가 미국에 투자할 수 있다는 기사가 나온 날 밤에 대통령 당선인이 "땡큐 삼성"이라고 트윗을 해버리니 삼성이 울며 겨자 먹기로 미국에 공장 세우겠다고 한 거 아닙니까? 토요타도 미국에 공장 세운다고 발표했죠. 일본의 큰 기업은 대부분 발표했습니다. 그리고 포드, GM, 크라이슬러 등도 멕시코 가겠다는 계획 철회했고 에어컨 만드는 기업 캐리어도 그랬죠. 행정명령으로 하는 게 아니라 트윗 한 방으로 해결해버린 겁니다.

만약에 오바마가 이러한 정책적 목표를 가졌다면 무엇을 했을까요? 아마 해당 국가들과 협상을 했을 겁니다. 그다음 언론을 통해 사회적 분위기를 조성하고, 그것을 법제화하기 위해 의회를 설득하는 등의 일로 전반부를 다 써버렸을 겁니다. 그런데 트럼프는 비즈니스맨 출신이기 때문에 절차적인 정당성을 찾거나 명분을 쌓는 걸 싫어합니다. 오히려 바로 그런 것들 때문에 미국이 발전하지 못한다고 생각하기 때문에 트럼프는 탄핵을 당하지 않는 선에서 모든 수단을 동원할 거라는 얘깁니다. 자신의 재선을 위해서 말입니다.

고용 측면에서는 제조업 부활밖에는 방법이 없습니다. 사실 군수산업도 고용 창출 효과가 많은 산업이거든요. 트럼프 입장에서는 키워야 할 산업이죠. 하지만 GM, 포드, 크라이슬러의 경쟁력이 갑자기 좋아질 수 없기 때문에 토요타, 현대자동차 같은 외국 기업들이 미국에 와서 우리 국민 고용하라는 거죠.

또 하나, 자산시장의 가격을 올리는 쪽으로 방향을 틀 겁니다. 지금도 사실 미국은 완전고용 수준 아닙니까. 실업률이 4%대잖아요. 지표로 나타나는 고용률을 더 좋게 한다는 것은 의미가 없어요. 소득을 올려야 하는 거죠. 최저임금도 높이고요. 결국 일반 근로자들의 소득을 높여줘야 한다는 이야기입니다. 소득을 높여주려면, 기본적으로 미국에 공장 짓고 자동차 팔고 냉장고 파는 기업들의

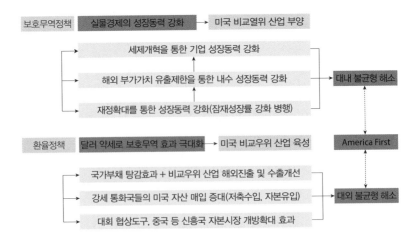

트럼프 정책의 양대 축, 보호무역과 환율정책의 개념도

트럼프 정책의 기본 골격은 보호무역으로 비교열위 산업을 부양하고, 환율정책으로 비교우위 산업을 육성하는 것이다. 대내외 불균형을 해소하는 과정에서 교역국과의 마찰이 예상되는데, 그러한 경제적 문제에 군사외교적 헤게모니도 동원될 것이다.

보호무역정책 → 실물경제의 성장동력 강화 → 미국 비교열위 산업 부양

- 세제개혁을 통한 기업 성장동력 강화
- 해외 부가가치 유출제한을 통한 내수 성장동력 강화
- 재정확대를 통한 성장동력 강화(잠재성장률 강화 병행)

→ 대내 불균형 해소

America First

환율정책 → 달러 약세로 보호무역 효과 극대화 → 미국 비교우위 산업 육성

- 국가부채 탕감효과 + 비교우위 산업 해외진출 및 수출개선
- 강세 통화국들의 미국 자산 매입 증대(저축수입, 자본유입)
- 대회 협상도구, 중국 등 신흥국 자본시장 개방확대 효과

→ 대외 불균형 해소

재고가 없어져야 합니다. 결국 잘 팔려야 한다는 이야깁니다. 잘 팔리기 위한 조건이 뭘까요. 집값이 오르든 주식값이 오르든 아니면 이자율을 높이든 간에, 하여튼 인플레이션이 일어나야 합니다. 그래야 소비가 더 빨리 늘 테니까요.

김한진   저는 지금 미국 증시가 이미 거품 단계라고 생각합니다. 제가 우려하는 것은 정부가 통제할 수 없는 자산시장에서의 거품과 역버블입니다. 오바마 정부 2기(2013~16년) 때 미국 소비자물가는 1.1%에 머물렀고 10년 만기 국채금리는 평균 2.20%였습니다. 지금은 물가가 2%로 올랐고 성장률이 높아졌는데 금리는 거의 그대로입니다. 주가는 오바마 정부 2기 때만 60%나 올랐고 트럼프 정부 들어서도 계속 오르고 있습니다. 아직은 물가와 금리가 낮고 경기도 양호하니 주가 상승이 정당화되고 있지만, 주가 상승이 이어지려면 임금이 올라 소득 증대가 신용팽창과 자산 가격 상승 부담을 줄여줘야 합니다. 그런데 추가적인 임금 상승과 소득 증대는 곧 저금리정책기반이 끝난다는 얘기잖아요. 이는 지금의 증시부양 환경이 영원할 수 없음을 뜻합니다.

트럼프 정책에 대한 기대와 신뢰감도 아직은 시장에 충만한 편인데요, 이제부터 경기와 주가는 기대감이란 언덕을 밀고 올라가는 수레와 같습니다. 저도 더 밀고 올라갈 힘이 조금은 남아 있다고 보지만, 새로운 엔진이 장착될 수 있을지에는 도저히 자신이 없습니다.

트럼프 정책의 가장 큰 맹점은 경제를 인위적으로 운영할 때 발생하는 비효율이란 이름의 비용입니다. 미국은 지금 재정정책과 경기부양적 통화정책을 무리하게 펼칠 정도로 허약하지 않습니다. 장기 추세선에서 경제가 크게 하향 이탈한 상태도 아닙니다. 심각한 상황이 아니라는 거예요. 하지만 트럼프 정부는 인위적으로 경기를 계속 끌어올리길 원하는 것 같습니다. 주식시장은 지금 트럼프 대통령에게 매우 감사를 표하고 있지만, 후일 그 비용을 치를 때는 비난을 퍼부을 것입니다. 그리고 그때보다 큰 비용을 감당해야 할 계층은 월스트리트와 부자들이 아니라 바로 트럼프를 적극 지지한 중산층 근로자가 될 가능성이 매우 큽니다.

김동환 그 말씀에 동의합니다. 하지만 트럼프는 그런 상황을 알면서도 일단 가보자고 미국을 설득할 것입니다. 본인의 재선을 위해서 말입니다.

김한진 물론 우리가 이렇게까지 미국을 걱정해줘야 할 필요가 있는지는 모르겠습니다만, 아무튼 트럼프 정책에 대한 기대는 시간이 흐르면 점차 약해질 듯합니다. 재정정책의 유효성, 즉 재정승수도 높지 않다고 봅니다. 아무리 민간 자금을 동원해(PPP, Public-Private Partnership) 재정정책을 추진한다 해도 구축효과가 전혀 없는 것은 아닙니다. 정부지출이 민간투자와 소비로 이어지는 연결고리도 약해져 있습니다. 신용이 팽창된 상태에서 펼쳐지는 감세와 재정지출은 물가와 금리를 자극함으로써 부채의 자기 발등을 찍게 될 수도 있죠. 또한 미국이 상대방을 계속 못살게 굴고 자국 이익을 좇다 보면, 당장은 아니더라도 결국 상대방이 못살게 됩니다. 이런 근린궁핍화 정책의 가장 큰 맹점은 상대국이 지갑을 닫게 된다는 것입니다.

1960년대 예일대 로버트 트리핀 교수는 준비통화국들의 무역수지가 적자여야 돈(달러)이 융통되면서 세계적으로 교역이 증가하고 세계 경제가 선순환된다고 주장했습니다. 이를 '트리핀의 딜레마(Triffin's Dilemma)'라고 하죠. 미국은 준비통화국으로서 책임은 지지 않으면서 권리 행사에는 항상 적극적입니다. 상대국을 압박해서 국익을 얻는 트럼프 정책은 단기 효과는 있겠지만 길게 봐서는 그 효과를 확신하기 어렵습니다.

김일구　저는 제발 금융규제 좀 풀어달라고 트럼프를 응원합니다. 2008년 금융위기 때 전 세계에서 가장 잘났다던 금융기관들이 정부와 중앙은행으로부터 도움을 받아 살아났는데, 사실 이것은 부끄러운 일입니다. 그래서 예금자보호제도 때문에 부도나게 방치할 수 없는 예금은행과 돈 벌려다 망할 수도 있는 비은행 금융기관을 구분한 글래스-스티걸법을 부활시키는 데에는 동의합니다. 그렇지만 미국에서도 금융위기 이후 불필요한 규제가 많아졌고, 금융기관들에서는 감독당국이 새로 만든 규제 조치를 점검하기 위해 대규모 조직을 신설하기까지 했습니다. 비효율적이고 돈을 못 벌게 되어 있는데, 위험에 대비해서 또 대규모 자본을 확충하라고 합니다. 하지만 돈을 못 버는 구조인데 누가 자본금을 투자해주겠습니까? 이 때문에 미국, 유럽을 포함해 전 세계 금융회사들 주가가 폭락한 것인데요, 트럼프 당선 이후 금융회사들 주가가 다시 크게 상승하고 있습니다.

그렇다고 오바마 정부를 비난하려는 것은 아닙니다. 금융위기로 세상이 어지러워진 상황에서 또 다른 금융위기 발생을 막기 위

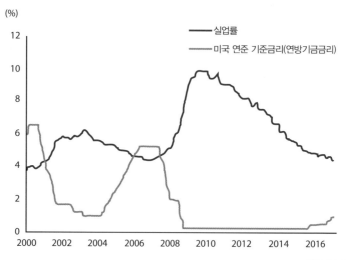

미국 연준은 실업률이 충분히 낮아지고 난 후에 금리 인상을 시작하기는 했지만, 여전히 낮은 금리를 유지하고 있다.

(%)

— 실업률
— 미국 연준 기준금리(연방기금금리)

자료: FRB, BLS

해 일단 금융회사들의 손발을 묶어두고, 일자리를 늘리고 소득을 증가시키는 실물경제 개선에 모든 노력을 퍼부어야 했겠죠. 이제 위기는 벗어났고 실물경제도 순항하고 있으니 금융에 대한 불필요한 규제는 완화될 필요가 있다고 봅니다.

김한진 오바마 정부는 정책을 펼치기보다는 위기를 수습하는 데만 8년이 걸린 거죠.

김동환 오바마가 한 일은 벤 버냉키한테 잘 봐달라고 한 것뿐이지만 아주 현명한 방법이었습니다. 오히려 오바마가 나섰으면 큰일날 뻔했죠.

김일구　　오바마는 어떻게든 실업률을 떨어뜨려야 했기 때문에 최저임금 받는 노동자가 늘어나는 것도 그대로 방치했던 것 같습니다. 실업률 낮추고 성장률 올리기 위해 무조건 저금리정책을 썼잖아요? 그런데 일자리가 늘어나서 실업률은 호황기 수준으로 낮아졌는데, 늘어난 일자리가 그렇게 고임금 일자리는 아니에요. 트럼프는 오바마의 성과 위에서 양질의 일자리를 제공하겠다는 공약을 제시했습니다. 시대를 잘 탄 거죠. 시대가 영웅을 만든 겁니다.

　　또, 다른 나라를 압박하는 것도 그렇습니다. 가령 오바마 정부에서 보호무역주의 카드를 꺼냈다면 다른 나라들이 모두 지갑을 닫았을 겁니다. 그러면서 미국과 멀어졌을 겁니다. 금융위기나 만드는 나라와 친해져서 좋을 것 없다고 했겠죠. 그러다 보면 아마 미국이 고립됐을 거고요. 그러나 미국이 성장의 궤도에 올라서고 난 다음에 트럼프가 보호무역주의 카드를 꺼내니, 다른 나라들이 어떻게든 미국과 좋은 관계를 유지하기 위해 미국에 공장을 짓고 미국으로부터 수입을 늘리는 정책을 쓰지 않습니까?

트럼프 정책이 세계 경제에 미치는 영향

인플레이션 시대의 트럼프노믹스

김동환 본 줄기로 다시 돌아가, 트럼프를 보는 시각을 바꿔야 할 필요가 있다고 봅니다. 트럼프의 행태나 정책을 우리가 선과 악의 기준으로 보기 시작하면 판단이 꼬이게 됩니다. 트럼프의 제1 목표는 자기가 약속한 것을 지켜서 재선하는 것입니다. 그래서 트럼프노믹스가 잘 먹혀들어서 미국 경제가 항구적으로 잘 돌아갈 것인가 아닌가를 논할 필요는 없습니다.

김 센터장께서 말씀하신 것 중에 동의하는 게 트럼프는 굉장한 행운아라는 겁니다. 8년 만에 인플레이션의 시대로 접어들고 있는 상황에서 임기를 시작하는 것은 엄청난 행운입니다. 만약 4년 전이나 8년 전에 트럼프가 당선됐다면 세계가 망했을 수도 있지 않을까요? 금융위기 직후에 트럼프가 집권해서 재정으로 해결해보겠다고 나서고 보호무역 한다고 설쳤다면 말이죠. 상상만 해도 간담이 서늘합니다. 그래도 다행히 유권자들이 현명해서 오바마를 뽑았으니까 미국이 응급실에서 중환자실로 갔다가 이제 링거를 빼고 걸어 다닐 수 있는 상황까지 온 겁니다. 이런 상황에서 트럼프가 당선된 건 그나마 다행인 겁니다.

트럼프가 자산 가격 버블을 만들 거라고 제가 계속 주장하는 이유는 이것입니다. 현재 우리나라뿐 아니라 미국도 질 좋은 일자리의 임금은 계속 올랐잖아요. 월스트리트도 그렇고 구글, 페이스북 같은 실리콘밸리의 직장은 복지도 좋고 급여도 굉장하죠? 하지만 맥도날드에서 일하는 미국 청년들은 여전히 10달러 안쪽의 시급을 받고 있단 말이죠. 렌트비, 유류비, 통신비 내면 쓸 돈이 없어요. 미국의 소비가 살아나지 않는 이유가 이거잖아요. 돈 있는 사람은 계속 잘 벌고 하층민들은 소득이 안 올라요. 그러니 실업률이 4%대에 불과한데도 소비가 늘지 않는 거죠. 트럼프노믹스는 그걸 해결하려는 거고, 하부구조에 있는 사람들의 소득을 늘려서 잘살게 하는 게 목표입니다. 양질의 직업을 만들고 시급, 주급을 올려주면 당연히 소비가 살아납니다.

우리나라가 미국에 무역이나 경제 의존도가 높기는 하지만 별로 걱정하지 않는 이유는 트럼프가 버블을 만들 수 있을지는 모르겠지만 이 추세대로 가면 미국 경기는 지금보다 단기적으로는 더 좋아질 거라고 보기 때문입니다. 트럼프가 보호무역주의로 우리를 어렵게 하는 것보다 이 버블화의 과정이 우리 경제에 숨통을 틔워 주는 시기가 더 빨리 올 수 있다는 얘기입니다. 우리가 수출과 제조업 위주의 소규모 개방 경제이기 때문에 그 효과가 세계 어느 나라보다 훨씬 빨리, 직접적으로 올 수 있습니다.

그러면 주식시장, 부동산시장이 어떻게 될까요? 지금도 다우지수가 계속 사상 최대치를 갱신하고 있죠. 차트만 보면 매우 위험해 보이는 것도 인정합니다. 그런데 트럼프를 거기에 대입해 상상해 보면 '다우지수, 이거 뭐 1~2배는 더 올라야지'라고 생각하고 있을 가능성이 큽니다. 매우 위험하지만 트럼프의 행태가 그렇습니다. 트럼프는 기본적으로 디벨로퍼(부동산 개발업자) 출신입니다. 디벨로퍼의 특징은 레버리지입니다. 뉴욕 맨해튼에 100만 달러로 건물 지어서 110만 달러에 팔아 돈을 벌려는 사람이 아닙니다. 트럼프의 비즈니스 모델은 자기 돈 100만 달러에다 은행에서 몇천만 달러를 더 빌려 분양한 다음에 100만 달러의 수십 배를 버는 겁니다. 이런 비즈니스 모델에 굉장히 익숙한 사람이죠.

트럼프가 그런 의도를 가지고 있든 아니든, 자산 가격을 기존의 밸류에이션이라는 관점에서 바라보면 굉장히 큰 실수를 할 개연성이 있다고 봅니다. 트럼프가 그런 생각을 가지고 있다는 전제 하에 지금은 버블이 만들어지는 데 인플레이션이라는 측면에서 완벽한 조건이 갖춰진 상황입니다. 왜냐하면 2016년까지 우리가 미증유의 디플레이션을 경험했잖습니까? 미국 연준이 금리를 올린다고 한 게 벌써 2년이 넘었습니다. 그동안 미국은 금리 네 번밖에 안 올렸습니다. 1.0%밖에 안 올렸다는 겁니다. 지금도 미국 기준금리는 1.25%에 불과합니다. 물론 의회의 협조를 받는 게 힘들겠습니다만, 만약에 트럼프가 공약대로 1조 달러를 SOC(social overhead capital, 사회간접자본) 투입하고 법인세 낮추고 러스트 벨트에 공장 세우는 데 성공한다면, 우리가 생각하는 것보다 전 세계적으로 버블이 더 일찍 올 수 있다고 생각합니다.

김일구　미국이 국내 성장 정책을 쓰고 있지만, 해외에 대해서는 보호주의적인 태도를 취하고 있습니다. 이 때문에 다른 나라들도 미국이 쓰는 것과 같은 국내 성장 정책을 써야 합니다. 이렇게 각국이 다들 국내 성장 정책을 쓰면 글로벌 경제가 좋아질 겁니다.

김한진　두 분 말씀대로 세계 경제가 당분간 괜찮을 것이라는 데 저도 부분적으로는 동의합니다. 하지만 말 그대로 '당분간'일 것입니다. 사람들은 10년 전, 그러니까 2008년에 어떤 일이 벌어졌었는지 까맣게 잊고 있는 듯합니다. 연준의 자산은 4조 5,000억 달러로 불어나 있고, 재무부의 이자비용은 치솟을 태세이며, 미국 기업들의 부채 비율은 높아졌고, 이자보상비율(영업이익으로 금융비용을 커버하는 비율)은 떨어져 있습니다. 금리가 한 단위 오를 때 미국 기업이나 금융시장이 받는 부담은 결코 작지 않습니다. 앞으로 미국 경제의 활력이 둔화될 것임을 시사하는 대목입니다.

만약 트럼프 정부가 무리한 경기부양정책을 펼친다면 그 성과는 고스란히 인플레이션이란 이름의 비용으로 다시 뜯길 것입니다. 연준의 중기 경제성장률 전망은 1.8%인데 트럼프 예산안은 여전히 3%의 성장을 가정하고 있습니다. 너무 낙관적입니다. 상품 가격과 세계교역의 제한 속에 신흥국의 고정투자가 둔화되고 있고 중국 경제성장률은 계속 하향 조정되고 있습니다.

꼭 트럼프 대통령 때문에 세계 경제가 꼬이는 것은 아니겠지만, 적어도 트럼프 정책이 미국을 포함해 모든 나라로 하여금 불필요한 비용을 추가로 지불하게 한다는 건 맞는 듯합니다. 실제 트럼프가 리더십을 계속 발휘할 수 있을지도 지금은 의문시되고 있습니다만, 그의 정책 보따리가 하나씩 풀리면 다른 나라도 이에 맞대응할 수밖에 없습니다. 그나마 세계 경제가 어느 정도 유지되는 2017년까지는 별문제가 없어 보이지만 2018년부터는 그 갈등과 마찰, 부작용이 커질 것입니다. 한국에 직접 무역규제를 가하지는 않더라도, 트럼프 정부의 주된 타깃이 중국이므로 중국의 수출위축이 우리 수출기업에 상당한 여파를 미칠 것입니다.

김동환   트럼프의 정책과 세계 경제의 순환에 연결되는 이야기로 보이는데요. 이건 순전히 제 예상이지만 만약 트럼프 2기가 가능하다면 2년 차 정도에 전 세계적으로 엄청난 버블 붕괴를 경험할 가능성이 있다고 봅니다. 김 박사께서 말씀하신 대로 미국 월스트리트의 오류와 실패로 금융위기가 또 한 번 발생하더라도 그 비용을 다른 나라에 전가할 테니까요.

어떻게 보면 규모의 경제가 워낙 큰 미국의 경기가 좋아지고 버블을 만드는 징후보다 다른 나라들의 버블이 먼저 튀어 올라갈 수도 있습니다. 그리고 버블이라는 잠재적인 리스크를 키우는 나라 중 하나가 한국일 가능성도 있습니다. 만약 버블이 만들어지고 그 버블이 트럼프 연간에 붕괴한다고 전제하면, 신흥국 중에서 비교적 펀더멘털이 있고 미국과의 무역관계를 버텨내면서 비교 경쟁력을 가지고 있는 제조업 강국들의 자산가치 상승이 미국보다 더 빨리 진행될 수도 있습니다. 그다음에 미국의 자산가치가 재차 상승하는 거죠. 그리고 버블의 붕괴 역시 같은 순서로 이뤄질 것입니다. 먼저 올랐던 나라가 먼저 꺼지고 미국이 대단원의 막을 내리면서 트럼프는 미국 역사상 최악의 대통령으로 임기를 끝낼 것이라는 게 제 생각입니다.

김한진　　반전의 반전이네요.

트럼프 정부의 경제환경

김동환　　사실 버블을 만들 것이냐 아니냐는 경제정책의 축을 연준에 줄 것이냐 아니면 직접 할 것이냐로 보는 게 가장 간단한 구분법인 듯합니다. 대공황 이후처럼 경제가 완전히 붕괴한 시절의 연준과 지금 연준의 기능은 확실히 차이가 있죠. 당시는 연준이 생긴 지 얼마 안 됐을 때이기도 했고요. 우리나라든 미국이든 버블을 만들고 싶다는 욕심이 있는 리더들은 절대 중앙은행에 주도권을 주지 않습니다.

저는 트럼프가 골드만삭스 인사들을 참모로 쓰는 걸 보고 상당히 용의주도한 사람이라는 생각을 했습니다. 그토록 싫어했던 월스트리트 사람들을 백악관이나 내각에 중용하는 이유는 단연 버블을 만들기 위해서입니다. 버블을 만들면 필연적으로 인플레이션이 생길 거 아닙니까? 인플레이션이 만들어지는 국면에서 본인의 재정확대정책 또는 사회간접자본에 대한 집중적인 투자를 하기 위해서는 돈을 잘 빌려올 수 있는 금융기술자들이 필요한 거죠. 바로 그러한 포석에서 재무부 장관을 비롯한 많은 참모를 골드만삭스 등 월스트리트의 이른바 '선수'들로 채운 것이라고 봅니다.

김일구 저는 트럼프 시대를 레이건 시대와 비슷하다고 생각합니다. 레이건은 온화한 할아버지처럼 생기긴 했지만 철학적으로 보면 미국 신보수주의 움직임의 태두입니다. 쇠퇴해가는 미국의 보수주의를 다시 살린 사람이 레이건인데, 똑똑해서라기보다는 그 사람의 가치체계 자체가 그렇습니다. 지금의 트럼프처럼 군사 행동을 많이 해서 사람들이 레이건을 '람보'에 비유하기도 했는데, 그렇다고 레이건이 전쟁을 좋아한 사람은 아닙니다.

또 미국 경제를 성장시키기 위해 일본, 독일, 한국, 대만에 부담을 전가했습니다. 레이건은 각국이 세계 경제에서 각자의 몫을 해야 한다고 생각했는데, 이러한 요구를 하기 위해 만든 조직이 G7입니다. 그 전에는 미국이 다른 나라와 협의체를 만드는 등의 국제협력을 하지 않았습니다. 그런데 이때 G7을 만들어서 '우리가 재정적자와 경상수지 적자라는 쌍둥이 적자 때문에 이제 긴축을 할 수밖에 없다. 그런데 우리가 긴축하면 세계 경제의 성장이 크게 위축되어 침체가 올 수도 있으니, 당신들이 부양정책을 써줘야겠다'라고 압박했죠. 군사적인 충돌로 미국의 강한 힘을 보여주고 경제적으로는 폐쇄주의를 취하면서 다른 나라에 경기부양을 강요하는 정책을 지금의 트럼프가 본받았다고 생각합니다.

그러다가 레이건 집권 2기에 큰 사고가 납니다. 자산 버블을 견디지 못하고 미국 주식시장이 불과 1주일 만에 30% 하락한, 1987년 블랙먼데이가 발생했죠. 직전에 미국은 다른 나라들에 루브르합의(1987년 2월에 열린 선진 7개국(G7) 재무장관회담에서 '이 이상의 달러 하락은 각국의 경제 성장을 저해한다' 하여 통화 안정에 관해 정리한 합의)를 해주는 대가로 내수부양을 하도록 해놓고, 자국은 유유히 금리를 올려 쌍둥이 적자를 잡겠다고 나섰죠. 그런데 금리 인상을 좀 서둘러 큰 폭으로 했더니 주식시장이 붕괴한 거죠.

트럼프의 행동이 워낙 이상하니까 사람들이 레이건과 잘 비교하진 않습니다. 그래도 레이건은 미국 사람들이 존경하는 대통령

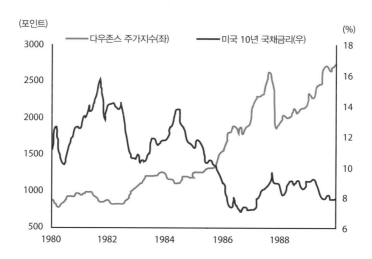

1980년대 미국의 주가와 금리

1987년 10월, 미국이 금리를 급하게 올리다가 주식시장이 폭락하는 이른바 '블랙먼데이'가 발생했다.

상위권에 드는 인물이니 트럼프랑 비교하면 곤란하지 않겠습니까? 트럼프는 지지율과 영향력이 약해지는 것을 막기 위해 군사력과 경제 성장을 밀어붙일 겁니다. 만약 트럼프가 백악관 경제자문으로 대학교수를 썼다면, 아마 그들은 '이제 금리 천천히 올리면서 경제를 안정시키자'고 주장할 겁니다. 하지만 트럼프는 정통 경제학자를 주위에 두고 있지 않습니다.

또 중국과 북한에 대해 군사력을 과시하고 있습니다. 시간이 좀 지나면 다른 나라들에 보호무역 압박을 하고, 자동차에 관세 20%를 받겠다는 식으로 치고 나올 겁니다. 그러면 다른 나라들이 어떻게 하겠어요. 내수부양밖에 대책이 없죠. 그런 식으로 부담을 넘긴 후에 미국은 금리 올리고, 거기다가 연준이 갖고 있는 4조 달러 이상의 자산도 매각하겠죠. 그러다가 금리 인상이나 유동성 조절에 실패하면 블랙먼데이와 같은 일이 생길 수도 있겠죠.

김한진 저는 머지않아 미국 주식시장에 의미 있는 조정이 올 것이라고 봅니다. 지난 오바마 정부 8년은 미국 경제 역사상 이례적인 환경이었습니다. 그러니 사람들이 뉴노멀, 뉴-뉴노멀이라고 불렀겠죠. 경제가 온건하게 개선되는데 임금은 적게 오르고, 완전고용 상황이지만 인플레이션은 여전히 약합니다. 아무리 제로 금리에 초과 부양적인 통화정책을 펼쳐도 경제에 별 무리가 가지 않았습니다.

그러나 트럼프 정부가 맞이하는 이제부터의 경제환경은 그리 녹록하지 않습니다. 2017년은 그 지난 8년간의 연장선상에서 뉴노멀 현상이 좀더 이어지는 시기에 불과합니다. 물론 이게 그럭저럭 좀더 이어지면 김 소장께서 말씀하신 대로 거품이 좀더 나타날 수 있습니다. 사실 이는 분석과 예측의 영역은 아니라고 봅니다. 투기와 감각의 영역이고 시장에 대한 순응의 영역일 뿐입니다.

경제 펀더멘털을 한번 보시죠. 지난 10년간 미국 경제에서 유일하게 강력해진 것은 IT 소프트웨어나 바이오·헬스케어 등 4차 산업 관련 기업들입니다. 이들 기업의 실적은 놀랍습니다. 사람들은 지금 미국의 창조적 기업들이 만든 주가에 취해 있습니다. 모든 산업에, 심지어 트럼프 정책에도 그 뉴노멀을 확대해서 기대하고 있는 듯합니다. 미국 경제가 좋아진다고 해서 4~5%의 성장이 가능하겠습니까? 그래서도 안 되고, 그럴 필요도 없으며, 현실적으로 그럴 수도 없습니다. 저는 미국 정부가 성장률 목표치를 지금의 3%에서 계속 낮춰 곧 2%로 현실화할 것으로 예상합니다. 2%는 지난 오바마 2기 때의 성장률과 거의 같습니다. 엄청나고 놀라운 경기가 펼쳐질 것이란 미국인의 기대는 곧 현실로 회귀할 것입니다.

김일구 공급량이 부족해 물가가 올라가는 것은 심각한 사회적 비용을 초래합니다. 그렇지만 수요가 늘어나서 인플레이션이 생긴다면, 물가 상승이라는 비용이 들어가는 것만큼 수요가 늘어나는 긍정적인 효과도 있습니다. 말씀하신 인플레이션은 유가가 폭등하는 경우 외에는 생각하기 어려운 것 같습니다. 최근에 유가 상승률이 전년 대비 꺾였는데, 소비자물가 상승률도 이에 발맞춰 꺾이고 있습니다. 유가 상승이 물가에 모두 반영됐기 때문에 가능한 일 아니겠습니까?

김한진 거기엔 양면성이 있습니다. 기대 인플레이션이 약하고 생각보다 금리가 눌려 있는 것은 현재 미국인들의 임금이 더 올라가기 어려운 구조, 그러니까 실업률이 더는 내려가기 어려운 지점까지 왔다는 신호일 수 있습니다. 세계 경제가 더없이 좋아 국제유가가 계속 오르는데 물가는 안정되고, 생산성은 단기간 내에 엄청나게 개선되고, 고용은 계속 완전고용 이상의 초완전고용을 보이면서 실질임금이 계속 오르고, 저물가가 유지되면서 성장률은 계속 올라가는 그런 그림은 현실적으로 나올 수 없다는 겁니다.

국제유가와 자산 버블

김동환 　미국에서 자산 버블이 가장 컸던 시기는 2007년, 즉 금융위기 직전입니다. 부동산이 중심이었죠. 당시 국제유가가 배럴당 100달러가 넘었습니다. 제가 미국에 살아보니까 기름값이 그곳 사람들의 소비에 미치는 영향이 상당히 크다는 걸 알겠더군요. 그 영향이 중·하층, 빈곤층에서 더 심해요. 주급 받으면 기본 생활비로 기름값을 내야 합니다. 2005년에는 평균 2달러 20센트 정도였는데 2007년에 4달러 50센트로 올랐습니다. 미국 사람들은 운전을 했다 하면 100마일은 기본입니다. 그리고 현대차나 토요타 많이 타는 것 같지만 아직까지도 포드, GM 같은 기름 많이 먹는 차들 끌고 다닙니다. 그렇게 국제유가가 오른 상황에서 버블이 만들어진 겁니다. 숨이 찬 버블이었죠?

지금은 훨씬 여유 있는 버블을 만들기에 좋은 시기입니다. 현재 국제유가에는 일종의 캡이 씌워져 있습니다. 특히 미국은 더 그렇습니다. 미국은 원유를 수입하는 나라였는데, 지금은 수입할 필요가 없어졌습니다. 국제유가가 60달러만 넘어가면 셰일오일이 쏟아져 나오게 되어 있지 않습니까? 지금 국제유가가 50달러가 채 안 되니 얼추 계산해보면 갤런당(1갤런은 약 0.024배럴) 2달러가 조금 넘는 것 같습니다. 여기서 경기가 조금 더 좋아지고 빈곤층 또는 중산층 이하 저소득 근로자들의 실질소득이 늘면, 실제로 이들이 쓸 수 있는 처분가능소득이 많이 늘어나는 겁니다.

기본적으로 미국 사람들은 소비에 대한 태도가 다릅니다. 물론 요즘 온라인 쇼핑이나 모바일 쇼핑이 많아져서 좀 바뀌기는 했지만, 예를 들어 겨울 블랙프라이데이 시즌이나 크리스마스 시즌에 쇼핑몰에 가보면 사람들이 쇼핑몰 입구에서 가장 가까운 곳에 주차하려고 애를 씁니다. 우리나라는 백화점 가면 각자 한두 개 정도 사서 들고 나오잖아요. 그 사람들은 차 트렁크에 한 보따리 가져다 넣고 다시 쇼핑하러 들어가요. 소비의 나라입니다. 그래서 처분가능소득이 늘어나거나 임금이 상승하거나 필수 지출 요소가 줄어들었을 때 소비가 늘어나는 정도가 엄청납니다. 물론 미국도 금융위기를 겪으면서 노후에 대한 우려가 불거져 소비를 조절하려는 태도가 생겼습니다. 하지만 소비라는 측면에서만 보면 지금까지는 소득이 늘지 않기 때문에 소비가 안 늘었던 거예요. 만약 실질임금이 늘어나고 국제유가가 50달러 아래에서 유지된다면 굉장히 폭발력이 있을 거라고 봅니다.

김한진　　저도 유가 하락이 소비에 기여한 부분이 있다는 점은 인정합니다. 유가 하락은 가계에 바로 보조금 역할을 해주니까요. 하지만 이것도 고용 사정이 양호하고 가계소득이 늘어날 때 작동하는 논리입니다. 유가가 싸다, 비싸다 하는 것도 사실은 상대적 개념입니다. 배럴당 100달러가 넘었을 때에 비해서는 당연히 소비에 숨통이 트이겠지만, 유가가 역사적 최고점에 비해 싸다고 해서 반드시 소비가 폭발적으로 늘어난다고 보기는 어렵습니다. 한편 미국의 셰일오일 생산 증가에 따른 국제유가의 안정은 산유국 전체에는 부담 요인이기도 하죠.

이것보다 저는 앞으로 연준의 통화정책과 자산 가격의 반응에 더 주목하고 싶습니다. 물가를 고려했을 때 너무 낮은 실질금리와 경기호조, 주가 과열로 인해 연준은 앞으로 적어도 연간 두세 차례 금리를 계속 올려야 할 것입니다. 이자율이 오를 때 금리에 민감한 자산인 집값과 주가의 반응에 대해서는 다들 의견이 다른 것 같습니다.

저는 이들 자산이 저금리에 의해 부양되어온 만큼 금리 상승에 따른 조정압력 또한 클 것으로 봅니다. 사람들은 금리를 1년에 고작 몇 번 올리는 게 무슨 큰 문제냐고 말하지만, 저금리에 취해 있는 현재 상황에서는 그 영향력이 결코 작지 않습니다. 기준금리 1%에서 25bp(0.25%p) 올리는 것과 가령 5%에서 25bp 올리는 것은 임팩트가 다르죠. 특히 지금처럼 초저금리 국면인 데다 7~8년에 걸쳐 이미 자산 가격이 치솟아 있는 상황에서는 더욱 그렇다고 봅니다. 이를 극복하려면 인플레이션과 금리 저항을 자신 있게 뚫고 나아갈 정도로 양질의 경기가 필요합니다. 앞으로 미국과 세계 경기가 그 정도로 좋아지는 게 확실하다면 저도 의견을 바꾸겠습니다.

계속되는 경기확장 정책

김일구   미국 내에서도 경기확장을 언제까지 중앙은행이 끌고 갈 것인가에 대한 논쟁이 치열한 것 같습니다. 연준의 금리 인상 속도가 워낙 느리다 보니 학계에서도 말이 많고요. 이렇게 저금리에 기댄 경기확장세를 계속 이어가다 보면 버블이 심해지고, 나중에 버블이 터지면 감당하기 어려운 위기가 또 올 수 있다고 보기도 합니다. 2016년 가을에 옐런 연준 의장이 경제학자들 모인 자리에서 여기에 대해 연설하기도 했는데요. 옐런 의장은 '실업률 숫자만 보면 이제 더는 경기확장은 필요 없다고 볼 수 있지만, 양질의 일자리가 만들어질 때까지 압박을 더 이어가겠다'라고 했습니다. 아직 성장을 멈출 여건이 아니라는 뜻입니다.

김한진   하지만 노동시장으로 복귀하기 어려운 실업 계층이나 저임금 시간제 임시근로자들, 신용불량자나 미숙련 근로자, 산업기술의 변화에 적응하지 못한 마찰적 실업자들이 많지 않습니까? 이처럼 시간이 지나도 크게 바뀔 게 없는 노동 계층이 두껍다면, 이는 미국 고용시장의 구조적인 한계로 해석하는 게 맞지 않을까요?

김일구　일반적으로 경제학자들이 그렇게 생각합니다만, 현실에서는 그렇게 생각하기 어렵습니다. 가령 우리나라의 조선산업이 많이 위축됐잖습니까? '조선산업에서 일하던 분들이 새로운 일자리를 찾을 때까지는 계속 저금리를 유지하자. 이 사람들이 양질의 일자리를 구할 때까지는 계속 가보자. 계속 경기부양을 하자'라고 하면, 경제학자들은 그분들이 새로운 산업으로 옮겨갈 직업훈련을 받는 것이 불가능할 것이라고 얘기합니다. 4차 산업 같은 경우에는 아주 어렸을 때부터 교육을 받고 대학에서도 관련 학과를 졸업해야만 할 수 있는 일인데, 어떻게 몇 주간 직업훈련으로 조선업 일자리에서 4차 산업 일자리로 옮길 수 있느냐는 거죠. 이렇게 구조적인 실업자들이 많으니까 실업률이 더 낮아지기를 기다릴 수는 없고, 그냥 금리 올리자고 얘기합니다.

　하지만 옐런 의장은 그들에게 '우리가 그분들을 버리려고 경제정책을 쓰는 것인가? 나는 그렇게 생각하지 않는다. 이 사람들이 아주 양질의 일자리까지는 아니더라도 새 일자리를 잡을 때까지 경기확장세를 더 이어가면서 새로운 일자리를 만들어보자'라고 말합니다. 원래 경제학은 너무 차가워서 때로는 냉혈한의 모습을 띠죠. 사람을 너무 쉽게 버립니다. '구조가 바뀌어서 이제 자연실업률(구조적 특성에 의한 실업률)은 4.5%가 아니라 5.5%이고, 그래서 실업자가 수백만 명 더 생기는 것은 당연하다'라고 얘기하잖아요. 이에 대해 옐런 의장은 2~3년 더 경기확장세를 이어가면 바뀔 수 있다고 생각하는 것 같습니다. 어떻게 보면 생각의 차이인데, 만약 미국이 지금 버블이 발생하고 있는 단계여서 금리를 올릴 수밖에 없는 상황이라면 모든 걸 포기하고 금리 올려야 합니다. 하지만 옐런이 보기에는 그 정도는 아니고 아직 시간이 있는 것 같으니, 따뜻한 경제정책을 펼쳐보자는 철학인 것 같아요.

버블의 형성과 모순

김한진　제가 우려하는 것은 지금 사람들이 지난 10년간의 이례적인 초저금리를 일반적인 상황으로 착각하고 있다는 것입니다. 또한 앞으로 이러한 저금리를 유지하는 것은 당연한 일이며, 금리를 급격하게 올리는 행위는 말도 안 된다고 생각하지요. 그러면서 동시에 앞으로 미국 경제가 당연히 탄탄한 초호황을 이어갈 것으로 기대합니다. 더욱이 트럼프의 재정정책이 미국 경기의 보험 역할을 해줄 테니 경기하강 위험이란 애초에 있을 수 없다고 믿는단 말이죠.

　다시 말해 트럼프 정부는 지금 3% 성장을 확신하고 있고, 투자자들은 구조적인 저금리와 더딘 금리 인상을 확신하고 있습니다. 이는 모순입니다. 앞뒤가 안 맞습니다. 둘 중 하나는 틀릴 공산이 크죠. 앞으로 경기가 실망을 주거나 금리가 예상보다 빨리 올라가

거나 둘 중 하나입니다. 아무리 과거와는 다른 비탄력적인 '고용-임금-물가' 관계라 해도, 또 통화당국이 저금리정책을 계속 고수한다고 해도, 물가와 금리가 경기에 전혀 반응을 안 보일 수는 없다고 생각합니다.

김일구 경제는 좋아지는데 금리를 안 올리면 누군가는 비용을 지불해야 하죠. 제가 볼 때는 2008년 금융위기 이후에 전 세계 채권시장에서 만기구조가 엄청 장기화됐습니다. 은퇴를 준비하고 있는 베이비부머들이 노후를 위해서 그 낮은 금리의 비싼 채권을 다 샀어요. 그분들이 이미 비용을 부담했습니다. 여기서 금리가 높아지지 않으면 이분들이 비용을 다 지불하게 되는 겁니다. 어떻게 보면 젊은 사람들을 위해 은퇴자들에게 엄청난 피해를 준 거죠.

그래서 유럽, 특히 독일에서는 나이 든 사람들이 빨리 금리 올리라고 난리입니다. 2008년 금융위기 이후 최대의 피해자는 은퇴를 위해 연금을 든 사람들입니다. 저는 그분들에게 고마워해야 한다고 생각합니다.

김동환 버블은 위기 후에 생깁니다. 버블의 다른 말은 인플레이션입니다. 전 세계는 지난 몇 년간 금융위기와 그 후유증으로 디플레이션이란 위기를 겪었습니다. 유사 이래 처음으로 마이너스 금리를 경험했습니다. 인류가 지구촌에서 경제활동을 시작한 이후 처음이에요. 그리고 금융위기는 대공황보다 더 심한 시스템 리스크였습니다. 그러나 대공황 때 미국의 위상과 2008년의 그것과는 비교할 수 없습니다. 사실 미국이 달러라는 기축통화를 갖고 있지 않았다면 월가의 대부분의 은행들은 파산했을 것이고 적어도 경제적으로 미국은 문을 닫은 나라가 되었을 겁니다.

지금 전 세계에는 미국 연준이 풀어놓은 막대한 달러가 돌아다니고 있습니다. 연준이 2017년 6월에 금리를 한 차례 더 올리면서 보유하고 있는 4조 5,000억 달러의 채권을 점진적으로 현금화하겠다고 했죠? 이른바 자산 축소를 통해 유동성 회수에 나서는 겁니다. 다만 지금까지의 금리 인상 속도에서 보여줬듯이 연준은 경기회복의 기조를 훼손시켜가면서까지 유동성을 회수하지는 않을 겁니다. 이 사이에 풀린 유동성은 수익률을 좇아 더 위험한 자산 쪽으로 옮겨가겠지요. 특히 미국 내에서는 채권에서 주식으로, 또는 미국 주식에서 신흥국 주식으로 말입니다. 미국 주식시장의 상승세와 최근 우리 주식시장의 랠리는 이런 유동성과 경기회복에 대한 기대감, 트럼프가 만드는 버블에 대한 기대가 버무려지면서 나타나는 현상입니다.

김한진 그렇죠. 최근 몇 년은 자산 가격에 거품이 형성되기에 더할 나위 없이 좋은 환경이었습니다. 그래서 실제 지난 수년간 전 세계 집값과 주가가 많이 올랐습니다. 게다가 앞서 김 센터장께서 말씀하셨듯이 은퇴자들은 장기채권을 꾹꾹 눌러 담아 가지고 있는 상태이니 금리가 쉽게 뜨지도 않는 상황입니다. 위험자산 과열에, 보기 드물게 안전자산(채권)도 함께 과열을 보인 셈이죠. 물론 이런 상황이 앞으로 1년 더 지속된다고 해서 무슨 큰 문제가 있는 것은 아닙니다. 하지만 반대로, 이런 상황(주가 과열 등)이 오늘부로 종료된다고 해도 역시 하나도 이상한 일이 아닙니다. 자산 가격 과열이나 거품도 시장의 한 부분이므로 당연히 존중해야 합니다. 시장은 늘 그

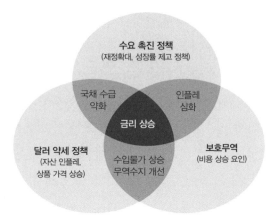

트럼프 정책의 채권시장 영향력

트럼프 정부의 다양한 부양정책은 금리 상승을 부추길 가능성이 크다. 재정확대와 국채시장 수급 악화, 달러 약세 정책과 보호무역정책은 수입물가 상승과 비용 상승을 부추기는 요인이다.

래왔습니다.

다만 이 변혁기에 균형감각과 평상심을 잃지 말자는 것입니다. 신용팽창과 위험 선호 사이클은 언제든 쉽게 꺾일 수 있습니다. 지금부터 그 반전을 만들 만한 예상치 못한 이벤트나 사건, 신호, 경제지표의 변화 등에 촉각을 세워야만 한다는 의견을 드리고 싶습니다.

김동환   그럴 수도 있습니다. 다만 그 이벤트가 2008년 같은 위기로 곧바로 전개되지는 않을 것입니다.

김한진   네, 정말 거품이 제대로 오려면 오히려 가벼운 조정이 한 번쯤 와줘야 할지도 모릅니다. 경기든 주가든요. 그런데 저는 만약 경기가 한풀 꺾인다면 그 원인은 정부 쪽보다는 금융시장에서 만들어질 가능성이 크다고 봅니다. 투기적 열풍이 강할수록 어느 한쪽에 균열이 생기면 다른 자산에 도미노처럼 연쇄적인 영향을 미칠 확률이 높습니다. 지금 시장은 주가, 환율, 금리, 경기가 모두 *끈끈하게* 서로 연결되어 있습니다. 가격변수가 경기에 미치는 영향 또한 상당히 증폭돼 있습니다. 2017년까지는 이들 변수가 다 함께 긍정적인 한 방향으로 쏠렸습니다. 금융시장의 어떤 작은 변화가 경제 주체들의 심리 변화에 의외로 큰 영향을 미치는 촉매가 될 수 있습니다.

의회 분위기에 따른 변수

김일구　　트럼프와 공화당도 생각이 다릅니다. 연준 의장은 상원의 인준 절차를 거쳐 대통령이 임명하잖아요? 공화당의 전반적인 분위기는 2018년 초에 임기가 끝나는 옐런을 내보내고 좀더 긴축적인 사람을 연준 의장에 앉혀서 버블을 관리하고 싶어 합니다. 옐런처럼 저금리를 오랫동안 더 유지하고 경기확장세를 더 끌고 가려 하는 연준 의장이 부담스러운 거죠. 그렇지만 트럼프에게는 옐런이 필요합니다. 미국에서는 대통령 임기가 4년인데, 2년이 지나면 중간선거라고 해서 하원의원 전원과 상원의원 3분의 1을 바꾸는 선거를 합니다. 중간선거에서 지면 남은 대통령 임기 2년은 레임덕이죠. 그래서 대통령 임기 초반에 정책을 밀어붙이고, 중간선거에서 승리한 다음, 남은 2년간 재선을 노리려는 겁니다. 2017년 올해 여름과 가을 사이에 연준 의장을 교체할 것인지를 놓고 공화당과 백악관이 충돌할 것 같은데, 여기서 나오는 결론에 따라 미국 경제의 움직임이 달라질 수 있습니다.

김동환 미국 의회의 입장을 볼까요? 대통령 선거 중간에 선거를 통해 민주당, 공화당 양당 의원들은 지역구에서 재신임을 받아야 합니다. 그러면 과감한 재정정책에 반대하면서 긴축을 주장하는 연방 의원을 지역구에서는 어떻게 볼까요?

예를 들어 제가 오하이오 주 클리블랜드에 산다고 해보죠. 저 같은 주민 입장에서는 터널도 뚫어야 하고 낡고 오래된 교량도 다시 건설해야 하는 상황이에요. 그런데 연방 상원의원이라는 사람이 정부에 왜 이렇게 나랏돈 많이 쓰냐고 반대하고, 트럼프는 그러면 오하이오 주에는 터널 못 뚫고 다리 못 지어준다고 합니다. 그러면 지역구에서 그 사람에게 표를 줄까요?

트럼프는 공화당이 배출한 대통령이지만, 결국 트럼프가 잡으려고 하는 것은 유권자와 선거인단입니다. 선거인단을 자기편으로 만들면 공화당 주류 정치인들도 어쩔 수 없이 자기편이 되리라는 거죠. 선거 당시 펜스 부통령을 제외하고 대부분의 공화당 지도자가 트럼프를 포기했었어요. 지원유세도 안 했죠. 하지만 트럼프는 정치공학에 기대지 않고 끝까지 대중을 잡았기 때문에 대통령이 된 겁니다. 그렇게 탄생한 정권이 이제 와서 공화당, 민주당 불러놓고 잘 봐달라고 할 리가 있겠습니까? 그렇게 하는 순간 자기를 지지하는 대중이 떠나갈 거라고 생각하는 거죠. 그래서 계속 트위터 날리는 겁니다.

김한진　공화당과 백악관은 힘을 모으겠죠. 트럼프가 정책을 추진하는 1차 유효기간은 2018년까지입니다. 그러니 트럼프는 중간선거를 앞두고 이미 공언한 정책에 최대한 힘을 실으려고 할 것입니다.

트럼프 정책은 기본적으로 인플레이션 친화적인 정책이므로 글로벌 금리를 자극할 개연성이 높습니다. 따라서 말씀들 하셨듯이 연준 의장의 재선도 중요하고 연준이 통화정책에 어떤 입장을 견지하느냐도 중요합니다. 다만, 주식시장과 채권시장은 이런 점들을 미리 앞당겨 호재로 사용했다는 것입니다. 또한 정책비용을 해외에 전가하는 데 트럼프 대통령이 솜씨를 발휘해야만 정치적으로도 여론의 지지를 얻을 수 있기 때문에 트럼프의 목소리는 계속 커질 것입니다. 적어도 2018년까지는요. 시장은 이마저도 이미 가격에 긍정적으로 반영해놓고 있습니다.

트럼프는 판을 어떻게 흔들어놓을까

산업 현지화를 위한 움직임

김동환　　저는 지정학적 리스크를 다루는 트럼프의 행태를 보면서 한 가지를 확신하게 됐습니다. 사람들은 트럼프가 보호무역주의를 통해 관세장벽을 높여서 미국의 부를 밖으로 흘려보내지 않고 다른 나라의 부를 자기들이 가지려고 한다고 생각합니다. 그 대표적인 대상으로 보는 국가가 중국과 멕시코지요.

중국은 미국을 상대로 한 해 동안 거의 4,000억 달러의 흑자를 냅니다. 우리나라의 10배 이상이죠. 경제 규모가 다르니까 당연하지만, 트럼프나 미국 사람들에게는 경제 규모는 아무 문제가 되지 않습니다. 4,000억 달러가 중요한 거죠. 그런 트럼프가 매년 4,000

억 달러를 들여 중국에 북핵을 해결해달라고 합니다. 말씀드렸다시피 기본적으로 트럼프는 비즈니스맨이고 장사꾼입니다. 하나를 주면 하나를 받는 사람입니다. 상대에게 갈급한 것을 주고 자신에게 귀중한 것을 받아내죠. 그러니까 트럼프는 매년 4,000억 달러의 대중국 무역적자를 용인하더라도 북핵을 해결하는 게 자신에게 훨씬 유리하다고 생각하고 과감하게 딜을 한 겁니다.

우리나라와의 관계도 마찬가지라고 봅니다. 요즘 언론은 트럼프가 일방적으로 FTA 개정하고, 힘으로 억지로 밀어붙이고, 우리나라의 300억 달러 무역수지 흑자 회수하려고 할 거라고 보도합니다. 하지만 저는 그렇게 간단하게 보지 않습니다. 물론 미국이 비교우위를 가지고 있는 상품을 최대로 팔려고 하겠지만, 우리가 비교우위를 가지고 있는 상품은 전보다 훨씬 더 많이 사갈 것입니다. 트럼프가 경기를 살리는 데 성공한다면 말입니다.

예를 들어 최근 반도체 사이클에 대한 논쟁이 한창 진행 중인데 저는 낙관적으로 봅니다. 중국과 인도산 고사양의 스마트폰이 늘고, 4차 산업혁명과 5G도 반도체 수요를 키우고 있습니다. 트럼프가 만들 버블에도 반도체는 필수입니다. 트럼프가 1조 달러 들여서 사회간접자본에 투자한다고 하는데 여기에 건설, 토목만 들어가는 게 아니죠. IT인프라도 같이 들어갑니다. 병원, 학교 새로 지을 때 반도체 무조건 들어갑니다. 그리고 삼성, 현대가 미국에 공장 짓겠다고 선언했잖아요. 그 공장 완공이 언제쯤 될 거라고 보십니까? 트럼프 임기 끝날 때쯤에도 완공될까 말까입니다. 만약 트럼프가 장사꾼이고 주고받는 관계에 익숙한 사람이며 필요한 걸 받으면 비교적 덜 필요한 것을 확실히 주는 사람이라는 전제가 맞는다면, 트럼프가 필요로 하는 것은 한국으로부터의 수입을 줄이는 게 아니라 한국 사람이 자기들 돈으로 미국에 공장을 짓고 미국인을 고용하고 미국 부품 사주는 겁니다. 그러면 미국 저소득층 근로자들의 수입을 늘리는 목표가 간단하게 달성되니까요.

그래서 저는 우리나라 대기업들의 미국 현지화가 빠르게 진행될 가능성이 크다고 봅니다. 정부도 지원할 겁니다. 하지만 이 부분에 리스크가 있습니다. 예를 들면 삼성이 휴스턴에다 반도체 공장이든 뭐든 대규모로 지었다고 칩시다. 그러면 일단 삼성은 공장이 지어지는 동안은 무역보복 안 당합니다. 세상에 어떤 바보가 자기 나라에 공장 짓고 고용을 창출하는 국가와 기업에 보복을 하겠습니까? 인천항에서 실어오는 물건을 막을 리가 없죠. 그러면 삼성전자 주가는 계속 오를 겁니다. 왜냐하면 미국으로 수출도 잘되고 있고, 현지화하면 거기에서도 장사 잘될 것 같으니까요. 그런데 바로 이 부분이 종국에는 엄청난 함정이 될 겁니다. 결국 트럼프의 버블이 꺼지면서 공장 가동률이 떨어지게 될 테니까요.

저는 미국에 현지화하려는 회사들 주식을 지금 사야 한다고 생각합니다. 초반에는 주가가 좋을 겁니다. 수출도 좋을 거고, 현지화하면 더 잘 팔릴 거라는 장밋빛 기대를 가질 수 있습니다. 그러나 공장이 완공되고 제품을 출하할 무렵이면 트럼프가 만든 버블이 꺼지는 시점이 될 가능성이 큽니다. 그러면 공장 가동률은 떨어지고, 재고는 쌓이고, 약속을 지켜야 하니 고용은 유지해야 하는 상황이 올 겁니다. 제가 생각하는 버블 붕괴의 상징적인 모습은 우리나라를 비롯하여 미국에 현지화한 중국, 일본, 타이완 등의 제조업체들이 당할 심각한 후유증입니다.

김한진 '시장은 눈을 아홉 개 가진 괴물'이란 말이 있지 않습니까? 미스터 마켓(Mr. Market)은 우리보다 훨씬 똑똑하죠. 우리 기업에 트럼프의 정책으로 인한 편익보다 잠재적 비용이 더 크다면 시장은 이를 알게 모르게 반영할 것입니다. 통상마찰, 보호무역, 환율, 외교·안보, 통화정책 괴리 등에서 발생하는 비용, 그리고 남북긴장 비용 등이 그것입니다. 물론 이런 비용들은 단기적인 성격의 것은 아닙니다. 지금은 그 발톱을 숨기고 있지만, 시장이 약해질 만할 때 표면으로 부각돼 시장에 부담 요인으로 작용할 것입니다.

김동환 그런데 그런 식으로만 접근하면 버블이 생겨선 안 됩니다. 2008년 같은 일이 벌어지면 안 되는 거죠. 제가 버블이 생길 거라고 믿는 이유는 사람은 탐욕과 공포를 반복하기 때문이죠.

김한진 지난 오바마 정부 8년 동안 주가나 집값이 조금만 올랐거나 연준이 금리를 좀더 많이 올려놓았다면 이제부터는 좋아질 일만 남았죠. 하지만 시장은 좋은 것은 미리 다 반영했고 부담될 만한 일들은 뒤로 다 미뤄놓은 것 같습니다.

우리 경제에 끼치는 영향

김일구　　트럼프는 우리에게 상처를 꽤 많이 줄 것 같습니다. 다른 사람에 대한 배려심이 있는 것 같지 않고, 자기 방식대로 일을 할 것 같습니다. 북핵 문제에서는 북한도 물러서지 않을 거고 트럼프도 절대 물러서지 않겠죠. 그리고 트럼프가 멕시코와 NAFTA 재협상 하는 것을 보니 우리나라에도 FTA 재협상을 요구하면서 많은 부담을 줄 것 같습니다.

그러나 우리가 상처 때문에 병이 나서 끙끙 앓다가 죽어가는 길을 택하지는 않을 겁니다. 상처에서 벗어나 다시 건강을 회복하기 위해 많은 노력을 하게 될 겁니다. 레이건 대통령도 우리나라를 환율조작국으로 지정해서 상처를 준 바 있죠. 철강·섬유산업에 고율의 관세를 부과해서 우리가 심한 상처를 입었지만, 거기서 살아나기 위해 대규모 주택 공급과 같은 내수부양을 했습니다.

일본도 마찬가지였습니다. 플라자 합의 이후로 일본 경제가 큰 상처를 입었는데, 거의 코마 상태까지 갔습니다. 1985년 9월 플라자 합의로 엔화가 폭등하자 4~5%이던 GDP성장률이 갑작스럽게 -4%로 추락했습니다. 하지만 일본도 거기서 망할 수는 없었고, 살아나기 위해 대규모 부양책을 썼습니다.

앞으로 트럼프가 우리에게 많은 상처를 주겠지만, 긍정적으로 보자면 트럼프가 판을 흔드는 것이 좋은 결과를 가져올 수도 있습니다. 지금 상태로는 대기업뿐만 아니라 자영업에까지 형성되어 있는 기득권을 흔들 수 없습니다. 대통령이 바뀌어도 내부에서는 판을 흔들기 힘듭니다. 대기업 정도는 조금 흔들 수 있겠습니다만, 그게 우리 사회를 변화시키는 데 큰 부분을 차지하고 있지는 않다고 생각합니다. 우리 사회가 바뀌려면, 어쩌면 국민이 '이러다가 우리 모두 망할 수 있다'라는 위기의식을 가져야 할지도 모르겠습니다. 트럼프는 그런 역할을 할 것 같습니다.

김동환　　저도 비슷한 의견입니다. 그럴 가능성이 경제적인 측면만이 아니라 외교·안보적인 측면에서도 농후하다고 봅니다. 트럼프가 지금 북핵 문제 때문에 4,000억 달러를 희생하고 시진핑을 동원해서 이이제이(以夷制夷)하려는 목표가 무엇이겠습니까?

첫 번째는 북한의 핵실험, ICBM실험, 추가 도발 안 해서 미국 성가시게 안 하는 정도이고 두 번째는 핵 동결입니다. 핵 동결은 핵실험을 하지 않는 건 물론, 핵을 공개하고 정지시키는 겁니다. 폐기는 아니고 정지이긴 하지만, 그 수준만 달성해도 상당한 진척이죠. 세 번째는 핵 폐기입니다. 비핵화죠. 트럼프는 비즈니스맨입니다. 후보시절부터 공언해오던 중국에 대한 보호무역장벽까지 포기하고 북핵 문제를 해결하려고 하는 건 내부적으로는 일자리 창출로 민심을 잡고 외부적으로는 세계적 불안요소인 북한 핵을 해결해서 미국 국민을 치명적인 위험으로부터 지키고 세계평화에 기여했다는 평가를 받고자 함입니다. 3년 뒤 그의 재선 캠페인에 결정적 기여를 할 재료입니다.

김 센터장께서 세계 경제의 판을 흔든다는 말씀을 하셨는데, 맞습니다. 앞으로 성가신 일들이 많이 생길 겁니다. 바로 한반도를 둘

러싼 국제 정세가 불안해지고, 외교·안보가 흔들릴 가능성이 미국의 이전 어느 정부 때보다 농후합니다. 그런데 이걸 잘못 해석하면 지난번 전쟁위기설이 퍼졌을 때처럼 한국 주식이나 자산을 팔아서 달러로 바꾸는 류의 일들이 벌어질 가능성이 있고, 그것이 우리 시장에 큰 위험인자가 될 수 있습니다. 그러나 트럼프는 본인의 재선을 위해서라도 절대 파국으로 몰아가지는 않을 거라고 봅니다. 그랬다가는 모든 노력이 수포로 돌아갈 수 있으니까요. 적절히 긴장을 주면서 치적을 만들려고 하겠죠. 이런 관점으로 보면, 한반도의 지정학적인 리스크의 증대는 해결점을 모색하기 위한 과정에서 나오는 파열음 정도인데, 트럼프로 인해서 과대포장되고 공포가 배증되는 상황이 전보다 자주 벌어지게 될 것입니다.

김한진 물론 결과가 그리될지는 몰라도 그 과정에서는 상당한 갈등과 소음, 긴장, 불필요한 비용, 지정학적 위험관리의 어려움 등이 발생할 겁니다. 혹자는 트럼프가 결국 한반도 평화통일의 계기를 만들어줄 거라 기대하는데, 물론 그럴 수도 있습니다. 비즈니스 협상하는 식의 새로운 방식으로 북한 문제를 풀어가고 과감한 협상을 펼치다 보면 의외로 좋은 결과가 도출될 수도 있습니다. 그런데 우리가 그것까지 계산에 넣기란 쉽지 않습니다. 또한 그 과정이 순탄하지만은 않을 거고요.

김동환 지금까지 트럼프가 만들 미국과 세계에 대한 애기들을 서로 다른 측면에서 이야기해봤습니다. 그렇다면 과연 트럼프가 우리 경제에 주는 명과 암은 무엇일까요? 경제라는 측면에서, 특히 자산시장으로 축소해서 보면 분명히 뜨는 곳이 지는 곳이 있을 겁니다.

이 부분에 대해 얘기해보죠.

김일구   시차 문제라고 봅니다. 트럼프 정책은 우리에게 좋은 측면도 있고 나쁜 측면도 있는데, 어떤 것이 먼저 오느냐 하는 문제라고 생각합니다. 대국 경제인 미국이나 중국이 대외정책을 바꾸면 우리에게는 당연히 위험한 일이지만, 반대로 엄청난 기회가 되기도 합니다. 왜냐하면 대국 경제는 기본적으로 축소지향적인 정책을 쓰지 않고 확장지향적인 정책을 쓰기 때문입니다. 조그마한 경제 단위에서는 문제가 생기면 비용을 줄여서 문제를 벗어나려는 방법을 씁니다만, 큰 기업이나 큰 국가는 그런 식으로 가면 거기서 끝입니다.

대표적인 경우가 대공황이었죠. 1929년 주가 폭락 이후 미국 경제가 어려워지고 디플레이션이 생기면서 농민들이 힘들어하니까 당시 후버 대통령이 중남미로부터의 농산물 수입에 고율의 관세를 부과했습니다. 이 때문에 미국 경제의 어려움이 중남미로 확산됐고, 결국 전 세계로 대공황이 퍼져 나가는 계기가 됐습니다. 누구보다 미국이 이것을 잘 알고 있기에 경제 문제는 늘 확장적인 정책, 파이를 키우는 정책으로 풀어왔습니다.

다만 우리 수출이 미국에 많이 의존하고 있다 보니, 트럼프의 대외정책에 대해 자존심이 상합니다. 어떤 분들은 미국보다 중국에 대한 수출이 더 많다고 하시는데, 수치로는 물론 대중 수출이 많습니다. 대중 수출이 전체의 약 25%, 대미 수출은 15%가 채 안 됩니다. 그렇지만 대중 수출 품목들이 가공되어 다시 미국으로 수출되기 때문에, 저는 우리나라 수출에 가장 중요한 나라는 여전히 미국이라고 생각합니다. 우리가 주도적으로 바꾸지 못하고 미국의 변화에 맞춰야 한다는 것이 가장 어려운 일이겠죠. 어떤 품목에 대해 미국이 고율의 관세를 부과한다거나 한미FTA를 개정하자고 하는 것, 특정 미국산 제품이나 원자재를 구매하라는 요구를 받는 것 등이 있을 것 같습니다.

김한진　저는 트럼프 정부 내내 글로벌 보호무역주의가 팽배할 것으로 예상합니다. 미국 우선주의적 일방통행 정책은 한국과 같은 대외개방형 수출국에는 부담입니다. 더욱이 중국과의 교역, 환율 연계성이 높아진 우리로서는 중국을 거쳐 우회적으로 부담을 받을 수도 있습니다.

저는 트럼프 집권 기간에 오히려 차세대 성장산업(4차 산업) 관련 기업들이 발전할 기회가 많으리라고 봅니다. 트럼프 정부가 러스트벨트의 전통 제조업을 지원한다면 우리로서는 미래의 먹거리 산업에 더욱 매진해야 하는 당위성과 압력을 갖습니다. 미국에서도 트럼프 정부가 간섭을 하지 않는 비제조업에서 오히려 발전과 혁신이 일어나고 금융규제 완화가 이들 산업에 더 양질의 자본을 중개할 것으로 예상합니다. 또한 트럼프의 엄격한 방위비용 분담 정책과 일본의 자위대 무장은 우리의 국방 R&D투자에 대한 당위성도 높여줄 것입니다. 정부도 군산복합기업들을 적극 육성해 자주국방력을 높이려고 할 것입니다.

앞서 한국 경제의 발전 단계를 논하면서 언급한 바 있듯이 한국 기업은 이제 새로운 부가가치를 위한 도약기에 놓여 있습니다. 차세대 성장산업과 관련된 제대로 된 글로벌 기업이 사실 반도체기업 외에 딱히 없다는 현실이 우리를 당혹스럽게 합니다. 그간 한국 수출을 이끌어온 제조업 경쟁력에 중대한 변화가 인 지는 오래됐습니다. 부피가 큰 산업이나 조선, 해운과 같은 세계 물동량과 관련된 산업은 계속 경쟁력을 잃을 것으로 예상합니다. 자동차와 기계 등도 새로운 브랜드나 핵심 부가가치를 탑재하지 않으면 설 땅이 더욱 줄어들 것으로 봅니다. 반도체와 디스플레이 등 IT산업이 다행히 호황이지만, 중국이 무서운 속도로 쫓아오고 있어 이 또한 장기적으로는 성장을 낙관할 수만은 없습니다.

김동환 우리나라 산업에서 트럼프 정책 때문에 가장 피해를 볼 산업은 노동집약적인 비즈니스입니다. 예를 들면 유통업이죠. 지금 유통업 중에 편의점이 상황이 가장 좋다고 합니다. 1인 가구가 늘면서 '혼밥', '혼술' 등이 확산돼 편의점이 굉장히 장사가 잘됩니다. 그러나 최저임금이 빠르게 오르면 어떻게 될까요? 트럼프 정부 하에서 미국 최저임금은 더 빠르게 오를 겁니다. 우리도 새 정부가 2020년까지 최저임금 1만 원을 공언하고 있죠. 최저임금의 인상 추세는 우리만의 상황이 아니라 사실은 트럼프가 더 강력하게 밀어부칠 겁니다. 마트나 편의점처럼 아르바이트를 쓰고, 저임금 여성 근로자들을 고용해서 생산성을 맞춰온 유통업은 굉장히 힘들어질 거라고 봅니다.

반대로 인력이 별로 필요치 않은, 더불어 고도화설비를 미리 해놓은 석유화학이나 정유 같은 산업들은 우리나라가 생산성이 제일 좋습니다. 가장 좋은 건 반도체입니다. 인건비가 부담스러운 시대에 인류는 더욱 기계에 의존하게 됩니다. 그 기계는 단순히 물건을 만들어내는 데 보조적인 역할을 하는 게 아니라 비용이 높아진 인간을 대체할 훨씬 인간다워진 기계로 발전합니다. 빅데이터, 인공지능, 사물인터넷, 무인자동차 같은 인간의 영역을 대체할 이른바 인간형 기계들이 급속도로 발전할 때 고사양 반도체는 필수적인 부품입니다. 트럼프가 공언하고 있는 1조 달러 인프라 투자에도 IT 인프라는 필수입니다. 당연히 반도체 수요는 늘 겁니다. 트럼프 당선을 전후해서 세계 반도체 경기가 고공행진을 하고 우리 상성전자 주가가 급등한 것, 과연 우연일까요?

벤 버냉키와 마리오 드라기에 대한 평가

벤 버냉키 미국 연방준비제도이사회(FRB) 의장과 마리오 드라기 유럽중앙은행(ECB) 총재는 중앙은행 역사에서 가장 논란이 되는 인물들일 것이다. 버냉키는 2008년 양적완화 정책을 도입한 것으로, 드라기는 2014년 마이너스 금리 정책을 도입한 것으로 유명하다. 이들이 글로벌 경제를 대공황의 위험으로부터 구해낸 영웅으로 기록될지 아니면 중앙은행 역사에서 지우고 싶은 오명으로 기록될지는 더 지켜봐야 하겠지만, 부정적인 평가가 우세한 편이다.

중앙은행이 채권을 사면서 시중에 유동성을 공급하는 것은 예전에도 있었던 일이다. 그러나 버냉키의 양적완화 정책은 중앙은행이 돈을 풀어 자산 가격을 끌어올리는 것을 목표로 하는 새로운 정책이었다. 채권을 첫 번째 타깃으로 하여 중앙은행이 채권을 사서 채권 가격을 끌어올리면서 돈을 풀고, 그래도 경제가 좋아지지 않으면 중앙은행이 주식과 부동산을 산다는 계획이었다.

　마이너스 금리 정책도 유럽중앙은행이 처음 시작한 것은 아니었다. 덴마크 중앙은행이 이미 2012년부터 시행하고 있던 정책이었지만, 글로벌 경제에서 차지하는 GDP 비중이 0.4%에 불과한 나라여서 큰 의미를 부여하기는 어려웠다. 그러나 유로존은 글로벌 경제 내 비중이 15%가 넘는다.

　금리가 마이너스라는 것은 예금을 했는데 이자를 받는 것이 아니라 오히려 수수료를 내야 한다는 뜻이다. 그러면 사람들은 돈을 은행에 맡기지 않고 금고를 사다가 집에 현금을 쌓아둘 것이다. 이를 '화폐퇴장'이라고 하는데, 돈이 돌지 않고 금고로 퇴장되기 시작하면 경제위기를 피할 수 없다. 그래서 버냉키는 금리를 제로까지만 낮춰 마이너스 금리는 피하고, 대신 양적완화 정책을 썼다.

　물론 드라기도 개인 예금자에게까지 마이너스 금리 정책을 쓴

벤 버냉키(Ben S. Bernanke)는 미국의 경제학자이자 연방준비제도이사회의 14대 의장이다. 2006년 미국 연방준비제도이사회 의장으로 취임, "대공황 이후 최악의 경제 위기"인 글로벌 금융위기에 맞서 세계 경제를 진두지휘했다.

미국인의 평균소득(1인당 GDP)은 크게 늘어났지만 소득 중위층 가구의 소득은 그렇지 못하다. 평균값이 높아지는데 중앙값이 정체되어 있다는 것은 소득 불평등이 심해지고 있다는 뜻이다.

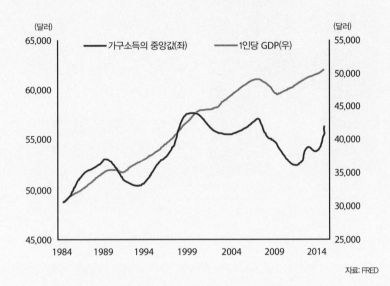

자료: FRED

것은 아니다. 법률이나 거래 편의 때문에 중앙은행에 계좌를 만들어 돈을 맡길 수밖에 없는 금융기관이나 펀드에 마이너스 금리를 적용한 것이며, 이들은 울며 겨자 먹기로 돈을 맡기고 수수료도 냈다.

양적완화와 마이너스 금리 정책은 모두 금리를 크게 낮춰 대출을 받거나 채권을 발행하는 차입자들에게 유리한 경제환경을 만들어줬다. 그리고 이들이 돈을 빌려 소비와 투자에 나선 것이 글로벌 경제가 침체에 빠지지 않도록 하는 데 기여했다는 점은 부정할 수 없다.

그러나 지나치게 낮은 금리가 사회의 양극화를 심화시키고, 이

마리오 드라기(Mario Draghi는 이탈리아의 은행가이자 경제학자이다. 2011년부터 유럽 중앙은행(ECB) 제3대 총재를 역임하며 유로존의 금융통화정책을 총지휘했다.

자수입에 의존하는 금융 시스템을 취약하게 만든다는 부작용도 드러났다. 초저금리로 주식과 부동산 가격은 크게 올라 자산이 많은 고소득층은 더 부유해졌지만, 금리를 아무리 낮춰도 양질의 일자리가 생기지 않아 저소득층의 삶은 팍팍해졌다. 소득 양극화가 심해지면서 미국과 영국 및 여러 유럽 국가에서 저소득층의 성향이 국수주의, 보호주의로 바뀌었다. 이는 영국의 EU 탈퇴와 미국의 트럼프 대통령 당선으로 이어지기도 했다. 은행과 보험사의 수익성이 현저히 악화되면서 새로운 금융위기에 대한 우려도 생겨나고 있다. 예금과 대출 사이의 금리차가 줄어들면서 은행의 수익성이 악화되고 주가가 폭락했다. 보험사도 금리 하락으로 인해 계약자에게 약속한 보험금과 연금을 지급하기 어려울 정도로 수익성이 악화되어 대규모 증자를 해야 할 상황에 놓였다.

결국 양적완화와 마이너스 금리 정책은 그것을 통해 얻은 것도 일부 있지만 잃은 것이 워낙 커서, 앞으로 2008년과 같은 상황이 다시 오더라도 이러한 극단적인 통화정책은 사용되지 않을 것 같다. 버냉키의 뒤를 이은 재닛 옐런 FRB 의장도 '금리가 지나치게 낮으면 부정적인 효과가 더 크다'라고 평가하고 있다.

버블은 언제 생기는가

역사적으로 모든 자산은 가격 급등락을 반복해왔다. 모든 자산은 투기의 먹잇감이다. 17세기 네덜란드에서 발생한 튤립 뿌리 거품으로부터 부동산, 주식, 채권, 원유, 곡물, 구리, 금, 환율, 부도확률 상품(CDS)에 이르기까지 투기 대상은 상상을 초월해 왔다. 불과 10년 전만 보더라도 부도확률 상품(CDS)과 복합 부도확률 상품(CDO)이 세상의 최대 인기 상품이 아니었던가.

자산 버블에 대한 정의는 명확하지 않고 대개 사후 진단에 가깝다. 다만 각 자산이 지닌 기본 내재가치에 비해 가격이 비이성적으로 오르는 현상을 거품이라고 보는 데에는 이견이 없다. 거품 형성의 가장 큰 요소는 인간의 탐욕과 광기에 가까운 투기 DNA다. 그리고 그 탐욕을 부채질하는 것이 바로 금융의 발달, 신용팽창, 심지어 중앙은행, 빚내서 투자하는 레버리지 행위다.

돈이 많이 풀리고 대출이 급증하면서 수요가 갑자기 몰리고 가격이 오르면, 탐욕은 더욱더 활활 타오른다. 버블의 3대 조건을 꼽는다면 자산 가격이 오를 만한 원래의 기본적 요건(거품의 출발점은 항상 논리적이고 점잖다), 시중 유동성(통화팽창), 그리고 그 과잉 수요를 만드는 레버리지 요인(신용팽창)이다. 여기에 종종 정책적 요인이 자산 가격 거품을 만드는 데 크게 공헌한다. 지난 역사를 볼 때 섣부른 규제나 가격 침체 구간에서의 무리한 부양책이 결국 투기로 이어지는 경우가 비일비재했다.

트럼프라는 현실

역대 미국 대통령 중 가장 낮은 지지율, 국내적으로 건강보험 개혁안을 비롯하여 한 건의 법안도 의회의 승인을 받지 못한 절름발이 대통령이라 평가받는 이 트럼프 대통령이 역설적이게도 가장 큰 영향력을 발휘하고 있다.

미국과 우리 언론의 트럼프에 관련된 보도 가운데 가장 많은 게 탄핵 가능성이다. 탄핵 가능성이 전혀 없는 바도 아니지만 어쩌면 도저히 트럼프를 미국의 대통령으로 인정하고 싶지 않다는 정서도 반영되어 있다고 보여진다. 그러나 트럼프는 엄연한 현실이다. 우리가 어찌할 수 없는 냉혹한 현실이다. 적극적으로 대응하고 활용해야 한다.

트럼프에 대한 선입견과 몰이해는 때때로 국가에 치명적인 위기를 초래할 수 있으며 기업은 손실을 볼 수 있고 나아가 경제 주체로서의 한 사람 한 사람의 부에도 매우 큰 변수가 될 수 있다.

그가 가고자 하는 길을 잘 이해하면 부자가 될 것이고, 그러지 못하면 가난해질 것이다. 피할 수 없으면 즐기라고 했던가. 트럼프를 그저 가십거리로 파악하지 말고 진지한 극복의 대상으로 삼아야 할 것이다.

트럼프 출현의 배경

반세계화

10년 전이긴 하지만 미국에서의 일상을 한번 회고해볼까 한다.

중국산 자명종의 알람 소리를 듣고 일어나 역시 중국산 운동복으로 갈아입고 베트남에서 만든 운동화를 신고 콘도 내의 헬스클럽으로 간다. 콘도의 로비에서 반갑게 인사하는 경비원은 멕시코 사람이고 헬스클럽의 트레이너는 체코슬로바키아 이민자이며 트레드밀 앞에 설치된 액정TV는 LG전자가 만든 것이다. 운동이 끝나고 가족과 둘러앉은 아침 밥상에서야 미국산 식자재를 만나게 되지만 음식을 만드는 데 필수적으로 쓰이는 냉장고, 레인지, 오븐 등은 여전히 한국, 독일, 일본제다. 출근길에 차려입은 슈트는 이탈리아 브랜드이고 자동차는 독일제이며 사무실의 엘리베이터는 일본산이다. 책상 위의 컴퓨터는 중국산이고 전화기는 태국산이며 점심때 배달시킨 샌드위치를 가져온 사람은 도미니카 사람이다. 퇴근길에 딸을 위해 산 인형은 인도네시아산이고 반주로 마신 와인은 프랑스산이고 저녁 식사 후 내온 포도는 칠레산이고 오렌지는 브라질산이며 일과를 마치고 몸을 누이는 침대는 중국산이다.

육류를 비롯한 식자재 일부를 제외하면 미국 사람이 일상에서 '메이드 인 USA'를 만나기란 참으로 힘들다. 대부분의 공산품은 수입품, 그것도 상당수가 중국산이고 서비스를 제공하는 사람들 대부분은 합법적인 이민자인지 구분을 할 수 없는 멕시코를 비롯한 이민자들이다.

2008년 금융위기 이전 미국 사람들, 그리고 미국의 정치인들 상당수는 이러한 미국의 일상을 어쩌면 당연하게 여겼다. 이른바 세계화의 큰 흐름 속에 제조업은 신흥국의 몫이고, 금융을 비롯한 서비스업은 미국을 비롯한 선진국의 몫이라는 암묵적인 합의가 있었다고 할까?

미국의 수많은 제조업체가 싼 인건비와 세금을 찾아 멕시코와 중국을 비롯한 신흥국으로 떠났고, 이렇게 가격을 낮춘 공산품들은 미국의 물가를 낮추고 미국 가정의 잉여소득을 만들었다. 긴 안목에서 2008년 금융위기 이전 미국 부동산시장의 장기 호황 역시 미국 가계가 중국을 비롯한 신흥국에서 들여온 저렴한 공산품을 사용하면서 시작된 결과이기도 하다.

금융위기는 모든 걸 바꾸어놓았다. 믿었던 금융은 붕괴했고 무려 4조 달러가 넘는 달러를 찍어내고서야 겨우 중환자실에서 나올 수 있는 상황이 됐다. 세계 유일의 기축통화인 달러의 발권력이 없었다면 미국은 적어도 경제적으로는 망한 나라였다.

믿었던 금융이 미국을 망하게 할 뻔했다는 교훈은 미국의 정치인들을 바꾸었다. 새로 집권한 오바마 행정부는 벤 버냉키 연준 의장을 대리인으로 내세워 양적완화라는 초유의 위기 수습책을 내놓는 동시에 자국 제조업체의 본국 귀환을 독려하는 이른바 리쇼어링 정책을 추진했다. 제조업의 공동화가 낳은 일자리의 감소, 특히 선거 때마다 당락을 결정짓는 이른바 스윙 스테이트로 구성된 녹슨 공업도시(러스트 벨트) 지역의 제조업 부활을 추진한 것이다.

세계화는 효율성을 기반으로 한다. 비교우위가 있는 분야에 집중하면서 재화와 서비스를 교환하면 효율성이 극대화되고, 이것이

제조업이 몰락하면서 불황을 맞은 미국의 대표적 공업지역을 '러스트 벨트'라고 부른다. 트럼프 정부는 러스트 벨트 부활에 정책을 집중하고 있다.

전 세계의 부를 그만큼 증대시킬 것이라는 기대로 살아온 30년이었다. 국제적 분업은 대세였고 각국은 자국의 산업 발전 단계에 따라 경쟁우위의 산업을 넓혀가기 위한 경쟁을 했을 뿐 전체를 아우르려는 시도는 사실상 구시대의 산물 취급을 받았다.

미국이 TV시장을 한국의 삼성, LG에 내주더라도 골드만삭스나 뱅크오브아메리카가 한국에서 막대한 이익을 보고 있다는 전제하에 국제적 분업이 시너지를 내고 있다는 믿음이 미국의 정치인들과 국민 모두를 관대하게, 아니 어쩌면 무감각하게 했을 수 있다. 일자리라는 생존의 문제가 미국 사람들의 구매력을 증대시킨 일종의 가격 혁명이라는 깃발 아래 묻혀간 것이다.

대선에 출마한 트럼프가 주목한 것이 바로 이 세계화의 상처를 받고 살아가는 미국 사람들이었다. 값싼 중국산 제품과 끝없이 몰려오는 멕시코 사람들에게 일자리를 잃은 미국 사람들, 그것도 백인 블루칼라들을 공략해낸다면, 그래서 전통적 공화당 지지와 함께 전통적인 민주당 지지층인 블루칼라들의 표를 가져올 수 있다면 승산이 있다고 판단한 것이다. 처음부터 매우 전략적인 출사표였고 당내 경선과 본선 유세기간 내내 트럼프 캠프는 전 세계적인 비난과 미국 주류 언론의 비아냥 속에서도 단 한 번도 이 세계화란 화두가 가져온 부작용을 놓쳐본 적이 없다.

중국에 45%의 관세를 부과하겠다는 공약을 비롯하여 한국과 맺은 FTA의 재협상, 멕시코 국경의 장벽 건설, TPP 탈퇴 등의 공약은 바로 세계화로 고통받는 자신의 열성 지지층인 백인 블루칼라들을 꼼짝없이 붙들어 두는 족쇄와 같은 역할을 했다.

그의 선거 구호인 'MAKE AMERICA GREAT AGAIN'이 나타내는 미국 우선주의는 다른 말로 하면 '반세계화'다. 트럼프는 세계의 대통령에 출마한 것이 아니라 미국의 제45대 대통령에 출마하는 것이라는 선언을 한 것이다. 전임 오바마 대통령의 임기 말 지지율이 60%를 넘어가는 상황에서 그의 정치적인 후계자 힐러리 클린턴을 꺾기 위해서는 그녀와 완전히 상반되는 정책적인 대척점에 서야 하며 그 일관성을 늦추면 안 된다는 걸 도널드 트럼프와 그의 참모들은 너무도 잘 알고 있었다.

힐러리 클린턴이 'Stronger Together'라는 구호를 내놨을 때 트럼프와 참모들은 회심의 미소를 지었을 것이다. 힐러리가 영악하게도 나름의 미국 우선주의를 들고나왔더라면 트럼프의 구호가 갖는 위력이 반감됐을 텐데 'Stronger Together'는 여전히 세계화를 지지한다는 뜻이니 말이다. 결국 미국의 유권자들, 특히 세계화의 피해자인 경제적 중·하층민들은 힐러리를 완벽하게 떠났다.

미국 제45대 대통령 선거는 바로 이 세계화에 대한 미국 국민의 심판이었고, 로널드 레이건 이래 경제적 의미의 세계화 정책의 종언을 고하는 선거가 됐다.

양극화

차를 몰고 미국을 여행하다 보면 매우 당황스러울 때가 있다. 불과 길 하나 차이를 두고 나뉘는 백인 부유층이 사는 동네와 흑인·히스패닉계가 모여 사는 슬럼을 동시에 경험할 때가 그렇다. 비즈니스를 통해 미국 주류, 특히 유대인들과 사귈 기회가 많았던 필자로서도 가끔 목격한 풍경이다.

하루는 빌딩 렌트 사업으로 성공한 유대인 친구가 집으로 초대해서 가족들과 차를 몰고 그의 집으로 향했다. 뉴저지의 웨스트오렌지라는 도시다. 고속도로를 따라 내려가다가 이스트오렌지를 통해 도착하게 되어 있는 그 도시는 맨해튼의 월스트리트에서 일하는 사람이나 NBA 스타와 같은 유명인들이 사는 것으로 유명한 오랜 부촌이다.

반면 그 도시로 가는 길에 거쳐야 하는 이스트오렌지라는 도시는 정말 이곳이 21세기의 미국, 그것도 맨해튼까지 한 시간도 걸리지 않는 곳에 있는 도시가 맞나 하는 생각이 들 만큼 참담했다. 쓰러져 가는 집들, 구걸을 하는 알코올 중독자, 학교에 가지 않고 거리를 떠도는 아이들, 문을 닫은 상점들 등 본능적인 보호의식이 발동해 차 문을 잠갔을 정도다. 그러다 웨스트오렌지로 들어서는 교차로를 지났는데, 풍경이 갑작스레 달라졌다. 그야말로 유럽의 고풍스러운 도시를 그대로 옮겨다 놓은 듯한 분위기였다. 거리 양측에 고즈넉한 분위기를 풍기는 가스등이 펼쳐지며 수백만 달러를 호가하는 대저택들이 나타났다. 불과 신호등 하나 차이로 극과 극의 세계가 펼쳐졌다.

양극화가 비단 미국만의 일은 아니지만 세계 최강대국이자 경제적 번영의 상징인 아메리칸 드림의 나라 미국의 양극화는 우리가 생각하는 것보다 매우 심각하다. 금융위기 직후 벌어졌던 "월스트리트를 점령하라"라는 시위대의 외침에서 보듯이 지난 세계화 연간에 미국은 철저히 양극화됐다. 월스트리트와 같은 고학력 직장인들의 연봉은 계속 올랐지만 저학력 블루칼라들의 임금은 멈춰섰다. 자본가들은 주식이며 채권, 부동산, 파생상품을 자유자재로 넘나들며 자산을 늘려갔다. 하지만 중산층 이하의 경제적 하층민들은 시간당 최저임금의 정체와 줄어든 복지, 폭등한 부동산 때문에 점점 더 가난해졌다. 슬럼가의 아이들은 무너져가는 공교육조차 그나마 제대로 받지 못한 채, 번듯한 직장을 포기하고 최저임금의 맥도날드에서 햄버거 패티를 굽는 것이 고작인 삶을 살아가야 했다.

금융위기는 자산가들, 월스트리트의 금융기술자들이 일으킨 폐망의 시나리오였음에도 오바마 행정부가 보여준 사후처리는 다시금 양극화를 가속화했다. 부도 직전의 금융사들을 살리는 긴급수혈이 있었고 월스트리트는 다시 보너스 잔치를 벌였다. 그 와중에도 맥도날드의 최저임금은 여전히 최저 생계비를 감당키도 어려운 수준이었다. 오바마 대통령은 집권 후반기에 들어서야 최저임금을 올려야 한다고 나섰지만, 시기를 놓친 리더의 생색내기에 그쳤다.

양극화의 원인은 결국 좋은 일자리의 부족이다. 소득의 과다와 관계없이 안정적인 일자리는 소비자로서 국민의 심리를 안정시키는 역할을 한다. 그러나 미국 노동시장의 탁월한 유연성은 언제든 회사의 결정에 따라 실업자가 될 수 있다는 걱정을 만들고, 전체적으로 좋은 일자리가 줄어드는 환경하에서 노동자들이 느끼는 위기의식은 높아진다.

이 양극화를 트럼프는 자기의 어젠다로 만들어버렸다. 그의 영악한 표 계산의 산물이다. 양극화란 50대 50의 두 패로 나뉘는 것이 아니다. 상위 1%와 나머지 99%, 아무리 넓게 잡아도 상위 10%

와 나머지 90%의 양극화다. 경제적 피해의식을 가진 절대다수의 미국인에게 그의 미국 우선주의는 그를 양극화를 해소할 수 있는 유일한 대안으로 생각하게 하기에 충분했다. 그가 백만장자의 후계자 출신인 이른바 금수저이고 부동산 재벌임에도, 하물며 공화당 후보 그 누구보다 부자이며 경쟁자인 힐러리 클린턴에 비해 수백 배의 자산을 가진 부자임에도, 또한 그 자신이야말로 양극화의 수혜자임에도 불구하고 그의 양극화 피해자 코스프레가 먹혀들었다. 이는 미국 유권자들의 민도를 의심해볼 만한 뜻밖의 결과다. 하지만 트럼프의 양극화 어젠다 선점은 철저히 계산된 전략이다. 바둑으로 치면 중원을 차지할 수 있는 신의 한 수였고, 선거 기간 내내 힐러리 클린턴으로 하여금 이 중원에 포석을 놓을 수 없게 해버린 묘수였다.

탈정치화

정치권 밖의 사람이 대통령이 되기 어려운 나라로 미국만 한 곳이 또 있을까? 미국 역사상 정계 입문과 동시에 대통령의 자리를 차지한 사람은 여지껏 없었다. 미국의 연방 의원이 되기 위해서는 적어도 도시나 주의 의원을 거쳐야 하고 대통령이 되기 위해서는 상·하원 의원이나 주지사가 필수적인 코스였다.

도널드 트럼프처럼 정치적 아웃사이더가 대통령에 도전한 적은 몇 차례 있었지만 결국 찻잔 속의 태풍에 머물렀을 뿐 심각한 대권 후보로 등장한 적은 없다. 미국 정가의 뿌리 깊은 양당제 전통에다 '정치는 정치인의 몫'이라는 정서적인 전통도 어느 나라보다 강력하다.

오바마 대통령은 퇴임을 앞두고까지 60%의 지지율이 나오는 대통령이었다. 그러나 그의 지지율이 과연 그의 정책에 대한 만족도와 비례했던 걸까? 단지 그의 이미지에 대한 선호도가 반영된 것은 아닐까? 백악관 대통령 집무실에서 참모들과 친구처럼 얘기하고 백악관 청소부들과도 스스럼없이 하이파이브를 하는 소탈한 모습, 아내인 미셸 오바마와 두 딸에게 보여주는 다정하고 가정적인 남편과 아빠로서의 모습, 독일 메르켈 수상과 한 방향을 보며 대화하는 리더로서의 개방성 같은 모습들이 언론에 보도되면서 선한 리더로서의 이미지가 더욱 올라간 것은 아닐까? 과연 그의 대외정책, 교육정책, 경제정책, 나아가 오바마 케어 같은 사회 문제에 대한 정책의 만족도가 60% 이상이었을까?

트럼프는 단호히 부정한다. 여론조사의 가장 큰 희생양이 바로 자신이라고 한다. 일정 부분 인정해야 할 듯하다. 또 한때 거셌던 민주당 진영의 버니 샌더스 돌풍은 어떻게 해석해야 할까? 우리로 치면 지방 소도시 시장쯤 되는 경력을 가진 샌더스가 8년간의 퍼스트레이디에, 뉴욕 주 상원의원에, 미 국무장관 경력을 지낸 힐러리 클린턴을 끝까지 괴롭힌 저력은 어디서 나왔을까? 과연 그의 좌파적인 정치적 지향점만 가지고 가능했을까? 그렇지 않다. 힐러리 클린턴은 일종의 적폐로서 구시대 정치인의 전형으로 인식된 반면, 샌더스는 이 구악을 청소할 신선한 세력의 대표쯤으로 인식된 결과다.

지지율이라는 지표의 한계다. 사실 기존 정치 시스템의 붕괴 현상은 비단 미국만의 일은 아니다. 영국 국민이 예상을 깨고 브렉시트를 선택한 것도 이대로는 안 되겠다는 기존 정치권에 대한 불신의 결과이고, 프랑스 대통령 선거에서 정치 신인 마크롱이 당선된 것도 마찬가지다. 선진국들에서 벌어지고 있는 정치적 아웃사이더들의 반란은 기존 정치인들이 국민과 얼마나 유리되어 있는가를 보여주는 현상이다. 크게 보아 도널드 트럼프가 제45대 미국 대통령에 당선된 것 역시 전 세계적으로 불어닥친, 기존 정치 시스템에서 벗어나려는 바람의 결과라고 봐야겠다.

마초적 정치인의 부상

트럼프와 세계 패권을 두고 첨예하게 대립하고 있는 시진핑을 보자. 중국 공산당은 이미 그를 '핵심'이라는 용어로 부른다. 마오쩌둥과 덩샤오핑에게나 쓰던 용어인데, 집권 전반기를 마무리하고

중화인민공화국의 시진핑은 2013년 국가주석직에 오르며 당·정·군 3대 권력을 장악했다.

있는 시진핑은 자신을 국부인 마오쩌둥 그리고 경제적 번영의 기틀을 놓은 덩샤오핑과 같은 반열에 올려놓은 셈이다.

중국의 리더십은 국가주석이 대외적으로 국가를 대표하면서 정치를 챙기고, 2인자인 총리가 내치와 경제를 챙기는 것으로 역할 분담을 한다는 불문율을 갖고 있다. 하지만 지금 리커창 총리가 내치와 경제를 주관한다고 보는 이는 없다. 시진핑의 사람들이 장악하면서 사실상 시진핑은 황제와 같은 자리에 올라 있다는 평을 받는다. 이른바 스트롱맨, 즉 독재자다.

트럼프 대통령 만들기의 일등 공신으로 누구를 꼽을 수 있을까? 단연 러시아의 푸틴 대통령이다. 해킹을 통해 트럼프의 당선을 도왔다는 의혹을 사고 있는데, 그 사실 여부와 관계없이 푸틴은 선거 운동 중에 트럼프와 좋은 관계를 유지하면서 트럼프가 지도자로서의 위치를 공고히 하는 데 일조했다. 이 푸틴, 사실 스트롱맨의 원

블라디미르 푸틴(Vladimir Vladimirovich Putin)은 1999년 대통령 권한대행이 되었다가 러시아의 제3대, 4대 대통령을 연임하고 2012년에 다시 제6대 러시아 대통령으로 취임하였다. 러시아는 푸틴-메드베데프 동반 통치가 지속되고 있다.

조다. 세 번 연임할 수 없다고 되어 있는 헌법 때문에 수하의 메드베데프 총리를 대통령에 앉히고 자신은 총리로 내려앉아 상왕 노릇을 하다가, 그 임기가 끝나고 다시 대통령이 된 희대의 독재자가 아닌가. 그러나 러시아에서 푸틴의 지지도는 여전히 압도적이다. 과연 우리나라에서 이런 시도가 있었다면, 글쎄 광화문에 또 한 번 촛불들이 모이지 않을까?

또 아베 일본 총리를 보자. 최근에 자민당은 총재가 세 번 연임할 수 있도록 당규를 개정했다. 아베가 9년 동안 장기 집권을 할 수 있도록 길을 터준 것이다. 일본은 집권당의 당수가 총리가 되는 제도이기 때문에 자민당의 총재를 더 할 수 있다는 건 일본 권력 일인자의 자리를 연장한다는 얘기다. 아베 총리가 스트롱맨이냐고 반문할 수 있을 것이다. 단연코 그렇다. 영원히 전쟁을 할 수 없도록 해놓은 이른바 맥아더 헌법을 고치려고 하지 않는가. 일본이 자위 목적의 군대가 아닌 전쟁을 할 수 있는 군대를 가지고 파병을 할 수 있도록 한다는 아베의 의도가 무엇이겠는가. 다시 강한 일본을 만들겠다는 것이다.

그는 스트롱맨임과 동시에 딜리전트맨(diligent man)이다. 트럼프 대통령이 당선되자마자 처음 만난 지도자가 누군가? 바로 이 아베 총리다. 당선인의 사저까지 직접 찾아가 일제 혼마 드라이버를 선물하고, 취임한 후 다시 백악관으로 찾아가 에어 포스 원을 타고 플로리다의 트럼프 골프장에서 라운딩을 할 정도다. 우리와는 불편한 관계의 일본 지도자이지만 자국의 이익을 위한 그의 강하고 부지런한 리더십은 한편으로는 부러움의 대상이다.

그 외에도 터키의 에르도안과 필리핀의 두테르테를 보라. 전자는 여행 중에 쿠데타를 맞았지만 피의 진압을 한 후 지식인과 언론인 수만 명을 감금해버리고 일인 독재체제를 더욱 공고히 하는 개헌을 했다. 그리고 후자는 수천 명의 마약사범을 현장에서 사살하는데도 압도적인 지지를 받고 있다.

이런 비민주적인 스트롱맨이 세계 주요국에서 동시에 출현하는 이유는 무엇일까? 한마디로, 바로 저성장의 결과다. 세계 금융위기 이후에 진행된 중산층의 붕괴와 경제 침체, 예전 독재자들이 다스리던 때만 하더라도 고성장을 구가했고 오히려 양극화가 이렇게까지 심하진 않았다는 향수가 있다. 절차적인 정당성은 다소 약하더라도 고도성장을 해낼 수 있고 나라의 적폐를 일거에 해소할 수 있는 리더라면 민주주의는 희생할 각오가 되어 있다는 것이다. 미국의 트럼프도 마찬가지다. 러스트 벨트의 백인 실업자들에게는 그의

레제프 에르도안(Recep Erdogan)은 터키의 전 총리이자, 현재 대통령이다. 2003년에 총리가 되었으며, 2014년 터키 역사상 최초로 치러진 직선제 대통령 선거에서 당선되었다.

로드리고 두테르테(Rodrigo Duterte)는 2016년 필리핀의 제16대 대통령으로 취임했다. 그는 거침없는 막말 행각으로 이름을 떨치고 있으며 '필리핀의 도널드 트럼프'라고 불리기도 한다.

기행과 막말도 싫지만 매번 세계평화를 외치고 관념적인 수사에만 갇혀 있는 기존의 워싱턴 정가 출신을 더는 신뢰할 수 없다는 거다. 좋은 사람도 아니고 도덕적인 사람도 아니지만, 일단 판을 바꿔야 한다는 희구가 그들에게 있었다.

이 시대적인 조류가 도널드 트럼프가 미국 대통령으로 가는 길을 닦았고, 그 위에 그의 영악한 선거전략과 임기응변이 더해져 미국 유권자들이 차선의 후보 트럼프에게 표를 던진 것으로 봐야 할 것이다.

트럼프에 대한 오해와 진실

왜 아무도 트럼프 당선을 점치지 못했나?

라디오 시사 프로그램과 TV 경제 프로그램을 진행하고 있는 필자는 미국의 제45대 대통령 선거를 앞둔 시점에 공화, 민주 양당의 예선전부터 본선에 이르기까지 국내외 많은 전문가와 인터뷰를 해봤다. 기억하기에, 단 한 명의 전문가도 도널드 트럼프가 공화당의 후보가 되리라고, 더 나아가 대통령이 되리라고 예측하지 않았다. 아니, 못 했다는 게 더 정확한 표현일 게다. 단 한 명, 국내의 언론은 너무 일방적으로 힐러리 클린턴의 당선을 기정사실화한다고 걱정하는 분이 있었는데 바로 미국 현지의 한인 교포분이었다. 그의 설명은 이런 것이었다. 트럼프의 유세 현장에 가보면 언론에 비친 판세와 전혀 다른 기운을 느낄 수 있다는 것이다. 단적인 예로 트럼프의 유세장에는 수만 명이 운집하는 데 반해 힐러리의 유세장은 고작해야 수천 명이라고 했다. 그만큼 현장의 분위기가 언론을 통해 그대로 반영되지 못한다는 얘기였다.

그의 이런 우려는 현실로 나타났다. 미국의 주류 언론은 단 한 차례도 예외 없이 힐러리가 완승할 거라는 전망을 했고, 투표가 끝나고 개표가 시작됐을 때 출구조사마저도 힐러리가 이길 거라고 했다. 그런데 결과는 거꾸로 트럼프의 완승이었다. 왜일까? 왜 이런 돌발 사태가 발생했을까?

나는 언론사의 생리가 만들어낸 결과라고 본다. 도널드 트럼프의 연설을 가만히 들어보면, 물론 매우 과격한 언급도 간혹 있으나, 그는 항상 미국이 어떻게 변해야 하며 그 변화를 자신이 어떻게 이끌 것인가를 시종일관 얘기한다는 걸 알 수 있다. 물론 유세장의 히잡을 쓴 이슬람 여성에게 무례한 짓도 했고, 야유하는 청중을 끌어내는 상식 밖의 행동도 했다. 그러나 사실 그의 이런 언행은 전체 연설이나 캠페인 과정을 고려하면 그저 극히 일부분이고 해프닝에 불과한 것이었다. 그런데도 신문의 헤드라인은 바로 그 해프닝으로 채워졌고 방송의 브레이크 뉴스 역시 마찬가지였다.

그럼 미국의 주류 언론은 왜 이런 보도 태도를 보일까? 왜 트럼프를 이렇게도 싫어할까?

답은 두 가지다. 하나는 도널드 트럼프가 그들을 싫어하기 때문이고, 다른 하나는 도널드 트럼프를 활용해 발행부수를 늘리고 시청률을 늘리기 위해서다. 트럼프는 대통령이 된 지금까지도 주류 언론의 보도 태도에 불만을 드러내면서 중요한 코멘트를 기성 언론이 아닌 트위터를 통해서 하고 있다. 믿을 수 없다는 것이다. 이런 사람이 대통령이 되길 바라는 언론이 있을까? 힐러리 클린턴이 대통령이 된다면 점잖게 백악관에 초청하고 인터뷰도 하고 파티도 열어줄 텐데, 이런 거친 이단아가 대통령이 되기를 바랄까? 언론과 권력의 조화로운 틀을 깨고 싶은 생각이 없었을 것이다.

또 하나, 미국에서 도널드 트럼프가 어떤 사람인가? 부동산으로 꽤 큰돈을 벌었다고는 하지만 마이크로소프트의 빌 게이츠나 페이스북의 마크 저커버그 또는 워런 버핏에 대면 그의 부는 그저 동네 부자 수준이다. 여기에 그가 실제로 부자인지 아직도 의심의 눈초리로 보는 시각도 많다. 대중이 생각하는 트럼프는 NBC의 리얼리티 쇼 〈어프렌티스〉에서 "당신 해고야!"를 외치는 우스꽝스러운 방송 스타다. 일종의 셀럽인 것이다. 그에게 익숙한 매체는 〈워싱턴포스트〉나 〈뉴욕타임스〉가 아니다. 오히려 타블로이드판 옐로 저널리즘에 가깝다. 셀럽이 주는 화제는 정치적 이념이나 공공에 대한 신념이 아닌 자신들의 생활, 그것도 특이한 행동 즉 가십거리다. 그래야 시청률이 올라가고 신문이 더 잘 팔린다. 미국 주류 언론은 도널드 트럼프가 그런 화제를 뿌리는 셀럽으로 남아주기를 바랐을 것이다. 본인들을 위해서 말이다.

언론의 왜곡이냐, 언론의 탄압이냐

트럼프의 불만처럼 미국의 주류 언론은 트럼프를 고의로 왜곡하고 있는가? 결론부터 얘기하면, 그렇지 않다. 사람이나 언론이나 보고 싶은 부분만 보는 경향이 있다. 또 설정한 프레임이란 걸 바꾸기란 여간 어렵지 않다. 혹 기억하는가? 고진감래 끝에 대통령에 당선된 YS가 당선 직후에 찾아가 만난 사람이 유력 언론사의 사주였다는 것을. 정치인이라면 누구나 언론을 의식한다. 자신의 정책과 이미지를 선양해주는 언론을 싫어할 정치인이 어디 있으며, 또 권력자와 척을 지는 걸 좋아라 할 언론이 어디 있겠는가.

도널드 트럼프는 미국 역사상 언론, 특히 미디어의 속성을 가장 잘 아는 대통령이다. 그는 어떻게 해야 세간의 화제가 되는지, 그리고 어떻게 하면 본인이 출연하는 TV 프로그램의 시청률을 올릴지 누구보다 잘 알고 있다. 그를 지금의 대중 정치인으로 키운 건 아이러니하게도 NBC를 비롯한 미국의 주류 언론들이다. 그는 또 지지율이라는 통계 수치에 대한 허와 실을 너무도 잘 알고 있다. 그보다 더 중요한 것이 세인들에게 얼마나 회자되느냐라는 점을 알고 있는 것이다. 여론을 만들고 항상 그 여론의 중심에 있는 가장 효율적이고 저렴한 방법을 그는 트위터를 비롯한 SNS라고 생각한다. 그는 타고난 비즈니스맨이자 방송인이다. 거추장스러운 인터뷰를 하기 위해 화장을 하고 대본을 외우고 돌발 질문에 진땀을 흘리는 기존 정치인들이 트럼프에게는 너무도 한심해 보이는 것이다.

다행히 트럼프의 표면적인 지지율은 바닥을 쳐주고 있고, 주류 언론은 아직까지 여론을 선도하고 있다는 착각에 빠져 있기에 이러한 양측의 계획된 동상이몽은 한동안 계속될 것이다. 고로 행간의 의미를 읽어내야 하는 것은 바로 우리의 몫이고, 그만큼 실수할 가능성이 커져 있다는 것이다. 신문을 읽고 방송을 보되 조심하라는 말씀이다.

미국 대통령 트럼프 vs 세계 대통령 트럼프

취임 후 한 첫 번째 의회연설에서 트럼프는 사뭇 다른 모습을 보여 주류 언론의 호평을 받았다. 그는 전에 없이 의젓했고 시종일관 미래와 단합을 얘기했다. 오바마가 트럼프라는 껍데기를 입고 그 자리에 다시 선 듯했다. 그럼에도 '역시 트럼프가 맞구나' 하는 발언이 있었다. 바로 "나는 미국의 대통령이지 세계의 대통령이 아니다"라는 말이었다.

그렇다. 도널드 트럼프는 미국의 제45대 대통령이다. 미국의 누구도 세계의 누구도 트럼프를 세계인의 대통령으로 선택한 적이 없다. 그러나 독자 여러분에게 묻고 싶다. 심중에 트럼프는 과연 미국의 대통령인가, 우리의 미래 일부를 책임질 우리의 대통령인가? 아마 부지불식간에 트럼프, 아니 역대 미국 대통령 모두를 일정 부분 세계의 대통령으로 대접하고 기대하진 않았는가?

사실 트럼프가 대통령이 될 수 있었던 일등공신은 바로 "나는 미국을 위한 대통령이 되겠다"라는 솔직한 선언이었다. 적어도 미국 사람들은 지금까지 미국 대통령은 반쯤은 본인이 세계의 대통령이라는 착각 속에서 임기를 보낸다고 생각한다. 자신들이 주는 월급을 받고 애먼 짓을 한다고 생각한다는 것이다.

세계평화와 인류애라는 명분을 내세워 미국 국익을 위해 움직이는 게 미국 대통령이긴 하지만, 그들의 너무나 천연덕스러운 연기력 덕에 정작 관객인 미국 유권자들은 자기들 대통령이 쓸데없는 남의 나라 문제에 미주알고주알 참견하는 데 너무 많은 시간과 정력을 쓴다고 생각한다. 이를 간파한 도널드 트럼프의 영리한 슬로건이 바로 '나는 미국 대통령'이라는 것이다. 본질이 같은 얘기를 슬쩍 바꿔놓았을 뿐인데 순진한 미국 유권자들이 꿀딱 속아 넘어간 것이다.

그는 나이지리아의 독재정권에도, 티베트의 인권에도 관심이 없다. 사실 오바마나 클린턴도 별 관심이 없었을 것이다. 다만 중국을 견제하고 아프리카에서 미국의 영향력 강화를 위한 명분의 지렛대로 쓰고자 했을 뿐이다. 트럼프는 이러한 관심을 미국 사람들이 매일 건너다니는 100년도 넘은 노후한 다리로 돌렸다. 필자도 미국에 살 때 매번 느꼈던 거지만, 그 다리는 사진을 찍어놓으면 멋있긴 한데 안전하기는 할까 의문이었다. 통행료는 매우 비싼데 이러다 우리나라의 성수대교 꼴 나는 것 아닌가 하는 생각이 들 정도로 흔들리는 다리다. 트럼프가 그 다리로 유권자들의 관심을 돌리자, 피부에 와닿는다. 어디 있는지도 모르는 소말리아나 예멘의 문제보다 내 주변의 다리와 터널 그리고 학교와 병원의 문제에 집중하겠다는 대통령, 이거 싫어할 유권자가 어디 있겠는가. "무슨 소리냐. 우리 대통령쯤 되면 세계 대표선수니까 내치는 부통령에게 맡기고 세계평화에만 힘쓰라"라고 말하는 미국 사람, 내가 아는 미국인 중에는 거의 없다. 그는 제45대 미합중국의 대통령이다. 영악한 프레임이다. 이 프레임은 그의 집권 기간 내내 수많은 정적과의 싸움에서 반집은 먹고 들어가는 바둑을 두게 해줄 것이다.

우리에게 트럼프는 누구인가?

우리에게 미국 대통령은 그저 단순한 우방국의 대통령이 아니다. 2만여 명의 미군이 한반도에 주둔하면서 전쟁억제력으로 존재한다는 걸 배제하고, 우리나라의 경제와 외교를 논할 수 없다. 진보, 보수를 떠나 제도권 정치인 중에 주한미군 철수를 주장하는 사람이 하나도 없다는 사실이 이를 분명하게 보여준다. 변수가 아니라 통일이 될 날까지 상수다. 어쩌면 통일 이후에도 중국과의 관계를 봐서는 여전히 상수가 될 수도 있다.

또 미국은 우리 수출에서 제2의 시장이다. 트럼프의 무역정책에 많은 우리 기업의 성패가 달렸다. 더구나 미국으로의 우리 수출은 자동차, 스마트폰, 가전 등 완제품의 비중이 어느 나라보다 높다. 중국이 아무리 제1의 수출국이라고 하지만 고용 창출이라는 측면에서 미국은 결코 중국보다 덜 중요한 경제적 파트너가 아니라는 말이다.

여기에 우리 사회의 엘리트를 지향하는 무수한 사람들이 미국으로 유학을 떠나고 미국에 커넥션을 가진다. 강남과 용산 일부 지역에 가보면 미국이란 나라가 우리 기득권층과 얼마나 밀접하게 연결되어 있는지 실감할 수 있을 것이다. 여름방학이 되면 안 보이던 젊은이들이 압구정동과 이태원 길거리를 메운다. 그들은 영어로 통화를 하고 친구들과는 우리말로 대화를 한다. 어딘가 분위기만으로도 방학 맞아 귀국한 유학생이라는 걸 누구나 알 수 있다. 공부를 마치면 상당수가 우리 사회의 엘리트 코스로 편입되고, 그들이 이 나라의 상층부가 된다. 그들의 아버지와 할아버지가 그랬듯이 말이다.

흥미로운 얘기를 하나 해보겠다. 몇 년 전 용산 미군기지가 평택으로 옮겨가고 그 자리는 공원이 된다는 발표가 있었을 때다. 평소 알고 지내던 사업가의 초대를 받아 용산 미군기지 부근에 있는 그의 저택을 방문한 적이 있다. 필자는 세상 물정 모르는 아이처럼 "회장님 좋으시겠네요? 미군기지 나가고 공원이 되면 흡사 뉴욕의 센트럴파크처럼 되니, 조망권도 좋아지고 또 아침저녁으로 산책도 할 수 있고 얼마나 좋으십니까?"라고 했다. 그랬더니, '아이고, 이 친구야. 그렇게 감이 없냐'라는 표정을 지으며 그가 말했다. "이것 봐요, 공원이 뭐가 좋아요. 어차피 운동은 피트니스센터에서 하면 되는 거고, 돈 버느라 바쁜데 공원 갈 시간이 어디 있겠어요. 북한에 뭔가 낌새가 안 좋으면 미군 부대로 쏙 들어가 바로 헬기 타고 괌으로 날아가야 하는데. 이 미군기지가 평택으로 가니 나도 따라서 평택으로 이사를 할 수도 없고, 이거 참 난처해요"

여러분 주변에 이런 사람이 얼마나 있는지 아마 잘 모를 것이다. 의외로 많다. 그들이 왜 한남동, 이태원동에 몰려 사는지 잘 생각해보라. 그들에게 미국 대통령은 단지 미국의 대통령이 아니라 자신들의 대통령이기도 하다. 그들은 미국 대통령에게 기대하고 실망하고 한다.

트럼프는 비즈니스맨이다

트럼프는 대학을 졸업하자마자 아버지에게 100만 불을 빌려(그의 주장이긴 하지만) 부동산투자에 뛰어든 사업가다. 그를 이해하기 위해서는 부동산산업이라는 걸 이해할 필요가 있다. 부동산업의 성패는 두 가지다. 공무원들과 어떤 관계를 맺느냐와 남의 돈을 얼마나 싸게 빌려 오느냐다. 트럼프는 젊은 시절부터 수많은 공무원과 투쟁해오면서, 동시에 자신의 사업에 필요한 결정적인 인사들에게는 공을 들였다는 걸 그의 자서전인 《거래의 기술》을 통해서 볼 수 있다. 때로는 그들을 접대하고 때로는 약점을 잡아 협박했으며 때로는 언론을 동원해 압력을 넣었다. 그 과정에서 트럼프의 뇌리에 공무원들은 참으로 한심한 족속으로 각인됐을 것이다. 세금으로 월급을 타면서도 자신들의 고용주인 국민이나 주민의 이익보다는 그저 편한 일 처리 방법을 찾고 자리보전에 급급하며 태만을 일삼는 그들을 보면서 언제든 자기 뜻대로 요리할 수 있다는 자신감을 갖게 됐을 것이다.

부동산업의 두 번째 특징은 레버리지다. 자기 돈으로 건물을 세워 팔아서 돈을 벌려고 하는 사람은 기본적으로 제조업을 하거나 유통업을 해야 한다. 부동산업의 본질은 남의 돈을 빌려 단기간에 큰돈을 버는 것이다. 그의 첫 번째 프로젝트인 코모도호텔 리모델링 사업을 보라. 당시 그는 말이 부동산 개발업자였지 경험도 돈도 없는 사람이었다. 그런데 부동산을 보는 눈과 함께 은행이라는 돈줄을 확실히 잡아내는 수완을 발휘한다. 부동산 개발업자가 다른 사업을 하는 걸 봤는가? 우리나라에도 2000년대 중반 부동산 몇 건을 시행해서 수백억 원을 벌었다더니 결국 그중 상당수는 또 부동산 시행으로 돈을 다 잃거나 감옥에 간 사람들이 있다. 부동산업을 그래서 레버리지산업이라고 하는 것이다.

평생을 부동산 개발업자로 살아온 트럼프가 과연 대통령이 됐다고 해서 사람 자체가 바뀔까? 천만의 말씀이다. 그가 하는 짓을 보라. 트위터 하나로 세계의 기업들을 미국으로 불러 모은다. 공무원들처럼 절차를 지키지도 않고 자기 돈을 들이는 희생도 하지 않으려고 한다. 이이제이라고 할까? 언론을 활용해 공무원을 압박했던 과거의 판박이다. 대만을 활용해 중국을 압박하고, 북한 핵을 핑계로 우리에게 방위비와 사드 배치 비용을 떠넘긴다. 부동산 개발업자의 행태를 지금도 여실히 보여준다. 손 안 대고 코 푸는 짜릿함을 아는 것이다.

새로 출범한 우리 정부는 미국과의 관계, 특히 트럼프 참모들과의 관계에서 의리와 과거를 언급했다간 큰일 난다. 오히려 계약서를 잘 살펴라. 변호사와 사업가를 전면에 내세워야 그들을 상대할 수 있다. 관료 출신에게만 맡기면 안 된다. 유능한 장사치를 앞세우고 탁월한 변호사나 금융인들을 활용해야 한다.

비즈니스는 비즈니스(Business is Business)

필자가 미국에서 비즈니스를 할 때 미국의 성공한 비즈니스맨들에게 귀에 딱지가 앉도록 들은 말이 바로 '비즈니스는 비즈니스'라는 것이다. 우리처럼 좋은 게 좋은 거라는 건 아예 없고, 부모 자식 간에도 계약서를 쓴다. 트럼프는 자신이 아버지에게 100만 달러를 빌려 부동산 개발 사업에 나섰고 그 100만 달러는 이자까지 쳐서 다 갚았다고 공언한 바 있다. 그 진실 여부와 관계없이 필자는 대부분의 주류 미국인이 이러한 행태를 보일 것이라고 생각한다. 우리처럼 아버지의 재산을 놓고 아버지 생전에 유산 다툼을 하면서 이른바 '왕자의 난'을 벌이는 재벌가들의 행태를 미국 부호들은 코미디로 볼 것이다. 비즈니스는 정말 비즈니스로 풀어야 한다는 것이다.

트럼프는 비즈니스로 잔뼈가 굵은 사람이다. 그는 뼛속까지 실리를 추구한다. 정치인은 명분을 먹고 살고 기업인은 이익을 위해 명분을 버리는 사람들이다. 그러니 하물며 타국과의 의리나 인연이 그에게 어떤 문제가 되랴.

트럼프는 전화를 즐긴다. 《거래의 기술》에서 이야기했듯이, 비즈니스맨으로서 그의 일과는 주로 전화를 하는 것이다. 보통은 하루에 80여 통의 전화를 하고 바쁠 때는 200통의 전화를 했다고 한다. 지금은 대통령으로서 그 횟수가 많이 줄었겠지만, 특히 트위터라는 소통수단을 알고 난 후에 전화 통화가 많이 줄었을 것이다. 그런 그가 가장 싫어하는 사람이 전화를 2분 이상 거는 사람이고, 더 싫어하는 사람은 예고 없이 방문해서 그 아까운 시간을 뺏는 사람이다. 우리는 트럼프와 그의 참모들을 대할 때 비즈니스적인 마인드로 접근해야 한다. 우리 사이에 그러면 안 된다는 호소를 한다든지 비즈니스 외적인 대가를 약속한다든지 하는 건 그의 임기 동안에는 절대 금물이다.

비즈니스의 기본이 뭔가? 바로 기브 앤 테이크다. 우리가 외교적으로 트럼프 연간에 성과를 낼 수 있는 유일한 방법은 우리에게 상대적으로 가벼운 것 중에 트럼프에게 귀한 게 있다면 주는 것이다. 줄 건 빨리 주고, 받을 건 빨리 받는 민첩성이 중요하다. 트럼프는 장기적인 국가 운영을 생각하지 않는다. 자기가 대통령으로 있을 때, 특히 자신의 임기 전반부 실적을 중요하게 생각한다. 그래서 지금이 중요하다는 것이다. 그는 지금부터 한 가지만 생각할 것이다. 4년 뒤 자신의 재선에 도움이 될 것인가 방해가 될 것인가다. 나이도 있고 또 지금의 지지도를 봤을 때 트럼프는 임기만 채워도 다행이라고 우리는 생각하지만, 그는 추호도 4년짜리 대통령이 될 생각이 없다. 인기도 중요하지만 그를 찍지 않으면 안 될 상황을 연출할 것이다. 그의 정책은 8년짜리를 지향한다. 자신이 4년을 더해야 미국이 편해지는 그런 프로젝트를 할 것이다. 한 예로 1조 달러짜리 사회간접자본 투자를 한다고 한다. 트럼프는 건물을 지어 분양해서 돈을 버는 데 천부적인 사업가다. 그의 투자는 적어도 8년짜리 투자가 될 것이다. 우리 정부와 우리 기업, 그리고 우리 국민도 트럼프에 베팅하려면 적어도 3년 반 이후에 트럼프의 성적이 좋아지게끔 각색을 해야 한다. 그의 재선 가도에 기여하는 프로젝트를 들고 가라는 뜻이다.

그의 앞에서는 절대 애원하거나 약한 모습을 보이면 안 된다. 그가 설령 동정심을 느낀다 하더라도 거래 파트너에게는 절대 내보이지 않을 것이다. 차라리 당당하게 주고받을 준비를 하는 것이 필요하다. 그가 흥미를 보일 만한 이슈를 제기하고 본격적인 밀당을 해야 한다. 그는 밀당의 고수와 밀당을 즐기고 싶어 한다. 그와 좋은 관계를 맺는 가장 좋은 방법은 강펀치를 주고받는 것이 아니라 호각을 보이다 판정패해주는 것이다. 일부러 져주면서 다른 걸 챙기는 방식이 좋을 것이다.

트럼프 어디로 가는가?

보호무역주의의 진실

트럼프가 단 한 번도 쓰지 않은 말, 그런데도 전 세계 언론과 금융시장 분석가들이 가장 많이 쓰는 말을 꼽으라면 단연 보호무역주의일 것이다. 수출로 먹고사는 우리나라는 그가 공화당 후보가

된 시점부터 이 말을 지겹도록 써왔다. 그러나 트럼프는 자신의 무역정책을 보호무역주의라고 하지 않고, 대신 '공정한 무역'이라는 말을 쓴다. 지금까지 미국은 전 세계 모든 나라와 불평등한 무역관계를 만들고 피해를 봐왔다는 것이다. 그 대표적인 것으로 중국의 환율정책, 멕시코와 맺은 NAFTA, 한국과 맺은 FTA를 든다. 기본적으로 불공정한 교역관계, 즉 기울어진 경기장에서 축구를 한다는 것이다.

트럼프가 보는 미국은 전 세계에서 가장 경쟁력이 있는 산업국가다. 아니 엄밀히 말해 세계 최고의 산업국가가 될 수 있는데, 불공정한 교역국가들과의 잘못된 만남 때문에 녹이 슨 산업국가가 되고 있다는 것이다. 그 녹이란 것이 막대한 무역수지 적자로 나타나고, 제조업 섹터에서의 경쟁력 약화는 러스트 벨트를 비롯한 전통 산업도시 지역들의 실업을 증대시키고, 실업은 빈곤으로 이어지고, 빈곤은 교육과 의료 혜택의 사각지대를 낳고, 이런 지역이 많이 나오면 나올수록 미국 전체의 경쟁력은 곤두박질친다. 고로 미국은 쇠퇴하고 망하는 길로 간다는 것이다.

경제학적으로 그의 불공정한 교역이란 주장은 불합리하다. 교역의 조건은 비교우위다. 비교우위가 있는 분야에 집중하는 게 세계화의 목적이다. 낮은 임금과 숙련도란 입장에서 중국과 한국의 제조업이 미국의 그것보다 경쟁력이 있다. 월스트리트의 금융기술자들이 중국과 한국의 금융시장을 쥐락펴락하는 것도 미국이 그 분야에서 비교우위를 가지고 있기 때문이다.

또 만약 중국의 저가 생필품이 일순간 수입이 안 된다면 미국 사람들의 일상생활이 가능할까? 사실 2008년 금융위기의 연원을 따져 올라가 보면 그 뿌리에 미국 내 저가 중국산 제품이 있다. 1990년대 이후 물밀듯 들어온 중국산 제품은 이른바 가격 파괴를 가져왔다. 정해진 처분가능소득으로 살 수 있는 제품이 더 많아진 것이다. 가계에 잉여자본이 축적됐고, 이 자본으로 미국의 중산층은 뮤추얼펀드를 통해 주식투자에 나서거나 모기지를 얻어 집을 샀다. 결국 2008년 붕괴한 버블의 종잣돈을 만들어준 것이 중국산 저가 제품이라는 것이다.

결국 금융위기가 발생했고 정신 차리고 본 미국 제조업은 모조리 중국과 멕시코를 비롯한 신흥국으로 가버렸고, 믿었던 금융산업은 사기꾼 소굴 같은 모양이었다. 오바마 대통령을 비롯한 참모들은 제조업을 불러들여야겠다고 느꼈다. 그래서 나온 것이 리쇼어링 정책, 즉 미국 제조업 회귀 정책이다.

바로 이즈음에 미국이란 나라가 얼마나 축복받은 나라인지 실감케 하는 일이 벌어진다. 기대하지도 않았던 셰일가스와 오일을 채굴할 수 있는 기술이 발전하면서 미국 기업들에 좀더 싼 가격으로 전기를 제공하게 된 것이다.

공정무역이냐 보호무역이냐를 떠나서, 트럼프의 무역정책은 미국의 제2위권 국가에 대한 대응임을 이해해야 한다. 1970년대 소비에트체제의 소련, 1980년대 일본 그리고 2010년대 초반 중국이 여러 가지 측면, 특히 경제력이란 측면에서 미국 국력의 절반 정도를 따라잡았을 때 미국이 무력과 협상을 통해 2위의 자리를 박탈했다.

1985년의 플라자 합의를 기억하는가? 저렴하고 질 좋은 제품을 무기로 미국 시장을 물밀듯이 공략했던 일본에 대해서 미국이 내놓은 조치는 황당하게도 환율을 낮추라는 것이었다. 미국 제품의 경쟁력을 높이는 가장 쉬운 방법으로 일본 제품의 가격을 높이라고 협박한 것이다. 레이건식 보호무역주의지만, 단지 이념이나 정책으로서의 보호무역주의가 아니라 미국을 위협하는 2등을 인정할 수 없다는 전략적 목적하에 무역정책이 수반되는 것이다.

　　트럼프가 보호무역주의 정책을 쓴다면 그것은 대단히 전략적인 무역정책이 될 것이다. 이때의 최종적인 목표는 중국이 미국을 경쟁자로 생각하는 2위 국가, 나아가 1위 국가의 야망을 포기하는 것이 될 것이다.

트럼프 미국 대통령은 정치 공약 중 하나인 멕시코 국경 장벽을 세우기 위해 노력하고 있으며, 대대적인 이민 단속을 시행하고 있다.

트럼프에게 보호무역주의라는 것은 전면적이고 무차별적인 보호무역주의가 아니다. 미국과 본인이 이끄는 정부에 대한 유불리가 선택적 보호무역주의의 판단 근거가 될 것이다.

여기에 우리의 기회가 있다. 사드 문제로 촉발된 한중 간의 갈등이 중국의 일방적인 경제보복으로 나타나고 있지만, 중국의 시진핑을 비롯한 지도부들의 생각은 복잡할 것이다. 한국 국민의 반중 감정을 촉발해서 정권과 관계없이 반중 친미 기조가 굳어진다면 중국의 외교, 안보 문제뿐 아니라 경제의 아킬레스건을 건드리는 꼴이 될 수 있다.

미국이 보호무역주의 장벽을 쌓을 경우 경제적으로 가장 힘들어지는 건 역시 중국이다. 대미 무역수지 흑자가 나머지 전 세계 흑자국의 총액을 합쳐도 비교할 수 없을 정도로 많다.

중국과의 관계 설정은 오롯이 새 정부의 몫이지만, 어쨌든 한국이 미국과 중국 간 갈등 속에서 밀고 당기는 대상이 될 수도 있다는 것이 중요하다. 한국의 새 정부가 밀당의 묘수를 얼마나 보여줄지에 달렸다.

트럼프 행정부 보호무역주의 정책의 또 다른 타깃은 멕시코다. 트럼프가 후보 시절부터 꺼내 든 가장 논란이 큰 정책은 미국과 멕시코 국경에 철의 장벽을 세우겠다는 것이다. 그것도 멕시코로 하여금 비용을 내게 하겠다는 것이다.

이러한 폐쇄주의적 정책을 보면서 트럼프가 얼마나 비현실적인 사람인가를 알게 된다. 또, 비단 이 장벽으로만 그치지 않고 그가 제시했던 공약이 대부분 바뀌리라는 기대감을 낳은 것도 사실이다.

그러나 필자의 생각은 조금 다르다. 트럼프는 재임 기간 내에 멕시코 국경에 장벽을 세울 것이다.

미국에 살면서 느끼는 것은 공권력이 엄정한 나라라는 것이다. 어디를 가든 경찰의 패트롤카가 의심스러운 사람을 따라다니며 감시를 한다. 그리고 공권력에 대한 도전은 가차 없는 폭력으로 제압한다. 가끔은 총을 쏘기도 한다. 이는 미국의 역사에서 기인한 것이다. 서부 개척 시기에 미국은 어쩌면 만인에 대한 만인의 투쟁 상태였다. 보안관으로 임명된 한 사람의 공권력이 무너져버리면 그야말로 아비규환의 지옥이 될 수 있는 것이다. 자위권이란 측면에서도 그렇지만, 이때부터 미국의 공권력은 어떤 경우에도 훼손돼서는 안 된다는 합의가 이뤄진 것이다.

그런 한편으로, 미국에서 느끼는 공권력은 매우 허술하며 어쩌면 그 공백을 방치하고 있다는 생각도 하게 된다. 대표적인 것이 불법 이민자에 대한 미국 정부의 조치다. 필자가 살던 뉴저지 한인타운 근처에는 아침마다 주로 멕시코 사람들이 수십 명씩 모이는 실질적인 인력시장이 있다. 이사를 하거나 큰 짐을 옮기려는 사람들이 이들에게 당일 일감을 제공한다. 정확히 말하면, 싼값에 부리는 것이다. 일당은 미국인에 비해 반값이고 보험을 포함한 구차한 절차도 필요치 않다. 왜냐하면 불법체류자라는 걸 서로가 알기 때문이다. 그런데 더 우스운 것은 바로 그 길을 경찰의 순찰차들이 그리도 자주 지나다닌다는 것이다. 경찰도 그들이 불법으로 직업을 구하고 있다는 것을 알고 있지만, 그들에게 아무런 조치를 하지 않는다.

만약 일감을 구하는 미국인들이 이 모습을 보고 있다면 뭐라고
하겠는가? 실제로 LA나 뉴욕에서 자영업을 하는 한인 중에 멕시칸
을 비롯하여 불법체류 상태인 이민자들이 없으면 문을 닫아야 한다
고 생각하는 분들이 많다. 그 많은 일자리를 그들로부터 빼앗아 미
국 사람에게 돌려준다면, 트럼프의 지지율이 얼마나 높아지겠는가.

다시 국경으로 가보자. 미국과 멕시코는 무려 3,000킬로미터가
넘는 국경선을 맞대고 있다. 그런데 여기에 근무하는 국경수비 인
력은 매우 제한적이다. 당연하게도, 출입국에 대한 통제가 효율적
으로 이뤄지지 않는다.

서로 국경을 맞대고 있는 나라 간에 경제력 측면에서 우월한 나
라가 불법 도경을 막기 위해 철책을 세운다는 것이 과연 비이성적
인가? 또 자국민이 불법적으로 다른 나라로 넘어가는 사례가 빈발
하는 상황에서 인접국의 조치에 협조하지 않는 나라가 과연 정당
한가? 이것이 트럼프의 멕시코에 대한 생각이자 국경에 철책을 세
우려는 이유다.

멕시코 정부는 당연히 반발할 것이다. 중남미를 대표하는 지도
국으로서 위상을 갖고 싶어 하며, 특히 인접한 캘리포니아를 비롯
한 대부분의 미국 남부가 원래 멕시코 자국 영토라는 걸 잊지 않고
있는 그들 입장에서 트럼프의 이러한 정책은 분노를 살 만한 일이
다. 어떠한 경제적 손실이 있다 하더라도 멕시코는 저항할 것이다.
트럼프가 취임 직후부터 미국의 자동차업체들을 향해 멕시코에 공
장 짓지 말고 미국에 남으라고 압력을 가한 것 기억하는가? 실제로
포드와 크라이슬러는 공장 이전 계획을 철회했고, GM도 미국에

공장을 짓겠다고 했다. 그뿐인가. 일본의 토요타와 한국의 현대차, 독일의 BMW 모두 미국에 투자하겠다고 했다. 멕시코로 가려던 걸 돌리겠다는 거다. 멕시코는 그만큼 일자리를 잃고 미국은 일자리를 얻게 되는 것이다. 여기에다 자유무역협정을 폐기하려고 한다. 멕시코 기업은 물론이고 멕시코에 생산기지를 만든 글로벌 기업들의 손실이 불 보듯 뻔해지는 조치다.

멕시코 정부로서는 해결 방안이 없다. 시간은 미국의 편이다. 멕시코가 명분을 쌓을 때까지 기다리겠지만, 그 시간이 길어지면 멕시코의 손해만 커진다는 걸 트럼프는 잘 알고 있는 것이다. 트럼프의 지상 과제인 미국 내 블루칼라의 일자리 만들기에 이 멕시코에 대한 무역장벽과 장벽 건설만큼 효과적인 것도 없다. 결국 그는 할 것이다.

미국 우선주의의 진실

트럼프는 연설을 싫어한다. 대통령이 된 지 몇 달이 흘렀지만 공식적인 연설이라는 게 취임식과 의회연설이 전부일 정도다. 그런데 취임연설과 의회연설이 천양지차였다. 취임연설이 그저 후보 시절에 외쳤던 미국 우선주의의 반복이었다면, 의회연설에서는 훨씬 더 온화한 리더십과 유연한 태도를 보여주면서 오랜만에 언론의 칭찬을 받았다.

필자가 첫 번째 의회연설에서 주목하는 것은 "나는 미국의 대통령이지 세계의 대통령이 아니다"라는 한마디였다. 사실 우리에게 미국 대통령이 정말 미국만의 대통령일까? 과연 케네디 대통령이 미국만의 대통령이었나? 또 오바마 대통령이 단지 미국 대통령이었는가 말이다. 우리의 마음속에서 미국 대통령은 때로는 사회주의 체제 국가들과 대결하는 자본주의 세계의 지도자일 때도 있고, 또 세계 분쟁을 해결하는 해결사로서의 이미지도 있지 않을까?

미국 사람들은 자국 대통령에 대해 어떤 생각을 할까? 세계 지도국으로서 자국의 대통령이 세계의 대통령으로서 일하는 걸 자랑스러워할까? 물론 그럴 수도 있을 것이다. 하지만 미국의 빈곤층, 그것도 세계화의 여파로 직업을 잃고 헤매는 미국 사람들 입장에서는 시간 낭비 하지 말고 미국이나 잘 챙기라고 하지 않을까?

오바마는 정의로운 대통령의 이미지를 갖고 있다. 그렇긴 하지만 헐벗고 굶주린 실업자 미국인들은 그의 선한 이미지를 보면서 무슨 생각을 할까? 공자 왈 맹자 왈 하지 말고 우리를 위해서만 일해달라고, 우리에게 일자리를 달라고 하지 않을까? 퇴임 시까지 60%가 넘는 지지율을 보인 민주당의 오바마 대통령이 그렇게 열심히 밀었던 힐러리 클린턴이 왜 완패를 했겠는가.

도널드 트럼프가 '나는 미국의 대통령'이라고 말한 행간의 의미다. 집안의 일도 못 하면서 밖에 나가 오지랖을 자랑하는 짓은 하지 않을 것이라는 뜻이다. 문제는 여기서 발생한다. 그럼 지금까지 미국 대통령들은 정말 미국의 이익을 희생하면서까지 세계평화를 위해 일하며 빈곤한 나라를 도우려고 했을까? 결코 아니다. 사실 역대 모든 미국 대통령도 그야말로 자국의 이익을 위해서 일했을 뿐이라는 걸 역사가 얘기하고 있다. 그런데도 트럼프는 이걸 파고든다. 미국 대통령이 이미지상으로라도 세계의 지도자가 되려고 했던 그 허상을 벗어 던지고 나는 미국을 위해 일하는 대통령이 되겠다고 선언한 것이다. 사실상 별다를 것도 없는데 천양지차의 여론을 만들어낸 것이다. 그의 지지층을 결집시키는 데 이만큼 효과적인 슬로건이 있을까?

'MAKE AMERICA GREAT AGAIN!' 미국의 모든 대통령은 미국 우선주의의 신봉자들이었다. 그런데 미국은 어느 틈엔가 그 위상을 부분적으로 훼손당했고, 미국의 이익을 위해 일하고 다시 위대한 미국을 건설하겠다는 트럼프를 선택한 것이다. 그의 영악한 전략이다. 미국 우선주의는 예나 지금이나 마찬가지다. 과연 성공할 것인가는 그다음 일이지만 말이다.

트럼플레이션이란?

금융위기 이후 전 세계 중앙은행들은 본연의 역할을 바꾸었다. 원래 중앙은행은 '인플레이션 파이터'라는 별칭이 드러내듯이 물가 상승을 통화정책으로 컨트롤하는 역할을 맡아 왔다. 그런데 금융위기 이후에 중앙은행의 역할은 인플레이션 파이터가 아니라 디플레이션 파이터, 즉 물가 하락을 막는 것이었다. 미국의 중앙은행인 연방준비제도가 쓴 양적완화 정책은 금리를 제로 수준까지 낮춰도 경기가 살지 않으니까 달러를 찍어 시중에 공급함으로써 경기를 살리려는 것이다. 시중에 돈이 풀린다는 건 돈의 가치가 하락한다는 것이고, 그러면 그 상대편에 있는 물건이나 자산 가격이 오르게 되어 있다. 즉 인플레이션이 발생하는 것이다. 그런데 물경 4조 달러가 넘는 돈을 뿌렸고, 일본 중앙은행은 마이너스 금리까지 썼음에도 인플레이션이 제대로 발생하지 않았다. 최근 들어 미국에 인플레이션의 징후가 나타나 금리를 지금까지 네 차례 올렸지만, 풀린 돈에 비하면 아직도 인플레이션은 제대로 살고 있지 않다.

많은 독자가 물가 오르는 게 뭐가 좋다고 돈을 풀어서까지 인플레이션을 만드느냐고 얘기할 것이다. 이렇게 생각해보시라. 만약 물가가 지속적으로 빠지거나 수년 동안 그대로라면 여러분의 소비는 어떻게 될까? 예를 들어 지금 200만 원 하는 냉장고가 1년 후 이맘때는 150만 원으로 떨어진다면 여러분은 냉장고를 살 것인가? 아마 '조금 참았다가 내년에 사지, 뭐'라고 생각할 것이다. 그런데 내후년엔 100만 원이라고 하면 어떻게 할 것인가? 아마도 여간해선 소비할 용기가 나지 않을 것이다. 재화와 서비스 가격이 이렇게 빠진다는 건 돈의 가치가 올라간다는 것이니, 소비하지 않고 저축하는 것이 답이라고 생각할 것이다.

소비가 이렇게 줄면 생산이 줄고, 생산이 줄면 고용이 준다. 그리고 임금이 오르지 않으니까 가계소득이 줄어들고, 이 때문에 다시 소비가 준다. 소비가 줄면 또 생산이 준다. 이런 악순환 속에 경제가 망가지는 것이다. 인플레이션이 고혈압 같은 것이라면 디플레이션은 저혈압이라고 할 수 있다. 고혈압은 운동하고 혈압약 먹으면 낫지만, 저혈압에는 약이 없다. 그만큼 어려운 문제라는 얘기다.

이 디플레이션을 트럼프가 해결할 것이라고 나선 것이다. 트럼프가 만드는 인플레이션, 즉 트럼플레이션의 시대가 온다는 것이다.

트럼프는 어떻게 인플레이션을 만들 수 있는가? 적극적인 재정정책을 활용해서다. 후보 시절 공언했듯이 트럼프는 재임 기간 1조 달러를 들여 미국의 사회간접자본을 대대적으로 고쳐나가겠다고 한다. 즉 노후한 도로, 다리, 터널, 학교, 병원을 다시 짓겠다는 것이다. 그리고 법인세를 비롯한 세금을 대폭 낮추겠다는 것이다. 시중에 돈이 흘러갈 것이다. 안 그래도 미국 연준이 4조 달러 이상의 돈을 풀어놓은 상황인데 1조를 더 들여 요소요소에 풀겠다는 것이다. 연준이 푼 돈이 해외를 비롯한 자본가들, 즉 은행과 펀드, 증권회사의 계좌로 들어가 있다면 트럼프가 푸는 돈은 그의 지지기반인 중·하층민의 주머니로 향한다. 소비의 진작을 목표로 한다.

소비는 언제 살아나는가? 돈이 넘쳐나도 저축에 혈안이 된 사람에게 돈이 간다 해서 소비가 살아날까? 안 그래도 고급 식당에서 스테이크 먹는 사람인데, 수입이 는다고 그가 스테이크를 두 개씩 먹는가 말이다. 하지만 돈이 없어서 소비를 못 하는 사람에게 돈이 가면 무조건 소비가 늘 것이다. 차를 바꾸려고 한 달에 100만 원씩 모으고 있는 가정에 누군가 1,000만 원을 거저 줬다고 생각해보라. 이 사람들이 더 좋은 차를 사려고 계속 저축을 할까? 사려던 그 차를 바로 살 것이다. 당연히 소비가 는다. 돈이 돈다는 것이다.

돈이 돌기 시작하면 물가가 움직이기 시작하고, 물가가 움직이는 걸 인식하기 시작한 개인들은 더 적극적으로 소비에 나설 것이다. 자산가들은 주식을 사고 부동산을 살 것이며, 기업들은 땅값이 더 오르기 전에 공장을 지을 것이고, 재고를 확보하기 위해 생산을 늘리려고 사람을 더 뽑을 것이다. 그러면 고용이 좋아지고 임금이 오르고 기업들의 실적이 좋아질 것이다. 다만 이 물가가 소비를 촉진하고 성장을 견인하는 그 순간까지는 말이다.

물가가 너무 오르면 어찌 되는가? 소득이 늘어나는 것보다 물가가 더 많이 오르면 소비자들은 박탈감을 느끼게 되고, 제대로 된 소비를 하지 못한다. 집을 사려던 사람이라면 다른 소비를 줄여서라도 저축을 늘려야 한다. 제대로 된 소비가 이뤄지지 않고 왜곡된다. 주가는 비정상적으로 오르고 집값도 천정부지로 뛴다. 버블이다. 중앙은행은 부랴부랴 금리를 올려서 버블을 관리하려고 하겠지만 이미 때는 늦다. 2008년의 상황이 다시 올 것이다.

트럼플레이션은 사실 트럼프 버블의 다른 말이다. 트럼프는 버블을 만들려고 한다. 이 버블은 그의 재임 기간에 계속 키워질 것이며 그의 임기 후반부에 터질 것이다. 그의 재임 기간은 대부분 사람이 앞으로 3년 반이 남았다고 생각하지만, 트럼프 본인은 한 치의 의심도 없이 7년 반이 남았다고 생각하고 있다.

트럼프가 버블을 만들리라는 건 그의 이력을 보면 명확하다. 트럼프는 부동산 개발업자의 아들로 태어나 더 성공한 부동산 개발업자가 됐고, 또 방송을 통해서 대중적인 인기를 얻었다. 그것이 정치판의 이단아라는 얘기를 들으면서도 미국의 대통령이 될 수 있었던 이유다.

버블 이코노미의 시작

나는 트럼프 경제를 한마디로 버블을 만들기 위한 경제라고 정의한다. 앞서 언급했듯이 트럼프가 미국의 대통령이 된 연원은 세계화의 산물인 양극화와 중산층 이하 미국 사람들의 가난이다. 트럼프는 이들을 만족시키기 위해 경기를 살리려고 한다. 그 결과로 미국 경제는 회복을 넘어 버블 경제가 될 것이다. 아이러니하게도, 버블은 자산가와 엘리트들의 부를 더 키운다. 양극화가 더 심화될 것이다. 그러나 버블 이코노미의 초기에서 버블이 터지기 전까지는 자산가는 자산가대로 트럼프를 찬양할 것이고, 가난한 사람들은 또 그들대로 트럼프가 우리를 위해 일한다고 할 것이다. 이런 배경 위에서 트럼프 임기의 전반부는 표면적으로나마 성장을 구가하게 될 것이다.

트럼프는 참 운이 좋은 사람이라는 걸 더욱 실감하게 된다. 버블 이코노미를 만들려고 해도 아예 불가능한 시기가 있다. 예를 들어 오바마 대통령을 보자. 그는 버블을 만들려고 애를 쓴다 해도 애초에 불가능한 시점에 대통령이 됐다. 2009년 초 임기를 시작했을 때 미국은 사실상 망한 나라였지 않은가. 오바마가 해야 할 일은 중환자실에서 각종 응급주사에 의존해서 생명을 연장하고 있는 미국이란 환자를 어떻게든 살려내는 것이었다. 재임 기간 8년 동안 그는 중앙은행인 연준에 경제정책을 맡길 수밖에 없었다. 환자를 살려내기 위한 신선한 피를 찍어내서 공급하는 건 정부가 아니라 중앙은행의 몫이기 때문이다. 즉 통화정책이 경제정책의 근간이 된 것이다. 미국에 기축통화라는 신의 선물이 없었더라면 미국은 진작에 부도난 나라, 망한 나라였다. 벤 버냉키라는 뛰어난 경제학자와 그의 뒤를 이은 재닛 옐런이라는 합리주의자가 집도의를 담당한 미국 경제는 이제 전 세계에서 가장 건강한 경제로 다시 태어났다. 즉 버블을 만들 수 있는 체력을 길렀다는 얘기다.

미국 경제사를 보라. 1920년대 대공황 이후 미국의 경제는 버블과 버블의 붕괴가 반복되는 역사였다. 사실 어떤 대통령이 버블을 만들려고 했거나 버블의 붕괴를 의도했다기보다 소비 중심의 미국 경제는 언제나 이 버블의 생성과 붕괴가 태생적으로 반복되는 경제구조다. 미국 경제의 순환을 단기적인 시각으로 보면 지금 이미 수축기로 들어왔다고 볼 수 있지만 버블과 버블 붕괴라는 관점에서 보면 아직도 미국 경제는 버블의 크기를 키우기에 상당한 시간이 남아 있는 상황이다.

트럼프는 오바마가 만들어놓은 활주로로 비행기를 몰고 가 이륙을 할 수 있는 환경에서 대통령이 됐다. 여기에 그는 부동산 개발업자라는 산업, 버블 이코노미의 혜택을 가장 많이 보는 업종에서 잔뼈가 굵은 사람이다. 미국을 비롯하여 전 세계에 풀려서 떠돌아다니는 막대한 유동성에다 어떤 경제정책이라도 받아낼 수 있는 건강한 경제체력 그리고 고성장을 갈구하는 미국 사람들의 열망이라는 버블 이코노미의 삼박자가 완벽하게 갖춰져 있다는 거다.

트럼프가 주는 기회와 위기

중국 패권주의에 대한 선전포고

제2차 세계대전 이후 명실상부한 세계 최강대국의 위상을 갖춘 이래, 미국은 이 초강대국의 위상에 조금이라도 훼손을 가져오는 도전자에 대해서는 가혹한 전방위적 압력을 가해왔다.

1960대 우주 개척을 치고 나간 구소련에 대한 견제가 본격적으로 시작되어 1970년대 들어 국력이란 측면, 특히 경제력이란 측면에서 미국의 절반을 따라온 소련에 본격적인 압력을 가한다. 물론 소비에트체제의 붕괴가 미국이 압력을 가한 결과라는 데 모든 사람이 동의하지는 않겠지만, 적어도 미국이 냉전체제의 유지를 원치 않았고 세계 유일 강대국으로서의 위상을 확인하고 싶어 했을 것이라는 데에는 이론의 여지가 없다. 반쪽 대회로 치러진 모스크바 올림픽과 LA 올림픽이 1980년대 당시 세계 힘의 균형 상태를 보여준다. 미국의 리더십들은 이런 균형 상태를 심적으로 용납하기 힘들었을 것이다.

그리고 일본의 경우를 보자. 1980년대 미국 사람들은 모든 면에서 일본 제품이 쏟아져 들어오는 데 대해 어쩌면 행복한 비명을 질렀을 것이다. 토요타와 소니로 상징되는 질 좋고 값싼 일본산 공산품들이 쇄도하면서 미국 소비자들은 전과는 전혀 다른 새로운 경험을 할 수 있었다. 미국의 제조업은 타격을 받았지만 말이다. 그런데 미국의 정치 리더십들은 또 불쾌해졌을 것이다. 쌍둥이 적자로 대변되는 무역수지 적자와 기업들의 침체로 인한 재정적자가 심각해지면서 그 원인을 일본에서 발견한 미국은 일본의 추격을 용납할 수 없는 지경에 이르게 됐다. 그렇다 하더라도 일본은 동북아시아에서 소련 및 중공과 대치하고 있는 최대의 우방국이기 때문에 그 체제의 붕괴로까지 간다면 미국이 더 큰 비용을 지불해야 했을 것이다. 그래서 경제적으로만 뭔가를 조정해야 할 필요성을 느꼈을 것이다.

이때 꺼내 든 비기가 환율의 조정이다. 1985년 9월 뉴욕의 센트럴파크 옆에 있는 플라자호텔로 일본의 재무장관을 불러 일본 엔화의 강제적인 강세를 연출하도록 일방적인 하명을 한다. 물론 무역 적자를 개선한다는 명분이었지만, 시장 자율변동환율제를 도입하고 있는 일본에 엔/달러 환율의 강제적인 하락을 만들라는 것 자체는 '너는 나의 명령을 들어야 한다'라는 일종의 파워테스트 성격도 겸하고 있었을 것이다.

일본이 경제적으로 성장했고 제조업이 발전했지만 '너희의 위치는 불과 30년 전에 우리 원자폭탄 두 방으로 나라가 절단 난 패전국이었다. 너희를 공산주의로부터 지켜주고 있는 나라도 우리 미국임을 잊지 말라'라는 경고와 함께 수단과 방법을 가리지 말고 환

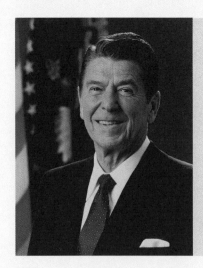

미국의 제40대 대통령 로널드 레이건(Ronald Wilson Reagan, 1981~1989 재임). 레이거노믹스(Reaganomics) 정책을 기조로 경기부양, 고용창출에 힘썼으며, 기업에 대한 정부 규제를 완화했다.

율을 움직여 일본산 제품의 공습을 막으라는 압력이었다. 지금 생각해보면 참으로 무지막지한 정책이었지만 결국 일본은 이 명령을 순순히 따랐다. 그 시점부터 일본 경제의 펀더멘털은 훼손되기 시작했고, 1990년대 버블 붕괴와 함께 잃어버린 20년이 시작됐다고 할 수 있다. 1985년 플라자 합의가 있었던 당시 일본의 국내총생산이 미국 국내총생산의 절반 정도였다는 걸 기억해두자.

세월이 흘러 소련, 일본에 이어 2등 국가의 바통을 이어받은 게 중국이다. 1980년대 덩샤오핑의 개혁·개방정책이 시작된 이후에 잠에서 깨어난 이 거인은 무서운 속도로 경제 성장을 이루더니 1980년대 일본산보다 더 광범위한 제품군으로 미국 소비자들을 공략했다. 물론 경제력의 급부상은 중국으로 하여금 아시아 지도국으로서의 자리를 되찾고, 나아가 아프리카와 남미에까지도 영향력을 확대하게 하는 밑바탕이 됐다.

중국의 개방에 따른 아시아 지역 내 긴장의 완화를 반겼던 미국으로서는 쇠락하는 일본 경제와 한국의 좌파 정권 탄생을 경험하면서 아시아에서의 주도권 회복을 노리는데, 이것이 'pivot to Asia', 즉 아시아 재균형 정책으로 나타났다. 동아시아에서 미국과 중국의 충돌은 남중국해 문제를 비롯한 역내 영토 문제를 두고 벌어지는 미국 동맹의 인접국들과 중국 간의 갈등으로 나타났다. 그런데 그 속을 들여다보면 중국의 국내총생산이 미국의 절반 수준까지 따라잡은 2011~12년경부터 촉발되었음을 알 수 있고, 이를 고려해서 보면 미국의 2등국 견제정책이 시작된 걸로 이해할 수 있다.

특히 2008년 금융위기 이후에 추락한 미국의 위상을 회복하고 중국의 한계를 인식하게 하려면 군사외교적으로뿐 아니라 경제적으로도 중국에 타격을 줘야 한다는 게 미국의 속내였을 것이다. 트럼프 정부가 추진하려는 중국을 향한 공정무역(물론 중국에서는 '보호무역주의'라고 하지만)이란 것도 사실은 트럼프 행정부가 들어선 후 하늘에서 뚝 떨어진 것이 아니다. 2위권 국가를 인정하지 않는 미국의 오랜 외교정책의 산물이고, 그 속에는 외교·안보 문제뿐 아니라 경제적인 요소가 더 절실하게 자리 잡고 있다는 것을 잊어서는 안 된다.

결국 트럼프 행정부의 보호무역주의는 사실상 중국에 대한 선전포고의 의미를 갖고 있고, 멕시코를 제외한 그 외 나라들에 대한 무역장벽은 중국과의 형평성 논란을 막기 위한 구색 갖추기 정도라고 볼 수도 있다. 이런 점에서 필자는 앞으로 우리나라와 미국 간의 통상 문제가 전통적인 선린우호 우방국으로서의 본질을 훼손시킬 정도로 악화되지는 않을 것으로 본다. 오히려 걱정이 되는 것은 중국이 1970년대 러시아나 1980년대 말의 일본과 같은 상황으로 갈지 어떨지도 불확실한 상황에서 우리 정부가 어떤 외교 노선을 걷게 될 것인가 하는 점이다. 중국이 미국과의 대결에서 쉽게 패해버리면 문제는 간단할 텐데 중국의 국력, 인구 또 역사적 전통을 고려할 때 앞선 두 나라(소련, 일본)와의 갈등과는 본질적으로 다른 양상을 보일 가능성이 크다. 더욱이 우리와의 관계도 훨씬 더 복잡하고 직접적이어서 우리의 미래에 매우 심대한 영향을 줄 것이다.

먼저 경제적인 측면을 보자. 앞서 짚었듯이 중국의 개방 시기에 전 세계는 세계화라는 거대한 물결 속에 있었다. 세계화는 다른 말로 하면 효율성이다. 즉 경쟁력 있는 분야에 대한 인정과 완전 경쟁이다. 중국은 저임금을 무기로 선진국에 대해 제조업의 경쟁력을 확보했고, 미국 등 서구 선진국은 금융과 서비스에서 비교우위를 확보했다. 미국은 중국의 저가 공산품의 최대 시장을 만들어줬고 중국은 교육, 의료, 금융의 수요를 창출해줬다. 이러한 합리적인 분업체계하에서 우리 제조업은 또 완제품 공장 역할을 한 중국에 중간재와 산업재를 납품하는 기지 역할로 분업이 되어 있었기에 우리의 제조업이 비약적인 발전을 할 수 있었다. 우리의 철강, 석유화학, 기계, 반도체 등 전자 부품의 성장세는 사실상 이런 세계화가 만든 분업체계에서 이뤄진 것이다.

그런데 중국이 너무 커버렸고, 때마침 터진 금융위기는 지금껏 분업이라 여겨왔던 것들이 진정한 의미의 분업이 아니라 미국의 궁핍화 정책이었다는 걸 새삼스럽게 깨닫게 되는 계기가 됐다. 제조업은 미국을 떠나버렸고 금융은 사기였다는 회의가 들었다. 자국 제조업을 살려야 한다는 것은 트럼프만의 생각이 아니다. 정도의 차이, 그리고 전면적이냐 점진적이냐의 차이가 있을 뿐 금융위기 이후 미국 정부가 일관되게 추진해온 정책이다. 분업체계를 깨겠다는 것이다. 그러면 우리와 중국 간에도 분업이 깨진다. 지금 사드 문제 때문에 우리 소비재와 유통업체 그리고 한류와 관광산업이 희생을 치르고 있지만, 그 여파가 아직 우리가 경쟁력을 갖고 있는 중간재에까지 이를 것으로 보이기에 더 걱정스럽다.

중국의 국영 칭화유니 그룹이 벌써 몇 년째 우리가 세계 제일인 반도체, 그것도 D램을 비롯한 메모리 쪽에 진출하려고 한다. 업계에서는 그래도 한 10년은 기술 격차가 날 거라고 이야기한다. 하지만 과연 그럴까? 그 시각은 우리가 일본의 기술을 들여와 처음 반도체를 시작할 때를 기준으로 한 것이다. 지금 중국은 IT 분야에서 미국을 제외하고 가장 앞서가는 나라다. 거기에 자본과 시장을 동시에 갖고 있는 나라다. 처음 시작은 어렵지만 일단 공장이 가동되기 시작한다면 그 추격의 속도는 거의 빛의 속도가 될 것이다. 반도체뿐 아니라 거의 모든 중간재에서 시진핑 정부는 자국 제조업을 육성하려고 한다. 여기에 미·중 간의 갈등이 무역 쪽에서 촉발된다면 우리의 중간재는 위기 국면으로 갈 수도 있다. 결국 우리 산업의 기본 틀이 미·중 관계에서 시작된다는 뜻이다.

강요된 선택이 될 가능성이 더 크지만, 결국 우리 정부가 미국과 중국 사이에서 어떤 외교정책을 쓸 것인지가 앞으로 우리 경제를 좌우할 것이다. 요는 양쪽으로부터 러브콜을 받는 역량을 발휘할 수 있을 것인지, 아니면 양쪽으로부터 뺨을 맞는 미운털 박힌 존재가 될 것인지다.

가장 괴로운 건 일본이다

오바마 대통령의 아시아 정책은 일본과의 밀월관계로 나타난다. 아베 총리는 특유의 부지런함으로 오바마를 설득해 미국에 최고의 우방으로 자리매김을 하는 데 성공했다. 최고의 우방이라는 의미는 전후 미군이 일본에 주둔하면서 형성된 관계이지만, 아마도 미국과 일본이 가장 좋은 관계를 유지한 건 오바마와 아베 연간일 것이다.

여기서 우리가 간과해서는 안 되는 것이 아베가 미국과 최고의 관계를 맺은 건 결국 자신의 경제정책인 아베노믹스를 성공적으로 구현하기 위함이라는 것이다. 아베노믹스란 무엇인가? 인플레이션을 만들어 소비를 촉진해야 하는데, 그러려면 기업들이 돈을 벌어 고용을 확대하고 월급을 올려줘야 한다는 것이다. 일본이 우리에 비해서는 내수가 큰 경제임에 틀림없으나, 수출기업들이 돈을 벌지 못하면 아베노믹스의 성공은 요원해진다. 일본 기업들이 돈을 벌려면 엔화가 약해져야 한다. 즉 엔저가 기본이라는 것이다. 엔저는 미국이 용인하지 않으면 불가능하다는 사실을 1985년 플라자 합의라는 트라우마가 있는 일본은 너무나 잘 알고 있다. 아베 총리는 외할아버지인 기시 전 총리가 일본의 산업화를 위해 미국 대통령들에게 얼마나 허리를 굽혔는지 보고 자랐다. 그리고 지금은 그 자신이 그대로 하고 있다.

미국이 우리와 중국에 대해서는 환율 문제를 놓고 그토록 트집을 잡았지만 유독 일본의 엔저는 수수방관했다는 점을 어떻게 봐야 할까? 아베가 미국에 '우리는 영원히 외교·안보적으로 미국의 밑에 있을 테니 경제적으로는 우리의 길을 터 달라'라고 속 깊은 얘기를 했을 테고, 오바마는 사람 좋은 웃음을 지었을 것이다. 거기에 덤으로 히로시마 원폭 위령탑과 진주만을 교차 방문하면서 우의를 보였다. 그것은 오바마의 뒤를 이을 힐러리 클린턴까지 염두에 둔 포석이었다.

그런데 원숭이가 나무에서 떨어졌다고 할까? 생각지도 않았던 도널드 트럼프가 대통령이 되면서 아베의 치밀한 설계도는 어긋나기 시작했다. 트럼프가 대통령으로서 가장 먼저 한 일이 무엇인가? 바로 TPP를 무효화하는 것이었다. TPP는 오바마가 태평양 연안 국가들과의 통상관계에서 중국을 제치고 일거에 우위에 서겠다는 경제적 아시아 재균형 정책의 일부였다. 이걸 막후에서 조정하고 즐긴 것이 바로 일본의 아베 총리였고 말이다. 미국을 비롯한 10여 개 나라와 일시에 FTA를 체결할 찰나에 들어선 트럼프 정부는 일본의 아베에겐 재앙이었다.

하지만 불굴의 아베를 보라. 당선된 지 일주일도 안 돼서 정신없는 트럼프에게 전격적으로 방문을 제안했고, 곧바로 일본의 그 유명한 골프채 한 개를 싸들고 트럼프 타워로 쳐들어가 정상회담을 예약했다. 그의 방문은 마지막까지 TPP를 살려보려는 시도였을 것이다. 그러나 아베는 트럼프의 상대가 되지 못한다. 적어도 '거래의 기술'에서는 말이다. 트럼프는 그와의 회담을 즐겼지만 어떤 것도 약속하지 않았다. 곧이어 벌어진 미·일 정상회담에서도 의전이라는 입장에서만 보면 파격적인 환대를 했지만, 정상회담의 숙제는 결국 아베 총리가 다 지고 돌아갔다. 아베는 미국에 80만 개의 일자리를 만들고 그 많은 일본 기업의 목을 비틀어 미국 내 투자 약속을 연서로 해서 가지고 갔고, 트럼프는 그걸 즐겼을 뿐이다.

물론 아베의 이런 노력이 전혀 성과가 없었다는 것은 아니다. 지난 3월 한·중·일을 연쇄 방문한 렉스 틸러슨 미 국무장관이 일본은 '최고의 우방'으로, 한국은 '중요한 파트너'라고 차별을 두어 부르지 않았는가. 하지만 그게 전부다. 오바마가 관용적으로 대했던 경제 분야에서 트럼프는 철저히 미국의 이익을 위해 일본을 압박할 것이다. 물론 일본 기업들이 기민하게 움직여 트럼프의 경계감을 누그러트릴 수도 있을 것이다. 하지만 트럼프가 《거래의 기술》에서 적시했듯이 트럼프의 일본관은 그저 미국 때문에 성장한 일본이 너무 컸다는 인식인데, 이를 단기간에 잠재우지는 못할 것이다. 그에게는 '비즈니스는 철저히 비즈니스'이기 때문이다.

_____

5 장

다가오는 경기 모멘텀

_____

INFLATION

세계 경제의 빅 사이클

한국 증시의 흐름

김동환   2017년 6월 현재 주가지수가 2300포인트를 넘기는 등 사상 최고가 수준입니다. 지난 1분기 경제성장률도 예상보다 굉장히 잘 나왔고요, 수출 호조세도 이어지고 있습니다. 새 정부 출범의 기대감이 어느 때보다 크기도 합니다. 그런데도 대부분의 개인 투자자는 상대적 박탈감을 느끼고 있죠.

　이제 좀더 현실적인 얘기를 해볼까요? 지금 이 시점에 우리는 어떤 투자를 해야 할지에 대해서요. 먼저 이번 상승장의 성격에 대한 얘기로 시작해봅시다.

김일구   우리나라 주식시장에는 두 개의 흐름이 나타나고 있습니다. 하나는 2016년 2월부터 유가가 반등하면서 글로벌 경제가 개선되는 확장 국면이 나타나고 있는데, 여기에 편승해 기업이익이 증가하고 주가가 상승하는 흐름입니다. 그러나 2013년부터 2015년 사이에 주가 하락이 크게 나타났던 철강·화학·조선·기계 등 중화학공업 쪽에서는 주가 상승이 뚜렷하지만, 소비 관련주는 오히려 하락하면서 주가 상승기가 맞나 하는 의문이 들 정도입니다.

또 다른 한 가지 흐름은 2016년 5월부터 나타난 IT 사이클입니다. 수년째 하락하던 반도체 가격이 반등하고 디스플레이산업도 개선되면서 IT 대형주의 상승이 시작됐습니다. 삼성전자가 1년 전 120만 원에서 최근 220만 원대로 상승했고, SK하이닉스 주가도 2만 5,000원에서 5만 5,000원대로 상승했습니다. 삼성전자, SK하이닉스, LG전자, LG디스플레이, 삼성전기, 삼성SDI, LG이노텍 등 IT 대형 7개사만 놓고 보면 코스피는 이미 3000포인트가 넘었어요. 그런데 이 7개사를 빼고 보면 코스피는 1년간 별로 오르지 못했습니다.

김동환   그래서 이번 장을 'MVP 장세'라고도 하죠. 'M'은 모멘텀(Momentum)으로 세계 글로벌 경기가 모멘텀이다, 상승 전환하는 모멘텀에 와 있다는 뜻입니다. 그리고 'V'는 밸류에이션(Valuation)을 나타냅니다. 우리 증시가 항상 선진시장이나 OECD 평균보다도 밸류에이션에서 굉장히 뒤처져 있는데 그것을 좀 회복하고 있는 상황이라는 얘기고요. 'P'는 이익(Profit)을 가리킵니다. 우리 상장기업들의 이익추정치가 계속 올라가고 있기 때문에 그 어느 때보다 상승탄력이 클 것이라는 거죠. 너무 낙관적인 시각일 수도 있습니

다만, 현재 상황을 긍정적으로 보는 시각의 일단으로서 설득력을
갖고 있다고 봅니다. 김 박사께서는 어떻게 생각하십니까?

김한진　　사실 제가 증시를 다소 보수적으로 본 이유는 두 가지입니
다. 첫째는 미국 증시가 과열권에 진입해 있는데 그 조정이 임박했
다는 생각 때문이고, 둘째는 그간 글로벌 증시를 떠받쳐줬던 저금
리 기조가 끝나가고 있다는 게 포인트입니다. 하지만 우리가 토론
하는 이 시점까지 미국 증시의 조정도, 글로벌 금리의 상승 반전도
일어나지 않고 있습니다. 그사이에 2017년 한국 기업의 이익 전망
은 증가했고 새 정부가 출범하면서 여러 불확실성도 해소되고 있
고요, 지배구조 개선 등 주가 리레이팅(할증) 요인까지 가세하고 있

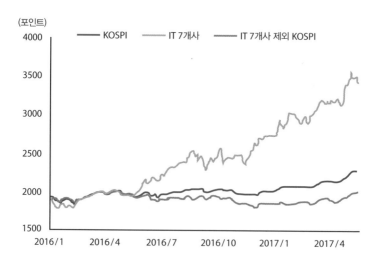

코스피와 IT 7개사 지수

IT 7개사 중심의 주가 상승이 나타났고 대부분의 종목은 상승장에서 소외됐다.

자료: KRX

습니다. 하지만 무엇보다도 앞서 김 센터장께서 지적하신 대로 삼성전자 등 반도체, IT기업의 주가 상승이 최근 강세장에는 결정적 요인이었다고 봅니다.

우선 미국 증시가 부담스러운 수준에 와 있는데요. 언제 조정을 보일지는 사실 명확하지 않지만, 해외 증시발 국내 증시의 동반 조정 위험은 눈앞에 잠복된 위험 요인입니다. 미국 주가가 신고가를 갈아치울수록 조정 위험은 더욱 커지는 상황이라고 봅니다. 금리는 몇 가지 이유로 아직은 안정 추세입니다. 연준의 인위적인 관리 의지와 낮은 인플레이션이 주된 이유죠. 혹시 금리가 올라도 주가가 함께 더 오를 수는 있겠지만, 그 기간이 길지는 않을 것으로 봅니다. 저금리 국면에서 이미 미국 증시의 밸류에이션이 높아진 상태라 주의가 요구됩니다. 이상을 종합하면 세계 증시의 강세 여파로 한국 증시가 동반 상승하고는 있지만, 앞서가는 선진국 증시가 조정에 들어가거나 우리 고유의 주가 상승 동인이 약해질 경우 우리 증시는 다시 방향성을 잃을 것입니다. 이 경우 코스피는 결국 미국 등 해외 증시 동향에 따라 춤을 추거나 다시 일정 시간 에너지 축적 과정을 거쳐야 할 것으로 판단됩니다.

여기서 우리 고유의 주가 상승 동인이란 바로 '수출 경기와 기업이익', 즉 펀더멘털이겠죠. 2017년 코스피 기업들의 영업이익은 사상 처음 190조, 순이익은 130조 시대를 열 듯합니다. 저희 회사 공식 입장은 증시의 특별한 리레이팅(PER 확대) 없이 현재 정도의 기업이익만으로도 주가수익비율(PER) 10배를 충족한다면, 코스피는 적어도 2600선에 도달할 수 있다는 의견입니다. 만약 앞으로 기업이익이 계속 좋아지고 수출 경기도 좋으면서 기업지배구조 개선과 배당성향 증대, 자사주 매입 소각 등 주주환원정책까지 잘 어우러진다면 지수 3000포인트도 얼마든지 내다볼 수 있다고 생각합니다. 물론 당장 도달할 목표는 아니겠지만요.

다만 여기에는 몇 가지 조건과 고민이 따릅니다. 먼저, 과연 세계 경기가 한국 수출을 계속 뒷받침해줄 정도로 탄탄한가에 대한 의문입니다. 또한 원화 환율이 계속 강세로 가도 우리 수출기업 실적에는 문제가 없을 것인지도 고민입니다. 또 몇 차례 말씀드렸듯이 세계 경기가 장기 추세로는 각국 잠재성장률 둔화와 함께 성장 모멘텀이 둔화되고 있고, 그로 인해 저금리가 지속되고 있는데 이 문제를 어떻게 볼 것인가 하는 점입니다.

또한 기업이익이 좋다고 해도 만약 그 개선탄력, 그러니까 이익 증가율이 2017년을 고점으로 둔화된다면 이를 어떻게 해석할 것인가 하는 문제도 있습니다. 이 경우 당장 탄력적인 주가 상승을 기대하기는 어렵죠.

아무튼 코스피 시가총액의 약 36%인 반도체와 디스플레이업종이 전체 이익의 상당 부분을 차지하고 있다는 것은 그만큼 어닝의 불균형을 뜻하는 것이죠. 다시 말해 시장 전체 이익의 질이 좋지는 않다는 뜻입니다. 삼성전자 등 특정 종목 몇 개가 지수를 끌고 갈 수 있다는 뜻이기도 하고요.

상대적인 면을 한번 볼까요? 세계 증시에서 한국 증시가 상대적으로 매력적인 것은 맞습니다. 하지만 앞서 말씀드렸듯이, 그 세계 증시(특히 미국 증시)가 본격 조정에 들어간다면 상황은 달라집니다. 상대적으로 싸다는 것은 그 비교 대상이 과열일 때 오류를 낳기 마련입니다. 닷컴 버블 때 어떤 기업은 PER이 100배인데 내 종목은 50배이니 싸다고 우기던 경우도 있었죠. 외국인들이 2016년부터 한국 주식을 산 것은 세계 경기의 호조와 저금리 기조 속에 한국 증시가 상대적으로 저평가되어 있었기 때문입니다. 미국 증시가 조정을 보이거나 달러가 갑자기 강세로 갈 만한 위험 요인(미국 주가 하락 포함)이 부각되면, 또는 시장금리가 갑자기 튀어 오르면 한국 증시도 일단 선진국 증시와 동반해서 조정을 보일 수밖에 없습니다.

한국의 경기 모멘텀

김동환　경기 모멘텀에 대한 김 센터장의 생각은 어떻습니까? 세계 경제와 한국 경기로 나누어서 보면요?

김일구　경기가 안 좋다가 좋아졌다면, 처음에는 모두 기저효과에 의한 것입니다. 2016년 2월을 글로벌 경기의 저점으로 보는데, 유가가 그때부터 반등했기 때문이죠. 그렇지만 2~3년 전과 비교하면 유가가 높은 것도 아닙니다. 그래서 '지난해에 너무 안 좋아서 올해 좋아 보이는 것일 뿐 결코 올해가 좋은 것은 아니다'와 같은 부정적인 해석을 하기 쉽습니다. 그러나 경기회복 초기 단계에는 기저효과가 상당히 큰 역할을 차지하기 때문에 기저효과를 폄하할 필요는 없습니다.

기저효과로 좋아져 보이는 경제는 아마도 2017년 여름 정도면 끝날 것 같습니다. 수출 증가율이 2017년 상반기 현재 15~20%씩 나오는데, 2016년 이맘때 수출 증가율이 -15%를 기록한 것에 대한 기저효과가 대부분입니다. 2016년 하반기에는 수출이 그렇게 나쁘지 않았기 때문에, 2017년 하반기가 되면 수출 증가율이 5% 정도로 낮아질 것 같습니다.

글로벌 경제의 소순환으로 보더라도 경기확장 국면이 평균

글로벌 증시 프리미엄과 이익 증가율 비교

한국 증시는 상대적으로 주가수익비율(PER)이 낮은 반면 기업이익 증가율은 높아 외국인 입장에서 비교적 매력적인 시장이다.

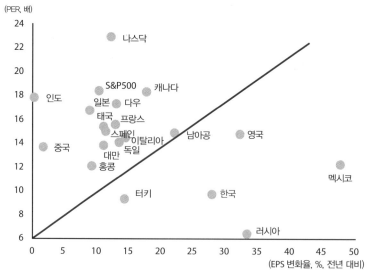

※ 2017년 예상이익 기준, 주가는 2017년 5월 30일 기준

17~19개월 지속되는데, 2016년 2월을 저점으로 경기확장 국면이 이어지고 있으니 2017년 7~9월 사이에 소순환의 고점에 이르고 이후에는 둔화될 것으로 예상합니다. 평균적으로 보면 그렇습니다. 이때 경기수축 국면도 1년 이상 이어질 것 같은데, 관건은 이 수축 국면에서 글로벌 경제가 완만하게 둔화되느냐, 아니면 경기침체를 우려할 정도로 나빠지느냐입니다. 완만한 둔화라고 한다면 건강한 조정 국면으로 봐서 주식시장에는 별 악영향을 미치지 않습니다.

저는 긍정적으로 보는데, 이제 투자가 늘어날 때가 됐다고 보기

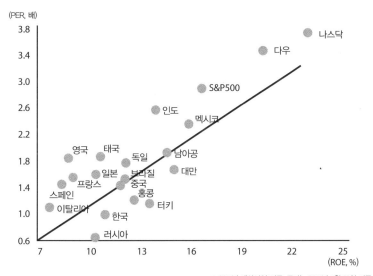

글로벌 증시 자기자본이익률(ROE)과 주가순자산비율(PBR) 비교

한국 증시는 주가순자산비율(PBR)이 낮지만 자기자본이익률(ROE)도 낮은 편이어서 절대적으로 저평가된 시장이라고 말하기는 어렵다.

※ 2017년 예상이익 기준, 주가는 2017년 5월 30일 기준

때문입니다. 소비가 늘어날 수 있을 것 같지는 않지만, 2012년 이후로 글로벌 기업들의 투자가 거의 없었기 때문에 이 기업들이 투자를 늘릴 것으로 기대하고 있습니다. 2016년부터 주가가 상승한 것을 보면, 소비 관련주들은 상승하지 못하고 대부분 투자와 관련된 기업들의 주가가 올랐습니다. 철강·화학·기계·반도체 등 소재, 산업재, IT 하드웨어의 상승세가 돋보입니다. 또 이들 기업의 밸류에이션이 기업이익으로 보나 순자산가치로 보나 낮아서, 앞으로 주가가 더 오르더라도 크게 부담이 없어 보입니다. 소비재는 2013~14년에 주가가 크게 올랐고 또 소비가 크게 늘어날 것 같지도 않아서 추가적인 상승에 대해서 좀 부정적이지만, 투자와 관련된 종목들은 주가가 낮아서 이익이 조금만 늘어나도 주가의 상승폭이 커질 수 있습니다.

김동환　기저효과를 가장 많이 본 기간은 2016년 4/4분기부터 2017년 1/4분기 정도라고 봐야 하고, 2017년 2/4분기만 하더라도 국제유가의 기저효과 부분도 옅어지고 있죠. 그러니까 과연 이 기저효과가 사라진 이후에 우리 경기 모멘텀이 어떻게 될 것이냐가 관건이겠죠? 만약 기저효과가 끝난 이후에도 경기 모멘텀이 살아 있다면 주가라는 측면에서 오히려 그때가 더 폭발력이 있지 않나 그런 생각도 들거든요.

김한진　경기 모멘텀이 살아 있고 그 탄력에 비해 금리가 적게 오른다는 조건만 충족된다면 저도 강세 의견에 동의합니다. 저는 글로벌 증시의 강세장을 지원할 환경 요인이 다소 까다롭다고 봅니다. 유동성 요인에 힘입어 주가가 좀더 올라갈 수는 있겠으나 지금까지의 '온건한 경기확장과 저금리의 조합'이 아주 장기화되기는 어렵다고 생각합니다.

IMF나 세계은행 등의 중장기 전망을 보면, 이들의 2018년 세계 경기 전망은 아주 서프라이즈하지는 않습니다. 물론 가봐야 알겠습니다만, 앞으로 세계 경제가 아주 떠들썩하게 좋아진다고 보는 기관은 많지 않습니다. 다가오는 2018년 세계 경제는 지난 2015년에서 2017년까지의 개선탄력보다는 약하다는 게 중론입니다. 만약 세계 경제 전망이 앞으로 상향 수정된다면 그때부터는 물가(인플레이션) 전망도 본격 상향 조정되고, 이에 따라 통화정책도 보다 매파적으로(금리 인상) 바뀔 것입니다. 저는 전체 세계 경기 상황도 중요하지만, 현실적으로 한국 증시 흐름을 결정하는 것은 결국 반도체와 디스플레이 중심의 IT 제조업 경기라고 판단합니다.

범위를 좁혀서 한국 경제를 보죠. 우리나라 출하 재고를 보면 국지적으로 최근에는 매우 좋습니다만, 좀 긴 기간을 펼쳐서 보면 2010년 이후 출하와 재고 간 괴리가 계속 커진 다음에 2015년부터 생산활동이 완만하게 회복되고 있음을 알 수 있습니다. 하지만 재고와 출하의 갭은 여전히 크고 그것도 산업별로 격차(반도체 호황)가 큰 것을 볼 수 있습니다. 수출 경기 역시 수개월 호조세를 이어가고 있습니다만, 수출물량 증대의 모멘텀을 테크(IT)산업이 주도하고 있습니다. 반도체 경기가 언제까지 호황을 이어가느냐가 삼성전자의 주가 고점은 물론 코스피 시장 전체 흐름에도 결정적인 변수가 될 듯합니다.

또 다른 변수라면 저는 유가를 지적하고 싶은데요. 국제유가가 소재나 산업재 수출은 물론 조선 수주와도 밀접하고, 전체 수출 금액 증가와도 연관성이 높습니다. 또한 유가는 글로벌 경기 강도와 위험자산에 대한 선호 정도, 인플레이션 환경을 모두 함축하고 있기 때문에 국내 증시에도 중요합니다. 그런데 유가는 산유국들의 감산에도 불구하고 재고와 수급 여건상 당분간 큰 폭의 상승을 기대하기는 어려워 보입니다.

김동환 유가와 반도체를 빼고 나면 냉정하게 봐야 할 부분이 분명히 있다는 거죠?

김한진 그렇습니다. 아시다시피 반도체 중심의 IT 경기가 유례없는 빅 사이클에 들어가 있고요, 유가는 세계 경기 강도나 위험자산에 대한 선호도를 엿볼 수 있는 일종의 바로미터라는 점을 말씀드리고 싶습니다.

김동환 그런데 반도체가 지금 굉장히 좋잖아요? 근래에 이렇게까지 좋았던 적이 없었던 것 같은데요. 그 이면에 세계 경기회복이라는 것이 전제되지 않는다면, 산업의 특성상 이 반도체가 수급으로만 이렇게까지 좋아질 수 있을까요?

김한진 반도체 수요가 느는 것은 자동차나 주택 수요 증대하고는 성격이 조금 다릅니다. 공급 부족 상황과 새로운 재화의 출현이 제한된 숫자의 반도체 업체에 예상치 못한 수급 호황을 안겨준 것입니다. 모바일 기기의 진화, 각종 정보통신 기기의 진보, 빅데이터와 인공지능(AI), 사물인터넷(IoT), CPS(Cyber Physical System) 등 우리 앞에 성큼 다가와 있는 인더스트리 4.0은 당연히 더 많은 메모리와 데이터 처리를 필요로 합니다.

다만 고민되는 것은 이러한 반도체 경기가 다른 산업에 미치는 파급효과가 크지 않다는 점입니다. 자본집약적이고 기술집약적이어서 고용기여도가 낮으니까요. 4차 산업의 정체성이나 경기 전반에 대한 파급효과 등은 솔직히 아직도 모호합니다. 혁신 기술이 새로운 수요를 창출하는 것은 좋으나 그 속도가 너무 빠르면 소비자가 적응하고 실제 소비로 연결되는 게 어려울 수 있다는 생각이 들어요. 가령 무인자동차 기술이 자동차의 안전과 편의성을 높이는 데는 기여하겠지만, 지금까지 전혀 없던 자동차 수요를 당장 '혁명적으로' 끌어올리는 것은 아니라고 봅니다. 생산 분야의 기술혁신도 초기에는 노동력 투입이 감소(예컨대 스마트 공장은 기존 노동력을 대체하거나 수입을 대체함)하기 때문에 세계 전체로 보면 오히려 소비가 위축되고 생산성 함정에 빠질 우려가 크다는 거죠.

한국 산업과 주가의 흐름

김동환　　자, 이제 경기에서 투자 쪽으로 화제를 돌려보고 싶은데요. 사실상 2300포인트를 돌파하던 때의 수급을 보면 역시 외국인의 집중 매수와 우리 개인 투자자들의 집중 매도가 있었습니다. 그렇다면 제가 아까 말씀드린 세 가지, 즉 경기 모멘텀, 밸류에이션, 기업들의 실적을 보는 우리 투자자들의 인식에 문제가 있는 거 아닐까요? 물론 최종적으로 누가 승자가 될지는 지켜봐야 하겠습니다만, 지금까지도 외국인 일방의 장세 아니겠습니까?

어쩌면 우리 경제를 보는 우리 스스로의 시각이 너무 회의적인 것 아닌가 하는 생각이 듭니다. 현재의 저성장 기조가 영원할 것 같고, 중국과의 협업구조도 급격하게 경쟁관계로 바뀔 것 같고, 여기다 최근 불거진 지정학적 리스크까지 온통 부정적이고 불안한 거죠. 즉 경기를 보는 순환적 사고방식이 단절적 사고방식 쪽으로 너무 치우쳐 있는 게 아닌가 싶습니다. 그 틈을 외국인들이 파고들어서 2300포인트를 만들고, 국내 투자자들이 갖고 있는 우량주들을

한국의 출하지수와 재고지수 추이

한국 제조업은 재고가 쌓이기 시작한 2011년경부터 가동률도 하락하면서 생산조정을 보였다. 2015년 이후 재고가 둔화되고는 있으나 여전히 출하와 괴리가 있어 탄력적인 생산 확대가 진행되고 있다고 보기는 어렵다.

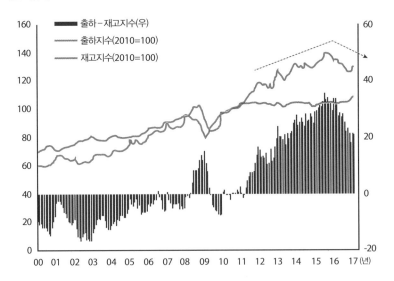

가져가 버린 상황이라고 보는 겁니다.

김일구　외국인들은 한국을 우리처럼 그렇게 자세하게 보지 않습니다. 특히나 요즘 미국, 유럽 시장에서 ETF가 늘어나면서 더 심해졌습니다. 예전에는 개인 고객들이 펀드에 투자하면 전문가인 펀드매니저가 이것저것 생각해서 투자했습니다. 한국 경제가 어떻게 될까, 가계부채가 너무 많지 않나, 북한과 전쟁하게 되지 않을까 등등. 그런데 지금은 개인들이 펀드에 투자하면, 펀드매니저는 각국의 시가총액에 맞춰서 기계적으로 한국 주식을 삽니다. 왜냐하면 개인들이 투자한 펀드가 ETF이기 때문인데요, 미국 시장에서 ETF

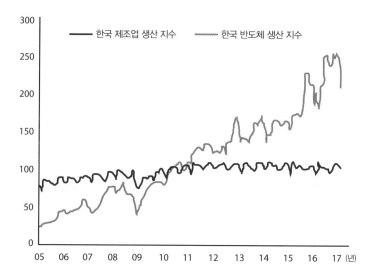

한국의 반도체 생산과 반도체 제외 생산 추이

2011년 이후 반도체 경기는 여타 업종의 경기를 크게 앞서고 있다. 최근 한국 산업활동이 반도체 호황에 크게 의존하고 있음을 시사한다.

비중이 30%를 넘어섰고, 머지않아 50%까지 높아질 것 같습니다.

최근에 돈이 들어오고 있는 신흥국 펀드들도 대부분 ETF입니다. 펀드매니저는 대개 시가총액 비중대로 삽니다. 고민을 하더라도 어느 시장이 더 싼가, 이익 증가율이 어디가 더 높은가, 미국이 많이 올랐는데 그러면 신흥국으로 갈아타 볼까 같은 아주 간단한 고민만 합니다.

그런데 우리는 외국인 펀드매니저보다 우리에 대해 더 많은 것을 알고 있기 때문에 굉장히 복잡하게 생각해요. 지금 좋은 것은 정말 좋은 것이 아니고 기저효과 때문에 잠깐 좋은 것이고, 이쯤 되면 경기가 안 좋아질 것이고, 새 정부가 쓸 수 있는 정책카드가 많지 않을 텐데 등 너무 많은 것을 고려하는 거죠. 사실 우리가 보고 있는 주식 종목은 우리가 일상적으로 보고 있는 한국 경제하곤 또 다릅니다. 미국 S&P500 대기업의 경우에도 해외 매출 비중이 거의 40%입니다. 미국 주식시장은 미국 경제가 60%, 글로벌 경제가 40% 비중으로 움직입니다. 우리는 그 비중이 훨씬 더 높아요. 그렇기 때문에 한국 경제를 보고 한국 주식시장을 판단하려는 국내 투자자들은 늘 오류를 범하게 됩니다. 외국인들은 이런 오류에 빠지지 않기 때문에, 지금처럼 한국 경제는 좋지 않지만 글로벌 경제는 순항하고 있을 때 한국 주식을 쉽게 살 수 있는 거죠.

김동환 '시세는 근심의 벽을 타고 오른다'라는 얘기가 있잖아요? 근심은 사실 적재적소에서 해야 하는데, 너무 비본질적인 부분에 대한 근심과 걱정 또 왜곡된 시각을 갖다 보면 큰 흐름을 놓쳐버리는 우를 범할 수 있죠. 요즘의 장세를 보면서 개인투자자들이 그런 입장이었을 수도 있겠다는 생각이 듭니다.

김일구　요즘 여의도는 저녁에 식당가가 썰렁합니다.

김동환　맞습니다. 언론도 책임이 있습니다. 얼마 전에 우리 1분기 경제성장률 잠정치를 보도하는 헤드라인을 보고 깜짝 놀랐습니다. '우리 성장률 몇 분기째 0%대' 이런 식입니다 사실 0%라는 게 0.1% 있고 0.9%도 있는 거 아닙니까? 1분기 성장률이 0.9라는 건 최근 들어 가장 좋은 성적이죠. 그런데도 그걸 '0%대'라고 써버리면 우리 국민 대다수는 '우리 경제가 아직 한참 멀었구나'라고 생각하겠죠. 그럼 또 소비를 줄이고 기업은 투자를 안 하려고 하겠죠. 경제를 다루는 언론이나 여론을 조성하는 기관들이 지극히 회의적인 입장에서 너무 오랫동안 있다 보니까 그 부분에 대한 왜곡도 존재하는 거 아닌가 하는 생각이 좀 들어요.

김한진　네, 맞습니다. 언론부터 분석가에 이르기까지 모두가 오랫동안 회의론과 비관론에 젖어 있었던지라 무심코 그런 습관이 들었는지도 모릅니다. 아무튼 외국인들은 한국 주식을 사고 있습니다. 저는 외국인들이 지금 선진국 증시 과열의 연장선상에서 한국 주식을 사고 있다고 생각합니다. 저금리 상황에서 너무 많이 오른 선진국 증시보다는 좀 싸고 편안하고 상대적 매력도가 높은 한국 증시를 공략하고 있다는 거죠.

　　결국 세계 경기가 더는 나빠지지 않으리라는 것을 확인하고 이를 기회로 삼아 선진국 대비 상대적 저평가를 재료로 오르는 제한된 강세장이냐, 아니면 굵직한 새 경기 추세를 등에 업고 본격 출발하는 진짜 강세장이냐의 관점 차이가 존재합니다. 달리 말씀드리면 글로벌 저금리를 재료로 한 유동성 장세의 연장이냐, 아니면 (경기확장에도 불구하고 금리가 오르지 않는 놀라운 금융환경 아래에서) 전 세계 경기 자체의 새로운 확장을 반영하는 강세장의 출발이냐의 관점 차이입니다. 저도 가능한 한 선입견을 배제하고 시장을 보려고 노력하고 있습니다만…. 저는 세계 증시가 결국 후자(건강하고 새로운 경기기반의 강세장) 쪽으로 가긴 가겠지만 지금 당장은 아니라고 봅니다. 아직은 중간 조정과 풀어야 할 과제가 좀더 남아 있다고 보는 거죠. 선진국 주가도 이미 너무 비싸져 있고요.

김일구   네, 김 박사께서 말씀하신 것처럼 지금 경기가 더는 나빠지지 않고 조금 좋아지고 있다는 것을 기회로….

김동환   표현은 그렇게 하셨지만, 시각은 좀 달라 보이는데요?

김일구   경제성장률에 비해서 보면 주가가 많이 올랐다는 느낌을 지울 수가 없습니다. 경제는 좋아지지 않았는데, 경제의 온도계라고 하는 주가는 올랐다? 뭔가 이상하다는 느낌을 받는 개인 투자자들이 많으실 것 같아요.

그러나 경제와 주가를 볼 때 놓쳐서는 안 될 두 가지가 있습니다. 먼저 주가는 나라 전체의 경제성장률보다는 기업이익에 따라 움직인다는 점입니다. 경제 성장과 기업이익이 같이 갈 수도 있지만, 지금처럼 경제가 좋지 않아도 전 세계적으로 반도체산업이 좋아서 기업이익이 크게 증가할 수 있습니다. 이렇게 되면 경제가 나쁘더라도 주가는 오릅니다. 이것을 '실적 장세'라고 하죠.

둘째 주가는 경제성장률보다 선행한다는 점입니다. 아직은 경제가 썩 좋은 상태가 아니니 각국이 금리 인상을 늦추고 있고, 금리 인상을 하는 미국도 될 수 있으면 속도를 늦추고 있습니다. 이렇게 유동성이 풍부해지도록 해놓으면 시간이 좀 지났을 때 경제가 좋아질 가능성이 큽니다. 그래서 주식시장에서는 경제가 좋아질 것을 예상해서 미리 주가가 오릅니다. 이를 '유동성 장세'라고 합니다. 아직 경제가 좋아지지 않았고 여러 가지 근심이 많지만, 주식시장은 말 그대로 근심의 벽을 타고 오르니까요.

새 정부의 정책 방향과 세계 경기의 흐름

김동환   문재인 정부가 출범했는데, 이전 어느 정부보다 재벌 개혁에 대한 여론과 의지가 강하다고 하죠? 투자 관점에서는 재벌기업들의 지배구조와 함께 경영의 투명성이 제고되어야 좋은 겁니다. 사실 지난 조기 대선이 왜 생겼느냐를 생각해보면 최순실 국정농단 때문인데, 재벌기업들이 최순실이 만든 재단에 돈을 내면서 일조한 것 아니겠어요? 어쨌든 장기적으로 우리 경제를 위해서, 또 어쩌면 재벌 스스로를 위해서도 합리적인 경영으로의 개선 작업이 필요하다는 공감대는 있다고 봅니다. 이런 게 우리 투자자들 입장에서 보면 일종의 패러다임 시프트(paradigm shift) 아니겠습니까? 소외당하던 소액주주의 권리가 증진된다면, 이것은 또 다른 의미의 투자 기회라고 볼 수 있습니다.

김한진   우리나라 상장기업들의 배당금도 5년 전 10조에서 벌써 20
조를 넘어섰고, 배당성향도 계속 올라가고 있습니다. 금리가 안정
되면서 배당수익률도 금리에 비해 높은 편입니다. 예금이나 채권보
다 훌륭한 주식이 많이 생긴 셈이죠.

　　하지만 외국인들은 분명 한국 주식을 아직 할인해서 거래(코리아
디스카운트)하고 있습니다. 그동안 기업들이 한국 경제 발전에 기여한
바는 크지만, 돈이 쌓이고 그 부(富)가 2세 또 3세로 넘어오면서 불
공정한 상속 등을 일삼은 게 사실입니다. 기업의 의사결정구조, 불
투명성, 지배구조, 배당정책, 정경유착 등 주주권익과 배치되는 요
인들이 알게 모르게 주가에 반영되어왔습니다. 새 정부의 정책 어
젠다 중 하나가 경제정의 아니겠습니까? 이것들이 잘 추진되고 실
제 기업 내용도 바뀐다면, 증시 입장에서는 정말 환영할 일이죠. 이
방면에서 우리 기업과 자본시장이 풀어야 할 과제가 많다는 것은,
역설적으로 한국 증시가 할증을 받을 여지가 충분하다는 뜻이기도
합니다.

김동환   만약 계량화할 수 있다면, 전체를 선진국 기준으로 해서
100이라고 했을 때 개선의 진척도를 10이나 20 정도로밖에 안 본
다는 말씀이시죠?

김한진   그렇죠. 다만, 앞으로 개선될 여지가 많다는 것은 그 자체가
좋은 재료(upside potential) 아니겠습니까? 짜도 짜도 더 개선될 게 없
다는 것이 오히려 문제죠.

김동환   개선의 여지가 있는 시장이라는 거죠?

김한진   네. 주주가치를 끌어올릴 수 있는 수단들이 충분하다는 거

죠. 한국도 기업 설비투자가 둔화되는 게 성장의 중대한 걸림돌인데요, 기업은 투자에 쓰지 않고 남은 현금을 유보금으로 쥐고 있습니다. 이때 주주 입장에서 "너 왜 내 현금 그대로 갖고 있니? 자기자본이익률(ROE)도 떨어뜨리면서. 그 돈 도로 내놓든가 아니면 투자수익률 높은 곳에 투자를 잘 하든가"라고 압박하는 것과 같죠.

당장 미래 성장을 위해 투자할 데도 없고 인수합병(M&A)도 하지 않고, 공장을 지어 기막힌 신제품을 낼 자신도 없다면 주주 입장에서는 배당금을 올려주거나 자사주를 매입소각해서 주주가치를 올려달라고 요구하는 게 당연합니다. 앞으로 외국인과 기관투자자, 연기금의 이러한 요구는 더욱 거세질 것으로 보입니다.

김동환　삼성전자가 그걸 하고 있는 거잖아요?

김한진　네, 그렇습니다. 삼성전자가 최근 주주들의 요구를 매우 잘 맞춰주고 있습니다. 최근 10년간 글로벌 연기금 운용 규모가 엄청나게 커졌고 국부펀드도 발전했습니다. 연기금들의 기업에 대한 주주권리 행사는 앞으로 더욱 거세질 것이고, 이에 부응하는 기업과 그렇지 못하는 기업 간에 주가 성과의 차이도 커질 것입니다.

김동환　그걸 촉발한 게 엘리엇펀드였죠. 삼성 그룹 내부의 3세 승계 과정에서 소액투자자들에게 잠복되어 있던 불만, 즉 "이거 우리 주식 아니냐? 우리 주주가치는 어디 있는 거냐?"라는 근본적인 문제점을 제기한 지 한 2년 됐는데요. 이 문제가 새 정부의 재벌 개혁 의지와 함께 급물살을 탈 수 있다는 거죠. 여기에 평소 재벌 저격수로 불리던 김상조 교수가 공정거래위원장으로, 장하성 교수가 청와대 정책실장으로 임명되면서 재벌들은 서둘러 지배구조를 바꿔나가야 하게 생겼습니다. 반대로 투자자들은 주주가치라는 면에서 굉장히 좋은 기회를 맞고 있죠.

김일구 저는 그 부분에 대해 상당한 우려를 갖고 있습니다. 우리나라 기업들이 현금을 많이 갖고 있는 것은 맞는데, 이 현금을 어떻게 쓰는 것이 우리나라 경제에 좋은지는 더 따져봐야 합니다. 주주가치를 중시하게 되면 이 현금을 주주들에게 배당하는 것이 맞습니다. 그런데 우리나라에서 현금 많이 갖고 있는 기업들의 주주는 외국인이 절반이 넘습니다. 삼성전자의 외국인 지분율도 51%입니다. 따라서 기업이 배당을 늘리면 그 돈은 우리 경제를 위해 쓰이지 않고 해외로 빠져나갈 겁니다. 미국의 트럼프 대통령이 '미국 우선주의'를 내세우면서 공장을 미국 내에 유치하려고 많은 노력을 하고 있는데요. 우리도 '한국 우선주의' 정책을 쓰는 것이 좋지 않겠습니까? 그러려면 기업이 갖고 있는 현금을 배당하는 것 말고 다른 방법을 찾아봐야 합니다.

저는 현금을 많이 갖고 있는 기업들이 국내에서 투자를 늘릴 수 있도록 유도해야 한다고 봅니다. 그래야 경제가 성장하고 양질의 일자리가 만들어지지 않겠습니까?

김동환 글쎄요, 우리 대기업들이 국내에 투자하게 해야 한다는 거야 누가 반대하겠습니까만은 우리 기업들의 배당 성향, 배당수익률이 선진국은 물론이고 다른 신흥국에 비해서도 한참 떨어지는 것도 문제죠.

김일구 기업 경영진이 볼 때 기업의 성장 잠재력이 높으면 현금을 쌓아두지 않고 투자를 합니다. 경영진이 볼 때 투자를 해봤자 다른 기업들만큼 벌지 못할 것 같으면 벌어들인 현금을 주주들에게 배당하고, 주주들은 그 현금으로 다른 투자처를 찾아보는 것이 좋다고 합니다. 교과서에 이렇게 나와 있지만, 여기에 대해서는 더 생각해봐야 합니다.

주주가 기업의 이해관계자이고, 모든 것은 주주가 결정해야 한다는 생각이 있습니다. 우리나라에서 얘기하는 지배구조 개선과 경제민주화에서도 이런 흐름이 있는데, 이 생각대로라면 지금 우리나라 기업들이 투자하지 않고 갖고 있는 현금은 주주들에게 나눠줘야죠. 그 결과는 50% 이상의 현금이 해외로 빠져나가고, 앞으로 우리에게 좋은 투자 기회가 와도 투자를 못 하게 되는 것이겠죠.

다른 한편으로, 기업의 이해관계자에는 주주뿐만 아니라 근로자와 사회도 있다는 생각이 있습니다. 이 생각을 적용하면 지배구조 개선과 경제민주화는 특정 대주주의 전횡을 막고 중소기업과 대기업이 상생하는 생태계를 조성하는 데 집중하는 것이겠죠. 기업의 현금은 우리 사회의 미래를 위해 투자할 수 있도록 여건을 마련해야 할 것이고요. 예전에는 이러한 생각을 사회주의적이라고 규정하기도 했지만, 미국의 트럼프 대통령이 하는 '미국 우선주의'와 같은 것입니다. 자동차회사 포드의 주주 입장에서 보면, 인건비가 비싼 미국 내 공장을 철수하고 멕시코로 옮기는 것이 맞습니다. 그런데 미국 경제를 생각하면 좀 비싸더라도 미국 내에 공장을 유지하는 것이 맞죠. 트럼프 대통령이 자동차기업들을 압박해서 공장의 해외 이전을 막았는데, 이는 기업의 이해관계자에 주주만 있는 것은 아니라는 생각에 근거를 두고 있습니다.

미국 S&P500 대기업들을 보면 벌어들인 순이익의 90% 이상을 현금배당이나 자사주 매입으로 주주에게 환원합니다. 글로벌 금융위기 이후 미국에서도 대기업들이 투자해서 벌어들일 영역이 갈수록 좁아지니 번 돈을 주주들에게 돌려줬어요. 주주들은 이 돈으로 스타트업 기업이나 중소형 기업에 다시 투자합니다. 기업에도 청년기와 노년기가 있는데, 노년기의 기업들이 번 돈이 청년기의 기업에 재투자되는 생태계가 유지되고 있습니다. 미국 주식시장이 지난 몇 년간 독보적인 상승세를 유지하고 있는 것은 이러한 경제 선순환, 기업들의 상생 생태계가 만들어져 있기 때문이라고 봅니다.

우리나라 기업의 현금 및 현금성 자산 보유액

우리나라 기업은 2015년 기준 241조 원의 현금을 갖고 있다(기업의 재무상태표를 전수조사한 자료이지만, 2014년까지와 2015년은 자료원이 다소 다름).

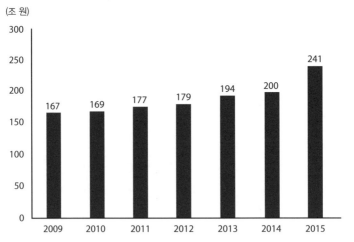

자료: 한국은행

그렇지만 우리나라에서는 '주주가치 극대화'를 성경 구절처럼 받아들여서는 안 된다고 봅니다. 대기업 주주의 절반이 외국인이기 때문에, 주주가치를 중시해서 주주에게 이익을 환원하면 우리나라 경제 생태계가 무너집니다. 수출을 통해 벌어들인 돈이 국내 경제에 기여하지 못하고 주주환원정책으로 다시 빠져나가게 됩니다.

김동환　　결국 그게 고성장을 구가하는 경제와 저성장에 익숙해져 가는 경제의 차별점이 아닌가 생각이 듭니다. 배당을 아껴 설비투자를 하면서 사업의 파이를 키웠던 게 우리 산업화의 역사이기도 하죠. 그런데 최근 들어 우리 기업, 그것도 재벌기업들이 일종의 투자 간절기에 들어와 있는 게 아닌가 하는 생각이 들어요.

산업에 대한 균형 잡힌 시각의 필요

김한진　　제가 볼 때도 산업 전체의 구조 개선과 한국 기업의 도약을 위해 이번 새 정부의 역할이 매우 중요하다고 여겨집니다. 한국 경제는 아시다시피 지금 부가가치 공백기라고 봐도 과언이 아닙니다. 기업들이 당장 돈을 못 벌어서라기보다는 앞으로 대다수 산업에서 부가가치가 줄어드는 추세를 피하기 어렵다는 뜻에서 그렇습니다. 특정 기업이나 특정 산업의 이익 쏠림 현상이 너무 큰데요, 삼성전자가 우리 국민 전체를 먹여 살릴 수는 없는 노릇이죠.

이제 우리 기업과 산업이 살고 나라가 살려면 돈이 되는 쪽에 인력과 자본이 공급되어야 합니다. 즉 효율적인 자원배분이 이뤄져야 합니다. 급변하고 복잡한 산업환경에서 '보이지 않는 손'의 역할이 더욱 중요해질 것입니다. 기업 또한 구시대적인 지배구조(거버넌스)로는 그러한 의사결정과 환경 대응이 어렵다고 봅니다. 대기업과 중소기업의 밸류 체인도 정비되어야 합니다. 과거와 같은 관료적이고 갑을관계의 먹이사슬로는 대기업도 부가가치를 높이기 어려울 것입니다.

여기서 미국 자본시장을 보면 조금 답이 보이는 것 같습니다 한쪽 시장에서는 주주가 계속 돈을 빼먹습니다. 망하지는 않지만 성장은 신통치가 않은 우량기업들은 전력, 가스, 통신, 담배 등의 업종에서 흔히 발견됩니다. 이들 기업 중 내부유보가 많이 쌓여 있는 기업은 주주권리 행사의 타깃이 됩니다. 또 다른 성격의 시장은 성장산업입니다. 스타트업에서 벤처로 이어지는, 그리고 그 가운데에 군계일학이 된 기술주 그룹인데요. 이쪽 생태계는 시스템만 잘 만들어주면 알아서 잘 굴러갑니다. 불필요한 규제를 없애고, 가령 대기업의 불공정한 행위에 대해서는 징벌적 조치를 하는 등 적절한 환경을 만들어주면 양질의 자본이 흘러 들어가 성장 가치가 극대화됩니다. 한쪽은 다소 노쇠한 부자기업들이, 또 다른 한쪽은 팔딱팔딱 뛰는 창조적인 성장기업들이 두 개의 바퀴를 이뤄 서로 조화롭게 국민경제를 이끌어가는 셈입니다.

김동환　　참 좋은 말씀을 하셨습니다. 우리 재벌기업에 대한 균형 잡힌 시각이 필요하다고 봅니다. 물론 주주가치의 훼손이 있었습니다만, 그 이면에는 성장의 역사가 있었거든요. 그런데 최근 들어서 문제가 되는 것은 투자도 안 하면서 주주가치는 여전히 훼손하고 있다는 겁니다. 결국 외국인 투자자들에 의해서 그 왜곡 현상들이 개선되고 있죠. 김 박사께서 지적하신 두 개의 바퀴가 같이 굴러가 줘야 합니다. 예를 들어 테슬라가 포드와 지엠의 시가총액을 제쳤지 않습니까? 테슬라는 적자기업입니다. 당연히 배당이 있을 수 없죠. 그렇지만 테슬라에 투자한 주주들은 굉장히 행복해합니다. 왜냐면 과감한 투자와 과감한 기술혁신, 그리고 주식가치의 상승을 향유하고 있으니까요. 그런 측면에서 '두 바퀴가 같이 굴러가야 한다'는 말씀은 시사하는 바가 굉장히 크다고 생각합니다.

2018 한국 경제

삼성전자와 주식시장

김동환　삼성전자가 사실상 지주회사 포기한다고 했죠?

김일구　네, 자사주를 소각처리하겠다고 발표하면서 주가가 급등하고 있습니다. 우리나라 기업들은 돈이 남으면 자사주를 샀다가 돈이 모자라면 갖고 있던 자사주를 매각해서 현금을 마련하는 식으로, 주식을 일종의 기업 저축상품으로 활용합니다. 또는 기업을 실질적으로 지배하고 있는 대주주가 지분이 모자랄 때 자신에게 찬성하는 지분을 확보하는 데 자사주를 이용하기도 합니다. 그러니까 재벌체제를 유지하는 데 핵심적인 역할을 하는 거죠. 그런 자사주를 소각겠다는 것은 삼성이 그룹체제 또는 지주회사로의 전환을 포기하겠다는 의미로 볼 수 있습니다.

주식시장을 보면 삼성전자의 주가 상승세가 강하게 나타나고 있습니다만, IT업종 전반에 걸친 주가 상승도 주목해봐야 합니다. 1분기 수출 통계를 보면 반도체와 디스플레이업종에서 수출의 증가세가 뚜렷하고, 1분기 GDP 통계를 보면 IT업종에서 설비투자 증가가 꽤 나타나고 있습니다. 2016년부터 반도체 가격이 올라가면서 예견됐던 부분인데요. 우리나라 중소기업 중에서 대기업에 납품하는 업체들이 많으니, 설비투자가 시작되면 IT 중소형주에도 주목해야 합니다. 다만 중소형주가 대형주보다 밸류에이션에서 비싸기 때문에 중소형주를 개별적으로 사는 것은 개인투자자든 기관투자자든 꺼리는 것 같습니다. 그래서 최근에 중소형주 투자를 ETF로 하는 경향이 나타나고 있습니다. 코스닥에도 IT(정보기술)·BT(바이오기술)·CT(문화기술)업종지수가 있는데, 이 중에는 ETF로 설정된 지수도 있습니다. 개별 종목으로 사려니 밸류에이션 부담이 있어서 시장이나 업종을 사는 거죠.

어떻게 투자할 것인가

김동환　그렇군요. 최종적인 투자수익률의 대부분은 그 시기에 맞게 자산을 어떻게 배분할 것인가에 의해서 결정됩니다. 이 자산이라는 게 크게 주식도 있고 채권도 있을 수 있고요. 또 우리나라는 사실 가계자산의 7~8할 이상을 부동산이 차지하고 있죠. 1970~80년대, 90년대까지 주식투자도 꽤 성공적일 수 있었겠습니다만 사실 강남에 아파트 갖고 계신 분의 수익률이 제일 좋지 않았겠습니까. 그래서 자산배분이란 측면에서 이 변혁기에 우리가 어떻게 투자할 것인가에 대해서 얘기를 해보겠습니다.

자산별로 주식, 채권 등 이야기를 할 텐데요. 잠깐, 채권이라는 게 뭔지를 비롯해서 채권투자를 어려워들 합니다만 은행에 예금이나 대출 갖고 있는 분들이 금리에 연동해서 수익이 좌우되니까 크게 봐서 저희가 채권이라고 합니다. 또 요즘 국제화 시대니까 환율에도 관심이 많으시죠? 사업체 운영하시는 분들은 그만큼 환에 많이 노출되어 있고요. 마지막으로 부동산까지 점검해보죠.

먼저 주식 얘기인데요. 얼마 전에 사상 최고가를 경신했습니다만, 이 국면에서 '그래도 주식을 사셔야 합니다'라고 얘기를 하기가 참 곤혹스럽다고들 합니다. 왜냐하면 시장을 굉장히 보수적으로 보시는 분도 있고, 좋아도 이렇게까지 빨리 좋아질 거라고 보시진 않았기 때문이죠. 그래서 지수에 대한 전망도 많이 바꾸는 상황입니다.

먼저, 김 센터장께서는 아직도 주식을 사라고 권하시겠습니까?

김일구 주가지수가 사상 최고치 근처입니다만, 지금 주가지수가 너무 많이 올랐다고 주식을 못 산다면 앞으로도 계속 못 삽니다. 주식은 가격을 봐서는 안 되고 밸류에이션과 모멘텀을 봐야 한다고 생각합니다. 주가가 올라갈 만한 모멘텀이 있느냐, 가령 이익이 증가하고 있느냐, 좋은 뉴스들이 나오느냐, 경제정책이 주식시장을 받쳐주느냐 이런 것들이 모멘텀입니다. 또 주가가 기업의 본질적인 가치에 비해 얼마나 높으냐 낮으냐 하는 밸류에이션을 봐야 합니다. 주식 한 주당 1년에 100원을 벌 때 주가가 100만 원이면 비싼 것이지만, 1년에 10만 원을 버는데 주가가 100만 원이면 쌉니다. 주가가 100만 원이라는 데 주목할 것이 아니라 만들어내는 이익에 비해서 주가가 몇 배나 되느냐를 봐야 한다는 거죠.

주식시장의 모멘텀이 좋아서 주가가 이렇게 많이 올랐다면, 굉장히 조심하셔야 합니다. 한쪽으로 가다 보면 반작용이 분명히 나오기 때문입니다. 그래서 저는 모멘텀만 있는 시장에 대해서는 늘 조심스럽게 접근합니다. 그러나 지금은 밸류에이션이 좋습니다. 주가는 장기적으로 밸류에이션을 따라갈 수밖에 없으니까요. 물론 올랐다 조정받았다 하겠지만, 밸류에이션이 낮을 때는 시간이 흐르면 결국 주가가 오릅니다.

2013년 이후 중소형주가 상승할 때 중화학공업 중심의 대형주는 크게 하락했었죠. 지금은 이렇게 가격이 낮아진 대형주에서 기업이익이 증가하고 있습니다. 주가가 낮아진 상태에서 이익이 증가하니 주식시장의 밸류에이션이 매력적인 것입니다. 그런데 몇 달 올라왔다고 해서 투자를 포기한다면 주식투자 하기 상당히 어렵습니다.

김동환 그렇기도 하고 삼성전자 얘기가 잠깐 나왔습니다만, 삼성전자의 주가 상승으로 지수에 대한 착시가 일고 있습니다. 지금 2300포인트가 된 상황에서 삼성전자와 하이닉스 오른 거 빼면 지수는 1900포인트대입니다. 일종의 착시가 있다는 거죠.

김일구   그렇습니다. 2016년 봄부터 반도체 가격이 상승하면서 삼성전자를 포함한 대형 IT기업을 중심으로 주가 상승이 나타났습니다. 코스피는 2016년 봄 1900포인트에서 2017년 6월 현재 2300포인트를 넘어섰지만, 이들 IT 대형주를 빼면 여전히 1900포인트를 넘지 못하고 있습니다.

코스피 기업들의 이익에서도 삼성전자가 차지하는 비중이 높은데, 1분기에 삼성전자는 7조 6,000억 원의 순이익을 기록하여 코스피 전체 순이익의 약 25%를 차지했습니다. 이에 비해 코스피 시가총액에서 삼성전자가 차지하는 비중은 약 22%입니다. 즉, 삼성

코스피시장에서 삼성전자 시가총액 비중

삼성전자의 주식시장 내 비중도 사상 최고치 수준이다.

자료: 한국은행, KRX

전자가 다른 코스피 기업들보다 상대적으로 이익은 많이 내는데 주가는 아직도 낮은 상황이죠. 삼성전자의 독주였다고 하지만, 독주할 만한 상황이었던 겁니다.

2011년에 코스피가 2228포인트로 사상 최고치를 기록할 때는 삼성전자의 시가총액 비중이 11%에 불과했습니다. 당시에는 삼성전자가 철저히 소외되고 자동차·화학·정유업종이 불꽃 상승을 했죠. 지금은 코스피지수가 그때와 거의 비슷한 수준인데 삼성전자의 시가총액은 22%입니다. 우리나라 주식시장에서는 IT업종 상황에 따라 삼성전자의 시가총액 비중이 크게 변하기는 합니다. 그렇지만 2016년 이후 반도체 업황이 좋아 삼성전자가 이익을 많이 냄으로써 독주한 것이어서 자연스러운 현상이었다고 봅니다.

김동환　이른바 밸류에이션에는 여유가 있다고 보시는 거죠?

김일구　네, 그렇습니다.

새로운 주식투자에 나선다면

김동환　예전에는 아시아 지역의 통계라든지 어떤 지표를 얘기할 때 일본을 포함한 것과 일본을 제외한 것을 연구자들이 따로 분류해서 리서치에 활용했는데, 지금 그런 접근도 해봐야 할 것 같아요. 삼성전자를 포함한 지수와 포함하지 않은 지수 말이죠. 삼성전자의 영향력이 워낙 커져 있다 보니까요. 반도체를 비롯한 IT업종을 제외해놓고 지금부터 새로운 주식투자에 나선다고 한다면, 주목해야 할 산업이나 섹터는 어디가 될까요?

김일구 지금 어느 나라든 자동차를 포함한 내구재 소비는 그렇게 좋지 않습니다. 특히 미국을 보면 2016년 연말에는 자동차판매가 연간 1,800만 대 수준이었는데, 2017년 1분기에는 1,600만 대 수준으로 낮아졌습니다. 2016년 미국의 장기 금리가 오른 것, 지난 몇 년간 자동차 수요가 많았던 것 등 여러 가지 요인이 있을 것입니다. 여기에 새로운 기술이 접목된 차들이 2~3년 후에 나올 거니까 그때 가서 새 차 사면 되겠다 하는 심리도 작용하고 있는 것 같습니다. 자동차와 같은 내구재는 1~2년 더 쓴다고 해서 크게 문제가 생기는 것이 아니기 때문에, 요즘처럼 기술 발전이 빠를 때는 소비자들이 구매 행위를 늦추는 경향이 있습니다. 현대차뿐만 아니라 전 세계적으로 완성차업체들이 굉장히 낮은 밸류에이션을 적용받고 있는데요, 그 이유도 여기에 있습니다. 기아차 PER이 5배밖에 되지 않고 현대차도 8배 수준이죠. 글로벌 완성차업체들이 다들 비슷합니다.

김동환 경기와 관련하여 소비를 약간 지연시키는 그런 모멘텀에 와 있단 얘기군요. 산업 자체가.

김일구 그렇습니다. 기술 발전이 빠르기 때문에요.

김동환 예를 들어 테슬라가 2018년에 어떤 전기차를 내놓을지 모르는 상황이기 때문이란 말이죠?

김일구 네, 맞습니다. 텔레비전도 그렇죠. 기술 발전이 빠를 때 소비자들은 내구재 구매를 늦춥니다. 지금 10년 쓸 내구재를 샀다가 2018년에 새 제품 나온 걸 보고 후회하고 싶지는 않으니까요. 그래서 지금은 주식투자에서도 소비 관련 종목에 집중할 때는 아닌 것 같아요. 우리가 주식투자에서 주목해야 할 건 기술 발전의 수혜 종목들입니다. 4차 산업혁명의 수혜 종목들이 가장 좋겠죠.

그렇지만 우리나라에는 4차 산업혁명과 관련된 종목이 거의 없습니다. 특히 삼성전자와 LG전자 등 대기업을 제외한 중소기업에서 다루기에는 워낙 높은 수준의 기술이고, 자연과학을 중시하지 않는 우리나라에서는 황무지 상태인 인공지능(AI)을 적용해야 해서 관련 종목을 찾기가 쉽지 않습니다.

그래서 저는 우리에게 없는 것을 애써 찾으려 하지 말고 우리가 갖고 있는 강점에 집중하자는 생각입니다. 3차 산업혁명이든 4차 산업혁명이든 산업이 돌아가려면 공장이 있어야 하고, 중화학공업 제품들이 필요합니다. 철강, 화학, 기계, 반도체와 같은 산업이죠. 그리고 공장을 짓고 물동량이 늘어나면 선박 수주도 늘어날 것입니다. 이들을 통틀어 소재와 산업재 섹터라고 하는데, 기업의 설비투자와 관련된 이쪽 섹터에 주목할 필요가 있다고 생각합니다.

김동환 산업재 중간재, 그러니까 경기가 좋아지면 거기에 들어가는 핵심적인 부품 · 장비 · 소재를 만드는 데 우리나라가 지난 20~30년 동안 노하우를 상당히 축적해왔죠? 반도체가 대표적인 경우라고 볼 수 있고요. 김 박사 생각은 어떠십니까? 지금도 주식 사야 합니까?

김한진 뭘 사느냐가 더 중요하겠죠. 저는 주식을 고를 때 과거의 수

평적인 업종 접근에서 좀 벗어날 필요가 있다고 봅니다. 철저히 기업 중심으로 접근하자는 의미인데요. 업종 전체 주가가 다 같이 오르고 다 같이 빠지는 현상은 앞으로 점점 희소한 일이 될 것입니다. 산업과 기업의 경쟁력 구도가 그렇게 바뀌고 있고, 거시경제 상황이 산업 전체에 미치는 영향력이 예전보다 줄어들고 있기 때문입니다.

저는 주식을 혁신기업이냐 아니냐, 글로벌 시장점유율을 유지하고 높일 수 있는 경쟁력 있는 기업이냐 아니냐의 관점에서 접근할 것을 권합니다. 지금은 그게 삼성전자이지만, 2018년엔 화장품 기업이 될 수도 있고 영화나 게임업체가 바통을 이어받을 수도 있습니다. 또 자동차나 조선, 철강 업체가 될 수도 있죠. 심지어 봉제 의류나 식음료 업체도 후보군에 둘 수 있습니다. 그 업종이 전체적으로 다 호황인 게 아니라 특정 성장기업이 그 업종 안에 있는 것뿐이죠.

주식시장에는 늘 두 가지 위험이 존재합니다. 버스(강세장)에서 너무 일찍 내리는 오류와 너무 늦게까지 타고 가는 잘못입니다. 종점 뒤에는 대개 절벽이 있습니다. 너무 늦게까지 타고 가는 것은 위험합니다. 〈동물의 왕국〉이란 다큐멘터리를 보면 초식동물들이 풀을 맛있게 뜯어 먹고 있는데. 사자가 그들을 노리고 살금살금 다가옵니다. 이때 초식동물은 판단을 잘 해야 합니다. 사자와 어느 정도 거리가 있는 동안에는 식사를 계속 즐겨도 되지만 너무 오래 즐기면 본인 자체가 먹잇감이 되고 맙니다. 또 좋은 풀을 먹기 위해 무리에서 벗어날 경우 분명 더 맛있는 풀을 얻을 수는 있지만, 대신

목숨을 잃을 확률은 높아집니다.

지금 한국 증시의 가장 큰 잠재위험을 꼽으라면, 저는 미국 증시의 조정 위험을 들겠습니다. 미국 증시는 지금 9년째 오르고 있습니다. 미국 증시의 저점은 서브프라임 사태로 인한 2009년 3월이었죠. 이후 거의 쉬지 않고 바닥에서 4배 가까이나 올라 피로도가 많이 쌓여 있습니다. 경기나 기업이익, 통화정책 등에서 조금만 실망과 균열이 생겨도 증시가 크게 흔들릴 수 있는 상황입니다.

김동환 2009년에 666포인트였는데, 금융위기 전인 2007년에는 얼마였습니까? 금융위기 탓에 단기간에 많이 빠졌던 것도 고려하고 봐야 하겠지요?

김한진 2007년 10월 폭락 전 S&P500 고점이 1576이었습니다. 금융위기로 주가가 반 토막이 났다가 반등한 게 맞습니다. 주식시장은 항상 어떤 특별한 이유로 과도하게 빠지고 또 과도할 정도로 오릅니다. 그게 시장의 생리죠. 특히 위기로 인한 과도한 주가 하락은 곧 강세장으로 이어지기 쉽습니다. 2007년의 위기는 좀 컸습니다. 그래서 사상 초유의 제로 금리에 양적완화까지 단행했던 거죠.

2009년 이후 한동안 선진국 증시는 경기와는 무관하게 저금리만으로 올랐습니다. 이 장기 랠리의 공로자인 저금리는 이제 경기 회복이란 엔진에 역할을 넘겨줄 단계에 와 있습니다. 그런데 놀라운 것은 이런 분위기에서 경기는 좋고 금리는 오르지 않아 2017년 미국 증시가 더욱 폭발적으로 올랐다는 겁니다. 이제 금리가 오르기 시작하면 주가는 중력 부담을 이기기 어렵습니다. 이걸 이기는 방법은 더욱 양호한 경기뿐입니다. 더욱 서프라이즈한 경기 재료가 필요합니다.

물론 쉬지 않고 달려온 미국 증시가 부드럽게 조정을 보인다면 괜찮습니다. 그럴 경우 오히려 외국인들은 상대적으로 값이 싼 한국 주식을 계속 더 살 수 있겠죠. 하지만 가파른 조정을 보인다면 특정 시장의 저평가 매력 등은 뒷전으로 밀려납니다. 글로벌 증시는 주식을 빨리 처분하려는 위험회피 모드로 바뀌어 급작스럽게 패닉에 빠질 것입니다.

김동환　정리를 해보죠. 시장을 보는 시각은 각자 좀 다른데요. 사실 중요한 건 주식을 언제 사고 언제 팔아야 하느냐라는 그 논점이 아니라, 우리 전체 자산을 어떻게 효율적으로 배분해서 최종적인 승자가 될 것이냐가 아니겠습니까? 다시 말해 주식에 대한 투자를 제로 대 100, 그러니까 올인할 것이냐 하나도 안 할 것이냐라는 접근이라기보다는 비중을 어떻게 가져갈 것이냐의 문제일 겁니다.

김 박사께서는 지금은 조심스럽게 접근해야 한다고 말씀하셨죠. 그렇다 하더라도 주식을 다 팔고 나가자는 입장은 아닐 테니까 지금 주식을 고른다면, 어디를 줄이고 어디를 더 늘리면 되겠습니까?

김한진　원론적인 이야기이지만, 거시 상황과는 다소 무관한 실적 호전형 기업을 꾸준히 공략하는 게 답일 것 같습니다. 그래도 업종으로 보자면, 비중을 확대할 만한 분야는 글로벌 경쟁력이 있는 테크(전기·전자, 정보통신)업종이라 봅니다. 관련 중소형주도 아직 여력이 있어 보입니다. 제약·바이오·헬스케어 분야의 성장기업도 좋아 보입니다. 게임이나 소프트웨어, 소비재 쪽의 성장기업도 눈여겨볼 만합니다. 반면 투자에 신중을 기하거나 비중을 줄여야 할 업종으로 저는 산업재나 소재, 에너지, 금융·보험업종을 들고 싶습니다. 글로벌 경기에 대한 기대감이 다소 둔화될 것에 초점을 두어야 한다고 보기 때문입니다. 구조적인 금리 상승이나 주택 경기 조정, 인구구조 변화, 고령화에 불리한 업종, 그리고 보호무역주의 피해 업종도 주의해야 한다고 봅니다.

스타일 관점에서는 지배구조가 개선될 여지가 있는 기업, 주주가치가 개선되는 기업, 높은 유보율의 지주회사, 중소형 히든 챔피언들, 세계 시장 무대에서 어필할 수 있는 소비재 등이 유망해 보입니다.

기업 중심의 투자, 스타일별 투자가 바람직해 보이고요, 시야를 넓혀서 글로벌 주식을 폭넓게 보는 태도가 필요합니다. 해외 주식과 ETF에 투자하기가 많이 편리해졌고 정보도 많으니까요. 기업, 업종, 테마, 대상 국가가 결정되면 그 아이디어를 구현할 수단은 충분합니다. 스타벅스 커피 마시면서 스타벅스 주식을 사고, 페이스북에 글 올리면서 페이스북 주식을 사는 게 전혀 어색하지 않습니다.

코스피지수의 추이

김동환　시각이 조금 다르시죠? 김 센터장께서는 시장에 대해 조금 더 적극적으로 대응해도 될 것 같다는 말씀을 주셨습니다. 그 핵심

은 우리 주식 쪽에 있고, 그중에서도 산업재 중간재, 밸류에이션에
여유가 있는 쪽에 더 집중하는 게 좋겠다는 의견이셨고요.

이에 비해 김 박사께서는 시장 자체에 대한 접근도 조금은 더
조심해야 할 것 같다는 말씀이시고, 우리 시장뿐만 아니라 글로벌
주식시장에 대한 입체적인 접근이 필요하다는 거죠? 또 뜨는 산업,
즉 우리가 미래 산업이라고 하는 산업혁명 4.0에 관련된 첨단 기술
주가 아니면 오히려 소비에 중점을 두는 그런 투자가 좋겠다는 말
씀이군요.

제가 이런 질문은 잘 안 하려고 하는데, 그래도 독자 여러분께
서 궁금해하실 것 같아서 해봅니다. 코스피지수 추이에 대해서는
어떻게 보시는지요?

김일구 2016년 2월 유가가 바닥을 찍는 것을 보면서 커머더티
(commodity, 원자재시장)의 5년간 하락이 끝나는 '수퍼 사이클의 종료'
라고 느꼈습니다. 그래서 그때부터 '이번 주식시장 상승세는 코스
피의 전고점인 2228포인트를 돌파하는 강력한 상승세가 될 것이
다'라고 전망해왔습니다.

코스피가 2011년의 고점을 넘어서는 것을 보고 목표지수대를
높일 것인지 고민을 많이 했는데, 2500포인트까지 높이기로 했습
니다. 주가가 이미 너무 많이 올랐다, 세계 경제에 불안한 요인들이
많다는 점은 인정합니다. 그렇지만 삼성전자를 포함한 IT기업들의
실적이 좋고 주요 주가 상승을 짓누르고 있었던 기업들의 지배구
조 이슈도 소멸된다는 점에 주목하고 있습니다.

물론 IT기업들의 실적은 좋을 때만 있는 것이 아니고 나쁠 때도

있고, 실적이 악화되기 시작하면 순이익이 절반 수준으로 줄어드는 경우도 종종 있습니다. 그리고 2017년 여름쯤 되면 그동안 개선되어오던 글로벌 경제의 성장 모멘텀이 약화될 것으로 예상하고 있고, 가을이 되면 유가와 수출 등 2016년 성적이 워낙 나빠서 2017년 성적이 좋아 보이는 기저효과도 사라질 것입니다. 그래서 여름과 가을에 걸쳐 주식시장의 조정 가능성을 크게 봅니다만, 그래도 기업들의 이익 창출 능력과 지배구조 개선에 주목해 목표지수대를 높이기로 했습니다.

김한진 증시 전체로 볼 때, 저금리 약발은 다해가는데 이를 대신할 경기 재료가 그리 강하지 않다면 주가탄력은 약해질 가능성이 크겠죠. 많은 투자자가 관심을 갖고 있는 중소형주나 코스닥시장은 시간이 조금 더 지나야 희망이 있다고 봅니다. 휴식 기간을 좀더 거치고 체력이 보강되면 다시금 도약할 수 있다고 생각합니다.

김동환 제가 두 분 곤혹스럽게 하려고 지수대를 여쭤본 건 아닙니다. 우리 독자들께 이 지수대를 그냥 스쳐 지나가면서 보면 안 된다는 말씀을 드리고 싶어서였습니다. 왜냐면 '2000포인트일 때도 주식을 안 샀는데 2300포인트 와서 사면 나만 사는 거 아닌가? 혹시 함정에 빠지는 건 아닌가?' 이런 두려움을 가질 수도 있지 않겠습니까? 그리고 김 박사께서도 말씀하셨지만, '삼성전자를 빼고 우리가 얘기하는 게 무슨 의미가 있는가?' 이런 문제 제기가 있을 수 있습니다.

삼성전자의 주가 상승을 빼고 나면 사실상 2000포인트라고 할 수 있고요. 개인들은 삼성전자를 10년 전에도 안 샀고 지금도 안 사고 있죠. 그래서 그 나머지 주식들에 대한 접근을 어떻게 할 것인지 더 고민해봐야 하는 의미 있는 지수대에 와 있다, 이런 말씀을 드리려고 두 분께 그런 질문을 드려봤습니다.

주식 이야긴 이 정도 하겠습니다. 다음이 채권인데 채권 하면 투자자들이 '난 채권투자도 안 하는데?'라고 흔히 생각합니다. 은행에 예금하는 거 사실 채권투자나 마찬가지고, 대출을 받는 거는 채권을 공매도하는 거나 마찬가지잖아요? 그러므로 만기구조를 어떻게 가져갈 건지, 변동금리로 하는 게 좋은지 고정금리로 하는 게 좋은지 같은 문제가 오히려 독자들이 채권에 실증적으로 접근하는 지점이 될 것 같습니다.

미국 금리 인상과 국내 가계대출

김일구 미국이 금리를 올리고 있는데, 빠른 속도의 인상은 아닙니다. 글로벌 경제가 예전처럼 고성장을 할 것이 아니기 때문에, 금리를 아주 천천히 인상하는 것이겠죠. 그래서 미국에서는 금리 인상에도 불구하고 장기로 예금하는 것이 좋은 선택이 되고 있습니다. 단기로 예금하면 금리가 조금씩 올라가기는 하는데, 장기로 예금한 것만큼 올라가지는 않습니다.

한국은행의 기준금리가 1.25%로 곧 한국과 미국의 기준금리가 역전됩니다. 이렇게 되면 우리나라 금리가 낮아서 자본이 국외로 빠져나가지 않을까 하는 우려가 생깁니다만, 다른 한편으로는 금리를 올리다가 가계부채 문제가 폭발하지 않을까 하는 우려도 있고 복잡합니다. 자본유출을 막기 위해서 금리를 올릴 것이라는 주장도 일부 있고, 가계의 이자 부담을 낮추기 위해 금리를 낮출 것이라는 주장도 일부 있습니다. 제가 볼 때 한국은행은 금리를 현재 수준에서 동결할 것 같습니다. 이쪽이든 저쪽이든 문제가 너무 심각하기 때문에 괜히 건드릴 이유가 없다고 봅니다.

한미 금리차 역전으로 돈이 빠져나갈 우려에 대해서는 이미 한국은행이 시중 유동성을 조절해서 시장금리를 조금 올려놓았습니다. 예금금리는 한국은행 기준금리가 아닌 시중금리의 영향을 받기 때문에, 기준금리는 그냥 두고 자본유출을 걱정할 필요가 없는 수준에서 시중금리를 관리하고 있습니다. 가계의 이자 부담을 줄여주기 위해 기준금리를 낮추는 일도 없을 것 같습니다. 물론 미국이 금리를 계속 올리면 우리도 어쩔 수 없이 올려야 하는 상황이 올 수도 있는데 이 문제는 2018년에 고민해도 될 것 같습니다.

이자 내는 데 부담을 가지는 가계라면 은행권에서 대출받은 것이 아닐 가능성이 크기 때문에 은행 대출금리를 조금 낮춰준다고 가계의 부담이 줄어드는 것은 아닙니다. 기준금리를 낮춘다고 10%를 넘나드는 사금융권의 대출금리가 낮아지진 않습니다. 사금융권 금리에 대해서는 법정 최고 금리를 낮추고, 채권추심절차를 정비하는 방식으로 대처할 것 같습니다.

김동환　　그렇군요. 긴 예금이라는 게 그만큼 이자율이 상대적으로 높은 거니까요. 사실 한국은행이 경제성장률 전망치를 올리고 있으므로 금리를 추가로 낮춘다는 것은 물 건너간 상황입니다만, 한국은행 입장에서 우리 기준금리를 다시 올리는 것도 힘든 국면이죠? 시장 실세금리가 조금씩 올라가는 상황이 예상되니 예금을 할 거면 금리 변동에 민감하게 반응하지 말고, 그냥 묶어둬도 되는 자금이라면 비교적 긴 걸 해도 될 것 같다는 의견이군요.

반대로 대출을 받는 분들은 금리가 낮다면 변동금리라 하더라도 그렇게 크게 위험을 느끼지 않아도 된다는 뜻으로도 들리는데요?

김일구 지금 중국도 그렇게 하고 있고 아마 우리나라에서도 새 정부가 대출에 대해서는 양적인 규제를 할 것 같습니다. 총량규제의 반대는 시장에 맡겨두는 것인데, 대출을 받겠다는 수요가 많으면 자연스럽게 금리가 올라가서 대출 수요가 줄어들 것이라고 합니다. '정부가 개입할 필요 없고, 수요와 공급에 따라 모든 것은 아름다운 조정을 받을 것이다'라고 하는 분들도 계시는데, 이러한 시장적인 접근을 따르다가 가계부채가 2016년 말 처분가능소득 대비 179%까지 높아졌습니다. 그래서 총량에 대한 규제를 통해서라도 가계부채 증가를 막아야 한다는 필요성이 높아진 듯해요.

또 대출받고 나서 이자만 내고 원금은 나중에 한꺼번에 내겠다는 방식이 대부분이었는데, 가계소득이 증가해도 대출금 원금을 갚기는 힘듭니다. 허리띠를 졸라매지 않고서는 불가능한데, 사교육비에 통신비 등 더 소비하고 싶은 것들이 얼마나 많습니까? 그래서 서구 사회에서는 예전부터 가계대출은 원리금분할상환 방식이 기본입니다. 가령 30년간 빌려 가는데, 매달 원금과 이자를 일정하게 내서 30년 후에는 빚이 깨끗이 사라지게 하는 거죠. 우리나라에서도 2015년부터 안심전환대출이라는 상품을 판매하고 있는데, 이자만 부담하는 주택담보대출을 분할상환대출로 바꾸는 전환대출 상품입니다. 주택담보대출의 총량을 규제하면서 원리금분할상환 방식의 길은 열어놓을 것 같습니다.

그리고 원리금분할상환 방식에서는 기존 LTV(담보인정비율), DTI(부채상환비율)가 아닌 DSR(Debt Service Ratio, 부채원리금상환비율)을 중요한 지표로 관리하게 됩니다. 미국의 금융당국에선 기본지표로 DSR을 보고, DTI나 LTV는 보조지표로 활용합니다. LTV란 집값에 비해 대출금이 얼마냐 하는 것으로, 집을 팔아서 대출금을 갚을 수

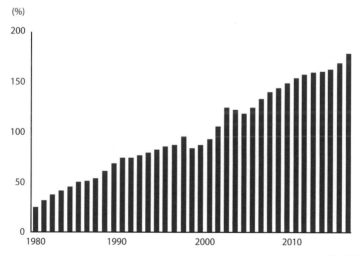

가계소득 대비 가계부채 비율

가계의 처분가능소득 대비 부채 비율은 최근 크게 증가해 180%에 육박하고 있다.

자료: 한국은행

있느냐를 판단하는 데 사용되는 지표입니다. 그러나 구입자가 직접 거주해야 하는 주택에 대해서는 이 지표로는 부족합니다. DTI는 부채가 소득의 몇 배냐를 따지는데, 소득을 다른 데 안 쓰고 빚을 갚는 데만 쓴다고 할 때 몇 년이면 갚을 수 있느냐 하는 지표입니다. 물론 의미는 있습니다만, 소득을 안 쓰고 빚 갚는 데 쓰는 사람은 없기 때문에 역시 비현실적인 지표입니다. DSR은 매달 원금과 이자를 분할상환한다는 것을 전제로, 내야 하는 원금과 이자가 소득의 몇 퍼센트인가를 따집니다. 소득 수준에 따라 다르겠지만, 일반적으로 이 비율이 30%를 넘으면 생활이 안 된다고 봅니다. 정부에서 DSR을 핵심지표로 관리하겠다는 뜻은 '이제 가계가 분할상환을 통해 부채를 조금씩 줄여나가야 한다'라는 정책 의지를 나타낸 것입니다.

김동환　변동금리 대출은 더 규제할 거고 그 규제 방법은 이자율로 통제될 가능성이 있다는 거죠? 그럼 이제 환율 전망으로 넘어가 보겠습니다. 김 박사 의견은 어떠십니까?

달러의 변동성과 환율 전망

김한진　결론적으로 1,000원을 깨기는 쉽지 않을 것 같고요. 달러당 1,100원 아래로 내려가는 강세가 나오면 다시 위로 튀려고 하는 힘이 작용할 것입니다. 너무 낮은 환율대(원화 강세)에서는 수출과 무역수지 흑자폭도 줄어들고 외국인의 국내 주식투자도 주춤해질 가능성이 크기 때문입니다. 저는 원화가 몇 년간 1,100원에서 1,250원 정도의 박스권에서 움직이지 않을까 생각합니다.

김동환　그렇지만 박스권의 하단부에 있는 것 같긴 하다고 보시는 거죠?

김한진　네. 그런데 2018년 이후부터는 글로벌 달러 자체에 상당히 변동성이 있지 않을까 예상됩니다. 거기에 원화가 연동돼 흔들릴 가능성이 크고요. 특별한 이벤트만 없다면, 당분간 달러는 보합 또는 소폭 강세 가능성이 크다고 봅니다. 그래서 원/달러 환율도 기본 흐름은 약세 기조가 아닐까 생각됩니다. 글로벌 경기와 각국 금리의 컨버전스(수렴)는 다소 제한적이라고 생각돼서 달러 약세(원화 강세)가 계속되기는 어렵다고 봅니다.

세계 증시도 단기로는 달러를 변동시킬 변수인데요, 만약 미국 주가가 큰 폭으로 떨어지기 시작하면 세계 금융시장은 위축되고 달러는 강세를 띨 것입니다. 이 경우 우리 원화 환율이나 아시아 신흥국 통화는 일시나마 약세를 보일 수 있습니다. 이때 금값은 오르고 준안전자산인 엔화도 덩달아 강세를 보일 공산이 크죠. 아무튼 원/달러는 이따금 약세 탠트럼(소동)을 보이지 않을까 생각됩니다. 그러니까 글로벌 금융시장 리스크에 따라 환율시장의 부침이 좀 클 것으로 예상합니다.

부동산시장의 흐름

김동환　　마지막으로 부동산 얘기를 다뤄봅시다. 어쩌면 가장 관심이 많을 수도 있어요. 왜냐면 가계자산의 70~80%가 부동산이고, 그 부동산 대부분이 거주용이고, 또 대부분이 아파트로 되어 있는 게 우리 자산구성이니까요. 근데 요즘 다들 굉장히 혼란스러워하는 것 같아요. 정부의 정책 기조도 헷갈리고, 금리도 고려해야 하고, 지역별로도 상당히 다른 모습이죠?

김일구　　가장 어려운 시장이 부동산시장일 것 같습니다. 부동산시장은 기본적으로 경기 사이클하고는 무관하고, 오히려 반대로 움직이는 경향도 강합니다. 그리고 사이클이 길어서 약 17년을 주기로 한다는 얘기도 많이 합니다. 대체로 가구나 인구구조의 변화, 도시화, 도시로의 인구 이동, 인플레이션이 있느냐 없느냐와 같은 요인에 영향을 받습니다.

　　장기적으로 보면 미국의 경우 GDP가 성장하는 것만큼 집값이 올라가는 경향이 있어요. 한국이나 이머징 국가들은 몇몇 도시를 중심으로 빠르게 성장하려는 압축 성장 전략을 쓰다 보니 몇몇 대도시에 인구가 몰려들어 이들 지역의 집값이 GDP 성장을 능가해 급등하는 현상이 생깁니다. 또 인플레이션이 있으면 당연히 부동산 가격이 올라가게 되어 있어서 부동산투자는 인플레이션에 대한 대비책으로 최선이라고도 하죠. 그리고 금융 완화가 장기화되면 레버리지를 일으켜, 즉 많은 돈을 빌려서 집을 사는 사람들이 많아지죠.

그러면 주택 수요가 갑작스럽게 증가하면서 집값이 급등하는 현상도 나타납니다.

지금은 인플레이션이 없고, 지난 2008년 이후로 지속돼오던 금융 완화를 더는 하지 않는 방향으로 정책이 바뀌었습니다. 오히려 그동안 많이 늘어난 가계부채 때문에 여러 나라에서 얼마나 빠른 속도로 긴축할 것인가를 놓고 정책적인 고민을 하고 있죠.

김동환 적어도 추가적인 완화를 하는 국면은 아니기 때문에 부동산 쪽으로의 큰 물줄기가 더 늘어나거나 깊어질 가능성은 보이지 않는다는 말씀이고요. 김 박사께서는 어떻게 보십니까?

김한진 저도 비슷한 의견입니다. 거시 관점에서 김 센터장 의견에 동의합니다. 가계부채의 심각성을 고려할 때 지금 대출총량이 더 늘어나기는 어려워 보입니다. 최근 3~4년간 저금리에 의존한 투자에 한 번쯤 제동이 걸릴 만한 시점이라고 생각됩니다.

최근 부동산 경기는 서울과 지방의 양극화를 특징으로 합니다. 지방 집값 조정은 공급 과잉에 따른 것이고, 수도권 아파트의 가격 상승은 저금리의 역할이 컸는데요. 당장 속도가 느릴 뿐이지 금리는 상승 사이클을 탔습니다. 시중의 과잉 유동성과 전셋값 상승 여파로 일부 주택시장에서 과열이 나타났고, 여기에 집값이 더 오르기 전에 집을 사려는 투기 수요와 실수요가 겹쳐졌습니다. 하지만 금리 상승과 대출규제, 그리고 이미 공급된 주택물량이 이런 동기를 억누를 것 같습니다.

저금리를 자금시장의 파이프에 비유한다면 대출규제는 인위적으로 레버를 잠그는 일과 같습니다. 하지만 어설프게 잠갔다가는 유속이 더 빨라지거나 다른 쪽으로 전이됩니다. 이른바 풍선효과 죠. 주택 관련 정책은 그래서 어렵고 매우 예민한 정책입니다. 주택 가격 역시 장기적으로는 수요와 공급에 의해 결정된다고 보면, 우리나라 주택시장이 대세적으로 강세를 보일 만한 환경은 아닌 듯합니다. 금리와 정부규제라는 양대 변수에 의해 수급적인 순환 사이클은 만들어가겠지만요. 부동산시장 역시 차별화의 관점에서 접근해야 할 자산인 듯합니다.

중국의 경제정책

저소득 국가에서 중진국, 나아가 선진국으로 경제를 성장시키려면 기업투자를 늘리는 길밖에 없다. 농업에 의존하는 저소득 국가에서는 투자할 곳이 없기 때문에 GDP 대부분이 소비로 이뤄져 있다. 여기서 한 단계 더 나아가 공장을 짓고 물건을 수출하는 산업화의 길을 걷기 시작하면 GDP에서 소비의 비중이 작아지고 투자가 늘어난다.

중국도 '세계의 공장'으로 불릴 만큼 빠른 속도로 산업화의 길을 걸어왔고, 그 과정에서 소비가 GDP에서 차지하는 비중이 작아지고 투자의 비중이 높아졌다. 그러나 빨리 성장하고 싶다는 욕심에 투자를 너무 늘리다 보니 GDP에서 소비의 비중이 비정상적으로 감소했다. 중국의 GDP에서 소비가 차지하는 비중은 1967년 65%에서 2016년에는 37%까지 낮아졌다.

일반적으로 소비는 경기 사이클에 따라 진폭이 크지 않고 안정적이지만, 투자는 경기 여건에 따라 큰 폭으로 증가하거나 감소할 수 있어 안정적이지 못하다. 따라서 경제 시스템 내에 소비 비중이 작고 투자 비중이 높으면 버블과 침체를 모두 겪을 위험이 크다. 1인당 GDP가 높은 선진국을 보면, 네덜란드와 같은 무역에 특화된 나라를 제외하고 모두 소비 비중이 높은 편이다.

중국이 지금처럼 투자 위주의 경제체제를 유지하면 경제성장률이 갑작스럽게 추락하는 하드랜딩을 겪을 수 있다. 이 때문에 중국 정부도 건설투자와 제조업 중심의 설비투자를 천천히 줄이면서 서

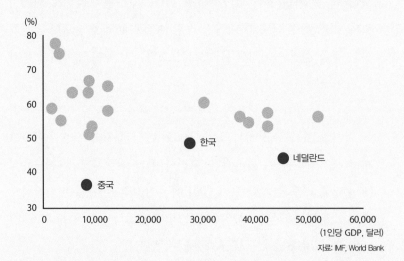

GDP에서 소비가 차지하는 비중(GDP 상위 20개국)

경제 규모와 성장률을 측정할 때 쓰는 국내총생산(GDP)은 소비와 기업투자, 정부지출, 외국에 대한 순수출로 구성된다. 중국은 GDP에서 소비가 차지하는 비중이 비정상적으로 낮고 투자 비중이 높은 기형적인 경제구조로 되어 있다.

자료: IMF, World Bank

비스산업에 대한 투자를 늘려가고 있다. 당장 투자를 줄일 수 없는 이유는 도시 지역에서만 1년에 1,000만 개 이상의 신규 일자리를 만들어야 청년실업 문제가 생기지 않기 때문이다.

중국 주식투자를 권하지 않는 이유

'중국처럼 경제성장률이 높은 나라의 주식에 투자하면 높은 수익률을 얻을 수 있지 않을까?' 그러나 경제성장률과 주식투자의 성과를 단순 비교하는 것은 위험한 사고다. 경제 성장의 과실이 주식투자자에게 돌아갈 수도 있지만, 그렇지 않을 수도 있기 때문이다.

경제 성장의 과실은 크게 보면 가계, 기업, 정부라는 세 경제 주체에게 돌아간다. 근로자들(가계)은 임금을 받고, 기업은 이윤을 남기며, 정부는 세금을 걷는다. 주식에 투자한다는 것은 그 기업의 주주가 된다는 것인데, 기업이 벌어들인 것에서 임금과 세금을 지급하고 남는 순이익이 주주의 몫이다.

경제성장률이 높아서 성장의 과실이 많이 생겨도 그 과실을 누가 가져가느냐 하는 분배의 문제가 남아 있다. 자본주의는 주주가 기업활동에 큰 기여를 한다고 보고, 그래서 주주의 몫이 커지는 것을 장려하는 경제 시스템이다. 반면 사회주의는 주주를 '놀고먹는' 불로소득자로 인식하기 때문에 기업이 번 것을 될 수 있으면 임금과 세금으로 지출하도록 한다. 기업이 순이익을 남기더라도 이를 주주에게 배당으로 지급하기보다는 다시 투자해서 고용을 창출하도록 한다.

사회주의 국가가 아니어도 경제 성장에 경도되어 있는 국가들에서는 주주를 경시하는 경향이 강하다. 우리나라도 1990년대에 높은 경제 성장을 했지만, 높은 성장률과 고용 창출을 계속하기 위해 기업투자를 독려했다. 투자하지 않는 기업에 대해서는 세무조사

종합주가지수와 경제성장률

1990년대 한국을 보면 GDP성장률이 높다고 주가가 상승하는 것은 아님을 알 수 있다. 오히려 2000년대 이후 성장률이 낮아진 다음에 강력한 주가 상승세가 나타났다.

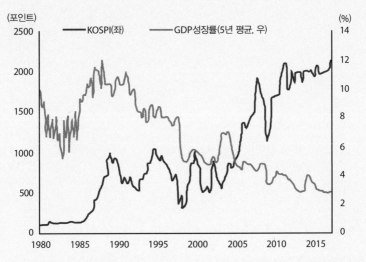

자료: 한국은행, KRX

압박까지 가했기 때문에, 기업은 돈이 되든 안 되든 이것저것 닥치는 대로 확장했다. 이른바 문어발식 확장이다. 기업은 장부상으로는 돈을 벌었지만 이 돈은 결국 실패한 투자에 다 들어갔고, 화려한 성적표에도 불구하고 주주에게 돌아오는 것은 없었다. 1997년 외환위기 이후 정부가 기업에 더는 무리한 투자 요구를 하지 않게 되면서 우리나라의 경제성장률은 크게 낮아졌다. 그러나 기업이 번 돈을 헛되이 투자하지 않게 되면서 주주에게 돌아가는 몫이 더 많아졌고, 주가도 큰 폭으로 상승할 수 있었다.

중국은 사회주의 국가다. 높은 경제성장률을 유지하고 고용을 창출하기 위해 번 돈을 계속 투자하고, 근로자들의 임금도 매년 10~20%씩 인상할 것을 기업에 요구하고 있다. 이러한 경제 시스템은 근로자들에게는 확실히 유리하겠지만, 성장의 과실을 나눠 가져야 하는 주주에게는 불리하다.

중국이 산 미국 채권은 어떻게 될까?

　　미국 정부가 발행한 국채는 2016년 말 기준으로 16조 달러에 달한다. 이 중에서 외국인 보유액이 6조 1,000억 달러인데 일본이 1조 1,000억 달러, 중국이 1조 달러를 보유하고 있다. 일본과 중국 두 나라가 전체 외국인 미 국채 보유액의 35%를 차지하고 있다.

　　이 두 나라는 모두 수출이 경제에서 차지하는 영향이 크고, 중앙은행이 막대한 외환보유고(2016년 말 기준 중국인민은행 3조 달러, 일본은행 1조 2,000억 달러)를 가지고 외환시장에 지속적으로 개입하고 있다. 외환보유고는 부도위험이 없고, 언제든 현금화할 수 있으면서도 이자를 받을 수 있는 선진국 국채가 대부분을 차지한다.

　　미국은 중국과 일본이 외환보유고를 이용해서 자국 수출에 유리하도록 환율을 조작한다고 의심하고 있는데, 일부에서는 중국과 일본이 미 국채를 사서 미국의 소비를 조작한다는 음모론도 제기

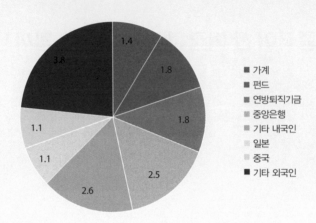

미 국채 보유 현황(2016년 말, 조 달러)

1.4
1.8
1.8
2.5
2.6
1.1
1.1
3.8

■ 가계
■ 펀드
■ 연방퇴직기금
■ 중앙은행
▨ 기타 내국인
▨ 일본
▨ 중국
■ 기타 외국인

하고 있다. 미국 소비자들이 얼마나 소비하느냐에 따라 중국과 일본의 대미 수출이 영향을 받는데, 이들이 미 국채를 사서 금리를 낮추고 미국 소비자들의 소비를 부양하고 있다는 것이다.

이 음모론을 좀더 확장해보면 중국과 일본이 미국 경제를 곤경에 빠뜨릴 수도 있다는 해석도 가능하다. 이들이 갖고 있는 미 국채를 시장에서 매도해 금리를 급등시키면 미국의 부동산과 주식 등 자산 가격이 폭락하고 소비가 위축되면서 경기침체에 빠뜨릴 수 있다는 것이다. 이 때문에 미국이 중국과 일본에 대해 강한 경제 압박을 할 때마다 미 국채 매도설이 나돌곤 한다.

일견 그럴듯해 보이지만 완전히 잘못된 논리다. 어느 나라 중앙은행이든 자국 화폐와 관련해서는 무한대의 발권력을 갖고 있기 때문에, 필요하면 언제든 국채를 사거나 갖고 있는 국채를 팔 수 있다. 중앙은행이 보유한 국채가 없다면 정부가 새로 발행하면 된다. 미국 중앙은행은 현재 2조 5,000억 달러의 자국 국채를 보유하고 있는데, 다른 나라가 불순한 의도를 갖고 미 국채를 매입해서 금리를 낮추려 한다고 판단되면 언제든 보유한 국채를 팔아서 금리 하락을 막을 수 있다. 또, 다른 나라가 미 국채를 매도해서 미국 금융시장을 혼란에 빠뜨리려 하면, 발권력을 동원해서 화폐를 찍어내 채권을 사면 된다.

그러므로 '일본과 중국이 미 국채를 사거나 팔아서 미국 경제를 움직일 수 있다'라는 얘기는 그냥 음모론일 뿐이다.

6장

어디에, 어떻게 투자할 것인가

INFLATION

자산배분의 시대

금융시장의 가장 큰 토대, 금리

김동환　투자라는 관점에서 봤을 때, 큰 변혁기를 맞이하고 있다는 데 저를 포함한 세 명 모두 공감하고 있습니다. 전대미문의 금융위기가 파생한 초저금리도 종언을 고하고 있고요. 지금까지 풀렸던 막대한 유동성에 의해 다우지수는 물론이고 우리 코스피도 사상 최고치를 경신하고 있습니다. 또 새 정부의 출범과 함께 경제정책의 패러다임이 바뀌면서 재벌 개혁이라는 주제도 화두가 되고 있습니다.

　이 장에서는 시야를 조금 더 넓혀 3~4년 이후의 세계 경제와 한국 경제, 자본시장을 중심으로 한 환경 변화에 어떻게 대처해야 하는지를 중점적으로 얘기해보겠습니다. 이야기의 실마리를 미국에서부터 풀어나가야 할 것 같습니다.

미국의 금융위기가 2008년 하반기부터 본격화됐죠. 벤 버냉키 전 연준 의장은 '헬리콥터 벤'이라는 이야기를 들을 정도로 막대한 달러를 풀어서 미국 경제를 수습하고 회복시키는 데까지는 성공했습니다. 그 바통을 이어받은 재닛 옐런 현 연준 의장은 이제 금리 인상에 나서고 있는 상황입니다. 세계 경기와 미국 경기를 반면교사로 삼을 때 그 기준은 결국 금리가 아닌가 합니다. 기준금리도 변화하고, 기준금리와 함께 시중 실세금리도 변화하고 있는데요. 지금부터 금융시장의 가장 큰 토대라고 할 수 있는 금리를 기준으로 이야기를 풀어나가 보겠습니다.

김일구　금리를 '돈의 값'이라고 표현합니다. 돈을 빌려주고 이자를 받는 것이니까요. 그래서 앞으로 금리가 어떻게 될 것인가를 살펴보려면, 먼저 각국 중앙은행이 돈에 대해 어떤 생각을 하고 있는가부터 봐야 합니다.

돈에 대한 생각은 아주 오래전부터 두 갈래가 있습니다. '돈은 엄격하게 관리해야 한다, 돈의 값어치가 떨어지면 사람들이 열심히 일해서 돈을 벌려고 하지 않을 것이다'라는 생각이 그중 하나입니다. 제1차 세계대전 이전에 각국은 금본위제였는데, 중앙은행이 갖고 있는 금에 돈이 연동되어 있던 시기였죠. 금이 새롭게 채굴되거나 외국에서 유입되지 않으면 국내에 돈이 늘어나지 않습니다. 자연스럽게 돈이 엄격하게 관리됐습니다. 그러나 이런 상황에서 기술 발전으로 농작물 수확과 공산품 생산이 늘어나면, 돈이 귀하고 물건이 흔해서 물가가 하락하는 디플레이션을 겪게 됩니다.

그래서 돈에 대한 또 다른 생각이 생겨났습니다. '왜 그렇게 귀하디귀한 금에 연동시키나. 흔한 은에 연동시키면 디플레이션은 없을 것이다. 그러면 열심히 일해 농산물을 수확한 농부와 제품을 생산한 제조업자가 가격 하락으로 파산하고 절망의 나락으로 떨어지는 일은 없지 않겠나'와 같은 생각입니다. 2008년 금융위기 직후부터 시작된 양적완화도 이 생각과 연결되어 있습니다.

1896년 미국 대통령 선거에서 금본위제를 지키자는 공화당과 금 · 은 두 가지 금속에 연동시켜 더 많은 돈을 풀자는 민주당이 맞붙었습니다. 통화가치를 안정시켜 국제 무역질서를 지키자는 미국 북동부의 자본가가 공화당을 지지했고, 돈의 양이 늘어나 농산물 가격이 올라주기를 바라던 남동부의 농민들이 민주당을 지지했습니다. 이때 민주당의 주장을 일반 농민들도 알기 쉽게 하려고 만들어진 얘기가 오즈의 마법사입니다. 도로시가 고향으로 돌아가는 방법을 찾아서 금 길을 따라 에메랄드 성까지 갔지만, 결국 자신의 문제를 해결한 것은 신고 있던 은 구두였다는 내용이죠. '금이나 에메랄드와 같이 귀금속으로는 경제 문제를 해결하지 못한다. 흔한 은에 연동시켜 돈을 풀어야 경제 문제를 풀 수 있다'는 주장입니다. 버냉키의 양적완화와 비슷합니다.

김동환　여기서 QE, 즉 양적완화란 금리를 제로 퍼센트까지 낮췄는데도 경기가 살지 않으면 통화량을 늘려서 경기를 살리는 비전통적인 통화정책입니다.

김일구　물가 전반이 하락하는 디플레이션이 자본주의 경제에 문제를 일으킨 일은 여러 번 있었습니다. 2008년 금융위기 이후 주요 선진국에서 디플레이션 우려가 커졌고, 이 때문에 미국·유로존·일본이 양적완화 정책을 썼죠. 좀더 과거로 가면 일본의 1990년대, 미국의 1930년대(대공황)와 19세기 후반 모두 디플레이션이 문제가 된 시기였습니다.

19세기 후반에는 물가 하락으로 농민들의 고통이 컸는데, 은행에서 돈을 빌려 농사를 짓다가 농산물 가격이 하락해서 빚을 갚지 못하고 파산하는 사례가 많았습니다. 시대가 좀 다르기는 하지만 1930년대 대공황 시기를 다룬 존 스타인벡의 《분노의 포도》를 보면 디플레이션이 농민들에게 얼마나 파멸적인 영향을 미치는지 잘 나와 있습니다. 1896년 미국 대통령 선거에서 금·은본위제를 놓고 공화당과 민주당이 격돌한 것도 농민 문제 때문이었는데, 다행히 선거 이후에 여기저기서 금광이 발견되면서 돈의 양이 늘어나 위기를 벗어납니다.

1930년대 대공황은 돈에 대한 생각에 큰 변화를 낳습니다. 케인스를 포함한 일단의 경제학자가 경제 상황에 따라 중앙은행이 돈의 양을 조절하자는 생각을 했습니다. 1890년대에는 은본위제 주장이었지만, 이제는 어떤 것에 연동하지 말고 사람이 잘 판단해서 물가가 하락할 때는 돈을 많이 풀고, 물가가 너무 많이 오르면 풀었던 돈을 환수해서 시중 유동성을 줄이자는 생각입니다. 이것을 '재량적 통화정책'이라고 합니다. 그러다가 1970년대 전 세계가 극심한 인플레이션을 겪고 난 이후, 돈의 양을 사람한테 맡겨두지 말고 일정한 규칙에 따라 조절하자는 주장이 제기됩니다. 선거가 자

19세기 후반과 1930년대에 디플레이션을 겪었고, 2008년 금융위기 이후에도 디플레이션 우려가 커졌다.

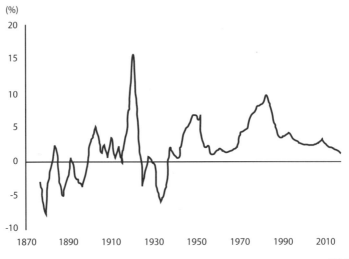

자료: BLS

주 치러지는 민주주의 사회에서 사람한테 돈의 양을 조절할 권한을 맡기면, 선거 때마다 마구 돈을 풀어 결국 인플레이션을 낳더라는 거죠. 그래서 '일정한 규칙에 따라 돈의 양을 조절하자. 가령 물가 상승률까지 고려한 경제성장률이 장기적으로 5% 정도 된다면 돈의 양도 그 정도 속도로 늘리자'라는 주장이 대두한 것입니다. 이를 '준칙에 따른 통화정책'이라고 합니다.

금본위제냐 은본위제냐, 재량적 통화정책이냐 준칙에 따른 통화정책이냐 하는 대립이 돈에 대한 두 갈래 생각입니다. 2008년 금융위기 이후 미국 중앙은행은 은본위제 또는 재량적 통화정책이 주장하는 방식에 따라 돈을 풀었습니다. 그러나 이 방식을 언제까지고 쓸 수는 없습니다. '돈은 엄격하게 관리해야 사람들이 돈을 벌기 위해서 열심히 일한다. 돈을 마구 풀면 투기가 사람들의 근로 의욕을 갉아먹고 사회를 좀먹게 할 것이다'라는 반대파의 주장도 역사적으로 검증된 주장이기 때문입니다. 그래서 경제가 개선된 2013년부터 미국은 돈에 대한 태도를 바꾸어 양적완화 정책을 시작한 버냉키가 직접 양적완화 정책의 종료를 선언했습니다. 아마 유럽과 일본도 2018년에는 양적완화 정책 종료를 선언할 것으로 예상합니다.

돈을 마구 찍어대니 돈이 흔해지고, 당연히 돈의 값인 금리도 낮아졌습니다. 제로도 부족해서 심지어 마이너스로까지 떨어졌습니다. 그러나 이제 통화정책이 방향을 바꾸었으니 돈이 예전보다 귀해질 것이고, 돈의 값인 금리도 올라갈 것입니다. 다만 금리를 너무 빨리 올리면 경제 성장이 다시 멈출 우려가 있어서 아주 천천히, 이것저것 다 확인하면서 천천히 올릴 것입니다.

세계 주식시장과 한국 주식시장

김동환　　중앙은행은 전통적으로 인플레이션 파이터입니다. 물론 정부가 고의로 버블을 만들고자 하는 건 아닙니다. 그렇지만 정부가

경제를 성장시키는 주체라고 한다면, 중앙은행은 그 성장이 과열됐을 때 나오는 현상인 인플레이션, 더 나아가 파생되는 버블을 적절히 관리하면서 지속적으로 성장하는 일종의 수비수 역할을 합니다. 미국을 넘어 전 세계 경기를 조절하는 데 가장 큰 역할을 하는 게 연준이죠. 그런데 지난 8~9년의 동향을 보면 인플레이션 파이터가 아니라 오히려 경기를 회복시키려 하는 역할을 앞장서서 해왔죠. 그러다 보니까 정체성에 문제가 생긴 것 같습니다. 미국뿐 아니라 각국 중앙은행의 정체성에 혼란이 왔습니다. 국가별로 정도의 차이는 있습니다만, 적어도 금융위기 이후 지금에 이르기까지 경제정책의 중심축은 역시 통화정책이었다는 얘깁니다.

또 하나 독자들이 가장 관심 있을 만한 이슈를 다뤄보죠. 사실 주식과 관련해서만 놓고 보면 우리는 지난 금융위기 직후에 지수 기준으로 900포인트 선까지 빠진 후 2230포인트까지 가는 과정에서 웬만한 대형주 아무거나 사면 수익이 나는 상황이었죠. 그 후로도 성장주라고 하는 제약·바이오나 화장품주를 사면 손쉽게 돈을 벌 수 있었습니다. 그런데 대부분이 이걸 거꾸로 했던 기간이기도 했습니다. 아마 매일 아침 미국 주식시장의 끊임없는 상승과 삼성전자의 거침없는 상승세를 보면서 허탈해하다 결국 주식시장을 떠나야 했던 분들이 꽤 있을 겁니다.

그처럼 너무 단기적인 시황만 가지고 접근하지 않고 앞으로 2~3년 동안 세계 주식시장의 변화는 어떻게 될 것인가, 그리고 그 아래서 영향을 받아야 하는 우리 한국 주식시장은 어떻게 바뀔 것인가에 대해 생각해봐야 할 때입니다. 이에 대해 김 박사께 의견을 청하고 싶습니다.

김한진 앞으로의 주식시장은 각국 중앙은행의 통화정책이나 세계 유동성 관점에서 보지 않을 수가 없습니다. 선진국 중앙은행은 금융위기를 수습하고 경기를 살리기 위해 거의 필사적으로 금리를 내렸습니다. 앞서도 이야기를 나눴지만 2008년부터 미국과 유럽, 일본 등 주요 선진국들이 돈을 찍어냈고 그 돈의 일부가 주가를 끌어올렸습니다. 하지만 준비통화국들이 찍어낸 화폐는 주로 그들 국가 안에서만 맴돌았습니다. 이 점이 지난 수년간 선진국 증시가 신흥국 증시보다 높은 주가 상승률을 기록한 이유라 봅니다. 몇 년 전부터 경기가 회복되기 시작했는데 중앙은행은 여전히 돈줄을 죄지 않았습니다. 그 결과 선진국 주가는 더욱 강하게 치솟았습니다.

신흥국 증시가 특히 이 초대형 유동성 잔치에서 소외당해온 것은 선진국의 유동성을 실어나르는 환율이 뒷받침되지 않았기 때문입니다. 바로 달러 강세 때문입니다. 강한 달러가 신흥국 같은 비달러 지역으로의 자본이동을 가로막아온 거죠. 최근 들어 달러 강세도 주춤하고 신흥국 경기도 살아나는 분위기인 데다 신흥국 주가가 상대적으로 너무 싸지다 보니 신흥국으로 돈이 이동하고 있습니다. 한국의 경우, 아시다시피 경제는 선진국이지만 증시는 아직 신흥국 쪽에 가깝습니다.

그래서 신흥시장 그룹에서 여러모로 저평가된 한국 증시가 러브콜을 받게 된 것 같습니다.

김동환 어떻게 보면 이렇게 불확실성이 가중된 상황에서 자산시장의 2~3년 이후를 전망해보는 것 자체가 유의미한가에 대해 여러

가지 생각을 해볼 수 있을 것 같습니다. 자산 가격이 버블과 버블 붕괴를 반복하면서 경기도 순환하는데, 이번 경기순환은 두 가지 측면에서 조금 달리 봐야 할 것 같습니다.

하나는 금융위기라는 사상 초유의 사태를 수습하기 위한 미국을 비롯한 각국 중앙은행의 대응 때문입니다. 비유를 하자면, 숨이 거의 넘어가고 있는 사람을 살려내기 위해서 산소호흡기를 가져다 댄 겁니다. 달러를 푼 거죠. 그런데 이제 환자의 상태를 보니까 호흡기를 떼도 될 만한데, 그 처방을 한 주치의가 겁이 나는 거예요. 괜히 뗐다가 다시 숨이 넘어갈 수도 있으니까요. 그래서 계속 미룬 거죠. 바로 유동성의 홍수가 계속된 건데, 이 과정에서 미 증시가 폭등한 겁니다. 이 시기에 미국 국채와 기타 선진국 국채의 수익률은 여전히 바닥이었습니다. 지금 미국 국채금리가 많이 올라서 2% 대 아닙니까? 막대한 통화량 증가 이후에도 확신이 들지 않으니까 아주 조금씩 금리를 올렸거나 올릴 준비를 하고 있는 상황이죠.

역사를 가정한다는 건 의미가 없습니다만, 만약 힐러리가 대통령이 됐다면 연준은 더 긴축적인 스탠스(입장)를 취하지 않았을까요? 그런데 트럼프가 대통령이 된 순간, 저는 연준이 금리를 빨리 올릴 수 없을 것으로 판단했습니다. 왜냐하면 트럼프가 바라는 건 본인 임기 중에 경기가 좋다는 걸 본인의 지지기반인 중·하층민들까지 모두 느끼게 하는 것이기 때문이죠. 지금 미국에서는 트럼프의 탄핵을 얘기하고 있지만 그의 머릿속에는 오로지 재선에 대한 집착만 있을 겁니다. 그가 재선할 수 있는 유일한 방법은 그를 찍었던 사람들로 하여금 "땡큐 트럼프"를 외치며 다시 찍게 하는 겁니다. 당연히 긴축을 하면 안 되겠죠? 감세와 더불어 적극적인 재정정책을 쓰려고 할 겁니다. 이 과정에서 연준이 금리를 일찍 올려버리면 어떻게 될까요? 트럼프의 노력은 반감되거나 무위로 돌아갈 겁니다.

결론적으로 말씀드리고 싶은 건 세계 경제는 경제 자체의 펀더멘털적인 요소 때문에 큰 흐름을 타게 됩니다만, 2~3년 정도의 경제적 변동은 헤게모니를 장악한 어떤 사람에 의해서 좌우된다는 겁니다. 그 헤게모니는 현재 트럼프와 트럼프가 설득해야 할 미국의 국회의원들이 갖고 있죠. 트럼프 케어도 그렇고 이번에 내놓은 감세 정책도 그렇고, 탄핵 얘기가 나오고 있는 마당이니 트럼프의 정책은 당분간 표류할 가능성이 큽니다. 그러나 여기서 그의 탄핵을 염두에 두고 전망을 하기는 어렵습니다. 또 만약에 그가 탄핵된다고 하더라도 그의 임기를 채워야 하는 부통령이 경제적으로 전혀 다른 노선을 추구할까요?

급작스러운 정치적 변동성을 배제한다면 저는 지금의 저금리 구조가 급작스럽게 바뀔 것 같지는 않습니다. 또 주식시장의 상승세는 시기적으로 조정과 반등을 반복해나가겠지만, 급격히 꺾이는 것보다 오히려 더 큰 버블을 키워나갈 가능성이 크다고 봅니다.

그리고 또 하나, 미국 경기가 지금보다 성장률이 조금 더 올라가는 상황이 발생한다면 우리 경제성장률도 굉장히 낙관할 수 있다고 봅니다. 우리나라 2017년 1/4분기 성장률이 1.1% 나왔거든요. 사실 아무도 상상하지 않았어요. 분기 성장률 많이 봐야 0.7%였죠. 물론 0.4%p 차이가 뭐 그리 대단하냐고 할 수도 있겠지만 우리가 한 가지 힌트를 발견할 수 있는 건, 수출에 대한 기대가 살아 있다는 것입니다. 그 수출에 대한 기대는 어떻게 보면 글로벌 수요의 증가를 조금씩 염두에 둬야 할 부분이 있다는 것입니다. 우리나라 산업이라는 측면에서 볼 때 세계 경기가 좋아지면 수출이 늘 수밖에 없는 구조잖아요? 중국과의 보완적 관계가 경합으로 바뀌고 있습니다만, 이것도 상당히 긴 기간에 걸쳐 이뤄지는 프로세스이지 몇 년 안에 확 바뀌는 게 아닙니다.

금융위기 이후 경기에 대한 우리 국민의 인식이 상당히 회의적이잖아요. 저는 눌려 있던 자본시장의 밸류에이션이 한 번쯤 변화를 일으킬 가능성이 있다고 봅니다. 시기는 2017~18년이라고 보고요. 물론 2019~20년에 이 버블이 깨질 가능성이 충분히 있겠지만, 지금은 이제 막 버블을 조금씩 만들려고 하는 그런 상황이 아닌가 싶습니다.

물론 자산 가격과 그것을 규정하는 경기에 대한 판단은 저마다 다르게 할 수 있습니다. 그럼에도 우리 독자들이 전략적인 포지션을 어떻게 취해야 할지에 관해서는 얘기를 나눠보고 싶습니다. 왜냐하면 돈이 1,000만 원이 있든 1,000억 원이 있든 간에 기본적으로는 전략적인 사고에 의해 자산을 배분해야 하니까요. 그리고 또 부채를 어떻게 일으킬 것인가에 대해서도 생각해봐야 하지 않겠습니까?

지금 이 국면에서 앞으로 3년 정도를 염두에 두고 자산의 배분과 운용을 어떻게 할 것인지 이야기해보죠. 김 센터장께서 먼저 말씀해주시겠습니까?

자산의 배분과 운용

김일구　　2008년 금융위기에서 벗어나기 위해 각국이 돈을 많이 풀었다고 하는데, 여기서 풀린 돈은 '내 돈'이 아닙니다. 당시 돈을 푼 주체는 정부가 아니라 중앙은행이었습니다. 정부가 돈을 푼다는 것은 재정에서 적자를 보면서 돈을 주는 것입니다. 가령 공공사업을 하고 여기에 참여한 지역주민들에게 일당을 지급하는 것이죠. 이렇게 풀린 돈은 '내 돈'입니다. 그러나 중앙은행은 돈을 빌려주는 곳이기 때문에 나중에 갚아야 하는 돈이지 '내 돈'이 아닙니다.

일부에서는 그동안 돈이 많이 풀렸으니 앞으로 인플레이션이 올 것이다, 그러니 부동산에 투자하라고 주장합니다. 1960년대 베트남전쟁을 할 때 미국이 엄청나게 많은 돈을 썼는데, 국가재정이 그 부담을 짊어지면서 돈을 풀었습니다. 사람들의 재산이 그만큼 늘어났고, 갚아야 할 필요가 없는 이 돈이 소비나 투자로 쓰이면서 물가가 급등하는 인플레이션을 낳았습니다. 그러나 이번에는 재정정책이 아니라 통화정책으로 돈이 풀렸고, 그 돈은 언젠가는 갚아야 합니다. 따라서 1970년대처럼 인플레이션이 생기지 않습니다.

다만 여러 나라에서 가계가 빚더미에 올라앉아 있고, 선진국에서는 정부의 빚도 GDP의 100%를 넘어섰습니다. 그래서 중앙은행이 풀어놓은 돈을 한꺼번에 거둬들이지는 않을 겁니다. 그러면 빚에 시달리는 가계가 소비를 줄일 것이고, 그 영향으로 경기침체에 빠질 수 있기 때문입니다. 그렇다고 마냥 돈을 풀고 금리를 낮춰

놓으면, 투기만 범람하고 빈부 격차가 심해지며 근로의욕이 사라질 겁니다. 그래서 금리를 올리고 풀린 돈을 환수하겠지만, 그 속도는 아주 느릴 것으로 봅니다.

그동안에 경제를 성장시키고 소득을 증가시켜서 빚을 갚을 수 있도록 해야겠죠. 그런데 많은 산업이 글로벌 공급 과잉에 직면했습니다. 이렇게 되면 소득을 창출하기보다는 구조조정을 해야 하는 상황이죠. 그래서 공급 과잉이 없는 새로운 상품, 새로운 산업을 육성해 소득을 창출해야 할 필요성이 그 어느 때보다 커졌습니다.

김동환 기왕에 새로운 산업이라는 얘기가 나왔으니까요. 얘기를 좀더 해보죠.

총량이라는 개념으로 주식투자를 하라 또는 하지 마라, 지금은 금리 올라갈 때니까 고정금리로 대출받아라, 예금은 금리 올라갈 거니까 단기로 하라 등의 전망을 하는 것도 중요하기는 합니다. 그런데 자산을 배분해야 한다는 입장에서 큰 그림을 그려놓고 보면, 그다음 단계인 내 자산의 포트폴리오를 어떻게 구성할 것인가도 굉장히 중요한 부분 아니겠습니까? 결국 전도유망한 산업에 속하는 회사에 투자하고, 젊은이라면 그런 산업에 종사하는 인생 플랜을 짜는 게 차별화되는 인생을 살 수 있는 전략일 텐데요. 앞으로 어떤 비즈니스, 어떤 산업이 주목받을까요?

예를 들면 (많은 독자에겐 속상한 얘기지만) 우리 주식시장이 박스피라는 오명에 갇혀 있을 때도 삼성전자는 크게 올랐잖아요. 1년 전만 하더라도 삼성전자가 250만 원까지 갈 거라고 누가 생각했습니까. 지금은 300~400만 원 얘기까지 나오고 있잖아요. 김 박사께서도 얘기하셨지만, 어떻게 보면 4차 산업과 관련하여 가장 큰 수혜를 제일 먼저 받는 세계 기업이 삼성전자일 겁니다. 그런 류의 회사와 산업을 발견해내야 하는 입장에서 보면 또 지금이 모멘텀이고 변혁기죠.

김한진 기술혁신 주기가 빠르고 기업 경쟁력이 급변하는 요즘 같은 시기일수록 저는 기업을 중심으로 접근하는 태도가 좀더 유용할 것으로 봅니다. 단지 첨단 기술뿐 아니라 앞으로 상당 기간은 새로운 소비재의 등장과 그 수요의 출몰 지역도 과거와는 달리 다양해질 것 같습니다. 돈의 흐름도 빠르고 각종 위험 요인도 다양한 얼굴로 등장할 것 같습니다. 안전자산(주로 국채)과 위험자산(주로 주식)의 교차 움직임도 과거보다는 훨씬 역동적일 것입니다. 한마디로, 투자자들이 자산시장에 정확하게 대응하기가 어렵다는 것입니다. 이런 점에서 몇 가지를 말씀드리겠습니다.

첫째는 신기술의 출현에 보다 집중해야 합니다. 이런 신기술, 특히 지금 진행되는 기술융합 과정들은 대부분 우리의 상식적인 예측보다는 훨씬 빠르게 진행될 가능성이 큽니다. 1900년대 초반, 전화나 라디오가 미국 인구의 25%까지 보급되는 데에는 무려 30년이 걸렸습니다. 이후 1980년대에 PC(개인용 컴퓨터)는 같은 수준으로 보급되는 데 18년밖에 걸리지 않았습니다. 그다음 인터넷이나 휴대전화는 그 기간이 10년 이내로 단축됐죠. 지금 우리가 논하는 인더스트리 4.0과 관련된 신기술 · 신상품의 대량 보급 기간은 더욱 줄어들 듯합니다. 이는 초기 시장을 선점한 기업이나 기술 헤게모니를 확실히 거머쥔 기업들이 롱런할 가능성이 크다는 걸 뜻합니다. 또 시장의 변화와 발전이 빨라 증시도 '속도전'이 될 가능성이 큽니다. 기술 변화에 대응이 느리면 수익 내기가 쉽지 않습니다.

둘째는 새로운 소비의 물결에 잘 집중해서 대응해야 한다고 봅니다. 2008년에서 2010년 사이에 중국의 도시소득은 2배 이상 증가했는데요. 이는 지난 20년간의 증가분과 맞먹습니다. 물론 지구촌에는 빈곤층도 많이 늘었지만 고소득층도 상당히 두꺼워졌습니다. 앞으로 전 세계 소비재에서 많은 변화가 일어날 것 같습니다. 소비 패턴이 빠르게 변하고, 새로운 소비재도 많이 나왔다가 또 사라질 것입니다. 고령화 추세 속에 제약·의료, 헬스케어, 안티에이징, 건강, 로봇산업도 눈부신 발전을 할 것입니다.

셋째는 글로벌 자본 흐름을 잘 읽어야만 자산관리에서 이길 수 있습니다. 앞서도 말씀을 나눴지만, 적어도 5~6년에 한 번은 굵직한 위기가 찾아오는 세상인 만큼 금융시장 전체 판도를 잘 읽어야만 합니다. 쉽게 말씀드리면 작게 나누어서 벌고 한 방에 손실을 볼 가능성이 큰 세상이란 뜻이죠. 달걀은 바구니에 나눠서 잘 담았지만 그 바구니를 싣고 가는 트럭 전체가 전복되는 사고가 발생하는 형국입니다.

앞서 한국 증시 상황을 말씀드리면서 결국 세계 유동성의 넘침(spill over) 현상이 상대적으로 저평가된 한국 증시의 상승 요인이라고 진단했는데요. 자산관리의 초점을 세계 유동 자금이 '지금 어디서 와서 어디로 쏠리고 있느냐'를 늘 관찰해야 한다는 얘기입니다. 외국인들이 선호하는 업종이나 종목, 스타일을 항상 꼼꼼히 관찰해야 합니다. 글로벌 투자은행(IB)이나 큰손들의 분위기를 꼭 체크해 최근으로 올수록 혁신제품의 시장 보급 기간이 가속적으로 단축되고 있다. 주식시장에서 성장산업의 선도기업에 더 높은 프리미엄을 부여하는 이유다.

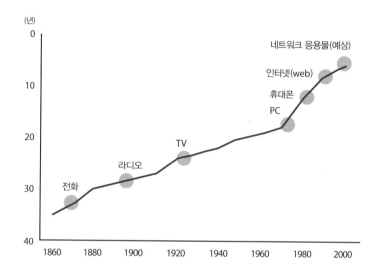

야 합니다. 글로벌 큰손 동향은 요즘 뉴스만 봐도 얼추 알 수 있습니다. 물론 거를 건 좀 걸러야 하겠지요.

끝으로 안전자산과 위험자산, 이 두 유형의 대세 판단이 중요하다는 말씀을 드리고 싶어요. 사실 이 큰 문제만 잘 풀면 좀 작은 문제는 살짝 틀려도 됩니다. 간단히 보면 주식과 채권 중 지금 어디에 더 비중을 두어야 하느냐의 문제입니다. 딱히 이분법은 아니고요(주가와 금리가 함께 오르거나 떨어지는 경우도 많습니다). 미국 증시는 전 세계 대표 위험자산이고, 미국 국채는 대표 안전자산입니다. 미국 증시가 본격 조정에 들어갈 것 같다면 위험자산(글로벌 주식, 원유, 하이일드, 부

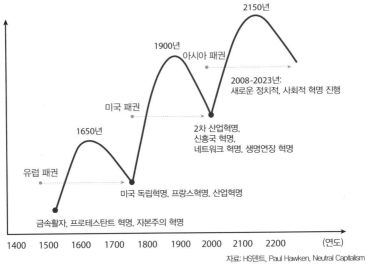

250년 주기의 기술혁명과 지역별 패권 변화

앞으로 신기술의 헤게모니를 어떤 기업, 어떤 국가가 가져갈 것인지는 흥미로운 주제다. 투자 관점에서도 글로벌 대박 주식이 다수 출현할 것 같다.

2150년

1900년

아시아 패권

2008-2023년:
새로운 정치적, 사회적 혁명 진행

미국 패권

1650년

2차 산업혁명,
신흥국 혁명,
네트워크 혁명, 생명연장 혁명

유럽 패권

미국 독립혁명, 프랑스혁명, 산업혁명

금속활자, 프로테스탄트 혁명, 자본주의 혁명

1400 1500 1600 1700 1800 1900 2100 2200   (연도)

자료: HS덴트, Paul Hawken, Neutral Capitalism

적격등급 회사채, 위험대출, 원자재 및 부동산 연계증권)을 모두 적극적으로 줄일 것을 권합니다. 요즘은 강도의 차이만 있을 뿐 결국 유사 자산들이 대개 동조화를 보이니 함께 흐름을 즐기면 됩니다.

그런데 아시다시피 여기까지는 원론적인 이야기일 뿐, 실전에서는 사실 쉽지가 않습니다. 가령 주식시장에서 과열과 과냉이 언제, 어디서부터인지를 판단하기란 쉽지 않다는 것입니다. 수많은 가치평가기법이 있고 기술적 분석 방법도 넘쳐나지만, 말 그대로 방법론일 뿐 실전에서는 적용하기가 쉽지 않습니다. 제 경험으로는 어떤 자산이나 다 그렇습니다만, 과열이라고 떠드는 기간이 1~2년 정도는 이어져야 그 자산이 꼭지를 찍고 떨어지는 경우가 많습니다. 반대로 저평가 기간 역시 1년 정도는 이어져야 겨우 반등에 시동이 걸리는 경우가 많습니다.

주변 사람 열 명 가운데 일곱 명 이상이 어느 쪽이든 한 방향으로 쏠리면 그 반대로 행동하는 것이 좋습니다. 이 방식은 언제 어디서나 유용한 전략인데, 역발상투자(contrarian strategy)라고도 하죠. 사람들이 너무 붐비는 곳에 의미 있는 수익률이 남아 있는 경우는 매우 드뭅니다. 그런 수익은 위험관리를 위해 과감히 포기하는 용기도 필요하죠. 반대로 사람들이 너무 한산한 곳에는 반드시 좋은 수익 기회가 존재합니다. 여러 번 검토하면서 숨겨진 기회를 찾아내야 합니다.

2017년 중반 현재, 사람들이 너무 붐비는 곳은 미국 증시를 비롯한 글로벌 주식시장(주가 상승)과 채권시장(금리 하락)입니다. 반대로 너무 한가한 곳은 VIX(변동성지수)나 CDS시장 등입니다. 보수적인 투자자라면 남들보다 좀더 일찍 한가한 시장으로 옮겨가길 권하고, 공격적인 투자자라면 현재의 추세를 좀더 추종해도 됩니다. 투자의 세계는 공평합니다. 좀더 많은 위험을 선택하면 좀더 높은 수익을 안겨주지요. 대신, 반복되는 투자 속에서 그 위험에 따른 비용을 지불할 확률이 높아진다는 점을 염두에 둬야 합니다.

김동환   한 가지, 말씀드리기가 조심스러운 부분이 있어요. 사실 '월급 받아서 대출금 갚고 아이들 사교육비 내고 나면 마이너스 통장이나 카드값 메우기도 힘든데 무슨 자산배분이냐. 더욱이 무슨 글로벌 자산배분이냐' 이렇게 말씀하시는 분들이 많으리라는 점입니다. 아마 우리 독자분 중에 90%는 될 텐데요, 그래서 방송 때 이런 얘기 하면 굉장히 욕을 먹곤 합니다. 당신 주변에는 다 부자만 있느냐는 거죠. 그럼에도 이런 말씀을 드리는 건, 부자가 되려면 부자들이 하는 걸 따라 하는 연습을 많이 해야 한다고 생각하기 때문입니다.

예를 들어 매달 30만 원 정도 빼서 투자를 하더라도, '책에서 탑다운 방법으로 배분하라고 팁을 줬는데 이렇게 해볼까?' 하면서 10만 원씩이라도 배분하는 연습을 해야 한다는 거죠. '내가 지금 애플 주식 10주 살려면 몇 달 동안 안 쓰고 모아야 하는데 무슨…' 이렇게 생각하는 사람도 있을 겁니다. 그렇지만 부자가 되려면 그러한 연습을 해야 합니다.

예를 들면 IMF 때 실제로 있었던 일인데, 제 선배님 중에 두 분이 같은 분야에서 사업을 하셨어요. 한 분은 어찌어찌 하다가 공장을 중국 칭다오로 옮겼어요. 1996~97년쯤의 일입니다. 뭔 생각이 있어서 그런 게 아니고 자꾸 인건비가 올라가고 중국에 수출을 해야 하니까 옮긴 거죠. 그 선배님이 친구분한테 같이 가자고 권했답니다. 혼자 가기 싫으니까요. 근데 친구분은 안 갔어요. '내가 무슨 중국까지 갑니까'라면서 한국에서 공장을 계속했어요. 그래서 혼자 중국 칭다오로 공장을 옮겼는데, 마침 아들이 군대에 갔어요. 부부가 왔다 갔다 주말부부 할 바에는 칭다오에서 집을 사자 해서 부인도 모셔갔어요. 거기다 공장도 짓고 집도 산 거죠. 그런데 칭다오에 있는 상공회의소나 한국 기업인연합회 같은 데 가니까 중국에 집을 사라는 사람이 그렇게 많은 거예요. 그래서 집을 더 사고, 중국 주식도 사고 그랬나 봐요.

나머지 한 분은 한국에서 공장 운영하면서 한국에 집 가지고 있고 한국 주식에 투자했죠, 그러다 IMF가 왔어요. 한국에 남았던 분은 지금 은퇴하고 경제적으로 굉장히 곤혹스러운 상황이 됐고, 칭다오로 공장을 옮긴 분은 집값이 10배 이상 올랐어요. 거기다가 중국에서 비즈니스를 해서 돈을 많이 벌었어요. 생각해보세요. 1997년도부터 시작해서 20년이 지났는데 그 20년 동안 중국 경기가 어땠습니까? 거기서 만들어서 거기다 파는 게 훨씬 나았겠죠. 지금은 중국 인건비가 많이 올라서 베트남으로 많이 간다고 합니다만, 20년 전에는 거의 개성공단 수준이었어요. 어마어마한 부가가치가 있었던 거죠. 거기에 IMF도 피했잖아요.

지역별 자산배분을 얘기하려다 보니 좀 극단적인 예를 들었습니다만, 이 두 분의 부의 격차는 비교를 할 수 없는 수준이 되었습니다. 기본적으로 제 생각은 돈이 많든 적든 지역적으로 배분하는 연습을 해야 한다는 겁니다. 그래야 자산이 커졌을 때도 용기가 생기고 실행력이 생기거든요.

그럼 어디다 해야 하느냐? 우리가 태생적으로 가지고 있는 신흥국 경제와 지정학적인 리스크, 경기 변동의 종속성을 고려해보면 일정 부분은 선진국 자산에 배분해야 한다고 봅니다. 그중에서도 달러화 자산은 필수적으로 가져야 합니다.

신흥국 채권에 많이 투자들 하시잖아요? 재정 기회 또는 무위험이라고 생각하고 신흥국 국채를 소개하고 투자들 하시고 그러는

데, 저는 썩 권하고 싶지 않습니다. 우리가 기본적으로 변동성이 큰 경제이기 때문에 우리보다 더 큰 변동성이 있을 법한 나라에 전문적인 지식도 없이 장기투자를 한다는 건 권하고 싶지 않아요. 기본적으로 선진국 자산에 투자하면서 글로벌 자산배분 연습을 한 후에, 자산의 규모가 커지면 신흥국 자산에 투자하는 걸 시작해야 합니다.

김일구 평범한 개인들은 집 빼고 나면 다른 투자자산이 없는 경우가 대부분입니다. 집도 일부 대출받아 보유하고 있는 경우가 많죠. 집도 분명히 투자자산이기 때문에, 이분들은 굳이 주식에 투자할 필요를 느끼지 못합니다. 우리나라에서 경제 성장의 과실이 주가 상승으로 이어졌지만 부동산 가격도 같이 올랐기 때문입니다. 저도 여기에 동의합니다. 우리나라에서 경제가 성장하면 주가뿐만 아니라 부동산 가격도 같이 오릅니다. 그러나 주식시장처럼 부동산시장에도 때로는 큰 위험이 닥칩니다.

본인의 자산이 너무 부동산에 치중되어 있어서 집값이 내려가면 어쩌나 걱정하고 계신다면, 달러화에 투자하라고 권해드립니다. 우리나라 경제에 문제가 생겨서 집값이 내려가는 상황이 오면, 아마 유일하게 가치가 올라가는 게 달러화일 것으로 예상하기 때문입니다.

위기가 왔을 때 가격이 크게 떨어질 수 있다는 것을 금융시장에서는 변동성이 크다고 표현합니다. 그래서 부동산을 많이 갖고 계신 분들은 큰 변동성에 노출되어 있다고 얘기할 수 있습니다. 변동성을 낮추려면 미 국채 같은 달러화 자산을 늘리면 될 것입니다. 반대로, 투자한 것이 없다면 위기가 와도 변동성이 없어서 좋겠지만 평소에 버는 것도 없을 겁니다. 이런 분들은 투자자산을 늘리면서 자신의 변동성을 좀 높이는 것이 좋습니다. 월급 또는 은행 예금이자만으로도 충분한 경우가 아니라면, 투자를 하면서 변동성을 높여야 할 것입니다.

변동성을 얼마나 높이면 좋을까 하는 것은 전문가의 상담을 받아 본인이 결정해야 합니다. 우리나라에서는 아직 이 분야가 덜 발달해 있는데요. 연령이나 가족 구성, 소득, 위험에 대한 태도 등을 고려해 투자자에게 적절한 조언을 해주는 것이 자산배분이죠. 아직까지도 우리나라 금융회사들은 투자자들에게 '어디에 투자하면 돈 번다'와 같이 특정 상품을 판매하는 데 매달리고 있습니다. 그러나 앞으로는 '이렇게 다섯 가지, 또는 열 가지 상품에 투자하면 안 좋은 시기에 몇 퍼센트를 잃을 수도 있지만, 장기적으로는 몇 퍼센트의 수익을 얻을 수 있을 것 같다'와 같이 자산배분 및 이에 따른 수익과 위험을 투자자에게 잘 설명하고 이해시키지 못한다면 살아남을 수 없을 것입니다.

저는 연세 많은 고객에게도 주식에 조금 투자하시라고 합니다. 주식투자를 시작하면 세상사에 관심이 가게 되고 젊은이들과 같이 앉아서 세상 돌아가는 얘기를 할 수 있습니다. 연세 많은 분들에게 활력을 준다고 봐요. 가령 바이오 주식을 샀다면 아무래도 그 분야에 대해 관심이 갈 수밖에 없겠죠. 연세 많은 분들은 삶에 변동성이 너무 없어요. 그래서 우울증을 겪기도 하고 자신을 젊은이들로부터 스스로 격리시키게 됩니다. 투자란 자신이 감당할 수 있는 만큼의

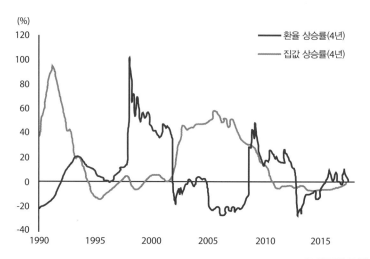

우리나라에서 원/달러 환율과 집값

집값이 오를 때는 달러화 약세(환율 하락), 집값이 하락할 때는 달러화 강세(환율 상승) 관계가 나타난다(환율은 원/달러 환율, 집값은 전국 대형 아파트 매매 가격 기준).

(%)

- ━━━ 환율 상승률(4년)
- ━━━ 집값 상승률(4년)

자료: 한국은행, 통계청

변동성을 만드는 것이며, 이를 통해 세상에 관심도 갖고 사람들과 소통하는 것입니다. 그래서 저는 투자가 삶을 더 풍요롭게 할 수 있다고 믿습니다.

김동환　저는 60세 넘으신 분 중에 평생 한 번도 주식투자를 안 해 본 분들에게는 주식투자 하지 마시라고 합니다. 변동성을 즐기는 게 아니라 스트레스 받아서 병나실 수도 있어요. 수입이 없는 상태에서 하루에 몇십만 원씩 변동하는 거, 건강한 자극이 아니라 굉장한 스트레스가 될 수 있거든요. 젊은 분들에게는 열심히 투자하라고 말하지만, 경험 없는 어르신들께는 그냥 끝까지 안 하시는 게 좋다고 저는 현실적으로 말씀드립니다.

그 대신 이런 건 생각해봐야 할 것 같아요. 우리 어르신들이 너무나 집착하는 대상이 집입니다. '집 한 채는 있어야 한다. 어떤 형태로든지 집 한 채는 자식한테 물려줘야 한다' 하는 고정관념을 가지고 계시거든요.

제가 알고 있는 많은 노인분이 자식들 시집·장가 다 보내고 두 분만 남아 있는데도 과하게 넓은 집에서 살아요. 제가 살고 있는 아파트 단지만 봐도 50~60평대 대형 평수에 노인 두 분 사는 집이 많습니다. 제가 만나서 그럽니다. "아니, 청소하기도 힘든데 왜 그렇게 큰 집에 사세요?" 그러면 그때마다 저한테 하는 말씀이 이거예요. "그래도 내가 이런 집이라도 가지고 있어야 시집간 딸, 사위, 손주들이 자주 오지." 그런데 이게 천만의 말씀입니다. 왜냐하면 그런 노인들은 캐시플로(cash flow, 현금흐름)가 없어요. 그 큰 집 가지고 살려면 캐시플로를 희생할 수밖에 없으니까요. 손주들은 작은 집에 살지만 캐시플로가 좋아서 갈 때마다 풍족하게 용돈 주는 할아버지 할머니 집에 가고 싶어 하지, 집이 넓고 잠자리 편하다고 가고 싶어 하진 않아요.

그런 점에서 요즘 정부가 정책적으로 참 잘하고 있는 게 주택연금이에요. 집값 오르면 그만큼을 다 보장받게 되어 있거든요. 우리나라 경제를 위해서도 공적인 정책으로 주택연금을 더욱 활성화해야 한다고 생각합니다. 자산을 유동화해서 그걸 소비하고, 손주들 용돈도 주고, 부부가 놀러도 다니고, 맛있는 것도 사 드시고 하는 부모님 집에 자식들이 더 찾아와요. 자식들이 오면 맛있는 음식도 먹이고 해야지, 갔는데 방마다 불 끄라고 난리 치면 안 간다고요. 자산을 유동화해서 투자까지 하시라고는 권하기 어렵지만, 또 집을 파시라는 말씀은 못 드리겠지만 집에 대한 집착은 조금씩 버리셔야 합니다.

20~30대 급여생활자분들은 현재의 생활, 경제 수준에서 탈출하고 싶어 합니다. 여기 계신 두 분도 급여생활을 하고 계시지만, 제가 20년 이상 급여생활자로 살아오면서 알게 된 사실이 있습니다. 회사는 정확히 회사를 그만두지 않을 정도로만 월급을 준다는 겁니다. 더 많이 주면 회사를 떠나게 되어 있거든요. 물론 삼성 그룹 CEO가 된다든지 하면 몇백억씩 받기는 하겠지만, 그건 나머지 99.9퍼센트를 머물게 하기 위한 거예요. 그렇게 환상을 줘야지 그 조직에 목매고 충성하기 때문이죠. 그런데 그 상황에서 계속 월급 받는 걸로 적금 들고 생활비 쓰고 연금 들고 하면, 언제까지나 그 수준을 유지하는 정도로밖에 살 수 없거든요.

남보다 더 잘살고 싶으면 김 센터장께서 얘기하신 것처럼 뭔가 변동성을 줘야 해요. 충격이 아닌 건강한 변동성을 줘야 하고, 변동성을 즐기기 위해서는 단계별로 공부하면서 나아가야 합니다. 주식시장 2400포인트 넘었다고 10년 동안 애지중지하던 적금 해약해서, 듣도 보도 못 한 주식 추천받아 덜컥 사놓고, 주가 빠졌다고 술 드시고 그러면 안 된다는 거죠.

그러나 리스크를 감수하지 않고 부자가 되는 방법은 없습니다. 자본소득을 만들지 않으면 부자가 될 수 없어요. 기본적으로 급여생활자든 자영업자든 일정 부분은 자산배분을 하는 연습을 충분히

해야 한다는 말씀을 드리고 싶습니다.

김일구　증권회사 여러 곳을 다니다 보니 주식투자에서 실패하는 사례를 자주 접합니다. 특히 증권사에 다니는 젊은 직원들의 실패 사례를 보면 안타깝게도 거의 똑같은 과정을 거쳐 실패합니다. 그래서 실패 가능성을 낮추는 방법이 없을까 나름대로 고민을 해봤는데요. 주식투자를 시작하고 처음 1년간 투자금을 절대로 늘리지 않는 것이 중요하다고 생각합니다.

　증권회사에 다닌다고 해서 모두 대학 다닐 때부터 주식을 잘 알았고 주식투자도 많이 해봤던 것은 아닙니다. 주식투자에 별로 관심이 없고 주식 매매를 해본 적도 없는 직원들도 많습니다. 이 직원들은 평소 주위에서 주식 얘기를 해도 별 관심을 보이지 않아요. 그러다가 어느 날 어떤 종목의 주가가 얼만지 찾아봅니다. 며칠 전 친구들끼리 모인 자리에서 어떤 친구가 그 종목을 사서 꽤 수익이 나고 있다고 자랑하던 것이 막 생각이 난 거죠. 종목의 주가 차트를 보다가 깜짝 놀랍니다. 한 달 새 두 배나 올랐거든요.

　평소에 주식에 관심이 없던 그 직원도 이제 마음이 편치 않습니다. 쉽게 돈 벌 수 있는 길이 바로 옆에 있는데 외면할 수 없죠. 다음번 친구들 모임에 가서는 주식 종목 얘기할 때 잘 들었다가, 스마트폰을 열어 그 종목명을 기록합니다. 그리고 다음 날 여기저기 있던 여윳돈 500만 원으로 그 종목을 삽니다. 몇 주 후 그 종목의 주가가 올라 10% 수익을 내고 팔아 50만 원의 수익을 내죠. 그 돈으로 가까운 친구랑 맛있는 저녁을 먹고 술도 한잔합니다. 그리고 다음 날 아침에 눈을 뜨는 순간 문득 이런 생각을 합니다. "잠깐! 내가 왜 500만 원만 투자했지? 5,000만 원 투자했으면 500만 원을 벌 수 있었잖아."

이 직원은 다음에도 친구들이 얘기하는 종목을 잘 기록했다가 주식 매수에 들어가는데, 이번에는 마이너스 통장 대출이나 스탁론을 써서 5,000만 원을 투자합니다. 그런데 공교롭게도 사자마자 주가가 내려가더니 -10%까지 순식간에 떨어집니다. 입이 바짝바짝 마르고 일이 손에 잡히지 않습니다. 500만 원 손실이면 갖고 있는 여윳돈을 다 잃은 거죠. 내가 왜 이런 엉뚱한 행동을 한 것일까 자책하다가 이 정도에서 손실을 털어내기로 마음먹습니다. 그렇게 손절매하고 이제 열심히 일해서 다시 돈을 모으자고 결심합니다. 그러다가 몇 년 후에 또 똑같은 실패를 반복합니다.

대부분이 이런 과정을 거쳐 주식투자에 실패하게 됩니다. 이런 실패를 하지 않으려면 절대로 처음에 투자한 금액을 늘리지 마십시오. '이건 물타기 하라고 하늘이 주신 기회야!'라는 생각이 들어도 절대로 금액을 늘리지 마십시오. 금액을 늘리다가 손실을 보면 손실을 만회할 방법이 없기 때문입니다. 주식투자를 시작하고 1년째 되는 날 곰곰이 따져보십시오. 자신이 주식투자에 자질이 있는지 따져보고, 투자 금액을 늘릴지 결정하십시오.

주식투자를 하면 삶에 변동성이 생기게 됩니다. 주가가 오르면 들뜨고, 주가가 내려가면 의기소침해집니다. 이러한 변동성에 익숙해지는 과정을 먼저 거쳐야 합리적인 투자를 할 수 있습니다. 돈 벌 욕심에 갑자기 많은 금액을 투자하면 그로 인한 변동성에 휘둘리게 되고, 그러면 합리적인 의사결정을 하기 어려워집니다.

처음에 투자한 금액을 1년간 유지하면서 자신에게 새롭게 생긴 변동성을 잘 관리하는 훈련을 쌓아가면 주식투자에서 성공할 확률이 높아진다고 봅니다.

산업혁명 4.0

4차 산업혁명과 투자 방향

김동환　'산업혁명'이라는 게 어떻게 보면 다 지나고 나서 하는 얘기잖아요. 제임스 와트가 증기기관을 발명했을 때, 그 시절 영국에서 '이게 혁명이야'라고 한 사람이 있었을까요? 한참 지나고 나서 생산성이 폭발적으로 는 걸 알게 되고, 그제야 '아, 그때가 혁명기였구나' 했겠죠. 그다음에 운송, 대량 생산, 정보통신 등도 모두 마찬가지였고요. 그런데 지금 4차 산업혁명은 미리 혁명이라고 얘기하는 최초의 혁명 아닌가 싶습니다. 원래 혁명은 후행적으로 얘기하는 건데 말이죠.

그 이유를 생각해봤는데, 4차 산업혁명이라는 게 굉장히 융합적이라서 그런 듯합니다. 단순한 신기술의 등장이나 생활 패턴의 변화 정도가 아니라 우리 삶 다방면에 걸쳐서 종합적으로 일어나는 변화이기 때문인 거죠. 사실 알게 모르게 우리 삶에 이미 집요하게 침투되고 있어요. 그래서 투자의 관점에서 이 큰 변화 자체, 그리고 이 변화를 제대로 선도해내는 산업과 비즈니스와 회사를 제대로 발견하면 굉장히 큰 투자의 결실을 볼 수 있다는 것에 대해서는 이견이 없습니다. 문제는 아무도 제대로 공부를 하지 않는다는 거죠.

지금부터는 투자라는 관점에서 4차 산업혁명에 대해 이야기해보려고 합니다. 제대로 된 투자를 위해 4차 산업혁명과 어떻게 코드를 맞출 수 있을까요?

김한진 '인더스트리 4.0'이란 용어는 이제 상식명사가 됐습니다. 여기에 '혁명'이란 단어를 붙여야 할지는 잘 모르겠습니다만, 아무튼 4차 산업의 키워드는 '혁신적인 융합'입니다. 과거 증기기관이나 전기, 컴퓨터와 인터넷 등은 개별 아이템, 각각의 혁신 분야였습니다. 하지만 4차 산업은 기존의 ICT, 즉 컴퓨터와 인터넷을 기반으로 한 다양한 분야에서 일어나는 생산성 혁신이란 점에서 차원이 다른 것 같습니다. 연관 산업들이 복잡하게 연결되고 융합되고 결합되는데, 여기서 보이는 가장 큰 특징은 최종적으로 어떤 파생 결과물이 나타날지 아무도 모른다는 것입니다.

예전에 뉴스를 보니까 GE(제너럴일렉트릭)의 제프리 이멜트 회장이 2015년에 이런 얘기를 했더군요. GE가 2020년에는 세계 10대 소프트웨어회사가 되어 있을 거라고요. GE는 아시다시피 하드웨어회사인데, 좀 의아했죠. 그 배경은 GE가 판매한 전 세계 항공기

엔진에 센서를 부착한 것인데요. GE는 일종의 디지털 튠이라고 하는 별도의 가상공간 공장을 운영합니다. 여기서 엔진에 부착된 센서를 통해 정보를 수집하고 축적·분석·관리합니다. 이 정보를 토대로 엔진의 보수 유지에 필요한 부품도 파악하고 재고도 관리하고 사전에 결함도 체크하죠.

워낙에 문외한인 터라 저로서는 GE 회장의 말이 처음엔 잘 이해가 가지 않았어요. 그런데 몇 년이 지나 지금 와서 보니 GE는 일찍이 4차 산업에 다가선 기업이었던 거죠. 애플이 반도체를 개발하고 구글이 휴대전화를 생산하는 시대입니다. 이들이 자산운용업에도 뛰어들지 몰라 업계가 긴장하고 있습니다. 인공지능은 이제 한가하게 바둑만 두지는 않는 것 같습니다. 자동차 운송, 항공 방위, 드론, 로봇, 의료, 농업, 금융 등 모든 산업 분야에서 인공지능기술이 어떻게, 어떤 파생품을 만들어갈지 아무도 모릅니다. 따라서 4차 산업에 대한 우리 관념도 조금 유연해질 필요가 있어 보입니다. 인더스트리 4.0에 대한 막연한 환상도 문제지만 고정관념은 더 큰 문제가 될 수 있다고 봅니다.

저는 앞으로 4차 산업 가운데 가장 유망한 분야로 헬스케어나 건강·의료 분야를 꼽고 싶습니다. 한국인의 평균 수명이 1900년 정도에 몇 살이었는지 아십니까? 고작 25세였습니다. 1957년까지도 50세에 불과했는데요, 2100년에는 89.6세로 예상됩니다. 100세 이상 인구가 2011년에는 전체의 0.4%에 불과했는데 2020년에는 4%까지 올라간다고 합니다. 이는 전 세계적으로 비슷한 현상입니다. 인더스트리 4.0과 고령화의 결합을 기대해봅니다. 필요가 있는 곳에 반드시 혁신도 뒤따를 테니까요.

김일구　4차 산업혁명이라는 용어를 누군가 만들어서 사용하고 있기는 합니다만, 시대가 지나고 나서 탄생한 용어가 아니라 개념적으로 만든 용어라서 사람마다 다른 의미로 쓰기도 하고 의미 자체가 불확실한 경우도 많습니다. 어찌 보면 기존에 만들어진 이것저것을 서로 합치는 '융합'을 말하는 것일 수도 있습니다. 2000년 IT 혁명 이후로 IT 소프트웨어·하드웨어 쪽에서 계속 뭔가가 만들어졌고, 10년 이상 기술의 발전이 계속되다 보니 페이스북도 등장하고 드론, 인공지능 등도 나왔지요. 이런 것을 다양한 영역으로 확장해보면 사물인터넷, 자율주행차, 공장자동화 등 전 분야에 걸쳐 혁신이 가능해집니다. 이것을 4차 산업혁명이라고 거창하게 얘기하는 것 같아요. 일자리가 줄어들 위험도 커졌습니다. 4차 산업혁명이 새로운 무엇이 아니라 기존에 사람들이 하던 것을 IT기술이 대체한 것이기 때문에 그렇습니다.

　4차 산업혁명과 관련해서 어디에 투자할 것인가를 생각해보면 반도체는 당연히 중요할 것이고, 그 외에 저는 센서에 주목합니다. 인간을 대체하려면 인간의 손과 발을 대체하는 로봇도 있겠지만, 저는 로봇이 에너지를 너무 많이 소모하기 때문에 보편적인 기술이 되리라고 생각하지는 않습니다. 반면 인간의 감각기관을 닮은 센서가 공장자동화와 자율주행차, 사물인터넷 등 전 분야에서 중요하다고 생각합니다. 사람이 24시간 지켜볼 수도 없고, 또 그러더라도 놓치는 것이 많습니다. 이미 센서기술은 상당히 발달해 있는데, 센서를 이용해서 정보를 모으면 빅데이터가 되겠죠. 요즘은 인공위성에서 사진을 찍으면 주차된 차량의 번호판까지 식별합니다. 쇼핑몰에 들어오는 사람의 얼굴을 CCTV가 읽어서 성별과 연령대를 판가름하고, 어느 매장에 들어가는지 어떤 품목에 관심을 가지는지를 분석합니다. 그렇게 하면 매장 구성을 고객 중심으로 바꾸고 찾아오는 고객에게 가장 적합한 서비스를 개발할 수 있죠.

지는 산업, 뜨는 산업

김동환　　4차 산업혁명을 투자의 관점에서 들여다보면, 김 센터장께
서 말씀하셨듯이, 센서가 당연히 중요하겠죠? 항공기에만 붙나요?
예를 들어 미국 캐터필러사에서 만드는 중장비에도 다 붙여서 궤
도에 문제가 있다든지 하면 즉각 투입해서 수리를 하죠. 그런데 사
실 이렇게 유명한 분야나 기업들에 대한 접근은 4차 산업혁명에 대
한 접근으로 굉장히 위험하다고 봅니다. 접근을 약간만 달리해보면
금방 역전될 수 있거든요. 유망한 산업 분야를 기준으로 4차 산업
혁명을 이해하기보다, 저는 알파벳 C가 중요하다고 생각합니다.

　　첫 번째는 컬처(culture), 문화입니다. 예를 들어 구글, 페이스북,
테슬라 등이 4차 산업혁명의 선봉장으로서 앞서나갈 수 있으려면
그걸 받아들일 수 있는 조직문화가 있어야 합니다. 그런 점에서 미
국의 제일 큰 기업인 엑손모빌은 4차 산업혁명의 선봉장이 되기 어

렵습니다. 그렇게 치면 삼성도 별 희망이 안 보여요. 변하려고는 하겠지만 상명하복의 문화가 있다든지, 자기 맡은 바 일만 하면 그만이라든지 해서는 4차 산업혁명에 적합하지 않죠. 4차 산업혁명은 기본적으로 융합이기 때문에 굉장히 유연한, 이른바 '자유로운 영혼'들이 뭉친 소프트한 조직에서만 적용할 수 있습니다. 분야보다 컬처가 중요하죠.

두 번째는 캐피털(capital), 자금이에요. 자본의 축적 없이는 못 합니다. 그냥 아이디어만 가지고 성공한다든지 하는 그런 시절은 끝났습니다. 예를 들어 빌 게이츠나 스티브 잡스처럼 차고를 빌려서 깜짝 놀랄 물건을 만들어내는 식의 성공은 다시 보기 어렵습니다. 4차 산업혁명의 총아라고 하는 기업들 한번 보세요. 막대한 자본을 가진 플레이어들만 치고 나가잖아요. 자본이 중요합니다. 이미 지형은 형성되어 있어요. 그래서 컬처만 갖고 있어도 안 되고 캐피털만 있어서도 안 돼요. 삼성도 자본은 많아요. 근데 삼성이 4차 산업혁명의 총아는 아닙니다. 물론 반도체 같은 하드웨어의 매출은 늘겠지만, 판을 바꾸는 게임 체인저 역할을 하려면 자본의 효용을 극대화할 수 있는 컬처가 선행돼야죠.

그다음에 필요한 건 컨버전스(convergence)와 콜라보레이션(collaboration)이에요. 컨버전스가 전환이잖아요. 이 업종에 대한 전환을 이렇게도 해보고 저렇게도 해보는 회사들이 나타날 거예요. 우리나라로 치면 네이버라든지 카카오가 있죠. 여기에 컬처도 있고 캐피털도 있으면 성공할 가능성이 크죠. 무인차를 애플이나 구글이 만들지 않습니까? 보통 생각하기로는 GM이나 포드가 해야죠.

근데 GM이나 포드는 컬처가 달라요. 그리고 컨버전스와 콜라보를 해본 히스토리가 없어요.

　　4차 산업혁명에 주역이 될 만한 회사를 판단하는 근거로 산업 생태계 먹이사슬 구조도 당연히 고려해야겠지만, 혁명을 받아들일 수 있는 조직문화가 있느냐가 더 중요하다고 생각합니다. 어떤 회사가 M&A를 많이 하는지, 얼라이언스(alliance, 연합·결연)를 하는지로 알아볼 수 있습니다. 가끔 '이 회사는 왜 저런 걸 하지?' 하는 기업들이 있어요. 구글이 갑자기 막대한 돈을 들여서 전혀 다른 업종의 회사를 사는 것처럼요. 그게 바로 4차 산업에 걸맞은 시도였던 거죠. 어쨌든 회사로 접근하든 비즈니스로 접근하든, 제 생각에는 (제가 만든 거긴 하지만) '4C'가 중요하다고 봅니다.

김한진　　4차 산업 관련 ETF 가운데 최근 수익률이 가장 높은 쪽은 인공지능과 클라우드 관련주를 모아놓은 ETF입니다. 최근 미국 증시가 좋아서 그렇긴 하지만, 1년간 수익률이 30%를 넘더군요. 그다음은 보안 관련 ETF로 최근 1년간 20%가 넘는 수익률을 기록했습니다. 금융이든 자율주행차든 보안이 점점 더 중요해질 것 같습니다.

　　이 밖에 멀티미디어나 빅데이터, 핀테크 등이 최근 이른바 잘나가는 4차 산업 관련 품목이었습니다. 관련 선도기업이나 앞서 말씀하신 4C도 유망할 것 같습니다.

김동환　　저도 동의합니다만, 현명한 투자자들은 그런 쪽에서 다 돈을 벌어요. 그들이 다 벌고 나면, 신문에서 개별 종목으로 접근해 '이게 4차 산업혁명에서 왔다'고 하면 사람들이 우르르 몰려들죠.

저는 그렇게 봐요. 한국에 4차 산업혁명과 관련된 유망 종목이 있다면서 제시하는 걸 보면 실망스러울 때가 많습니다. 저 역시 그런 기업들을 찾기 위해 2~3년 동안 집중해봤습니다.

최근에 통신주가 꽤 올랐잖아요? SKT를 비롯한 이동통신 3사는 가장 성장이 안 되는 기업이죠. 유틸리티에 내수니까요. 그런데 이들이 대기업 기준으로 봤을 때 제가 말한 4C가 존재하는 회사예요. SK그룹에서 SKT의 컬처가 가장 리버럴해요. SK이노베이션과 SK텔레콤에 가보면 사뭇 다릅니다. 같은 계열사라도 문화가 달라요. 통신회사는 콜라보를 안 할 수가 없는 회사이기도 합니다. 일종의 고속도로이자 플랫폼이기 때문에 콜라보를 안 하면 그냥 망해요. 그리고 4차 산업혁명과 5G가 맞물려 있잖아요. 그래서 통신회사들에 대한 인식이 바뀌는 거거든요. 제가 보기엔 큰 회사 중에서 4C 기준으로 통신회사들이 그나마 나은 듯합니다.

소형사 중에 제가 투자하거나 주목하고 있는 회사는 이 통신회사들과 비즈니스를 하는 기업들이에요. 앞날을 예측하고 일찍이 4차 산업혁명을 준비한 회사들이죠. 분명한 건 4C를 가지고 있다고 해도 이제야 '4차 산업혁명이 오니까 대비하자' 하는 기업은 안 돼요. 히스토리가 필요하니까요. 굉장히 오랫동안 축적된 준비가 필요한데, 그 준비를 한 중소형주가 우리나라에 거의 없어요. 재무 안정성도 있고 컬처도 있으면서 준비가 되어 있는 회사를 발견하면 커다란 가능성이 있다고 볼 수 있습니다. 참고로 저는 몇 군데 발견해서 투자하고 있습니다만, 엄청난 인내력을 요구하네요.

김한진 저는 중소기업들이 앞으로 이 4차 산업혁명에 상당한 기여를 해야 하고, 또 마땅히 기여할 것으로 봅니다. 우리나라 스마트폰이 현재 세계적으로 최고의 반열에 오른 데에는 중소기업의 역할이 컸습니다. 렌즈, 센서, 각종 구동부품을 코스닥 기업들이 공급하고 있습니다. 지난 2000년 닷컴 버블 때 이런 코스닥 기업들이 다수 탄생했죠. 지금도 4차 산업 쪽에서 우리나라가 뭔가 새로운 성장계기를 잡으려면 자본시장의 역할이 중요하다고 생각됩니다. 어쩌면 코스닥시장에서 거품을 염려할 정도로 요란한 활황이 한 번 나와줄 필요성도 있습니다.

지금 코넥스, 장외시장, 코스닥시장도 있지만 시장 형식과 분류가 중요한 게 아니라 그 기능과 실제 역할이 중요합니다. 정말 모험적이고 창조적인 중소기업만이 할 수 있는 사업에 자본시장이 적극 힘을 실어줘야 합니다. 스타트업 기업에서 그다음 단계로 넘어가는 기업들, 각 플랫폼마다 필요한 자본을 공급해주고 디딤돌 역할을 해줘야겠죠. 희망컨대 '수년이 지나서 뒤돌아보니, 그때의 자본시장이 한국의 4차 산업을 이렇게 놀랍게 발전시켜줬구나'라는 긍정적인 회고와 평가가 나왔으면 합니다.

김일구 4차 산업혁명은 일종의 거대담론인데, 저는 좀더 현실적으로 봤으면 합니다. 우리가 4차 산업혁명이라는 거대담론에서 출발해서 소비자들이 사고 싶어 하는 새로운 상품을 만드는 데까지 갈 수 있을 것 같지 않습니다. 삼성전자의 스마트폰은 놀라운 제품이기는 하지만, 몇 가지 제품을 제외하고 나면 우리나라에서 글로벌 경쟁력을 갖고 있는 기업들은 대부분 훌륭한 소비재를 만드는 기업에 훌륭한 부품이나 반제품을 공급하는 B2B(business to business)

업체들입니다. 그동안 우리가 원천기술을 갖고 소비자에게 통하는 제품을 만들어오지 못했는데, 갑자기 4차 산업혁명에서 그것이 가능할 것 같지는 않습니다. 그래서 저는 좀더 현실적일 필요가 있다고 봅니다.

특히 우리나라 코스닥 기업들은 대부분 납품하는 업체들입니다. 소비자를 위해 새로운 물건을 만드는 기업이 아니죠. 글로벌 시장에서 소비자들에게 통하는 새로운 상품을 만들려면 어마어마한 자본이 필요하기 때문에 코스닥 기업이 감당하기 어렵습니다. 우리나라에서 그 정도 자본을 가진 기업은 몇 안 됩니다. 코스닥 기업들은 지금도 그렇고, 앞으로도 이런저런 부품을 만들 겁니다. 왜냐하면 그게 우리가 잘하는 거거든요. 일본, 한국, 중국은 손기술이 좋고 어떤 물건이 나와야 하는지 답이 정해진 환경에서 최적화하는 훈련을 많이 받아왔습니다. 학교에서 암기식 위주로 교육받았기 때문에 창의적인 사고로 아주 혁신적인 개념의 새로운 제품을 만들기는 어렵고, 이미 나와 있는 것에서 무엇인가를 추가하거나 효율적으로 만드는 것은 잘합니다. 저는 우리가 못하는 것보다 잘하는 것에 집중할 필요가 있다고 생각해요. 레고를 예로 들자면 우리는 예전 레고, 그러니까 여러 블록을 창의적으로 조립해서 자신만의 비행기를 만드는 데는 약합니다. 그러나 요즘 레고처럼 조립도가 이미 나와 있고 블록들이 거기에 맞춰 구성되어 있는 상태에서 조립도대로 멋진 비행기를 조립하는 데는 강합니다.

4차 산업혁명이나 전기차와 같은 큰 개념보다는 작은 개념에 더 적합합니다. 예를 들어 테슬라가 전기차를 만들 때 우리는 그 전기차의 공조장치를 만드는 걸 잘합니다. 전기차에는 여러 배터리가 들어가고 그 배터리에서 많은 열이 발생합니다. 전기차는 차 바닥면에 배터리를 쭉 깔아놓는데, 여름철 아스팔트 생각해보면 어떻게 식힐 것인가도 심각한 문제죠. 열을 식히는 공조 시스템을 설계하고 물건을 만들어서 전기차 제조업체에 납품하는 것을 우리가 잘 할 수 있습니다.

김한진 저는 한국이 잘하는 게 지금은 하드웨어 쪽, 말씀하신 제조업이 주류이지만 앞으로는 거기서 한 걸음 더 나아가야 한다고 봅니다. 2014년 구글이 네스트를 32억 달러에 인수했습니다. 네스트는 냉난방 온도를 조절하는 작은 홈 오토메이션 컨트롤러 회사입니다. 한마디로, 온도조절장치 제조사죠. 그 뉴스를 보면서 '아, 저

인터넷으로 사용자와 연결되어 사용자의 생활패턴을 스스로 통계 내고, 최적의 온도를 스스로 학습하여 조절하는 네스트의 서모스탯(thermostat).

런 거 한국이 참 잘하겠다'라는 생각을 해봤습니다. 그 회사에서 만든 기기는 스스로 학습을 통해 온도를 자동으로 조절한다고 들었습니다. 거창한 4차 산업혁명이라는 주제에서 좀더 현실적으로 와 닿는 아이템 아닌가요? 앞서 말씀드린 GE의 항공기 엔진 관리 시스템도 마찬가지입니다.

이런 개념의 '4차 산업스러운' 재화는 하드웨어와 소프트웨어의 중간재인 것 같습니다. 엄밀히 보면 소프트웨어에 더 가깝죠. 일테면 애플은 하드웨어회사인가요, 소프트웨어회사인가요? 그런 구분은 사실 크게 의미가 없겠죠. 앞으로 우리가 소프트웨어 쪽에서 잘할 수 있는 일들이 많아질 것으로 기대합니다. 빅데이터와 인공지능을 장착한, 보다 창의적인 재화나 서비스가 4차 산업의 요체입니다. 4차 산업은 이제 겨우 시작 단계에 불과하고, 앞으로 어떤 발전을 보일지 아무도 모릅니다. 한국은 독특한 비빔밥 문화를 갖고 있지 않습니까? 이 융합이란 이름의 부가가치 혁명에 한국이 상당한 잠재력을 갖고 있다고 생각합니다.

뉴노멀 시대란

뉴노멀이란 용어의 사전적 의미는 '시대 변화에 따라 새롭게 부상하는 표준'을 뜻한다. 최근의 뉴노멀은 2008년 미국발 금융위기 이후 새롭게 자리 잡고 있는 '신경제질서'를 말한다. 인구 고령화와 잠재성장률 저하, 저성장, 고용과 임금 상승의 관계 약화, 4차 산업으로 대변되는 새로운 산업의 출현, 신고립주의와 보호무역 등 과거(old normal)에는 생소했던 현상들이 즐비하다. 금융과 실물 간에 새로운 질서가 형성되고, 상호 영향력도 달라지고 있다.

통화정책과 관련된 뉴노멀 현상은 더욱 선명하다. 사상 최대의 글로벌 금융위기는 사상 최대의 통화팽창과 사상 초유의 제로 금리, 심지어 마이너스 금리와 양적완화라는 승부수까지 끌어냈다. 그렇게 많은 돈을 찍어냈지만 그에 비례해 물가가 오르지 않는 것도 일상적(normal)이지는 않다. 결국 과잉 통화와 초저금리가 자산시장을 더욱 강하게 지배하고 있고 실물경제가 자산시장에 목을 매고 있다. 꼬리가 몸통을 쥐고 흔드는 왝더독(Wag the Dog) 현상이 굳어지고 있다.

중앙은행이 화폐를 찍어내면 무언가를 사들여야 한다. 그 대상은 국채, 회사채, 모기지증권, 주식, 외환, 각종 유가증권 등 실로 다양하다. 과거에는 흔치 않았던 일이다. 발권은 계속 해야 하는데 중앙은행이 매입할 자산이 점점 줄어들자 이제는 통화정책과 부채관리 정책의 뉴노멀이 등장한다. 시장금리 타기팅 전략이나 '헬리콥터 머니'가 그것이다. 중앙은행이 돈을 찍고 그 돈을 정부가 영구적으로 빌린다면, 어차피 그 안에서 돌고 도는 주머닛돈 쌈짓돈이 된다. 그래서 아예 만기가 없는 영구채를 발행해서 편하게 길게 가는 방법이 논의되고 있다.

이처럼 뉴노멀이란 이름의 새로운 금융질서는 어쩌면 이제 시작일지도 모른다. 통화정책 면에서는 국가부채 비율이 200%가 넘고 이쪽 방면에 노하우가 많이 쌓인 일본은행이 글로벌 부채 뉴노멀을 주도하고 있다.

자산관리, 자산배분, 투자전략의 변화

　과거에는 자산관리, 자산배분의 개념이 명확하지 않았다. 자산을 키우는 일이 그리 어렵지 않아서이기도 했을 것이다. 1990년대까지만 해도 두 자릿수 예금이자는 손쉽고 훌륭한 자산증식 수단이었다. 또 수십 년간 이어져 온 부동산 불패의 신화는 전 국민의 자산증식에 든든한 배경이 되어주었다. 기본적으로 저축 부족, 투자 과잉 시대에 시중에는 돈이 늘 부족했고 이자율은 높았으며 집 값과 임금도 계속 올랐다. 모든 요소의 가격이 올라가는 시대에 투자자들은 성장과 인플레이션에 베팅하는 한 방향 전략을 취하고 진득하니 기다리기만 하면 됐다. 특히 대출을 일으켜 주택에 레버리지 투자를 하면 시간은 늘 그 공격적인 투자를 보상해주고 위험을 적극 수용하는 투자자에게 행복을 안겨줬다.

　하지만 지금은 이러한 경제 패러다임에 변화가 일고 있다. 세계 경제는 이미 '돈이 부족한 시대에서 돈이 남아도는 시대'로 넘어왔다. 금융시장은 이를 반영해 저금리 현상이 고착화되고 있다. (물론 한쪽은 돈이 넘치고 또 다른 한쪽에서는 돈을 구하기가 매우 어렵다. 신용 차별화다.) 또 다른 금융 현상은 자본이 더욱 활발하게 국경을 넘나들고 있다는 것이다. 우리나라도 경제 전체로 볼 때 저축이 투자보다 많아 그 남는 돈들이 해외로 나가고 있다. 기업의 해외 투자와 기업인수(M&A), 가계의 해외 부동산이나 유가증권 매입 등이 점점 일상화되고 있다. 이는 거시구조상 피할 수 없는 자연스러운 현상이다. 또한 국내

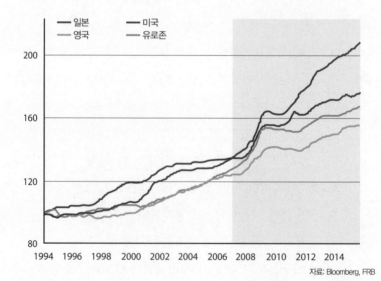

준비통화국들의 장기 통화팽창 추이

국민경제 규모(GDP)보다 더 많은 통화가 풀렸다는 것은 준비통화의 안정성과 희석화, 실물과 자산시장에 대한 금융의 영향력이 증폭되어 있음을 시사한다.

※ 1994년=100, M2/GDP(%), 각국 통화 기준, 음영 부분은 미 금융위기 이후 상황

자료: Bloomberg, FRB

자산의 낮은 수익률 한계를 극복하기 위한 당연한 투자 흐름이기
도 하다.

　여기에 더해진 중요한 사건과 현상이 또 하나 있다. 바로 글로
벌 유동성의 팽창 현상이다. 2008년 금융위기 이후 주요 선진국
중앙은행들은 신용위기를 수습하고 경기를 부양하기 위해 비전통
적인 통화정책을 동시에 시행해왔다. 미 연준(FRB)과 유럽중앙은행
(ECB), 일본 중앙은행(BOJ)은 예전과는 비교할 수 없을 정도로 금리
를 내렸고 시장에서 직접 장기국채 등을 사들이는 양적완화 정책

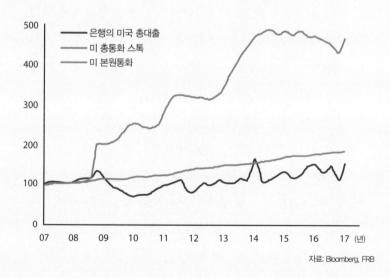

미국의 본원통화와 총통화, 민간신용대출 추이

돈을 찍어낸 양에 비해 시중에 풀린 돈의 규모는 상대적으로 작다. 통화증발에 비해 시중에 유통되고
있는 돈도 상대적으로 많지 않다.
※ 2007년=100

자료: Bloomberg, FRB

을 수행했다. 그 결과 중앙은행의 대차대조표는 크게 팽창했고 시중 유동성은 증가했으며 인플레이션 위험은 증폭됐다. 하지만 발권한 돈이 다 유통되는 것이 아니라 금융 시스템 안에 고여 있고 당장 민간신용이 폭증하지 않아 하이퍼 인플레이션의 가능성은 지극히 낮은 상태다.

이러한 배경에서 금융시장은 초저금리를 기반으로 도전적인 수익률 추구(yield hunting)에 열광하고 있다. 때마침 4차 산업혁명으로 대변되는 신성장산업의 출현과 저금리에 힘입은 전통산업의 구조조정이 세계 경기회복에 힘을 보태고 있다. 글로벌 유동성 확대, 금융자본의 파워 증대, 정부와 중앙은행의 역할 증대, 자본의 부익부 빈익빈 현상, 소득의 불균형 심화, 산업별 성장 차별화, 새로운 성장기업들의 왕성한 출현과 한쪽에서의 도태 등….

이러한 현상들이 당분간 세상을 지배할 핵심 키워드라고 본다면 자산의 관리와 배분, 투자전략에도 분명 모종의 변화가 필요한 시점이 분명하다. 이제 자산관리가 예전의 무조건 '돈 놓고 돈 먹는' 개념에서 한 걸음 더 나가야만 함을 시사하는지도 모른다. 다양한 투자상품과 펀드, 직간접 투자수단을 모두 폭넓게 활용하되 자기 바구니에 가장 필요한 것만 담는 지혜가 필요하다. 이러한 관점에서 자산관리 전략을 한번 정리해보면 다음과 같다.

첫째는 금리의 변동성과 저금리 추세를 십분 활용할 필요가 있어 보인다. 물론 앞으로 몇 년 동안 시중금리는 한두 차례 반등을 시도할 것이다. 하지만 그 반등폭은 제한될 것으로 전망된다. 즉 금리가 완전히 추세적 상승을 보이기란 쉽지 않다는 것이다. 경기회복과 인플레이션으로 금리가 일시 뛰어 오를 수는 있겠지만 장기화될 가능성은 작다. 금리 상승은 곧 경기둔화와 자산 가격 하락으로 이어지기 때문에 중앙은행은 다시 금리를 내리고 어쩌면 수년 후 또다시 양적완화라는 해묵은 카드를 꺼내 들지도 모른다.

이는 한국도 예외가 아니다. 1990년까지 평균 9.7%에 달했던 한국의 잠재성장률은 1991~2000년 중 7.0%로 낮아졌고 2011~15년에는 3.6%까지 더 낮아졌다. 노동과 자본의 투입이 줄면서 앞으로 우리 잠재성장률은 2% 미만으로 더 낮아질 전망이다. 특히 금리가 추세적으로 오르기 어려운 이유는 전 세계에 피할 수 없는 고령화 물결이 밀려온다는 것이다. 고령화가 단지 잠재성장률의 둔화만 가져오는 것은 아니다. 인구 고령화로 인한 공적·사적연금의 성장은 장기채에 대한 강한 매수세로 금리를 안정시키는 역할을 할 것이다.

따라서 금리가 뛰어 오를 때 장기채권을 담을 채비를 해둬야 한다. 채권투자 수익을 결코 무시해서는 안 된다. 금리 고점에서 만기가 긴 채권을 사두면 어떤 투자보다 훌륭한 수익을 거둘 수 있다. 요즘에는 개인도 소액채권을 쉽게 매매할 수 있다. 앞으로 만기가 더 긴 장기국채가 발행되면 더 매력적인 투자 대상이 될 것이다. 특히 금리가 하락세로 꺾이는 변곡점에서 장기채권을 사두면 단기투자수익도 매우 짭짤할 것이다.

둘째는 부동산 일변도의 자산관리에서 서서히 벗어나는 노력이 필요해 보인다. 물론 주거용 주택은 중요 생활기반이므로 다른 자산에 비해 투자 우선순위가 높을 수밖에 없다. 사실 그러다 보니 부동산에 올인된 자산관리가 그간 당연시됐고, 또 결과적으로 올바른 선택이기도 했다. 하지만 한국도 앞으로 성장의 발목을 잡는 가장 큰 요인으로 설비투자와 건설투자의 둔화를 꼽을 수밖에 없다. 기업의 국내 투자가 늘기 어려워 고정투자 전체가 약화되는 시기다. 또한 예전처럼 무작정 빚(가계부채 총량 증대)을 통해 주택 구매가 폭증되기도 쉽지 않다. 생산가능인구가 꺾여 주택 실수요 계층이 점차 얇아지고 자녀 수도 줄고 있다. 통일이 변수이기는 하지만, 이 또한 기존 대한민국 모든 도시의 주택 수요를 보장하는 것은 아니다.

지금 한국 가계자산 가운데 약 37%는 거주 주택에 묶여 있고, 31%는 거주 외 부동산에 투자돼 있다. 전월세 보증금도 7%나 되니 사실상 가계자산의 75%가 부동산에 묶여 있는 셈이다. 물론 이는 대도시, 특히 수도권에 생활기반을 가진 사람들이 피하기 어려운 선택이어서 자산관리의 중장기 딜레마이기는 하다.

하지만 이 가운데 거주용 부동산을 합리적인 규모로 줄이거나, 거주 외 부동산 가운데 투자수익이 낮은 물건을 처분하거나 적정 규모로 줄여가는 고정자산의 합리화 작업이 필요하다는 것이다. 또한 같은 부동산이라 해도 가능하면 세금 등 부대비용을 줄일 대안을 찾아야 한다. 시세차익을 직접 노리는 부동산 직구에 한계가 있다면 저금리를 극복할 수 있는 부동산펀드나 리츠, 유망 지역 물건의 월세수익 등 우회적 금융수익(income gain)을 추구하는 것도 필요하다. 특히 급변하는 금융환경에서 가능한 한 부동산을 현금화, 유동화, 재투자할 수 있는 금융자산의 개념으로 관리해나가려는 노력이 바람직해 보인다.

셋째는 투자 대상과 범위를 넓힐 필요가 있다. 여기에는 국경과 자산 유형, 모두가 포함된다. 한국 주식과 채권시장이 글로벌 시장에서 차지하는 비중은 고작 2%에 불과하다. 물론 우리는 누구보다 한국 자산에 대해서 잘 알고 있고 환 리스크도 없다. 하지만 98%의 해외 자산을 모두 무시하고 한국이라는 한 국가에만 위험을 노출해(one country risk) 투자할 필요는 없다. 특히 한국보다 높은 성장을 보이고 있는 국가는 주식이든, 채권이든, 부동산이든 높은 수익률로 보상할 확률이 높다. 한국 증시가 개방된 이후 지금까지 20여

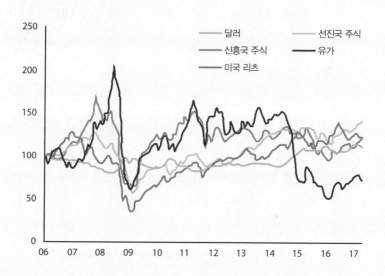

최근 글로벌 자산수익률 추이

장기 자산수익률은 대체로 수렴하는 경향이 있다. 최근 10년간 자산수익률은 원유를 제외하면 대체로 비슷하다.
※ 2006년=100

년간 외국인들이 한국 시장에서 얼마나 많은 수익을 거두어갔는지를 생각해보라. 우리도 굳이 이미 성숙한 국내 투자에만 머물 이유는 없다.

우리 국민은 주식이든 부동산이든 예금(채권)이든 대개 원화표시로 자산을 보유하고 있다. 이제는 이를 보완할 수 있는 달러표시 자산이나 글로벌 안전자산(미국이나 독일 국채)에 관심을 가져야 한다. 또는 국내 위험자산(주택, 주식 등)을 일부 줄이고 그만큼을 보다 유망한 신흥국 자산으로 채우는 전략도 필요하다. 한국 자산은 선진국과 신흥국의 양면적 특성을 갖고 있다. 환 헤지 개념에서는 선진국 자산을 보완 투자해야 하고 위험-수익의 조합 면에서는 우리보다 성장성이 높은 신흥국 자산을 일부 지녀야 한다. 주식 관점에서는 신성장산업 등의 관련 펀드나 직접투자를 통해 현재 한국이 약한 산업을 보완해 포트폴리오를 구성할 필요가 있다.

넷째는 현대 자산관리의 추세 변화를 적절히 좇을 필요가 있다. 분산투자보다 한 걸음 더 나아간 개념이 자산배분이다. 여러 자산에 분산하여 투자하되 효율적으로 나눠 담는 방법을 찾자는 것이다. 자신에게 맞는 위험-수익 조합을 찾아 포트폴리오를 잘 짜야 보유 자산 전체로 볼 때 위험 대비 최고의 수익 또는 동일 수익 대비 최저의 위험을 얻을 수 있다.

적절한 자산 포트폴리오 구성을 위해서는 먼저 각 자산의 속성과 위험, 자산 간 상관성을 한 번쯤 생각해봐야 한다. 우선 기본적으로 상관관계가 반대인 자산을 골라 선택과 집중을 하는 편이 좋다. 가령 국내 주식을 들고 있다면 거기에 중국 주식이나 홍콩 주식, 원유나 원자재펀드를 더하는 것은 위험을 키우는 행위다. 이때는 미국 국채나 금, 달러표시 자산을 들고 가는 게 적절한 포트폴리오다.

하지만 일반투자가 입장에서 글로벌 금융환경 변화에 일일이 대응하기란 쉽지 않고 또 실제 적절한 분산투자를 실행하기도 쉽지 않다. 따라서 전문가들의 도움을 받아야 한다. 은행이나 증권사 자산관리 전문가들을 적극 활용하면 된다. 또 다른 포트폴리오 투자 방안은 대안투자(alternative) 상품 가운데 헤지펀드를 잘 골라 간

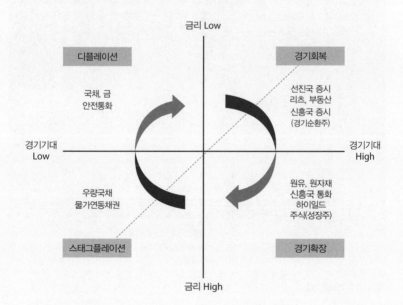

글로벌 자산 투자전략(금리와 경기를 기준으로 한 적정 자산 탐색 과정)

이자율과 경기 모멘텀을 기준으로 한 자산시장 4계절을 고려할 필요가 있다. 앞으로 경기 기대는 점차 낮아지면서 금리가 오른다면, 자산 패턴이 변할 가능성이 있다.

접투자를 하면 된다. 헤지펀드 가운데 글로벌 자산배분 전략을 취하는 펀드를 주목하고, 인공지능(AI)을 장착한 헤지 운용도 그 진화를 기대해볼 필요가 있다.

끝으로 자산관리는 긴 호흡으로 접근하는 것이 좀더 유리할 수 있다. 각종 이벤트나 기회, 위험 요인에 일일이 대응해 자산을 스마트하게 관리하기란 생각만큼 쉽지 않다. 실제 장기적으로 보면 자산수익률은 대체로 수렴하는 경향도 있다. 너무 짧은 호흡으로 대응하기보다는 '금리와 경기'라는 자산관리의 큰 축을 기준으로 대세를 탐색하고, 피해야 할 자산을 찾는 노력이 실전에서 훨씬 유용하다. 이자율과 경기 모멘텀을 기준으로 한 자산시장의 4계절도 고

서울 중구 남대문로에 위치한 한국은행은 화폐발행과 통화신용정책의 수립 및 집행, 금융시스템의 안정, 은행의 은행, 정부의 은행, 지급결제제도의 운영·관리, 외화자산의 보유·운용, 은행 경영분석 및 검사, 경제조사 및 통계작성 등의 기능을 수행한다. 다쓰노 긴고의 설계로 1907년 착공, 1912년에 준공된 건물은 사적 제280호로 지정되었다.

려할 필요가 있다. 금리는 자산의 구매력이자 할인율이고 경기는
자산의 품질을 결정하는 요인이다. 다만 이러한 자산시장의 계절성
은 때로 변칙적이고 특정 국면을 건너뛰는 경우도 왕왕 있다. 경계
가 모호하거나 혼합적이고 불규칙적인 경우도 많다. 실전에서는 좀
더 '실전적'으로 접근해야 한다.

우리들의 투자는
현실적인 부를 만들기 위함이다

투자는 세상의 변화에 대한 건강한 긴장관계를 유지하는 것이다. 세상이 어디를 향해 가는지 알 수 있다면 우리는 부자가 됨은 물론이고 현명한 사람이라고 존경을 받게 될 것이다.

사실 미래에 대한 예측과 전망은 누구나의 것이다. 저명한 미래학자나 힘 있는 정치인의 전유물이 아니다. 또 그들의 예측과 전망이 매번 틀리고 어긋나는 걸 보면서 우리는 종종 우리 스스로의 지혜에 대한 재발견을 할 때가 있다. 그런 기회를 조금씩 늘려 보기를 권하고 싶다. 세상의 변화에 민감하게 반응하고 또 주체적으로 받아들여 우리의 행동을 결정하고 실행에 옮기면서 지혜로운 사람이 되는 연습을 해보자.

지친 일상과 반복되는 삶의 여정이 집중력을 떨어트린다. 한번쯤 생각해 보시라. 퇴근길 동료들과 소주잔을 기울이며 "그때 그

집을 샀어야 했어", "그때 그 주식만 안 팔았더라도…"라는 말을 얼마나 많은 이들이 안줏거리로 삼고 있는지 말이다.

부자가 되는 일은 이런 체념 섞인 후회를 "그때 사길 정말 다행이야" 혹은 "그때 그 친구 말을 안 듣길 정말 잘 했어" 이런 자랑거리로 바꾸는 것이다. 그런데 왜 우리는 매번 우리의 결정을 후회하고 또 그것을 반복하는가?

먼저 세상이 나를 배제하고 나와는 전혀 관계없이 돌아간다는 생각을 바꾸기를 권한다. 우리는 세상의 변화에 객체가 아닌 주체로서 참여하고 있다는 각성이 필요하다. 우리가 세상의 변화를 그저 받아 들여야 하는 종속적 객체가 아니라 그 변화를 만들고 또 그 변화에 제대로 반응하는 주체로서 살아가고 있음을 자각하는 것이 투자 세계의 승자가 되는 출발점이다.

"비관론자는 명성을 얻고 낙관론자는 돈을 번다"라는 격언이 있다. 거의 매일 세상과 시장에 대한 관을 놓고 토론과 논쟁을 하는 입장에서 참 공감이 가는 말이다, 우리들의 투자는 토론의 승자가 되기 위함이 아니고 현실적인 부를 만들기 위함이다.

낙관적인 세계관을 가진 이들이 부자가 되는 건지 부자가 되더니 낙관론자가 된 건지 따지기에 앞서 적어도 "나만 사면 빠진다, 내가 팔면 비로소 올라간다"라는, 출처가 불분명한 극단적인 비관론으로부터 빠져 나와야 한다. 세상의 잡다한 소음에 반응하지 않고 본인의 인생에 점철된 합리적 의사 결정이 그르지 않았음을 믿어야 한다. 그리고 실패를 피하는 노력 대신 성취를 위한 연습을 해야 한다.

우리의 토론이 한 권의 책으로 나오기까지 4개월의 시간이 걸렸다. 지난 4개월을 돌이켜 보면 참 많은 변화가 있었다. 우리는 새로운 대통령과 정부를 맞이했고 주식시장은 전인미답의 신기록을 연일 경신하고 있으며, 집값은 정부의 규제에도 불구하고 고공행진이다. 우리뿐 아니라 이제 전 세계가 디플레이션의 공포로부터 벗어나면서 인플레이션의 시대를 맞고 있기도 하다. 안팎으로 새 시대에 대한 기대가 높아지고 있다

토론의 특성상 당초 토론에 임할 때와 지금의 시장관이 달라졌을 수도 있고, 활자화되어 책으로 나오고 보니 내가 왜 그때 이런 얘기를 했을까 하는 당황스런 대목도 적지 않다. 그러나 시간은 되돌릴 수 없고 말은 주워 담을 수 없음을 우리 독자 여러분들도 이해하실 줄 알고 우리의 토론을 현시점에 맞춰 보정하거나 첨삭하지 않기로 했다. 어차피 두세 달 짧은 기간 동안 인생을 바꿀 만한 투자 아이디어를 드리려고 시작한 토론이 아니었지 않은가!

현명한 국민들이 많은 나라가 강국이 되고 부자의 꿈을 버리지 않는 국민들이 많은 나라가 부국이 되는 것이 역사다. 모쪼록 우리 세 사람의 토론과 글이 독자 여러분들이 현명한 투자를 향한 자각을 돕거나 하나의 자극제가 되기를, 부자가 되려는 꿈을 이루는 데 작은 자양분이 되기를 바란다.

2017년 8월 저자 일동

"투자는 세상의 변화에 대한
건강한 긴장관계를 유지하는 것이다."

사진 출처
p.79   PowerUp ⓒ Shutterstock.com
p.87   Evan El-Amin ⓒ Shutterstock.com
p.159   Kovalchuk Oleksandr ⓒ Shutterstock.com
p.160   JStone ⓒ Shutterstock.com, Joseph August ⓒ Shutterstock.com
p.202   Seita ⓒ Shutterstock.com
p.207   chrisdorney ⓒ Shutterstock.com
p.272   Albert H. Teich ⓒ Shutterstock.com
p.274   360b ⓒ Shutterstock.com
p.281   Maksimilian ⓒ Shutterstock.com
p.291   deepspace ⓒ Shutterstock.com
p.307   Chess Ocampo ⓒ Shutterstock.com
p.442   TK Kurikawa ⓒ Shutterstock.com
p.88, 138, 212, 288, 289, 292, 320, 429 ⓒ Wikimedia Commons

인플레이션의 시대

초판 1쇄 인쇄 2017년 8월 10일
초판 7쇄 인쇄 2022년 11월 14일

지은이 김동환, 김일구, 김한진
펴낸이 김선식

콘텐츠사업4팀장 임소연 **콘텐츠사업4팀** 황정민, 옥다애, 백지윤
편집관리팀 조세현, 백설희 **저작권팀** 한승빈, 김재원, 이슬
마케팅본부장 권장규 **마케팅4팀** 박태준, 문서희
미디어홍보본부장 정명찬 **홍보팀** 안지혜, 김민정, 오수미, 송현석
뉴미디어팀 허지호, 박지수, 임유나, 송희진, 홍수경 **디자인파트** 김은지, 이소영
재무관리팀 하미선, 윤이경, 김재경, 안혜선, 이보람
인사총무팀 강미숙, 김혜진 **제작관리팀** 박상민, 최완규, 이지우, 김소영, 김진경, 양지환
물류관리팀 김형기, 김선진, 한유현, 민주홍, 전태환, 전태연, 양문현, 최창우

펴낸곳 다산북스 **출판등록** 2005년 12월 23일 제313-2005-00277호
주소 경기도 파주시 회동길 490 다산북스 파주사옥 3층
전화 02-702-1724 **팩스** 02-703-2219 **이메일** dasanbooks@dasanbooks.com
홈페이지 www.dasanbooks.com **블로그** blog.naver.com/dasan_books
종이 한솔피엔에스 **출력 · 인쇄** 민언프린텍 **후가공** 평창P&G **제본** 다온바인텍
ISBN 979-11-306-1389-5 (03320)